高等院校中文专业申论写作教材
高等院校公共选修课申论写作教材

新编申论写作教程

主　编　王锡渭
副主编　茆邦寿　黄悠纯

图书在版编目(CIP)数据

新编申论写作教程/王锡渭主编. —北京：北京大学出版社，2015.7
ISBN 978-7-301-25924-5

Ⅰ.①新… Ⅱ.①王… Ⅲ.①公务员—招聘—考试—中国—教材 Ⅳ.①D630.3

中国版本图书馆 CIP 数据核字（2015）第 121281 号

书 名	新编申论写作教程
著作责任者	王锡渭 主编
策划编辑	李 玥
责任编辑	李 玥
标准书号	ISBN 978-7-301-25924-5
出版发行	北京大学出版社
地 址	北京市海淀区成府路 205 号　100871
网 址	http://www.pup.cn　新浪微博：@北京大学出版社
电子信箱	zyjy@pup.cn
电 话	邮购部 62752015　发行部 62750672　编辑部 62765126
印 刷 者	三河市博文印刷有限公司
经 销 者	新华书店
	787 毫米 ×1092 毫米　16 开本　21.5 印张　534 千字
	2015 年 7 月第 1 版　2018 年 1 月第 2 次印刷
定 价	46.00 元

未经许可，不得以任何方式复制或抄袭本书之部分或全部内容。
版权所有，侵权必究
举报电话：010-62752024　电子信箱：fd@pup.pku.edu.cn
图书如有印装质量问题，请与出版部联系，电话：010-62756370

编 委 会

主　编　王锡渭
副主编　茆邦寿　黄悠纯
编　委　(以姓氏笔画为序)
　　　　王　刚(阜阳师范学院,副教授)
　　　　王锡渭(阜阳师范学院,教授;安徽大学、
　　　　　　　阜阳师范学院写作学硕导)
　　　　叶良旋(安庆师范学院,副教授)
　　　　付为贵(皖西学院,讲师)
　　　　张　棣(安徽大学,讲师,博士)
　　　　杨　军(阜阳师范学院,讲师,博士)
　　　　茆邦寿(安徽大学,教授)
　　　　房文玲(淮北师范大学,讲师,硕士)
　　　　钱守云(阜阳师范学院,教授,博士)
　　　　涂明求(合肥师范学院,副教授,博士)
　　　　凌　晨(安徽大学,副教授,博士)
　　　　黄悠纯(湘南学院,副教授)
　　　　廖万军(淮北师范大学,副教授)

目录

第一章　导论 ·· 1
　第一节　申论概述 ··· 1
　第二节　申论写作学习方法 ·· 5
　思考与练习一 ·· 12
第二章　备考要点 ·· 14
　第一节　备考原因 ·· 14
　第二节　考前准备 ·· 17
　思考与练习二 ·· 84
第三章　命题、作答和评分 ··· 96
　第一节　命题要求 ·· 96
　第二节　作答原则 ·· 105
　第三节　评分标准 ·· 121
　思考与练习三 ·· 125
第四章　答题技巧 ·· 127
　第一节　内容概括 ·· 127
　第二节　材料论述 ·· 156
　第三节　对策制定 ·· 171
　第四节　论证行文 ·· 177
　思考与练习四 ·· 214
第五章　申论文本选析 ·· 229
　第一节　内容概括文本评析 ··· 230
　第二节　材料论述文本评说 ··· 242
　第三节　对策制定文本评点 ··· 253
　第四节　论证行文文本点评 ··· 264

思考与练习五 ·· 285
附录 ·· 288
　　一、中央机关及其直属机构 2015 年度考试录用公务员公共科目考试大纲 ·············· 288
　　二、部分中央、国家机关公务员录用考试申论试题 ······································· 290
　　三、思考与练习参考答案 ··· 316
后记 ·· 336

第一章 导 论

第一节 申论概述

一、申论的含义

什么是申论[①]？作为指导考生参加机关工作人员选拔考试用书的核心概念，它涉及对申论的写作理念、解题原则、答题方法、如何备考等一系列问题的根本看法，因此这是首先必须搞清楚的，不然考生在考场上做题就会露怯和茫然无措。

在社会办学机构出版的申论考试指导书上，在言称与公务员考试有关的机构指定编写的公务员考试的教材上（中共中央组织部、人力资源社会保障部、国家公务员局从未指定任何单位和个人编写有关公务员考试的教材[②]），在许多以个人署名出版的指导申论写作的"宝典"上，在不少探讨申论写作的论文中，涉及"申论"一词的源流，执笔者无一例外地认为申论一词来自《论语》"申而论之"。针对这一流传甚广的说法，2007年我们检索《论语》全文，没有查阅到"申而论之"四字[③]。经查找，"申而论之"出现在其他一些文献上，其中之一是《清代乾隆朝实录》："则君子进而小人退，相需殷而相得彰，蔡传引而未发，故申而论之。"[④]

---

① 申论作为考试科目的概念使用，从名实相符的角度来看是否合适，目前学术上还有争论。
② 国家公务员局. 中直机关2012年度考试录用公务员报考指南［EB/OL］. (2011-10-13) [2013-08-11]. 工作动态，部门信息. http: //www.gov.cn.
③ 《论语》没有"申而论之"之语，我们已经把检索结果表述在2008年北京大学出版社出版的《新编大学写作教程》第253页上的注释①中。
④ 乾隆朝实录卷六百零六［EB/OL］. (2013-06-24) [2013-08-11]. 学术经典库：中国经典，史部，纪事本末类，清实录. http: //www.cssn.cn.

古文有"申而论之"，当今使用的"申论"作为科考用词既不由"申而论之"演化而来，也不是参加 2000 年中央、国家机关与海关、公安边检系统从高等院校应届毕业生中考试录用国家公务员试卷命题的专家组首创。据管见所及，我国古代文献把"申"和"论"这两个古汉语实词放在一起使用最少也已经有一千五百多年的历史了，例如，南朝梁萧子显在《南齐书》中记写王敬则的传记就说："军荒之后，现有一部劫逃紫山中为民患，敬则遣人致意劫帅，可悉出首，当相申论。"① 这里的"申论"有展开申述、辩护的意思，而且使用时已经把它同政务联系起来。

"申论"一词在古籍中出现不少，而直接将"申论"用于政事的就我们目力所及的典籍是《旧唐书》中唐懿宗李漼一份诏书中的一段文字："段文楚若实刻剥，自结怨嫌，但可申论，必行朝典。"② 这里的申论有充分论说、申辩之后下结论的意思。根据使用语境，可以得知开展政事活动，制定决策可以申论。

而采用"申论"作为考察官员能力的一个标准我们看到的史书是《清史稿》。请看：

陈宏谋，字汝咨，广西临桂人。为诸生，即留心时事，闻有邸报至，必借观之。……监生旧有考职，多以人代。世宗知其弊，令自首，而州县吏藉察访为民扰。宏谋疏请禁将来，宽既往。召见，微诘再三，申论甚晰，乃允其奏，以是知其能。授扬州知府，仍带御史衔，得便宜奏事。③

雍正在养心殿对陈宏志有关"考职"存在"弊"的再三询诘，听其申辩有理有据，条理清晰，"允其奏"，进而判断陈宏志这位官员"能"。这里雍正把处理政务分析和论述问题清楚作为了考查大臣的一个标准。

2000 年我国国家公务员局对国家机关工作人员录用进行了"国考"，该考核笔试科目有三门，分别是行政职业能力测验、公共基础知识和申论。关于申论，据成章说：

2000 年，在京郊某宾馆，有关领导和命题成员（写作命题组等）在充分准备的基础上，对公务员考试中关于"写作"（有别于一般意义上的作文）方面的命题，进行了全面、深入的讨论。在广泛借鉴了古今中外选拔人才有关"写作"方面考试方式的基础上，谈到"写作""应用写作""公文写作""案例分析""策论""政论"等，最后，经相关部门和领导批准，定名为"申论"。④

从上面的文字中可以看出，把"申论"一词作为选拔公务员科目是第一次使用的，使用这个概念是经过审慎考虑的，因为它对这门考试来说是一个最核心的概念，命名必须科学。那么什么是申论？有人说，"申论是考试科目"。这种解释，内涵贫乏，外延宽泛，等于什么也没有说。有人说，所谓申论，就是针对特定材料，引申出自己的观点并加以论证的写作方法。这是某个"公务员考试辅导与训练"书上给申论下的定义。这个主宾搭配不当的病句，从外延上说，它把申论解释为写作方法，没有概括出在写作方法之外申论写作考生

---

① 萧子显. 南齐书：卷二十六 [M]. 北京：中华书局，1972：480.
② 刘昫，等辑. 旧唐书：卷一～卷三五 [M]. 长春：吉林人民出版社，1995：436.
③ 赵尔巽等辑. 清史稿：卷三百七，列传九十四 [M]. 北京：中华书局，1977：10558.
④ 成章. 申论典范 [M]. 6 版. 北京：北京大学出版社，2011：1.

必须具有的素质、修养和能力等所组成的类，违反了定义项的外延与被定义项的外延必须全同的规则。另外，这个定义把申论四个题型之一的"内容概括"排除掉了，"内容概括"包括概括主要问题、主要内容或部分内容等。大家知道，"内容概括"的答题要求是，在规定表述的一定字数内，内容概括要客观、准确、全面、简洁，"引申自己的观点并加以论证"这个概括的要素是不符合"内容概括"的答题要求的。其他三类题型的解答则要"引申出自己的观点并加以论证"。这个定义把只适合三种试题解答的要点概括为全部申论题型解答的要点，犯了概括不当的逻辑错误。这个定义存在着语法错误和逻辑错误，自然释义申论的概念也是不正确的。而认为申论是专门用于公务员考试的一种应试文体则是流行最广的看法，这种看法来自《申论考试指南》，请看：

  它是根据公务员工作的实际需要，适当借鉴了我国古代"对策"（"策论"）的某些特点，专门用于公务员考试的一种文体。[1]

这可能是编者以为我国古代用于取士的策问和对策文是考试文体，申论考试与它有历史渊源，就推断申论也是一种应试文体了。然而，循名责实，我们发现，申论考试题型早期有三种：概括内容、制定对策和作出论证；现为五种[2]：概括题、分析题、论述题、对策题和写作题。就这些题型而言，内容概括题有的有文体要求，有的没有文体要求；论述题和分析题以问答的形式出现，作答就目前来看，还没有文体要求；对策题有的有文体要求，有的则没有。考生答题，按照文体要求写作的是文章，不写成文体的语段属于文本。[3] 论证是要写成考场文章的。根据申论考试题型可以这样说：申论试题是套题，对文字表达有的有文体要求，有的则没有。很显然，用考试文体阐释申论含义在逻辑上是以偏概全的。

那么什么是"申论"呢？

给一个概念下定义，学科不同、角度不同，释义也就不同。从写作学的角度，我们认为：

第一，申论考试内容是公务性的。就目前它的四种考试题型而言，每一种题型内容都与公务有关。

第二，申论对考生而言，是考试。这种考试，考生在考场上的最终成果都要一一落实到写作上，申论考试虽然不是单纯的写作考试，但是却以写作为中心，这种写作有它自己的特点。

第三，申论作答以文本的形式呈现。

第四，这种文本言辞，不是学术语言，不是文学言语，也不是日常口语，而主要是一种公务性书面话语。

第五，申论试题是通过有机组合的套题，以笔试的形式测试参加入编考试者所具有的机关工作人员的能力和素养的真实水平。

综上所述，申论是考生根据给定材料，按照试题要求，运用自己具备的机关工作需要

---

[1] 申论课题编写组. 申论考试指南 [M]. 2版. 北京：中国铁道出版社，2002：2.

[2] 本书把申论题型分为四种，即内容概括、材料论述、对策制定和论证表述。本书认为，分析题也是论述题，同论述题一样，也是对材料的论述，因此，可以把它们并为一类题型，统称材料论述题。

[3] 文本是一个宽泛的概念，不同学科对其有不同的解释。从写作学的角度我们认为，已被别人解读过的文章称为作品，接受前的单句、语段和文章都属于文本。

的最基本的素质、修养和能力，在限定时间内以公务性话语撰写文本的考场写作。

二、申论的历史元素

申论考试作为机关工作人员入编必考科目，到 2015 年已开考了 16 年，时间虽不长，但它却有着深厚的文化内涵，同我国古代取士的策论有一定的内在联系。

（一）申论制卷命题形式借鉴了策问

在西汉，文帝登基 14 年后，为了长治久安，于公元前 165 年开启了贤良特科选拔，首创策问选士制度。这种策选催生了两种文体：一是策问，一是对策文。它们是我国古代正式以文章取士所采用的考试文体。请看一篇策问：

盖闻五帝三王之道，改制作乐而天下洽和，百王同之。当虞氏之乐莫盛于《韶》，于周莫盛于《勺》。圣王已没，钟鼓管弦之声未衰，而大道微缺，陵夷至乎桀纣之行，王道大坏矣。夫五百年之间，守文之君，当涂之士，欲则先王之法以戴翼其世者甚众，然犹不能反，日以仆灭，至后王而后止，岂其所持操或悖缪而失其统与？固天降命不可复反，必推之于大衰而后息与？乌乎！凡所为屑屑，夙兴夜寐，务法上古者，又将无补与？三代受命，其符安在？灾异之变，何缘而起？性命之情，或夭或寿，或仁或鄙，习闻其号，未烛厥理。伊欲风流而令行，刑轻而奸改，百姓和乐，政事宣昭，何修何饬而膏露降，百谷登，德润四海，泽臻草木。三光全，寒暑平，受天之祜，享鬼神之灵，德泽洋溢，施乎方外，延及群生？

子大夫明先圣之业，习俗化之变，终始之序，讲闻高谊之日久矣，其明以谕朕。科别其条，勿猥勿并，取之于术，慎其所出。乃其不正不直，不忠不极，枉于执事，书之不泄，兴于朕躬，毋悼后害。子大夫其尽心，靡有所隐，朕将亲览焉。①

这是汉武帝所制策问《元光元年策贤良制》。它先陈述五帝三王统治的"天下洽和"，后来出现了"大道微缺""王道大坏"等情况。接下来以皇帝的口吻针对以上情况提出几个要解决的问题，最后说文帝要亲看对策文。这个最早的策问考试题有三个要素：一为材料；二是问题；三要答题的对策文。申论也是给出材料，然后针对材料提出问题，让考生作答的。在制卷命题的形式上，申论借鉴了策问。

（二）对策论的写作要求在申论论证中得到传承

参加贤良特科选拔，针对策问问什么，对策者在行文中就答什么，于是就出现了对策文。关于对策文，刘勰说："对策者，应诏而陈政也。"② 意思为对策就是针对皇帝的诏令陈述政见。这种文体又被他称为"议之别体③"（"议"是主动行文，"对"是被动写作），在表述上采用议论。这种考试文体到了明朝要求"惟务直述，不尚文藻，限一千字以上④"。对策文须言政事，用议论，表述"不尚文藻"，行文千字左右，这种文体写作要求在申论论证中得到了传承。申论对论证的文体要求是写议论文，字数一般在 800～1200 字

---

① 班固撰．颜师古注．汉书［M］．北京：商务印书馆，1962：2496-2498．
② 刘勰．文心雕龙·议对［M］//陆侃如，牟世金．文心雕龙译著．济南：齐鲁书社，1995：324．
③ 同上。
④ 王世贞．弇山堂别集卷八十一［M］．魏连科点校．北京：商务印书馆，1985：1540．

之间。

（三）申论论证的精神实质与对策文一脉相承

在内容方面，对策文写什么？请看《策贤良文学诏》：

> 大夫其上三道之要，及永惟朕之不德，吏之不平，政之不宣，民之不宁，四者之阙，悉陈其志，毋有所隐。上以荐先帝之宗庙，下以兴愚民之休利。著之于篇，朕亲览焉。①

对策文的内容涉及"朕之不德，吏之不平，政之不宣，民之不宁"，用今天的话来概括就是，针对策问寻求治国惠民之道，解决社会问题。对策行文重视统治方略的探究与时政弊端的分析。在汉以后的朝代，只要涉及策问取士，对策文都贯穿治国安邦的精神。今天的申论论证在精神实质上与对策文一脉相承。它的内容包括促进国家强盛、百姓富有、社会和谐、环境优美、科学发展等中国梦想的实现。

第二节 申论写作学习方法

"提笔迷迷茫茫，落笔彷彷徨徨，绘笔杂杂乱乱，收笔凄凄惨惨。"② 这是一位申论成绩为43.5分的考生写的《申论败笔诗》，从反面折射出作者对写好申论论证的渴盼。参加申论考试，谁不渴望考出一个好成绩？古人有言："工欲善其事，必先利其器。"③ 要获得令人满意的考试成绩是有方法的。这方法有优劣之分，收效有大小之别。若从网上搜索申论写作学习方法，可谓五花八门。其中，方法没有套路的，有的讲"多看文章，多写"，有的说多做模拟题，有的道"找几篇申论范文、《半月谈》去背背，把套路搞好就行"；方法有套路的，有社会辅导机构言有六个方法，有网站称有7天轻松突破法等。关于申论备考，《中央机关及其直属机构2015年度考试录用公务员报考指南》④ 是这样说的：

> 公务员考试主要测查从事机关工作所应具备的基本能力和基本素质，这些能力和素质主要靠平时学习、工作和生活的长期积累，很难在短期内取得很大提高。考试前，报考人员应仔细阅读《中央机关及其直属机构2015年度考试录用公务员公共科目考试大纲》，并结合职位需求和自身条件，有针对性地准备考试。

"报考指南"在这里告诉考生两点：一是依赖突击很难快速提高申论考试需要的能力和素质。这种素质和能力的提高主要依靠平时和长期的积累；二是参加考试还是要准备的。这种准备一要依据"考纲"，二要结合职位需求和自身条件有针对性地准备。依据"报考指南"提醒报考者注意的这两点，本教材认为，申论考试的核心是对机关工作需要的最基本的素质、修养和能力的测试。它与高考语文备考有所不同。高考语文试题是标准化的，在题型上既有客观题，又有主观题，并且客观题的分值不低；而申论试题在题型上仅有主观题，且得分最高的申论论证与高考作文也有很大不同。如果说不会做高考语文试卷的客观

---

① 班固撰. 颜师古注. 汉书 [M]. 北京：商务印书馆，1962：2290.
② 明秀. 关于当前申论应试有关问题的探析 [J]. 警官教育论坛，2008(1)：164.
③ 孔子. 论语·卫灵公 [M]//杨伯峻译注. 论语译注. 北京：商务印书馆，1980：163.
④ 中央机关及其直属机构2015年度考试录用公务员报考指南 [EB/OL]. (2014 - 10 - 14) [2014 - 11 - 03]. 考试录用，中央机关及其直属机构2015年度考试录用公务员专题. http：// www. scs. gov. cn.

题，还可以在试题给出的选项上"瞎蒙"的话，那么，做申论试题就全凭考生具备的机关工作需要的素养，分析、概括、解决问题及书面语言表达的能力，每一题作答都无法蒙混。再者，高考备考语文，不论学习成绩好差，备考者已经学习过12年的语文，相对而言，通过做模拟试卷，运用已经获得的语文知识和能力测查出不会的知识点、陌生的题型和没有写过的作文题，进而通过针对性的"学""问"或"做"对其把握，从中也掌握了解题技巧，提高了解题速度。而试图通过大量作模拟试卷备考申论考试，在对照所谓的参考答案中掌握机关工作需要的基本素养，学会解题技巧，提高解题速度是犯了经验主义的错误。须知，做试题必须具备相应的素质和修养，没有从事机关工作最基本的素养，解答申论试题中的"是什么""为什么"和"如何做"是雾中看花的。最重要的涉及对内容解答的表述难以下笔，临阵使用所谓的解题技巧就会帮倒忙，那解题速度还有用吗？因此，企盼通过大量做模拟试卷提高机关工作需要的素养和能力是事倍功半的。而对于不少报考者希望通过参加短期的培训班、辅导班掌握申论解题技巧、提高申论解题速度，同前者一样，在解答申论试题的内容方面一脸茫然，那掌握的解题技巧使用起来就非常"别扭"，随之而来的解题速度也就会慢下来。申论备考，走捷径的想法可以理解，但必须放弃，不然就会走进误区。对于申论备考，我们认为，申论写作要考出理想成绩，平时准备不能浮躁，要静下心来，坐得住，用相当一段时间，就机关工作人员初步具备的处理公务的理论素养和基本能力，有针对性地进行申论答题内容方面得分的潜心阅读和解题的科学训练，打下了扎实的理论基础和写作基本功，就能应对申论考题的各种题型及其变化了。

具体来说，按照以下的门径学习申论写作，可能更为高效。

一、加强理论知识的内化

申论考试是一种写作。按照信息论的观点，这种写作是为了把最优的申论作答文本呈现给阅卷者，而通过考场上运用处理公务的素养对给定材料进行的加工转换过程。问题是，大学生尤其是理工科类大学生在校期间虽对机关事务处理在政治素质上有所涉及，但在不少方面还是空白。靠刻苦做题海练习，一是根据申论命题原则押题，命中的概率像在河外星系寻找有生命的星球一样[1]，二是再作练习答题水平也提高不了多少。这是因为大脑是一个信息输出的"仓库"，进什么"货"，才有可能发什么"货"。因此，要考好申论，必须对自己意识里没有的处理公务需要的素养和已有的其他素质和能力进行符合申论写作需要的"同化"和"顺应"。"胸墨"多了，申论文本就易写了。申论写作思维是理论性的，关于这种思维，恩格斯指出："理论思维仅仅是一种天赋的能力。这种能力必须加以发展和锻炼，除了学习以往的哲学，直到现在还没有别的手段。"[2]在这里恩格斯提到了学习理论的问题。经过学习，理论视野开阔了，对申论内容概括、材料分析、拟制对策和论证问题的水平也会"水涨船高"。

（一）掌握申论写作的一般理论

申论考试从根本上说，是具有处理机关事务特点的写作考试。这种写作有它自身的写

---

[1] 国家对选拔机关工作人员的申论命题极为严格。编制的试卷初步确定后，命题专家在审查修改环节若在互联网上和搜集到的有关申论的纸质出版物上发现某一试题中有相同或类似的题料，该题重新编制。

[2] 恩格斯. 自然辩证法 [M]. 曹葆华，于光远，谢宁，译. 北京：人民出版社，1955：23.

作规律，考生必须遵循，掌握申论写作的基础理论和文体常识。

1. 基础理论

申论写作的基础理论是就申论考试题干要求和评分标准（包括评分细则）概括出来的解答各种题型运用到的写作规律，它包括写作理念、解题原则和答题方法。这种理论不同于一般的写作知识，尤其是不同于中学语文里的写作知识。例如，大多数成为"分母"的考生在理念上还是运用高考作文的观念写申论大作文的，写出的文章看起来很漂亮，结果不及格，其原因是什么？请看一篇所谓的申论论证"好文章"：

人无德不立　国无德不兴
——大力加强道德建设　促进社会和谐发展

中华民族历来有崇德重德、尚德倡德的传统。常言道："人无德不立，国无德不兴"，强调的就是道德对于个人修身立业和国家长治久安的重要作用。普通农妇刘女士出于好心搭载同村李老太太及其孙女，不料路上三轮车侧翻致李老太太伤情严重。对此，刘女士主动提出给予其经济赔偿却遭对方家属四次坚决拒绝。这一动人故事的背后，折射出的是社会公德之美，它犹如一股清泉，浸润了我们每一个人的心田。

随着改革开放和社会主义市场经济的不断发展，我国社会意识出现多样化态势，人们思想的独立性、选择性、多变性、差异性日益增强。但随之而来的各种道德问题却屡屡出现，社会一些领域和一些地方道德失范，是非、善恶、美丑界限混淆，拜金主义、享乐主义、极端个人主义有所滋长，见利忘义、损公肥私行为时有发生，不讲信用、欺骗欺诈成为社会公害，以权谋私、腐化堕落现象严重存在着。在全面建设小康社会、加快推进社会主义现代化、构建社会主义和谐社会的新时期，高度重视和大力加强道德建设，显得尤为重要。

加强道德建设需要以教育为根基。早在战国时期，孟子就曾提出"善政不如善教之得民也"。当前，随着经济全球化的深入发展和社会生活各领域的深刻变革，人们思想多元多样多变的趋势日益明显，主流价值观和基本道德规范在一定程度上受到挑战。但市场经济的发展不能以牺牲社会道德为代价，道德教育在任何时候只能加强不能削弱。只有把社会主义核心价值体系作为道德教育的主题，融入到整个国民教育当中，不断丰富教育内容，创新教育方式，充分发挥道德模范的榜样作用，抓细节、抓具体，持之以恒，才能推动良好道德风尚的形成，更好地助推经济社会的健康发展。

加强道德建设需要法律和制度作保障。德以劝善，法以诛恶。要使道德教育由软变硬、由虚变实，必须有一套严格的法律和制度来规范和保障。法律是道德规范和社会文明的风向标，必须把道德观念渗透到社会管理之中，把道德规范体现到法律、法规的制定之中，并通过法律、法规和各项制度的严格执行，扶正祛邪、惩恶扬善，使外在的道德规范内化为人们的行为自觉。惟其如此，人们从善的信心才能得到提升，整个社会的道德基石才能坚实、稳固。

加强道德建设需要每个人从自身做起。国家者，积人而成。遵守社会主义道德既是觉悟，也是义务，道德大厦的建设需要每个社会成员添砖加瓦。全社会都要讲公德，只有人人修身自律，躬行实践，才能积小流而成江海，积小善而成大德，富强、民主、文明、和谐的目标才能真正实现。加强道德榜样的宣传，辩证吸取中华传统道德精华，去其糟粕，才能适应当今社会，提高中国人民的整体素质。

  康德曾说："世界上有两件东西能够深深地震撼人们的心灵，一件是我们心中崇高的道德准则，另一件是我们头顶上灿烂的星空。"相信随着公民道德建设的大力提倡，我国公民道德建设会取得长足的进步与发展，社会主义精神之花必将灿烂绽放，吾国必将长治久安。

这是有人仔细研究过 2012 年适用于省级（含副省级）以上综合管理类职位的"国考"申论第四题下工夫"做"出的"考场八股"。不依据申论阅卷的评分标准和评分细则的参考样卷，乍一看这篇文章在内容上写得有高度、有深度，形式上论据典型，语言流畅，层次清楚。然而，仔细分析就会发现，作者没有从材料中提炼出刘女士和李老太家人的高尚品质到底是什么，不结合申论所给出的具体材料，深入分析材料在道德内涵方面的特殊性，不结合试题给出的材料内涵选择可写点进行主题开拓，而是抓住在可写范围类似"亲戚关系是表姑姨舅的三叔的二大爷"的表面联系，进行发散思维，表述尽人皆知的泛泛而谈。这种毫无实质性内容的夸夸其谈，阅卷教师十分反感。其写作的错误之处就是以高考话题作文的写作理念撰写申论大作文的。高考话题作文只要在规定的可写范围之内，可以进行五花八门的写作，其立意可以多元，文体可以多样，所给材料可以不用，语体可以多种。而申论作文立意是一元化的，论证不能脱离所给材料，语体是公务性话语。这是申论论证区别于高考话题作文最显著的地方。如果学习了申论写作的基础理论，采用申论写作理念进行论证，就不会写出这样的"四不像"了。

申论写作的基础理论要讲申论写作理念、解题原则和答题方法。其中，答题方法的理论包括内容如何概括、材料如何分析（材料分析类题型又分为启示类题型和阐释类题型）、对策如何制定、论证如何下笔等。这些基础理论清楚了，做题目才能不但知其然，而且知其所以然了。关于这一点，请看 2010 年中央、国家机关公务员（适用于副省级及以上综合管理职位）录用考试申论试题 1：

"给定资料 1"提到，权威部门指出，如果再不采取果断措施，渤海将在十几年后变成"死海"。这里的"死海"是什么意思？（10 分）要求：准确，简明。不超过 100 字。

如果懂得了诠释说明的写作理论，知道这种说明每次从一个方面抓住事物的一个特点进行解说，这道题就十分好做了。过去一些大学生备考申论，买来一本模拟试题像"只低头拉车，不抬头看路"一样，只管一个劲地做题，结果对照参考答案（许多参考答案也是错的），知道题答错了，可不知道错在哪里，下一次做同类试题，依然会出现同样错误。假如系统学习了申论写作的基础理论，就可以避免这类现象的发生。在这里特别提醒打算像备战高考一样大量做模拟试题备考申论的考生，请关注达·芬奇的话：

  热衷于实践而不要理论的人好像一个水手上了一只没有舵和罗盘的船，拿不稳该往哪里航行。实践永远应当建立在正确的理论上。①

没有理论指导的实践是盲目的实践。做习题很重要，我们建议在做模拟题的同时，还要注

---

① 达·芬奇. 笔记［G］//北京大学哲学系外国哲学史教研室编译. 西方哲学原著选读：上卷. 北京：商务印书馆，1981：311.

意申论写作理论的学习。

2. 文体常识

申论作为最终以考生的文本形式出现的考试，命题专家制卷时每制作一道题都要考虑是否有文体要求的问题，有时命题组和审题组甚至为此讨论得十分激烈。只要制卷就会考虑要不要有文体要求的问题，有时命题组根据命题原创性的要求也会在这方面想方设法出新。十多年来，申论试题的题型由过去的三种到现在的四种，题干要求也有了一些新的变化。尽管如此，若运用文体知识进行考察，就会发现，命题的题干要求就两种类型：一是没有文体要求的，一是有文体要求的。例如，有文体要求的，概括内容题，有的要求考生的作答文本是汇报材料，有的要求写成供领导参阅的文本，有的要求写成新闻；制定对策，有的要求写成倡议书，有的要求写成书信等；论证，有的要求写成政论文，有的要求写成策论文，有的要求写成评论文，有的要求写成启示文，有的要求写成讲话稿，有的要求写成报告；等等。总之，申论写作有文体要求的：一是非应用文体，二是与处理机关事务有关的公务性文体。如果涉及申论写作的文体常识都掌握了，最起码考场作答时在文体形式上可以拿到分数。

(二) 建立公务需要的核心理论仓库

1. 建立公务需要的核心理论仓库的意义

根据申论命题公平性的原则，申论命题不会偏向某一个专业的考生。当然，如果某专业考生发挥自己的专业理论优势，在对策制定或论证方面，恰到好处地从自己专业的角度笔走偏锋，写出符合考题要求的令阅卷教师眼睛一亮的对策或论证，这样的可能性会有的，然而，申论命题者考虑的是机关工作人员必须具备的最基本的理论素质结构而并非单一性的理论知识。《2002年中央、国家机关录用考试公共科目考试大纲》讲得非常明白："主要通过应试者对给定材料的分析、概括、提炼、加工，测查其运用马克思主义哲学、邓小平理论、法律、行政管理等理论知识解决实际问题的能力，以及阅读理解能力、综合分析能力、提出问题能力和文字表达能力。"[①] 2003年以后的考试大纲虽对此表述作了修改，但是其基本精神没有改变。根据这一点，备考者很有必要建立起申论写作的核心理论仓库。

2. 建立公务需要的核心理论仓库的依据

"凡是在理论上正确的，在实践上也必定有效[②]"。申论考试题型的四种类型——"概括内容""分析材料"（又分为两个题型）"提出对策"和"作出论证"的考题实质上是关于处理的行政事务是什么事件、为什么会有这样的事件，怎样处理这个事件、为什么这样处理事件的问题。这是模拟机关工作人员处理公务的。《中国共产党章程》指出："中国共产党以马克思列宁主义、毛泽东思想、邓小平理论、'三个代表'重要思想和科学发展观作为自己的行动指南。"[③] 现实中的公务应该在这些理论的指导下开展工作。因此，考生在自己的专业理论之外，必须具备这些理论素养。

---

① 2002年中央、国家机关录用考试公共科目考试大纲[EB/OL].（2001-11-01）[2012-10-28].新浪教育. http://www.sina.com.cn.

② 康德. 论谚语：在理论上可能是对的东西，但对实践未必有用处[M]//中国社会科学院哲学研究所西方哲学史研究室编. 国外黑格尔哲学新论. 北京：中国社会科学出版社，1982：2.

③ 中国共产党章程[EB/OL].（2012-11-18）[2013-02-16]. http://www.gov.cn.

3. 建立公务需要的核心理论仓库的内容

对16年的"国考"试题内容进行简单归纳，不难发现，"四个全面"的治国方略、依法治国理论、科学发展观、文化建设理论、环保常识和行政执法知识是答题必备的，材料分析、制定对策和论证问题都要运用其中的理论解决问题。无论拿出哪一年的"国考"试题进行分析，都能证明这一点。鉴于此，考生要花一定时间在自己已经学习过的"思政"理论的基础上学习以上六种理论，真正掌握它们。对重要的文章进行精心研读（篇目见本教材第44页）。这些理论真正入脑入心了，分析问题的准确性、制定对策的可行性和论证问题的深刻性都会得到加强。

二、熟悉时政，把握政府、百姓关注问题

（一）熟悉时政，把握政府、百姓关注问题的意义

申论开考已经16年了，从互联网上任意下载一道"国考"或"省考"试题，不难发现，考题内容都是政府部门和老百姓普遍关心的问题，有些内容涉及时事政治。参加申论考试，阅读给定材料，虽然以前没有看过题面文字，但它表述的现象却有"耳闻"或者"目见"，内容的不生疏会感到试题的亲切，由于不紧张，能力会得到很好的发挥。如果平时养成了对热点、焦点问题的思考习惯，对材料分析、对策制作和论证行文就会十分有利。倘若真正熟悉时事政治，对待公务现象就会从国家的层面站得高、看得远了，对分析材料、论证问题的高度和深度也会有一定帮助。

（二）熟悉时政，把握政府、百姓关注问题的方法

熟悉时政，把握政府、百姓关注问题不是一个理论问题，而是一个实践问题。这也是许多考生知道的，问题的关键是如何实践最为有效。在这方面，被许多网站粘贴上传的某社会办学机构辅导研发团队研发的时政热点储备得申论高分的方法是：整理事例、收集观点和形成体系。这不能不说是对一个时事、热点或焦点问题熟悉和把握的好方法，但是时政和热点、焦点问题那么多，采用这种方法对考生备考来说时间上是不允许的。那么怎样"熟悉"和"把握"时事和政府、百姓关注的问题呢？

1. "耳闻目见"

这个"耳闻目见"并不是指亲临现场，而是指经过精心挑选权威媒体的网站、电视台、杂志或报纸，选其有关的栏目进行阅读或视听。现在网络很发达，权威媒体一般都有网站。这些网站有些精品栏目办得很好，对我们了解时政尤其是了解焦点、热点问题很有帮助，比如央视网的"焦点访谈"、《半月谈》网的"今日谈"、新华网每日电讯的"评论·声音"和人民网的"人民网评"等。在权威媒体网站选其一个，经常关注它的焦点、热点问题栏目的内容不失为一种好方法。

2. 思考问题

对政府和老百姓普遍关心的热点、焦点问题，我们在社会生活中都知道一些，问题是这些"焦点""热点"形成的原因、其实质和如何解决我们则思考不多，而这些恰恰是考试的内容。因此，对焦点或热点问题我们不只是要了解现象，更重要的是要知道产生它的原因，知道它的性质和解决它的途径。这就需要我们对焦点或热点问题进行"是什么""为什么"和"如何做"的思考，这三问解决了，就是对焦点或热点问题"熟悉"和"把握"了。平时对焦点和热点问题多思考，养成了思维习惯，就会成为思维技巧，这种思维

定势的正能量就会在申论考试的答题中发挥积极作用。

三、注重理论指导下的科学练习

备考申论写作，必须练习，这是每一位报考机关工作人员的考生都清楚的，并且不同程度地进行了实践。问题是其实践是不是科学，这倒是备考申论写作面临的一个大问题。下面就这个问题谈谈怎样科学练习。

（一）打消"速成"的指导思想

无论做何事都应该有指导思想，备考申论写作也一样。在正确指导思想的指引下，经过科学的写作练习，申论写作水平会有长足的进步，反之收效甚微。报考机关工作人员的考生，不是有工作就是在学习，因时间有限总想急功近利，希望在短时间内就能"立竿见影"，于是背诵网站推荐的范文，听辅导机构教师讲解申论写作模式，然后做猜题练习。这种做法可以理解，但通过走捷径"速成"的指导思想错了。申论写作需要作者的素质、修养和能力的合力参与，它们的提高不是一朝一夕的事情，没有"抄近路"的办法，而是要在一段时间内通过系统学习和练习，有了一定的素养积累，申论写作水平才能提高。

（二）选用公认的经典教材

选拔机关工作人员的考试已经成为我国的第三大考，这两年参加考试人数虽有所下降，但还都在百万以上。申论作为一门考试科目，许多做生意的精明人看到了商机，他们从赚钱出发办网站、开辅导班、出申论考试指导书，当然也有几位学者编写了申论写作教材。目前这方面的书让人眼花缭乱，可谓"泥沙俱下，鱼龙混杂"。用李白的诗来形容就是："理有疑误而成过，事有形似而类真。"[①] 在已经出版的书中，出现了很多写作常识性的硬伤，连目录都有逻辑性错误的不在少数，所阐述的理论许多都是误导，所推荐的高分答案和范文按照申论评分标准不少都是不及格的。值得注意的是，申论"国考"初期，考生的成绩主要集中在50—60分之间，可是2006年以后，其成绩逐年降低，到了2008年，考生成绩主要集中的分数段下降到30—40分之间。[②] 其中的因素可能是多方面的，而许多粗制滥造、错误百出之书的误导不能不说是一个非常重要的因素。

教材是教师指导之范，是学生进步之阶。门捷列夫指出："没有以有分量的理论作基础的实践一定会遭到失败。"[③] 这句话指出了理论对实践指导的重要性。什么是指导申论写作的好教材呢？好的申论写作教材应具有总结申论写作特有规律的科学性、传播申论写作理论的知识性、概括全部申论写作之点的系统性和指导申论写作的可操作性。考生挑选教材不要跟着广告走，不要听信网站巧言，一定要有主见，要咨询三个到五个考上公务员的亲朋好友，请他们推荐好的教材。在他们推荐的教材中，筛选出一本口碑最好的作为学习的指导用书。

---

① 李白. 上安州李长史书 [G]//王琦，注. 李太白全集：卷二十六. 北京：中华书局，1977：1227.

② 明秀. 关于当前申论应试有关问题的探析 [N]. 警官教育论坛，2008（1）：164.

③ 门捷列夫语. [G]//理论火花，史学理论研究 1996（03）：86.

（三）要有系统的科学练习

达·芬奇说："最大的不幸是理论脱离实践。"[①] 选好了指导申论写作的教材，就涉及练习了。申论写作的科学练习是在准确概括申论写作理论指导下的练习，这种练习是提高能力的基础训练，它包括一般练习和模拟练习。

1. 一般练习

针对某种基本能力的单项训练就是申论写作的一般练习，它包括题型练习和特殊练习。

（1）题型练习。

教材一般是根据申论写作的知识点，依据申论"国考"和"省考"试题题型把"内容概括""材料分析（包括"分析题"和"论述题"）""制定对策"和"论证表述"编写出相应的配套练习题。做这种练习，要仔细阅读教材，掌握要领。要仔细揣摩教材所讲理论，把它运用到相对应的同步练习之中。教材每章内容精读之后，紧跟章节内容从开始到结束把练习题做完，如此这般，就能得到系统的科学练习。每做一题就属于题型练习。

（2）特殊练习。

建议考生做完教材上的练习之后，找到自己做练习暴露出来的弱点，分析弱点背后的原因，围绕这个原因加强针对性训练，比如概括能力偏低，就要提高认识能力，加强理论修养，多做概括能力的训练。找到自己的不足，加强这方面的训练就是特殊练习。

2. 模拟练习

选择一套试题，完全按照要求，在规定时间内运用教材理论作答就是模拟练习。建议考生在做完一般练习之后，从互联网上下载四五套"国考"申论试题，进行模拟练习，目的是化理论知识为解题技巧。

建议考生不要去做那些说得天花乱坠的"根据最新考试大纲编写的最新过关模拟试题"。再"最新"的模拟试题都不会超出"国考"申论试题的水平，即便是"省考"试题，也是命题专家学习了当年的"国考"考试大纲，在认真研讨去年"国考"试题特点、把握申论考试命题趋势的基础上才命题的。做那些最新模拟试题是一种无用功，它耽误了备考的宝贵时间。

总之，在正确的申论写作理论指导下，把一般练习和模拟练习有机结合起来进行的练习，才是较为有效的系统的科学练习。

建议不是在校大学生的往届毕业生（大学要开设申论写作公共选修课，文科应将申论写作纳入写作课程），要选对教材，以自学为主，做出备考计划，有针对性地读书和练习，这样，申论写作水平就会稳步提高，从而使理想变成现实。

思考与练习一

一、思考题

（一）提高申论写作水平可以走捷径吗？为什么？

（二）学习申论写作为何不能仅做模拟试题？

---

① 达·芬奇. 笔记［G］//北京大学哲学系外国哲学史教研室编译. 西方哲学原著选读：上卷. 北京：商务印书馆，1981：311.

（三）申论论证与高考话题作文的区别。

二、练习

（一）从互联网上下载2012年安徽公务员录用考试申论试卷（A类），做第3题。①

（二）下面是一篇申论论证点评，请结合试题指出点评的对错。

2007年"国考"申论《命脉》（政论文）点评

评语：该文添加了副标题：论加强农村土地管理的紧迫性，就意味着文章的论点是这个副标题，但首段不提中心论点，这样就有没有扣题的嫌疑，注意！！其他基本符合政论要求。

命　脉

——论加强农村土地管理的紧迫性

土地是农业生产的基础，是农村经济发展的必备条件，是农民生活的保障，因此，土地是农民生存的命脉。保护土地资源不仅有利于我国解决三农问题，而且还是党巩固执政为民方针的重要手段。因此，加强农村土地管理工作非常紧迫和必要（添加1句点题）（说明：文中宋体字为点评者语言）

近年来，在商业利益和政府双重利益的驱动下，我国城郊农民大量失地，并且土地补偿标准低，这使失地农民成为无地可种、无正式工作岗位、无社会保障的流民。这严重影响了农村的经济发展，不利于我国社会主义和谐社会的构建，违背了科学发展观的精神实质。因此，加强土地资源管理迫在眉睫。

加强对农村土地资源的管理，有利于农村经济的稳定发展。城乡二元制在我国普遍存在，社会的人力、财力都已经流向城市，农村经济发展很大一部分只能靠农业的发展，而农业发展需要土地资源作为根本保障。如果农村的土地都被商业机构和地方政府非法占用，则农村经济的发展将失去动力。因此，国家应出台相关政策措施，加大农村土地管理的力度，为农村经济发展提供保障。因此，加强对农村土地资源的管理，有利于农村经济的稳定发展。（添加1句强调分论点）

加强对农村土地资源的管理，有利于我国构建社会主义和谐社会。社会主义和谐社会要求在经济发展的同时正确处理各种社会矛盾。农村土地被非法占用、征用，正是农民与商业机构、部分地方政府的突出矛盾表现。我国有9亿多农民，农民是我国社会的重要组成部分，并且是社会阶层中的弱势群体。因此，解决土地问题、解决农民问题是我国构建和谐社会至关重要的环节。只有不断加强农村土地资源管理，解决农民问题，才能加快推进我国社会主义和谐社会的构建。因此，加强对农村土地资源的管理，有利于我国构建社会主义和谐社会。（添加1句强调分论点）

加强对农村土地资源的管理，有利于贯彻科学发展观。科学发展观要求发展是第一要义，要以人为本，全面、可持续地发展。土地被非法占用不利于农村经济的发展；农民失地、权益无保障，违背了以人为本的原则；土地资源遭受破坏、退化，不符合全面、可持续发展的要求。因此，过度征地、违法占用土地的行为根本违背了科学发展观的精神实质。因此，加强对农村土地资源的管理，有利于贯彻科学发展观。（添加1句强调分论点）

总之，土地是广大农村稳定发展的基础，是9亿农村人口赖以生存的命脉，我们应以十七大精神为行动指导，切实贯彻科学发展观，不断加强农村土地资源的管理，确保农村土地资源可持续发展。

---

① 2015年的"国考"市（地）以下申论试卷第二题采用了这种命题形式。

第二章 备考要点

第一节 备考原因

一、写作需博而能一

不少参加过两次机关工作人员录用考试还没有进入面试的报考者在互联网上发帖子,讲述自己第一次"裸考"申论成绩比第二次系统准备考得还好的事情。为什么会出现这种情况?产生这种现象的原因十分复杂。相比较而言,第一次考得好,其中一个因素是他在对申论题型一无所知的情况下,运用了在校学习掌握的最基本的读写能力,在考场上仔细分析了题干,不脱离材料进行了答题。这个做题的理念是正确的,作答的前提是熟悉资料,答题的内容是不脱离资料,申论阅卷主要是看答题内容,形式次之。而第二次考试成绩不如第一次的最重要的原因是自己所选教材的误导,做题时削足适履地套用了所谓的"秘籍""万能宝典"的"模板"。两次考试分数毕竟都不高。第一次考试不熟悉考试题型,不知道不同的题型有不同的答题要求与解答方式,没有按照答题限制条件规范表述,缺少机关工作人员具备的基本素质和修养,这是第一次失败的主要原因。第二次考试失败犯了理论脱离实际的毛病,考试时自戴"枷锁",影响了在"考官"面前的才能展现,是在能力方面出了问题。成为机关工作人员录用考试大军的"分母"原因是多方面的,申论写作是机关工作人员最基本的素质、修养和能力的综合运用,要成为这只大军的"分子",必须具备机关工作人员最基本的素质、修养和能力。

在本书绪论里我们说,申论考试是一种特殊的写作考试,这种考试与公务活动有关,它最终的结果是文字表述。那么这种考试按照申论考试大纲的说法:"参加机关人员录用考试,申论考试省级以上(含副省级)综合管理类职位申论考试主要测查报考者的阅读理解能力、综合分析能力、提出和解决问题能力、文字表达能力。""市(地)以下综合管理类和行政执法类职位申论考试主要测查报考者的阅读理解能力、贯彻执行能力、解决问题能力和文字表达能力。"由这些能力构成了申论考试必须具备的申论写作能力结构。

申论写作能力结构的构成成分是考生在考试中完成申论写作所必备的而且影响申论写作效率的个性心理特征。这些能力是在考场上直接表现出来的，只有通过多次训练才能获得。

许多考生也知道通过训练可以获得能力，在这种观念的支配下他们做了许多练习，但是他们忽略了机关工作人员必须具备的基本素质和修养。没有这些素质和修养，再刻苦训练能力水平也提高不了多少。这就是一些考生尽管做了准备但第二次申论仍没考好的重要原因。常言道"书到用时方恨少""功夫在诗外"，说的都是在"写"之外必须具有一定的素质和修养。这些素质和修养是能力发挥的基础，离开它们，施展才能很困难。考好申论必须具备机关工作人员具有的较高的政治素质和文化素质、一定的理论修养和语文修养。离开这些最基本的素质和修养，提高申论写作水平就是一句空话。

申论写作具有综合性的特点。这个特点就是考生把申论考试需要的素质、修养和能力集合在一起解决申论考试中的具体问题。具体来说，由政治素质（道德观念和思想品质，包括世界观、人生观、价值观和幸福观等）和文化素质（报考者在家庭生活、学校教育和社会环境中获取的本民族和外来文明集合的一般知识）构成了素质结构，由理论修养（中国特色社会主义学说、依法治国原理、行政执法理论和环保常识等）和语文修养（语文知识和词语积累）构成了修养结构，由申论考纲表述的测查报考者四方面的能力构成了能力结构。这些集合便构成了申论写作需要的"博"。"一"是申论写作遇到的一个个的具体问题，比如，给论证起一个好的标题，论证问题选择一个最符合证明论点的论据，造一个最符合对内容表达的句子，在造句中选一个最恰当的词等。面对申论写作的一个个的问题，报考者都会将三大结构综合成一个有机整体，化解申论写作环节中的每一个问题，这就是"博而能一"。如果构成"博"的结构有欠缺，解决申论写作中相对应的"一"就会不理想。比如，机关工作需要的基本理论修养和文化修养偏低，在做2001年"国考"申论第4题关于粮食生产安全重要的论证就会表述得很空洞；反之，知道"手中有粮，心中不慌"，阅读过毛泽东的《党内通信》，记得"须知我国是一个有六亿五千万人口的大国，吃饭是第一件大事[①]"，就会把论证表述得有理有据、令人信服。

为使申论写作的"一"解决得满意，报考者必须分析自己"博"的能力结构的欠缺，并有针对性地"恶补"起来。

二、答题设虚拟职位

只要行文写作，就有一个表述的人称角度问题，文学创作常用的有第一人称和第三人称，第一人称又有自我（作者自己）和他我（作品人物中的"我"）之分。同样，申论在行文表述中也有一个"人称"问题，这个表述"人称"是命题专家设定的。请看我们整理出的申论开考以来试题中的"身份设定"一览表：

[①] 毛泽东. 党内通信 [G] //毛泽东文集第8卷. 北京：人民出版社，1999：49.

2000—2015 年"国考"申论试题中的"身份设定"一览表

年份	身份设定
2000	省政府调研员
2001	某职能部门的工作人员
2002	政府制定政策的角度
2003	从政府职能部门制定政策的角度；设定发言人
2004	市交通主管部门的负责人
2005	未明确设定
2006	新录用公务员
2007	整理一份供有关负责同志参阅的材料 省级（含副省级）以上综合管理类：中央有关部门联合检查组
2008	行政执法类：请你站在水电规划部门的立场
2009	以省政府职能部门的身份
2010	市（地）以下综合管理类和行政执法类：市政府工作人员
2011	省部级卷：国家某部门；地市级卷：以县教育局的名义
2012	省部级卷：某单位党委、市政府职能部门的工作人员 地市级卷：市交管局聘请的观察员，以区级单位的名义撰写宣传稿
2013	省部级卷：市负责地方文化保护工作人员、大学生村官 市（地）以下综合管理类和行政执法类：县文化局干部
2014	省部级卷：省教育厅工作人员 地市级卷：对F市所做工作进行分类总结，以专家团的名义给参与救灾的各界人士写一份倡议书
2015	省部级卷：制博会组委会工作人员，就本届制博会亮点，草拟一份备询要点，供组委会领导在制博会开幕日的记者通气会上使用 地市级卷：驻村干部，向其他市县养殖村的管理人员介绍经验，写一篇在经验交流会上的讲话稿

从表中可以看出，除了2005年试题没有设定虚拟的人物身份外，16年申论"国考"有15年设定了作答者的虚拟身份，而且虚拟身份不是行政人员就是事业单位人员，更具体地说，这些虚拟身份有的是领导，有的是一般工作人员。

设定了虚拟的人物身份，就要从虚拟人物的角度思考答题内容，以虚拟人物的口气进行表述。例如，2001年"国考"申论试题：

假定你是某职能部门的工作人员，请你就PPA（原康泰克主要成分是PPA）风波所引发的问题提出善后处理意见。可以全面谈，也可以就某一个方面谈。要求：（1）意见合理，具体可行；（2）条理清楚，语言简明；（3）字数不超过1000字。（50分）

这个"某职能部门的工作人员"可以是卫生局的，可以是文广新局的，可以是药检局的，也可以是工商行政管理局的。如果是文广新局的，就要从发挥新闻传媒舆论引导的正能量作用，拟制针对炒作和消除不良反应的对策，表述用公文性话语。从这个例子可以看出，申论写作的报考者答题时虽是个人执笔，但是虚拟身份是单位领导，或是为单位立言的人。所写内容不是"私事"，而是"公务"。报考者走进考场，就要把自己转变为虚拟的公务员身份。应试申论，考核的是官场文化水平，表达的是公意，不是"私说"，公文语言表述是它的语体特征。要改学生腔、生活言语、文学语言、学术话语为"行政话语"。在宋代策论考试就明确规定，文本撰写不能"妄肆胸臆，条陈它事"①。当今的申论考试对于考生而言，书写的应是"治国之道、安邦之策"，而非个人情怀，自家认识。

然而，报考者可能对学术文化、文学创作或商场文化等熟悉，对官场文化不了解。要考好申论，就要对处理行政事务的有关的基本理论和政策有所掌握，通过多次练习，会使用公务性话语表达内容。

第二节 考前准备

一、涉及考试内容的理论知识

教师进行劳动和创造的时间好比一条大河，要靠许多小的溪流来滋养它。教师时常要读书，平时积累的知识越多，上课就越轻松。② 这是苏联著名教育家苏霍姆林斯基对教师上好课的一条建议。同理，这话对写好申论也是非常实用的。下面的理论知识，大学生有的学过一些，有的则没有涉及。真正掌握这些理论可以提高政治理论素质，能够提高申论写作认识问题、分析问题和解决问题的水平，这对写好申论非常有帮助。

（一）必须掌握的理论

1."四个全面"的治国理政方略

1)"四个全面"的提出

"四个全面"是指党的十八大以来，以习近平为总书记的党中央从坚持和发展中国特色社会主义全局出发，提出并形成了全面建成小康社会、全面深化改革、全面依法治国、全面从严治党的战略布局。"四个全面"已成为以习近平为总书记的党中央治国理政的全新布局。"四个全面"战略思想和战略布局，正是中国"发展起来以后"，更加注重发展和治理系统性、整体性、协同性的必然选择。2014年11月，习近平到福建考察调研时提出了"协调推进全面建成小康社会、全面深化改革、全面推进依法治国进程"的"三个全面"，2014年12月在江苏调研时则将"三个全面"上升到了"四个全面"，要"协调推进全面建成小康社会、全面深化改革、全面推进依法治国、全面从严治党，推动改革开放和社会主义现代化建设迈上新台阶"，新增了"全面从严治党"③。

（1）全面建成小康社会。

这是党的十八大提出的重大战略任务。党的十八大报告提出了"确保到二〇二〇年实现全面建成小康社会宏伟目标"的时间表，以及"经济持续健康发展""人民民主不断扩大""文化软实力显著增强""人民生活水平全面提高""资源节约型、环境友好型社会建设取得重大进展"等具体内涵。

---

① 毕沅, 辑. 续资治通鉴 1 [M]. 长沙：岳麓书社, 1992：622.

② B. A. 苏霍姆林斯基. 给教师的建议 [M]. 2版. 杜殿坤, 编译. 北京：教育科学出版社, 1984.

③ 霍小光, 华春雨. 习总书记首谈"四个全面"意味着什么[EB/OL]. (2014-12-17) [2015-03-02]. 时政. http://www.xihuanet.com.

(2) 全面深化改革。

党的十八届三中全会审议通过了《中共中央关于全面深化改革若干重大问题的决定》，提出"全面深化改革的总目标是完善和发展中国特色社会主义制度，推进国家治理体系和治理能力现代化"，并对经济体制改革、政治体制改革、文化体制改革、社会体制改革、生态文明体制改革和党的建设制度改革进行了全面部署。

(3) 全面推进依法治国。

党的十八届四中全会通过了《中共中央关于全面推进依法治国若干重大问题的决定》。这是党的中央全会第一次专门研究法治建设。决定提出"全面推进依法治国，总目标是建设中国特色社会主义法治体系，建设社会主义法治国家"。全会同时对全面推进依法治国的原则、任务、布局进行了全面部署。

(4) 全面从严治党。

从公开的新闻报道看，这六个字合在一起表述尚属首次。但其主要精神习近平总书记在2014年10月8日党的群众路线教育实践活动总结大会的讲话中已经体现出来——"今天这个大会，是对党的群众路线教育实践活动进行总结，对巩固和拓展教育实践活动成果、加强党的作风建设、全面推进从严治党进行部署。"①

2) 准确把握"四个全面"的时代内涵

全面建成小康社会，就是确保到2020年实现经济持续健康发展，人民民主不断扩大，文化软实力显著增强，人民生活水平全面提高，资源节约型、环境友好型社会建设取得重大进展，为实现现代化和民族复兴奠定坚实基础。

全面深化改革，就是以经济体制改革为重点，以处理好政府和市场关系为核心，全面推进经济体制改革、政治体制改革、文化体制改革、社会体制改革、生态文明体制改革、国防和军队改革、党的建设制度改革，完善和发展中国特色社会主义制度，推进国家治理体系和治理能力现代化。

全面推进依法治国，就是坚持走中国特色社会主义法治道路、建设中国特色社会主义法治体系、建设社会主义法治国家，实现科学立法、严格执法、公正司法、全民守法。

全面从严治党，就是要落实从严治党责任，坚持思想建党和制度治党紧密结合，严肃党内政治生活，从严管理干部，持续深入改进作风，严明党的纪律，发挥人民监督作用，深入把握从严治党规律，实现党的自我净化、自我完善、自我革新、自我提高，保持和发展党的先进性和纯洁性。②

"四个全面"不是简单并列的关系，具有"总分总"的逻辑结构。全面建成小康社会是奋斗目标，是我们实现社会主义现代化和中华民族伟大复兴中国梦的阶段性目标，具有战略统领和目标牵引作用。习近平同志指出："党的十八届四中全会通过了全面推进依法治国的决定，与党的十八届三中全会通过的全面深化改革的决定形成了姊妹篇"。这表明，全面深化改革与全面推进依法治国同为支撑，共同支撑和推动奋斗目标的实现。全面深化改革是实现奋斗目标的根本路径、关键一招、强大动力，全面推进依法治国是实现奋斗目标的基本方式和可靠保障。中国共产党是中华民族伟大复兴的领导核心，全面从严治党具

---

① 习近平. 在党的群众路线教育实践活动总结大会上的讲话 [EB/OL]. (2014-10-08) [2015-03-02]. 高层//. http://www.xinhuanet.com.

② 李升泉. "四个全面"新时期治国理政总方略 [N]. 人民日报, 2015-01-28.

有全局性、根本性，只有通过全面从严治党才能使我们党坚强起来，才能在全面建成小康社会、全面深化改革、全面推进依法治国的进程中发挥领导核心作用，因而全面从严治党是实现前三个全面的坚强保证。

"四个全面"是内在统一的有机整体。"四个全面"作为相辅相成、相互支撑、内在统一的整体，一是统一于"四个伟大"：实现中华民族复兴伟大梦想、推进中国特色社会主义伟大事业、加强党的建设伟大工程、开展具有许多新的历史特点的伟大斗争，都离不开"四个全面"的协调共进。抓好"四个全面"，就能形成"四个伟大"联动的时代洪流。二是统一于党治国理政的伟大实践："四个全面"涵括我们党治国理政的方方面面，协调推进"四个全面"就统揽了治国理政的全局。三是统一于中国与世界的深刻互动：协调推进"四个全面"，既是进一步形成中国特色、打造中国优势的大棋局，又是中国进一步拥抱世界、引领时代的大棋局；统筹好"四个全面"，"中华号"巨轮必将在世界大潮中行稳致远，驶向胜利彼岸。①

3）深刻认识、协调推进"四个全面"的重大意义

"四个全面"，是习近平同志站在时代和全局的高度，在坚定中国自信、发展中国道路、优化中国模式、总结中国经验，带领人民推动改革开放和社会主义现代化建设的进程中提出来的，既是我们党把马克思主义基本原理同中国实际和时代特征相结合的重大理论创新成果，又是实践创新的巨大飞跃。协调推进"四个全面"，对于坚持和发展中国特色社会主义、实现中华民族伟大复兴的中国梦具有重大现实意义和深远历史意义。

（1）开拓我们党治国理政的新境界。

不断开拓治国理政的新境界，既是时代发展的要求，也是我们党领导水平和执政能力提升的标志。党的十八大以来，以习近平同志为总书记的党中央直面当代中国和当今世界的重大课题，运用历史唯物主义和辩证唯物主义的科学世界观方法论，深刻把握治国理政的若干重大关系，科学统筹治党治国治军、内政外交国防、改革发展稳定，科学统筹国内国际两个大局，思考谋划治国理政一盘棋，先后提出全面建成小康社会、全面深化改革、全面推进依法治国、全面从严治党的重大任务和战略部署。"四个全面"廓清了治国理政的全貌，抓住了治国理政的关键，拎起了治国理政的总纲，集中体现了党治国理政的新思路、新方略。

（2）确立中国由大向强发展的总方略。

由大向强，不仅是量的积累，更是质的飞跃。如何实现这"关键一跃"，是我们党治国理政的核心课题。由大向强可谓"树大招风"，越是靠近世界舞台中心、越是接近实现民族复兴的目标，遇到的阻力和压力就越大。同时，我国改革发展进入攻坚期、深水区，要用几十年解决西方在几百年的现代化进程中遇到的问题，还要解决自身特有的突出矛盾问题。国内外安全风险叠加交织，面临"中等收入陷阱""西化分化陷阱"等，这些都给党治国理政提出了新的课题和更高要求。协调推进"四个全面"，就能更好统筹国家安全和发展利益，坚持走中国特色社会主义道路与实现中国梦的统一，坚持全面建成小康社会与实现中华民族伟大复兴的统一，以全面深化改革来破解民族复兴和现代化进程中遇到的各种深层次矛盾问题，以全面推进依法治国来确保发展风险有序可控，以全面从严治党来强力巩固党的执政基础和群众基础。

---

① 李升泉. "四个全面"新时期治国理政总方略［N］. 人民日报，2015-01-28.

（3）开启接续打造"中国优势"的新篇章。

无论是以中国特色社会主义的伟大成就继续推动世界社会主义的发展，还是以"中国奇迹"的升级版实现从赶上时代到引领时代，核心都在于完善"中国模式"，打造和增创"中国优势"。"四个全面"是将实践特色、理论特色、民族特色、时代特色融入中国特色社会主义道路、理论体系、制度之中的大手笔，特别是明确把完善和发展中国特色社会主义制度、推进国家治理体系和治理能力现代化作为全面深化改革的总目标，这意味着中国模式的核心之一是国家治理现代化。推进"四个全面"，中国特色社会主义制度必将更加成熟、更加定型。[①]

2. 科学发展观

1）总论

（1）科学发展观的内涵。

科学发展观通常是指党的十六届三中全会中提出的"坚持以人为本，树立全面、协调、可持续的发展观，促进经济社会和人的全面发展"，按照"统筹城乡发展、统筹区域发展、统筹经济社会发展、统筹人与自然和谐发展、统筹国内发展和对外开放"的要求推进我国各项事业改革和发展的根本指导思想。科学发展观的具体内容包括：以人为本的发展观；全面发展观；协调发展观；可持续发展观。

① 科学发展观的第一要义是发展。必须坚持把发展作为党执政兴国的第一要务，着力把握发展规律，创新发展理念，转变发展方式，破解发展难题，提高发展质量和效益，实现又好又快发展，为发展中国特色社会主义打下坚实基础。

② 科学发展观的核心是以人为本。就是要以实现人的全面发展为目标，从人民群众的根本利益出发谋发展、促发展，要始终把实现好、维护好、发展好最广大人民的根本利益作为党和国家一切工作的出发点和落脚点，做到发展为了人民，发展依靠人民，发展成果由人民共享，不断满足人民日益增长的物质文化需要，切实保障人民群众的经济、政治和文化权益，让发展的成果惠及全体人民。

③ 科学发展观的基本要求是全面、协调、可持续。全面发展，就是要以经济建设为中心，全面推进经济、政治、文化建设，实现经济发展和社会全面进步。协调发展，就是要坚持"八个统筹"，推进生产力和生产关系、经济基础和上层建筑相协调，经济、政治、文化、社会建设的各个环节相协调。可持续发展，就是要促进人与自然的和谐，实现经济发展和人口、资源、环境相协调，坚持走生产发展、生活富裕、生态良好的文明发展道路，保证一代接一代的永续发展。

④ 科学发展观的根本方法是统筹兼顾。统筹城乡发展，统筹区域发展，统筹经济社会发展，统筹人与自然和谐发展，统筹国内发展和对外开放，统筹中央和地方关系，统筹个人利益和集体利益、局部利益和整体利益、当前利益和长远利益，统筹国内、国际两个大局。

（2）科学发展观的落实。

① 树立和落实科学发展观，关键是实现五大转变。

A. 进一步转变发展观念。当前，某些地区和部门领导干部的发展观念与科学发展观的要求还有较大差距。例如，把"发展是硬道理"简单地理解为"增长是硬道理"；把"以经济建设为中心"视为"以速度为中心"；不惜以牺牲资源、环境为代价追求产值；

---

① 李升泉. "四个全面"新时期治国理政总方略［N］. 人民日报，2015-01-28.

弄虚作假，热衷于搞"政绩工程""形象工程"。更有甚者，一些地方借"统筹"之名搞新的形式主义，如有的打着"统筹城乡"和"城乡一体化"的幌子，动辄提出搞什么"国际一流""超一流"，歪曲和背离科学发展观的真正内涵。这些情况表明，转变发展观念仍然十分艰巨。

B. 进一步转变经济增长方式。大力推进经济增长方式向集约型转变，走新型工业化道路。这就要求我们：一要以提高质量效益为中心；二要以节约资源、保护环境为目标，加大实施可持续发展战略的力度，发展循环经济，在全社会提倡绿色生产方式和文明消费，形成有利于低投入、高产出、少排污、可循环的政策环境和发展机制，完善相应的法律、法规，全面建设节约型社会；三要以科技进步为支撑。

C. 进一步转变经济体制。转变经济体制要求推进以下几项改革：第一，深化财税、金融、投资体制改革，解决产业结构趋同、增长方式粗放、低水平扩张的问题；第二，消除城乡分割的体制性障碍，有序推进农民向非农产业转移，引导生产要素在城乡间合理配置，加快城镇化进程，逐步解决城乡二元结构带来的种种问题；第三，深化社会领域的改革，推进科学、教育、文化、卫生等体制改革，切实解决经济社会发展"一条腿长、一条腿短"的问题；第四，推进劳动就业和社会分配体制改革，完善社会保障体制，为解决收入差距问题创造条件。

D. 进一步转变政府职能。建立对工作实绩考核评价的新指标体系，不仅要考察GDP的增长，还要考核城镇居民人均可支配收入、农民人均纯收入、环境保护和生态建设、扩大就业、完善社会保障等其他指标，引导各级干部树立正确的政绩观。

E. 进一步转变各级干部的工作作风。各级领导干部要切实弘扬"求真务实"的精神，抵制主观主义、形式主义和官僚主义。坚持党的群众路线，在群众中寻求新办法。着力解决关系到人民群众切身利益的突出问题。

② 在正确把握科学发展观的主要内涵和基本要求的基础上，认真贯彻落实科学发展观。

A. 坚持以经济建设为中心。我国正处在并将长期处在社会主义初级阶段，这个阶段的根本任务就是发展生产力，这是我们党执政兴国的第一要务。我国作为一个发展中大国，需要长期保持较快的速度，并实现速度、结构、质量、效益的统一。这样才能为社会全面进步和人的全面发展提供物质基础。

B. 坚持经济社会协调发展。在推进经济发展的同时，更加注重加快社会发展，努力解决经济和社会发展存在的"一条腿长、一条腿短"的问题。

C. 坚持城乡协调发展。要站在国民经济发展全局的高度研究、解决"三农"问题，实行以城带乡、以工促农、城乡互动、协调发展，逐步改变城乡二元经济结构。

D. 坚持区域协调发展。坚持推进西部大开发，振兴东北地区等老工业基地，促进中部地区崛起，鼓励东部地区加快发展，形成东中西互动、优势互补、相互促进、共同发展的新格局。

E. 坚持可持续发展。统筹人与自然和谐发展，处理好经济建设、人口增长与资源利用、生态环境保护的关系。建设资源节约型和生态保护型社会。

F. 坚持改革开放。统筹推进各方面改革，为促进经济社会全面、协调和可持续发展提供体制和机制保障。统筹国内发展和对外开放，处理好内需与外需、利用外资与利用内资的关系，充分利用国内外两个市场、两种资源。

G. 坚持以人为本。这是科学发展观的本质和核心，是坚持立党为公、执政为民的必然要求。要把人民的利益作为一切工作的出发点和落脚点，不断满足人们的多方面需求和实现人的全面发展。

2）科学发展观之和谐理论：构建社会主义和谐社会

中国共产党第十六届中央委员会第六次全体会议，全面分析了形势和任务，研究了构建社会主义和谐社会的若干重大问题，作出《中共中央关于构建社会主义和谐社会若干重大问题的决定》。构建社会主义和谐社会内容较广，涉及社会、经济、政治发展的诸多方面。

（1）目前在构建社会主义和谐社会中存在的问题及矛盾。

目前，我国社会总体上是和谐的。但是，也存在不少影响社会和谐的矛盾和问题，主要包括：① 城乡、区域、经济社会发展很不平衡，人口资源环境压力加大；② 就业、社会保障、收入分配、教育、医疗、住房、安全生产、社会治安等方面关系群众切身利益的问题比较突出；③ 体制机制尚不完善，民主法制还不健全；④ 一些社会成员诚信缺失、道德失范，一些领导干部的素质、能力和作风与新形势、新任务的要求还不适应；⑤ 一些领域的腐败现象仍然比较严重；⑥ 敌对势力的渗透、破坏活动危及国家安全和社会稳定；等等。

任何社会都不可能没有矛盾，人类社会总是在矛盾运动中发展进步的。构建社会主义和谐社会是一个不断化解社会矛盾的持续过程。我们要始终保持清醒头脑，居安思危，深刻认识我国发展的阶段性特征，科学分析影响社会和谐的矛盾和问题及其产生的原因，更加积极、主动地正视矛盾、化解矛盾，最大限度地减少不和谐因素，促进社会和谐。要坚持实事求是的作风、不断解放思想，与时俱进。切实把构建社会主义和谐社会作为贯穿中国特色社会主义事业全过程的长期历史任务和全面建成小康社会的重大现实课题抓紧抓好。

（2）构建社会主义和谐社会的指导思想、目标任务和原则。

构建社会主义和谐社会，必须坚持以马克思列宁主义、毛泽东思想、邓小平理论和"三个代表"重要思想为指导，坚持以科学发展观统领经济社会发展全局，按照民主法治、公平正义、诚信友爱、充满活力、安定有序、人与自然和谐相处的总体要求，以解决人民群众最关心、最直接、最现实的利益问题为重点，着力发展社会事业，促进社会公平、正义，建设和谐文化，完善社会管理，增强社会创造活力，走共同富裕道路，推动社会建设与经济建设、政治建设、文化建设协调发展。

① 到2020年，构建社会主义和谐社会的目标和主要任务。

A. 社会主义民主法制更加完善，依法治国基本方略得到全面落实，人民的权益得到切实尊重和保障；

B. 城乡、区域发展差距扩大的趋势逐步扭转，合理有序的收入分配格局基本形成，家庭财产普遍增加，人民过上更加富足的生活；

C. 社会就业比较充分，覆盖城乡居民的社会保障体系基本建立；

D. 基本公共服务体系更加完备，政府管理和服务水平有较大提高；

E. 全民族的思想道德素质、科学文化素质和健康素质明显提高，良好道德风尚、和谐人际关系进一步形成；

F. 全社会创造活力显著增强，创新型国家基本建成；

G. 社会管理体系更加完善，社会秩序良好；

H. 资源利用效率显著提高，生态环境明显好转；

I. 实现全面建设惠及十几亿人口的更高水平的小康社会的目标，努力形成全体人民各尽其能、各得其所而又和谐相处的局面。

② 构建社会主义和谐社会，要遵循的原则。

A. 必须坚持以人为本。始终把最广大人民的根本利益作为党和国家一切工作的出发点和落脚点，实现好、维护好、发展好最广大人民的根本利益，不断满足人民日益增长的物质文化需要，做到发展为了人民、发展依靠人民、发展成果由人民共享，促进人的全面发展。

B. 必须坚持科学发展。切实抓好发展这个党执政兴国的第一要务，统筹城乡发展，统筹区域发展，统筹经济社会发展，统筹人与自然和谐发展，统筹国内发展和对外开放，转变增长方式，提高发展质量，推进节约发展、清洁发展、安全发展，实现经济社会全面、协调、可持续发展。

C. 必须坚持改革开放。坚持社会主义市场经济的改革方向，适应社会发展要求，推进经济体制、政治体制、文化体制、社会体制改革和创新，进一步扩大对外开放，提高改革决策的科学性、改革措施的协调性，建立、健全充满活力、富有效率、更加开放的体制机制。

D. 必须坚持民主法治。加强社会主义民主政治建设，发展社会主义民主，实施依法治国基本方略，建设社会主义法治国家，树立社会主义法治理念，增强全社会法律意识，推进国家经济、政治、文化、社会生活法制化、规范化，逐步形成社会公平保障体系，促进社会公平正义。

E. 必须坚持正确处理改革发展稳定的关系。把改革的力度、发展的速度和社会可承受的程度统一起来，维护社会安定团结，以改革促进和谐、以发展巩固和谐、以稳定保障和谐，确保人民安居乐业、社会安定有序、国家长治久安。

F. 必须坚持在党的领导下全社会共同建设。坚持科学执政、民主执政、依法执政，发挥党的领导核心作用，维护人民群众的主体地位，团结一切可以团结的力量，调动一切积极因素，形成促进和谐人人有责、和谐社会人人共享的生动局面。

（3）社会主义和谐社会的基本特征。

① 民主法治——社会主义民主得到充分发扬，依法治国基本方略得到切实落实，各方面积极因素得到广泛调动；

② 公平正义——社会各方面的利益关系得到妥善协调，人民内部矛盾和其他社会矛盾得到正确处理，社会公平和正义得到切实维护和实现，

③ 诚信友爱——全社会互帮互助、诚实守信，全体人民平等友爱、融洽相处；

④ 充满活力——能够使一切有利于社会进步的创造愿望得到尊重，创造活动得到支持，创造才能得到发挥，创造成果得到肯定；

⑤ 安定有序——社会组织机制健全，社会管理完善，社会秩序良好，人民群众安居乐业，社会保持安定团结；

⑥ 人与自然和谐相处——生产发展，生活富裕，生态良好。

（4）构建和谐社会的措施及对策。

社会和谐在很大程度上取决于社会生产力的发展水平，以及发展的协调性。一方面，要坚持用发展的办法解决前进中的问题，大力发展社会生产力，不断为社会和谐创造雄厚

的物质基础；另一方面，更加注重解决发展不平衡问题，推动经济社会协调发展。

① 扎实推进社会主义新农村建设，促进城乡协调发展。

A. 贯彻工业反哺农业、城市支持农村和多予、少取、放活的方针，加快建立有利于改变城乡二元结构的体制机制，以推进农村综合改革，促进农业不断增效、农村加快发展、农民持续增收。

B. 坚持农村基本经营制度，保障农民土地承包经营的各项权利，发展农民专业合作组织，增强农村集体经济组织服务功能。

C. 强化支农惠农政策，增加国家对农业和农村投入，完善农村金融服务体系。

D. 加快农业科技进步，推进现代农业建设，发展农业产业化经营，提高农业综合生产能力。

E. 调整优化农村经济结构，积极稳妥地推进城镇化，发展壮大县域经济。

F. 加大扶贫力度，完善扶贫机制，加快改善贫困农民生产、生活条件。

G. 把基础设施建设和社会事业发展的重点转向农村，国家财政新增教育、卫生、文化等事业经费和固定资产投资增量主要用于农村，逐步加大政府土地出让金用于农村的比重。

H. 实行最严格的耕地保护制度，从严控制征地规模，加快征地制度改革，提高补偿标准，探索确保农民现实利益和长期稳定收益的有效办法，解决好被征地农民的就业和社会保障。

I. 加强对农民的宣传、教育，加快培养新型农民，充分发挥广大农民在新农村建设中的主体作用。

② 落实区域发展总体战略，促进区域协调发展。

A. 继续推进西部大开发，振兴东北地区等老工业基地，促进中部地区崛起，鼓励东部地区率先发展，形成分工合理、特色明显、优势互补的区域产业结构，推动各地区共同发展。

B. 加大对欠发达地区和困难地区的扶持力度，中央财政转移支付资金重点用于中西部地区，尽快使中西部地区基础设施和教育、卫生、文化等公共服务设施得到改善，逐步缩小地区间基本公共服务差距。

C. 加大对革命老区、民族地区、边疆地区、贫困地区以及粮食主产区、矿产资源开发地区、生态保护任务较重地区的转移支付。

D. 加大对人口较少的少数民族的支持。

E. 支持经济发达地区加快产业结构优化升级和产业转移，扶持中西部地区优势产业项目，加快这些地区的资源优势向经济优势转变。

F. 鼓励东部地区带动和帮助中西部地区发展，扩大发达地区对欠发达地区和民族地区的对口援助，形成以政府为主导、市场为纽带、企业为主体、项目为载体的互惠互利机制。

G. 继续发挥经济特区等条件较好地区开发、开放。

H. 建立、健全资源开发有偿使用制度和补偿机制，对资源衰退和枯竭的困难地区经济转型实行扶持措施。

③ 实施积极的就业政策，发展和谐劳动关系。

A. 把扩大就业作为经济社会发展和调整经济结构的重要目标，实现经济发展和扩大就业良性互动。

B. 大力发展劳动密集型产业、服务业、非公有制经济、中小企业，多渠道、多方式增加就业岗位。

C. 实行促进就业的财税金融政策，积极支持自主创业、自谋职业。

D. 健全面向全体劳动者的职业技能培训制度，加强创业培训和再就业培训。

E. 深化户籍、劳动就业等制度改革，逐步形成城乡统一的人才市场和劳动力市场，完善人员流动政策，规范发展就业服务机构。

F. 强化政府促进就业职能，统筹做好城镇新增劳动力就业、农村富余劳动力转移就业、下岗失业人员再就业工作，加强大学毕业生、退役军人就业指导和服务。

G. 扩大再就业政策扶持范围，健全再就业援助制度，着力帮助零就业家庭和就业困难人员就业。

H. 完善劳动关系协调机制，全面实行劳动合同制度和集体协商制度，确保工资按时足额发放。

I. 严格执行国家劳动标准，加强劳动保护，健全劳动保障监察体制和劳动争议调处仲裁机制，维护劳动者特别是农民工合法权益。

④ 坚持教育优先发展，促进教育公平。

A. 全面贯彻党的教育方针，大力实施科教兴国战略和人才强国战略，全面实施素质教育，深化教育改革，提高教育质量，建设现代国民教育体系和终身教育体系，保障人民享有接受良好教育的机会。

B. 坚持公共教育资源向农村、中西部地区、贫困地区、边疆地区、民族地区倾斜，逐步缩小城乡、区域教育发展差距，推动公共教育协调发展。

C. 明确各级政府提供教育公共服务的职责，保证财政性教育经费增长幅度明显高于财政经常性收入增长幅度，逐步使财政性教育经费占到国内生产总值的比例达到4%。

D. 普及和巩固九年义务教育，落实农村义务教育经费保障机制，在农村并逐步在城市免除义务教育学杂费，全面落实对家庭经济困难学生免费提供课本和补助寄宿生生活费政策，保障农民工子女接受义务教育。

E. 加快发展城乡职业教育和培训网络，努力使劳动者人人有知识、个个有技能。

F. 保持高等院校招生合理增长，注重增强学生的实践能力、创造能力和就业能力、创业能力。

G. 完善高等教育和高中阶段国家奖学金、助学金制度，落实国家助学贷款政策，鼓励社会捐资助学。

H. 规范学校收费项目和标准，坚决制止教育乱收费。

I. 切实减轻中小学生课业负担。

J. 提高师资，特别是农村师资水平。另外，还要改进学校思想政治工作和管理工作，提高师生思想道德素质；引导民办教育健康发展；积极发展继续教育，努力建设学习型社会；等等。

⑤ 加强医疗卫生服务，提高人民健康水平。

A. 坚持公共医疗卫生的公益性质，深化医疗卫生体制改革，强化政府责任，严格监督管理，建设覆盖城乡居民的基本卫生保健制度，为群众提供安全、有效、方便、价廉的公共卫生和基本医疗服务。

B. 加强公共卫生体系建设，开展爱国卫生运动，发展妇幼卫生事业，加强医学研究，提高重大疾病预防控制能力和医疗救治能力。

C. 健全医疗卫生服务体系，重点加强农村三级卫生服务网络和以社区卫生服务为基础的新型城市卫生服务体系建设，落实经费保障措施。

D. 实施区域卫生发展规划，整合城乡医疗卫生资源，建立城乡医院对口支援、大医院和社区卫生机构双向转诊、高中级卫生技术人员定期到基层服务制度，加强农村医疗卫生人才培养。

E. 推进医疗机构属地化和全行业管理，理顺医药卫生行政管理体制，推行政事分开、管办分开、医药分开、营利性与非营利性分开。

F. 强化公立医院公共服务职能，加强医德医风建设，规范收支管理，纠正片面创收倾向。

G. 建立国家基本药物制度，整顿药品生产和流通秩序，保证群众基本用药。

H. 加强食品、药品、餐饮卫生监管，保障人民群众健康安全。

I. 严格医疗机构、技术准入和人员执业资格审核，引导社会资金依法创办医疗卫生机构，支持有资质人员依法开业，方便群众就医。

J. 大力扶持中医药和民族医药发展。

⑥ 加快发展文化事业和文化产业，满足人民群众文化需求。

A. 坚持把社会效益放在首位，坚持把发展公益性文化事业作为保障人民文化权益的主要途径，推动文化事业和文化产业共同发展。

B. 推进文化体制改革，形成富有活力的文化管理体制和文化产品生产经营机制。

C. 加强公益性文化设施建设，鼓励社会力量捐助和兴办公益性文化事业，加快建立覆盖全社会的公共文化服务体系。

D. 优先安排关系群众切身利益的文化建设项目，突出抓好广播电视村村通工程、社区和乡镇综合文化站（室）工程、全国文化信息资源共享工程。

E. 完善文化产业政策，培育国有和国有控股骨干文化企业，鼓励非公有资本依法进入文化产业，以重大文化产业项目带动发展，推动集约化经营，提供价格合理、形式多样的文化产品和服务，增强文化产品国际竞争力。

F. 加强文化遗产保护，完善城乡社区体育设施建设，广泛开展全民健身活动，提高竞技体育水平。

⑦ 加强环境治理保护的力度，促进人与自然的和谐。

A. 以解决危害群众健康和影响可持续发展的环境问题为重点，加快建设资源节约型、环境友好型社会。

B. 优化产业结构，发展循环经济，推广清洁生产，节约能源资源，依法淘汰落后工艺技术和生产能力，从源头上控制环境污染。

C. 实施重大生态建设和环境整治工程，有效遏制生态环境恶化趋势。

D. 统筹城乡环境建设，加强城市环境综合治理，改善农村生活环境和村容村貌。

E. 加快环境科技创新，加强污染专项整治，强化污染物排放总量控制，重点搞好水、大气、土壤等污染防治。

F. 完善有利于环境保护的产业政策、财税政策、价格政策，建立生态环境评价体系和补偿机制，强化企业和全社会节约资源、保护环境的责任。

G. 完善环境保护法律法规和管理体系，严格环境执法，加强环境监测，定期公布环境状况信息，严肃处罚违法行为。

H. 稳定人口低生育水平，有效治理出生人口性别比升高等问题，提高出生人口素质。

3）以人为本理论

学习、实践科学发展观，最主要、最根本的是要科学理解和正确坚持以人为本这个核心。

（1）"以人为本"的含义。

以人为本，就是以实现人的全面发展为目标，从人民群众的根本利益出发谋发展、促发展，不断满足人民群众日益增长的物质文化需要，切实保障人民群众的经济、政治和文化权益，让发展的成果惠及全体人民。

"坚持以人为本"，是党的十六届三中全会《决定》提出的一个新要求。"坚持以人为本，树立全面、协调、可持续的发展观，促进经济社会和人的全面发展"这一新论断，深刻阐明了中国共产党人新发展观的本质特征，是对马克思主义人的全面发展理论的继承、丰富和发展。

坚持以人为本，同我们党全心全意为人民服务的根本宗旨和代表中国最广大人民的根本利益的要求，是一脉相承的。新发展观明确把以人为本作为发展的最高价值取向，就是要尊重人、理解人、关心人，就是要把不断满足人的全面需求、促进人的全面发展作为发展的根本出发点。人类生活的世界是由自然、人、社会三个部分构成的，以人为本的新发展观，从根本上说就是要寻求人与自然、人与社会、人与人之间关系的总体性和谐发展。

（2）理论上科学理解、实践中正确坚持以人为本。

① 正视人的主体地位。

正视人的主体地位，就要在一切社会活动中始终把人放在最主要、最突出、最根本的位置。以人民的需要确定发展目标，依靠人民推动发展，发展成果由人民享受。

正视人的主体地位，就要清醒地认识到，在我们国家，人民是国家的主人、权力的主体，各级领导干部手中的权力是人民赋予的，用来为人民服务的，人民在把权力赋予各级领导者后，有着对权力运用监督的权利。只要能对人的主体地位有个正确的理解，领导干部就会树立正确的权力观、政绩观，强化宗旨意识、公仆意识，做到民主决策、科学决策，密切党和群众的关系，全心全意为人民服务；广大人民就会强化主人翁意识和责任，不断提高管理国家和社会事务的能力和水平，履行好主人翁的权利和义务。

② 要发挥人的作用。

人作为社会的主体在一切社会活动中始终起着能动的、创造性的作用，不断地改造、利用自然，建立、完善社会制度，创造、发展先进文化，推动人类社会逐走向文明。我国的现代化建设是人民的事业，要顺利实现全面建设小康社会和现代化建设的宏伟目标，就要尊重人民的主体地位，发挥人民的能动作用，为每个人聪明才智的发挥、积极性的调动、创造力的激发，营造良好的环境和条件。要利用一切条件、动员一切力量、提供更多方便、创造更多机会，保证充分就业；要在全社会形成与社会主义初级阶段相适应的创业机制，营造鼓励人们干事业、支持人们干成事业的社会氛围，排除一切影响人的积极性、主动性、创造性充分发挥的思想、体制障碍，放手让一切劳动、知识、技术、管理和资本的活力竞相迸发，让一切创造社会财富的源泉充分涌流，最大程度地发挥每个人的创造活力。

③ 要满足人的利益。

坚持以人为本，最根本的是要满足人们日益增长的各种利益。人民群众是社会主义现代化建设的主体力量，能不能充分发挥人民群众在改革发展中的巨大作用，关键要充分利用利益机制。要建立、健全经济、政治、文化活动的体制机制，最大程度地实现和满足人们日益增长的经济、政治、文化利益，充分调动亿万人民全面建设小康社会的积极性、主动性、创造性。要协调和处理好地区之间、城乡之间，社会各阶层、各领域、各方面之间的利益关系，逐步完善社会利益分配机制和调处机制，切实解决利益分配中差别悬殊和不公平问题；尤其要高度关注并认真解决农村人口、城镇下岗失业人员的就业、上学、医疗和社会保障问题，最大程度地激发全社会最广大人民群众建设现代化的积极性、主动性和创造性。

④ 要体现人的权利。

人的权利，是人的生存、发展并拥有受宪法和法律保护的权利。坚持以人为本，要切实保障每个人的合法权利。随着社会的发展，人们的主体意识、权利意识会不断增强。要调动人的积极性，必须健全和完善经济、政治、文化、社会方面的制度、体制和机制，为人民行使自己的各种权利提供制度保证。当前最主要的是，一方面，要深化经济、社会改革，消除城乡居民在就业、上学、医疗、社会保障等方面的不平等、不公平现象，确保人民的基本权益；另一方面，要深化政治体制改革，为公民广泛参与国家和社会事务的管理、监督，创造必要的制度和体制保障，充分体现人民当家做主的权利，促进社会主义政治文明。

⑤ 要重视人的价值。

人的价值，是人的社会地位、作用的综合体现，是人存在的目的和意义。坚持以人为本，重视人的价值，要为每个人潜能和作用的发挥，提供有效的机制，充分发挥每个人的才智、特长、兴趣、爱好，使人人都能各就其位、各司其职、各尽其力、各显其能、各得其所，使人的价值得到充分的体现。

⑥ 要维护人的尊严。

坚持以人为本，要维护人的尊严，要在实际工作中真正做到亲民、爱民、为民，尊重人民首创精神，集中人民聪明智慧，激发人民创造活力。

⑦ 要珍惜人的生命。

坚持以人为本，一定要把人民群众的生命和健康放在至高无上的地位，强化安全生产意识，增强安全生产责任，提高安全生产技术，加强安全生产管理，实现安全发展；要极大地关注人民的健康问题，要通过大力发展医疗卫生、体育、文化事业，维护人民的身体健康和心理健康，提高人们的健康水平和精神生活质量。

不但如此，还要高度重视人的生存环境，既要节约资源和能源，实现持续发展，坚决杜绝发展过程中的短期行为；更要高度重视生态建设，注意环境的治理与保护，为人们创造一个安全、舒适、和谐、优美的生活环境，提高人们的生活质量和幸福指数。

⑧ 要促进人的发展。

人的自由、全面、和谐发展，是人类行为的最终目的，也是以人为本的最高目的。坚持以人为本，就是要通过经济发展、政治文明、文化繁荣、社会进步、生态优化，不断满足人们日益增长的物质文化生活需要；就是要不断提高人的文化素质、技术技能、创造才能、道德水平和文明程度，不断提升社会道德风尚、优化社会文明风气，推动整个社会不断走向文明进步，不断促进人的自由、全面、和谐发展。

3. 小康社会建设理论

全面建成小康社会，是党的十八大确立的重大历史任务，并作为中国特色社会主义的道路自信、理论自信、制度自信的鲜明标志。这是在系统总结建党90多年、执政60多年、改革开放30多年实践经验的基础上，我们党作出的战略选择和庄严承诺。现距全面建成小康社会的 2020 年仅剩 5 年时间，无论是理论准备还是实践进程，都需要我们予以正确把握。

1）小康社会的基本特征

从小康社会的历史方位不难看出，小康社会作为一种社会形态，具有一般社会所具有的本质属性，但又体现出一种时代性和独特性，极具鲜明的当代中国特征。

从纵向来看，小康社会是最接近现代化的社会形态。党的十一届三中全会后，邓小平认真总结历史经验教训，科学分析了我国基本国情，提出像我们这样经济、文化落后的国家进入社会主义社会必然要经历一个初级阶段，这个初级阶段至少要经历 100 年左右的时间。中国社会主义初级阶段的长期性决定了我国实现社会主义现代化是一个长期的、历史的、渐进的发展过程，而小康社会是一个初级发展阶段。全面建成小康社会则是较高标准的小康，它将使人民生活更加殷实、富足。

从横向来看，小康社会是比肩中等收入国家乃至中等发达国家的社会形态。我国小康社会人均 GDP、城镇化率、基本社会保险覆盖率、居民人均可支配收入、恩格尔系数、人均住房使用面积、文化产业增加值占 GDP 比重、单位 GDP 能耗、环境质量指数等各方面的目标值放在国际上比较，全面建成的小康社会只是目前世界上中等收入国家的平均水平。

从内部来看，小康社会是协调均衡发展的社会形态。全面、协调、可持续发展，是科学发展观的基本要求，也是全面小康的基本特征。党的十八大确立的全面小康，是一个全方位的小康，强调在人与自然的关系、人与人的关系不断优化的前提下，实现经济效益、社会效益、生态效益有机统一，从而使社会整体得到可持续发展；除了注重物质生活水平的提高外，还追求人们的精神文化生活、民主权利以及生活环境等方面的改善；同时，全面小康还是一个发展相对平衡的小康，中西部地区、农村地区的发展将进一步加快，区域、城乡差距进一步缩小，协调、均衡发展是小康社会发展的客观规律和基本特征。小康社会是改革开放更加深入推进的社会形态。

从深层来看，小康社会是改革开放更加深入推进的社会形态。党的十八大报告指出：改革开放是坚持和发展中国特色社会主义的必由之路，我国三十多年来的快速发展，是改革开放推动的；未来的科学发展，也必须继续深入推进改革开放。全面建设小康社会，更需不失时机地深化改革，破除阻碍科学发展的思想观念和体制机制弊端，构建系统完备、科学规范、运行有效的制度体系，这也昭示了改革开放的深入推进，是全面小康的基本特征之一。

从本质来看，小康社会是以人为本的社会形态。科学发展观的核心是以人为本。从小康社会概念的提出到党的十八大报告的新要求，始终贯穿了以人为本这根主线。小康的最终目的是"社会进步、人民幸福"，小康社会的具体标准，最终要用老百姓对自己的生活是否满意予以反证。显然，"以人为本"是全面小康的最根本特征。

承前启后、继往开来的党的十八大，根据我国经济社会发展实际，在十六大、十七大确立的全面建设小康社会目标的基础上，提出到 2020 年全面建成小康社会，这是涵盖经济、政治、文化、社会、生态文明全面发展的小康社会。其主要内涵应包括：一是经济持续健康发展。以发展的平衡性、协调性、可持续性明显增强，实现国内生产总值和城乡居民人均收入比 2010 年翻一番。二是人民民主不断扩大。人民的积极性、主动性、创造性进一步发挥，建立尊重和保障人权的法治社会。三是文化软实力显著增强。以公民文明素质和社会文明程度明显提高，构建社会主义核心价值体系和文化强国基础。四是人民生活水平全面提高。以社会保障初步达到全民覆盖，持久保持社会和谐稳定。五是生态文明建设水平不断提升。以资源节约型、环境友好型社会建设积极进步，实现中华民族永续发展。

2）全面建成小康社会奋斗目标新要求的内涵

在党的十六大、十七大确立的全面建设小康社会目标的基础上，党的十八大报告根据我国经济社会发展实际，提出了一些更具明确政策导向、更加针对发展难题、更好顺应人民意愿的新要求，以确保到2020年全面建成的小康社会，是发展改革成果真正惠及十几亿人口的小康社会，是经济、政治、文化、社会、生态文明全面发展的小康社会，是为实现社会主义现代化建设宏伟目标和中华民族伟大复兴奠定坚实基础的小康社会。根据中国特色社会主义事业五位一体的总体布局，报告从以下五个方面充实和完善了全面建成小康社会的目标。

（1）经济持续健康发展。

在全面建成小康社会的进程中，发展仍是解决我国所有问题的关键。党的十八大报告提出的经济持续健康发展要求体现在六个方面：① 转变经济发展方式取得重大进展；② 在发展平衡性、协调性、可持续性明显增强的基础上，实现国内生产总值和城乡居民人均收入比2010年翻一番；③ 通过增强创新驱动发展新动力，使科技进步对经济增长的贡献率大幅上升，进入创新型国家行列；④ 通过构建现代产业发展新体系，促进工业化、信息化、城镇化、农业现代化同步发展，使工业化基本实现，信息化水平大幅提升，城镇化质量明显提高，农业现代化和社会主义新农村建设成效显著；⑤ 通过继续实施区域总体发展战略，充分发挥各地区比较优势，区域协调发展机制基本形成；⑥ 通过培育开放型经济发展新优势，使对外开放水平进一步提高，我国经济的国际竞争力明显增强。

（2）人民民主不断扩大。

人民民主是我们党始终高扬的旗帜。改革开放以来，我们始终坚持党的领导、人民当家做主、依法治国有机统一，始终把政治体制改革摆在改革发展全局的重要位置，成功开辟和坚持了中国特色社会主义政治发展道路，为经济社会发展提供了有力政治保障。

同时，我国政治体制也还有一些需要完善和发展的环节。当前和今后一个时期，要发展更加广泛、充分、健全的人民民主，使民主制度更加完善、民主形式更加丰富，人民积极性、主动性、创造性进一步发挥；要更加注重发挥法治在国家治理和社会管理中的重要作用，维护国家法制统一、尊严、权威，实现依法治国基本方略全面落实，法治政府基本建成，司法公信力不断提高，切实尊重和保障人权。

（3）文化软实力显著增强。

文化软实力是国家富强、民族振兴的重要标志。我们要全面建成的小康社会、建设的现代化，必须推动社会主义文化的发展与繁荣，发挥文化引领风尚、教育人民、服务社会、推动发展的作用。党的十八大报告从以下方面提出了增强文化软实力的目标要求：① 社会主义核心价值体系是兴国之魂，决定着中国特色社会主义发展方向，必须使之深入人心；② 全面提高公民道德素质必须坚持依法治国和以德治国相结合，使公民文明素质和社会文明程度明显提高；③ 让人民享有健康丰富的精神文化生活，必须实现文化产品更加丰富，完善公共文化服务体系；④ 要不断增强中华文化国际竞争力和影响力，必须使中华文化走出去迈出更大步伐。

（4）人民生活水平全面提高。

人民物质文化生活水平全面提高，是改革开放和社会主义现代化的根本目的。人民物质文化生活水平全面提高的要求是：① 基本公共服务均等化总体实现；② 全民受教育程度和创新人才培育水平明显提高，进入人才强国和人力资源强国行列，教育现代化基本实现；③ 就业更加充分；④ 收入分配差距缩小，中等收入群体持续扩大，扶贫对象大幅减少；⑤ 社会保障全民覆盖，人人享有基本医疗卫生服务，住房保障体系基本形成；⑥ 社会和谐、稳定。

（5）资源节约型、环境友好型社会建设取得重大进展。

推动形成人与自然和谐发展现代化建设新格局，是保持经济持续健康发展、提高人民生活质量、促进社会和谐稳定的必然要求。针对发展面临的越来越突出的资源环境制约，适应人民群众对良好生态环境越来越迫切的要求，在推动经济社会发展的同时，生态文明建设必须在以下四个方面取得明显成效：① 要优化国土空间开发格局，使主体功能区布局基本形成；② 要全面促进资源节约，初步建立资源循环利用体系；③ 要加大自然生态系统和环境保护力度，单位国内生产总值能源消耗和二氧化碳排放大幅下降，主要污染物排放总量显著减少；④ 要实施重大生态修复工程，实现森林覆盖率提高，生态系统稳定性增强，人居环境明显改善。

党的十八大报告在对全面建成小康社会目标提出新要求的同时，还明确了深化经济体制、政治体制、文化体制、社会体制、生态文明制度改革的目标。

以上这些目标要求，符合中国特色社会主义全面发展的内在要求，符合深化改革开放、加快转变经济发展方式攻坚时期的实践需要，既与党的十六大、十七大提出的目标相衔接，又更加切合我国新的发展实际。

4. 生态文明

1）生态文明的内涵

生态文明是人类遵循人与自然和谐发展规律，推进社会、经济和文化发展所取得的物质与精神成果的总和，是指以人与自然、人与人和谐共生、全面发展、持续繁荣为基本宗旨的文化伦理形态。它是对人类长期以来主导人类社会的物质文明的反思，是对人与自然关系历史的总结和升华。其内涵具体包括以下几个方面：

（1）人与自然和谐的文化价值观。

树立符合自然生态法则的文化价值需求，体悟自然是人类生命的依托，自然的消亡必然导致人类生命系统的消亡，尊重生命、爱护生命并不是人类对其他生命存在物的施舍，而是人类自身进步的需要，把对自然的爱护提升为一种不同于人类中心主义的宇宙情怀和内在精神信念。

（2）生态系统可持续前提下的生产观。

遵循生态系统是有限的、有弹性的和不可完全预测的原则，人类的生产劳动要节约和综合利用自然资源，形成生态化的产业体系，使生态产业成为经济增长的主要源泉。物质产品的生产，在原料开采、制造、使用至废弃的整个生命周期中，对资源和能源的消耗最少、对环境影响最小、再生循环利用率最高。

（3）满足自身需要又不损害自然的消费观。

提倡"有限福祉"的生活方式。人们的追求不再是对物质财富的过度享受，而是一种既满足自身需要又不损害自然，既满足当代人的需要又不损害后代人需要的生活。这种公平和共享的道德，成为人与自然、人与人之间和谐发展的规范。

2）推进生态文明建设的举措[①]

推进生态文明建设必须做到：

[①] 胡锦涛. 坚定不移沿着中国特色社会主义道路前进 为全面建成小康社会而奋斗——在中国共产党第十八次全国代表大会上的报告[M]. 北京：人民出版社，2012：8.

(1) 优化国土空间开发格局。

国土是生态文明建设的空间载体，必须珍惜每一寸国土。要按照人口资源环境相均衡、经济社会生态效益相统一的原则，控制开发强度，调整空间结构，促进生产空间集约高效、生活空间宜居适度、生态空间山清水秀，给自然留下更多修复空间，给农业留下更多良田，给子孙后代留下天蓝、地绿、水净的美好家园。加快实施主体功能区战略，推动各地区严格按照主体功能定位发展，构建科学、合理的城市化格局、农业发展格局、生态安全格局。提高海洋资源开发能力，发展海洋经济，保护海洋生态环境，坚决维护国家海洋权益，建设海洋强国。

(2) 全面促进资源节约。

节约资源是保护生态环境的根本之策。要节约集约利用资源，推动资源利用方式根本转变，加强全过程节约管理，大幅降低能源、水、土地消耗强度，提高利用效率和效益。推动能源生产和消费革命，控制能源消费总量，加强节能降耗，支持节能低碳产业和新能源、可再生能源发展，确保国家能源安全。加强水源地保护和用水总量管理，推进水循环利用，建设节水型社会。严守耕地保护红线，严格土地用途管制。加强矿产资源勘查、保护、合理开发。发展循环经济，促进生产、流通、消费过程的减量化、再利用、资源化。

(3) 加大自然生态系统和环境保护力度。

良好生态环境是人和社会持续发展的根本基础。要实施重大生态修复工程，增强生态产品生产能力，推进荒漠化、石漠化、水土流失综合治理，扩大森林、湖泊、湿地面积，保护生物多样性。加快水利建设，增强城乡防洪抗旱排涝能力。加强防灾减灾体系建设，提高气象、地质、地震灾害防御能力。坚持预防为主、综合治理，以解决损害群众健康突出环境问题为重点，强化水、大气、土壤等污染防治。坚持共同但有区别的责任原则、公平原则、各自能力原则，同国际社会一道积极应对全球气候变化。

(4) 加强生态文明制度建设。

保护生态环境必须依靠制度。要把资源消耗、环境损害、生态效益纳入经济社会发展评价体系，建立体现生态文明要求的目标体系、考核办法、奖惩机制。建立国土空间开发保护制度，完善最严格的耕地保护制度、水资源管理制度、环境保护制度。深化资源性产品价格和税费改革，建立反映市场供求和资源稀缺程度、体现生态价值和代际补偿的资源有偿使用制度和生态补偿制度。积极开展节能量、碳排放权、排污权、水权交易试点。加强环境监管，健全生态环境保护责任追究制度和环境损害赔偿制度。加强生态文明宣传教育，增强全民节约意识、环保意识、生态意识，形成合理消费的社会风尚，营造爱护生态环境的良好风气。

5. 行政执法

1) 概念

行政执法，是指行政机关和法律、法规授权的组织，按照法律规定的权限和程序行使行政权，依法对经济社会实施具体管理的行政活动。[①]

2) 特征

行政执法具有四个方面的特征：

(1) 主动性。行政执法是为实现国家行政管理职能的活动，必须依法积极、主动地而

---

① 宋大涵，青锋. 行政执法教程［M］. 北京：中国法制出版社，2011：2.

不是消极、被动地进行，否则，就可能失职或玩忽职守。

（2）广泛性。行政执法是行政主体在国家行政管理过程中执行行政法律规范的行为，国家行政管理所涉及的内容非常广泛，因此也就决定了行政执法内容的广泛性。

（3）具体性。行政执法大多都是针对具体的人和事所采取的行政行为，属于具体行政行为，具有具体性。

（4）强制性。行政执法是法定的行政主体实施、适用行政法律规范的行为，是贯彻、执行国家意志的手段，因而具有国家意志的拘束力和法律规范的执行力。

3）原则

（1）行政执法原则的概念。

行政执法原则，是指集中体现行政执法价值和目的，贯穿于行政执法始终，指导行政执法行为的基本行为准则。①

（2）行政执法基本原则。

① 合法性原则。合法性原则，是指行政执法主体进行行政执法必须依法进行，要按照法定的权限、形式和程序运作。合法性原则是行政执法的最重要原则，是依法治国在行政执法中的具体体现。按照这一原则要求，行政执法主体在执法活动中应当做到：A. 必须具有合法主体资格；B. 必须在法定职权范围内从事执法活动，不得超越职权；C. 行政执法活动的内容必须有法律依据；D. 必须遵守法定的形式和程序。

② 合理性原则。合理性原则，是指行政执法的内容要客观、公正、适度、符合情理。遵守合理性原则要做到以下几点：A. 执法行为必须符合法律目的，不得有不良动机；B. 平等对待行政相对人，不偏私、不歧视；C. 正当、合理地考虑相关因素，排除不相关因素；D. 采取的措施和作出的决定应当合情合理。

③ 程序正当原则。程序正当原则，是指行政执法行为应当做到程序公平、听取意见、执法公开。遵守程序正当原则要做到：A. 公开行政执法依据、过程、结果及相关信息资料；B. 平等对待当事人，听取当事人陈述和辩解，听取公民、法人及其他组织的意见和建议；C. 行政执法工作人员本人或近亲属同所处理案件有利害关系，应当回避；D. 处理行政案件坚持不单方接触、集体讨论决定以及职能分离等制度。

④ 诚实信用原则。诚实信用原则，是指行政执法主体在行使行政职权、履行行政职责时应做到诚实和守信。遵守诚实守信原则要做到：A. 行政执法不得适用溯及既往的法律规定；B. 行政执法行为要真实、准确；C. 行政执法要信守承诺；D. 坚持信赖保护原则，即行政主体不得随意变更或撤销已生效的行政行为，确实需要改变的，必须合理补偿行政相对人由此造成的损失。

⑤ 效率性原则。效率性原则，是指行政执法主体在执法时要尽可能节省时间、资源、成本，为社会提供便捷、高效服务，以最小的投入产出最大的社会效益。坚持效率性原则要做到：A. 遵守法定时限；B. 积极履行法定职责；C. 提高办事效率；D. 提供优质服务；E. 方便公民、法人和其他组织。

4）行政执法要求

（1）严格执法。

（2）规范执法。

---

① 宋行. 行政执法实务 [M]. 北京：法律出版社，2011：29.

（3）公正执法。
（4）文明执法。
5）行政执法主体
（1）概念。

行政执法主体，是指行政执法活动的承担者①，即依法享有国家行政管理权，能够以自己的名义实施行政管理活动并承担法律责任的组织。

（2）条件。

根据宪法和有关法律规定，行政执法主体需要具备下述条件：① 行政执法主体必须是组织而不是自然人；② 行政执法主体的成立必须有合法的依据；③ 行政执法主体必须具有明确的职责范围；④ 行政执法主体必须能以自己的名义作出具体行政行为并承担相应的执法责任。

任何组织作为行政执法主体都必须同时具备以上四项条件，缺一不可。

（3）分类。

① 行政机关。是指按照国家宪法和有关组织法的规定而设立的，代表国家依法行使行政权，组织和管理国家行政事务的国家机关。

② 法律、法规授权的组织。法律、法规授权的组织，是指在行政管理活动中，根据法律、法规的授权行使某些行政职权并承担相应义务的企事业单位、社会团体和群众性自治组织。

③ 受委托的组织。受委托组织，是指受行政机关委托行使特定行政管理权的非国家机关的组织。

6）行政执法人员
（1）概念。

行政执法人员，是指行政执法主体依法录用或委托并赋予其相应执法权的工作人员。

（2）权利和义务。

① 行政执法人员的主要权利：A. 职务身份保障权；B. 履行职务权；C. 经济保障权；D. 申诉权。

② 行政执法人员的义务：A. 依法履行职务的义务；B. 服从命令的义务；C. 保守国家秘密的义务；D. 遵守社会公德和执行纪律的义务。

7）行政执法行为
（1）概念。

行政执法行为，是指行政执法主体依照法律规定的权限和程序，实施的对行政相对人权利和义务产生直接影响的行为。②

（2）特征。

行政执法行为具有以下特征：A. 行政执法行为的主体是行政机关、法律法规授权的组织以及受委托组织；B. 行政执法行为内容是行政执法主体行使法定职权职责，对经济、社会进行管理和服务；C. 行政执法行为目的是维护特定的行政秩序；D. 行政执法行为的对象是行政管理相对人；E. 行政执法行为的后果是对行政管理相对人权利和义务产生直

---

① 张水海，等. 行政执法实务与案例指导 [M]. 北京：中国法制出版社，2011：1.
② 张水海，等. 行政执法实务与案例指导 [M]. 北京：中国法制出版社，2011：124.

接影响。

（3）分类。

行政执法行为内容繁杂、形式多样，可以按照不同的标准进行各种分类：

① 羁束裁量与自由裁量的行政执法行为。这是依行政执法受到法律规范拘束程度的不同，对行政执法行为进行的分类。严格按照法律、法规明确而具体的规定执行的，称为羁束裁量的行政执法行为；法律、法规虽有规定，但在其范围、方式、种类、数量等方面又允许有一定的选择余地或幅度的，称为自由裁量的行政执法行为。

② 依职权与依申请的行政执法行为。这是依行政执法主体是否可以主动采取执法行为所作的分类。依职权的行政执法行为，是指行政执法主体可以不依相对一方申请，依照法定职权主动进行的行政执法行为。依申请的行政执法行为，是指行政执法主体只有在相对一方提出申请之后才能实施的行政执法行为。

③ 需受领与不需受领的行政执法行为。这是以行政执法行为是否需相对方受领为标准所作的分类。需受领的行政执法行为，是指必须经相对一方受领方能生效。不需受领的行政执法行为，是指无须相对一方受领，只要行政执法主体作出决定，予以公告就能生效的行政执法行为。

④ 单方性的与双方性的行政执法行为。这是以行政执法行为是否需要双方意思表示为标准所作的分类。单方性的行政执法行为，是指行政执法主体的单方意思表示即可成立的行政执法行为。双方性的行政执法行为，是指需要行政执法主体与行政相对人双方达成"合意"才可成立的行政执法行为。

（4）效力。

① 行政执法行为成立。行政执法行为成立是指构成一个行政执法行为必须具备的要件。构成一个行政执法行为一般应当具备以下条件：A. 有行政执法主体和行政相对人；B. 有一定的行政职权；C. 行政执法者有明确的意思表示；D. 具有符合一定程序或形式的行为；E. 有法律的效果。

② 行政执法行为生效。行政执法行为生效是指行政执法行为发生效力，行政执法行为的生效有三种情况：A. 即时生效，即行政执法行为一旦做出即生效；B. 受领生效，即行政机关告知，行政相对人受领后才能生效；C. 附款生效，即满足所附条件或期限后生效。

③ 行政执法行为效力内容。A. 公定力。行政执法行为成立后，不管其是否真正合法，即预先推定为合法，而具有要求有关机关、组织和个人等全社会予以遵守或服从的效力。B. 确定力。行政执法行为成立生效后，具有不可变更的效力，不依据法律规定不得随意变更或撤销。C. 拘束力。行政执法主体、当事人对成立生效后行政执法行为有服从和遵守的法律约束力。D. 执行力。当事人对成立生效后行政执法行为应当履行，当事人不履行，行政执法主体可采取措施强制履行。

④ 行政执法行为合法要件。A. 行政执法行为主体合法；B. 行政执法权力来源合法；C. 行政执法行为内容合法、适当；D. 行政执法行为符合法定程序和形式。

⑤ 行政执法行为瑕疵与处理。行政执法行为存在违法或不当时，应根据情况进行相应处理。A. 无效。行政执法行为有明显重大实体和程序违法，行政执法行为自始不产生法律效力。B. 撤销。行政执法行为因违法或不当，有权机关予以撤销，使其自一开始就失去效力。C. 终止。合法行政执法行为因某些法定事由，有权机关终止其效力，致其被

终止之日起不再发生效力，但对以前效力不予否定。D. 补正。对行政执法行为存在的非法律性、技术性、直观性错误补充改正，补正后行政执法行为效力不受影响。E. 变更。行政执法行为因不当或情况发生变化，有权机关对行为内容予以改变。

8）行政处罚

（1）概念。

行政处罚，是指具有行政处罚权的行政主体，依法对行政相对人违反行政法律、法规而尚未构成犯罪的行政行为所实施的法律制裁。[①]

（2）特征。

① 行政处罚的目的是对违法行为人的惩戒；② 行政处罚的适用主体是行政机关或法律、法规授权的组织；③ 行政处罚的适用对象是作为行政相对人的公民、法人或其他组织；④ 行政处罚的前提是行政相对人实施了违反行政法律规范的行为。

（3）种类。

① 人身罚。人身罚又称自由罚，是指限制或剥夺违法行为人的人身自由的行政处罚。人身罚是最严厉的行政处罚，主要是行政拘留。

② 行为罚。行为罚又称能力罚，是指限制或剥夺违法行为人特定的行为能力的处罚形式。行为罚，主要包括责令停产、停业和暂扣或者吊销许可证和营业执照。

③ 财产罚。财产罚是对违法行为人财产权给予剥夺的处罚形式。财产罚，主要包括罚款和没收财物。

④ 申诫罚。申诫罚又称精神罚、声誉罚，是对违反行政法律规范行为人谴责和警戒的处罚。申诫罚，主要包括警告和通报批评。

（4）原则。

① 处罚法定原则。处罚法定原则是行政合法性原则在行政处罚中的集中体现。主要内容是：A. 处罚依据法定；B. 处罚主体法定；C. 处罚职权法定；D. 处罚程序法定。

② 公开、公正、公平原则。处罚公开原则要求行政处罚的依据及处罚中的有关内容必须公开。处罚公正原则要求不能违反公正的程序。处罚公平原则要求行政主体在行政处罚中必须依法裁判，公平地处罚违法行为人，既不能同等情况给予不同处罚，也不能不同情况给予相同处罚。

③ 适应违法行为原则。实施的行政处罚，必须与受罚人违法行为的事实、性质、情节及社会危害程度相适应，即行政处罚的种类、轻重程度及其减免均应与违法行为相适应。

④ 一事不再罚原则。一事不再罚原则要求对当事人同一个违法行为，不得给以两次以上同样的行政处罚。

⑤ 结合教育原则。行政处罚是法律制裁的一种形式，但又不仅仅是一种制裁，兼有惩戒与教育的双重功能。处罚不是目的，而是手段，通过处罚达到教育的目的。在行政处罚的适用中应始终坚持教育与处罚相结合。

⑥ 民事刑事责任适用原则。民事刑事责任适用原则是指不免除民事责任、不取代刑事责任的原则。行政相对方因违法受到行政处罚，其违法行为对他人造成损害的，应当依法承担民事责任。违法行为严重构成犯罪的，应当依法追究刑事责任。不得以已给予行政

---

① 宋行. 行政执法实务［M］. 北京：法律出版社，2011：78.

处罚而免于追究其民事责任或刑事责任。

⑦ 申诉和赔偿原则。A. 相对方对行政主体给予的行政处罚依法享有陈述权、申辩权；B. 对行政处罚决定不服的，有权申请复议或者提起行政诉讼；C. 相对方因违法行政处罚受到损害的，有权提出赔偿要求。

⑧ 处罚追究时效原则。自违法行为终止之日起，两年内未追究责任的不再处罚。法律另有规定的依其规定。

（5）管辖和适用。

① 行政处罚管辖。根据规定，行政处罚除法律、行政法规另有规定外，由违法行为发生地的县级以上地方人民政府具有行政处罚权的行政机关管辖。

县级以下（不包括县级）的行政机关如果没有法律、行政法规的另行规定或根据县级以上地方人民政府具有行政处罚权的行政机关的依法委托，不得享有、行使行政处罚管辖权。

两个以上依法享有行政处罚权的行政机关如对同一行政违法案件都有管辖权，在案件管辖上发生争议，双方又协商不成的，应报请共同的上一级行政机关指定管辖。

对行政违法案件有管辖权的行政机关若发现违法行为构成犯罪的，应依法及时将案件移送司法机关，依法追究刑事责任。

② 行政处罚适用。行政处罚适用条件：A. 必须已经实施了违法行为，且该违法行为违反了行政法律规范；B. 行政相对人具有责任能力；C. 行政相对人的行为依法应当受到处罚；D. 违法行为未超过追究时效。

③ 行政处罚追究时效。根据《中华人民共和国行政处罚法》的规定，行政处罚追究时效为2年，在违法行为发生后2年内未被发现的，不再给予行政处罚；法律另有规定的除外。

9）行政许可

（1）概念。

行政许可，是指行政主体根据行政相对人的申请，经依法审查，赋予或确认其从事某种活动的法律资格或权利的行为。

（2）特征。

① 行政许可是依法申请的行政行为；② 行政许可的内容是国家一般禁止的活动；③ 行政许可是行政主体赋予行政相对人某种法律资格或权利的具体行政行为；④ 行政许可是一种外部行政行为；⑤ 行政许可是一种要式行政行为，必须遵循一定的法定形式。

（3）原则。

① 合法性原则。设定和实施行政许可，应当依照法定的权限、范围、条件和程序。

② 公开、公平、公正原则。A. 行政许可的过程和结果应当公开；B. 行政许可不仅要合法，而且还要合理；C. 行政许可应当平等地对待所有个人和组织。

③ 便民原则。行政主体实施行政许可，应为公民、法人或者其他组织申请行政许可尽量提供方便。

④ 救济原则。A. 公民、法人或者其他组织对行政主体实施行政许可，享有陈述权、申辩权；B. 有权依法申请行政复议或者提起行政诉讼；C. 其合法权益因行政主体违法实施行政许可受到损害的，有权依法要求赔偿。

⑤ 信赖保护原则。行政主体不得擅自改变已经生效的行政许可，对依法变更或者撤

回已经生效的行政许可,应当对由此给公民、法人或者其他组织造成的财产损失给予补偿。

⑥ 一般不得转让原则。除法律、法规规定可以转让的行政许可外,其他行政许可不得转让。

⑦ 监督原则。行政主体应当依法加强对实施行政许可和从事行政许可事项活动的监督。

(4) 设定规则。

① 设定行政许可应当遵循经济和社会发展规律;② 设定行政许可应当有利于发挥公民、法人或者其他组织的积极性、主动性,维护公共利益和社会秩序;③ 设定行政许可应当有利于促进经济、社会和生态环境协调发展。

10) 行政征收、征用

(1) 行政征收。

① 概念。行政征收,是指为了公共利益的需要,行政主体依照法律规定的条件和程序,向行政相对人强制收取一定财物的行政行为。

② 特征。A. 公益目的性:行政征收必须基于公益需要。B. 强制性:对行政执法机关依法征收,行政相对人必须服从,否则行政执法机关可采取强制手段达成目的。C. 法定性:行政征收必须按照法定权限和程序进行,不得违反法律规定。

(2) 行政征用。

① 概念。行政征用,是指为了公共利益的需要,行政主体依据法律、法规的规定,强制性的取得行政相对人财产使用权或劳务并给予合理经济补偿的一种具体行政行为。

② 特征。A. 公益目的性:行政征收必须基于公益需要。B. 强制性:对行政执法机关依法征收,行政相对人必须服从,否则行政执法机关可采取强制手段达成目的。C. 法定性:行政征收必须按照法定权限和程序进行,不得违反法律规定。

(3) 行政征收与行政征用区别。

① 行政征收发生行政相对人财产所有权转移到国家的效果,而行政征用只发生行政相对人财产使用权转移到国家的效果,所有权并未转移。② 行政征收可以是有偿的,也可以是无偿的,行政被征用一般都是有偿的。③ 行政征收一般仅限于财产,而行政征用除了财产外,还可能包括劳务。

11) 行政强制

行政强制,是指行政机关为了实现行政目的,对行政相对人的人身、财产和行为采取的强制性措施。① 行政强制包括行政强制措施和行政强制执行。

(1) 行政强制措施。

① 概念。行政强制措施是指行政机关为查明情况,或预防、制止、控制违法、危害状态,或保障行政管理工作的顺利进行,根据现实需要,依职权对有关对象的人身或财产进行暂时性限制的强制措施。

② 分类。行政强制措施可归为下列三类:A. 对人身自由的限制;B. 对财物的各种处置;C. 对住宅等场所的进入。

(2) 行政强制执行。

① 概念。行政强制执行,是指公民、法人或其他组织拒不履行行政法上的义务,行

---

① 宋行. 行政执法实务 [M]. 北京:法律出版社,2011:96.

政机关或人民法院依法采取强制措施,迫使其履行义务的具体行政行为。

② 特征。A. 行政强制执行以行政机关和法院为执行主体；B. 行政强制执行以已生效的具体行政行为所确定的义务为执行内容；C. 强制执行的目的在于迫使行政相对人履行义务；D. 行政强制执行以行政相对人不履行行政法上的义务为前提。

③ 行政强制执行权归属。根据我国现行法律、法规的规定,行政强制执行既存在由行政机关实施的情况,也存在由司法机关实施的情况,即行政机关和法院都可以成为行政强制执行的主体。

④ 行政强制执行的方式。A. 代履行：是指义务人不履行法律、法规等规定的或者行政行为所确定的可代替作为义务,由行政强制执行机关或第三人代为履行,并向义务人征收必要费用的行政强制执行方法。B. 执行罚：是指有关国家机关对拒不履行已经生效的具体行政行为的当事人进行制裁,以迫使当事人自觉履行该具体行政行为所确定的义务的法律制度。C. 直接强制：是指在采用代执行、执行罚等间接手段不能达到执行目的,或无法采用间接手段时,执行主体可依法对义务人的人身或财产直接实施强制,迫使其履行义务或实现与履行义务相同状态的强制执行方法。

12）行政确认

（1）概念。

行政确认是指行政机关和法定授权的组织依照法定权限和程序对有关法律事实进行甄别,通过确定、证明等方式决定管理相对人某种法律地位的行政行为。[①]

（2）作用。

行政确认有稳定法律关系,减少各种纠纷,保障社会秩序安定,保护公民、法人或其他组织合法权益的重要作用。

（3）形式。

行政确认主要形式有：确定、认可证明、登记、批准、鉴证、行政鉴定。

（4）原则。

① 依法确认原则；② 客观、公正原则；③ 保守秘密原则。

13）行政给付

（1）概念。

行政给付,是指行政主体通过给予行政相对人利益和便利等方式实现行政目的的活动。

（2）特征。

① 行政给付一般以行政相对人的申请为条件；② 行政给付是一种授益性行政行为；③ 行政给付的内容是赋予行政相对人以一定的物质帮助权益；④ 行政给付的对象是处于某种特殊状态之下的行政相对人。

（3）基本原则。

① 法定原则；② 公开、公平、平等原则；③ 专款专用和效率原则；④ 合理比例原则；⑤ 国家保障与社会扶助相结合、鼓励劳动自救原则；⑥ 信赖保护原则。

（4）类型。

① 抚恤金；② 生活补助费；③ 安置；④ 救济；⑤ 优待；⑥ 社会福利。

---

① 宋行. 行政执法实务 [M]. 北京：法律出版社,2011：100.

14）行政裁决

（1）概念。

行政裁决，是指行政机关或法定授权的组织，依法对当事人之间发生的、与行政管理活动相关、与合同无关的民事纠纷进行审查，并作出裁决的具体行政行为。

（2）特征。

① 行政裁决的主体是法律法规授权的行政机关；② 行政裁决的民事纠纷与行政管理有关；③ 行政裁决是依申请的行政行为；④ 行政裁决具有准司法性；⑤ 行政裁决是一种具体行政行为。

（3）种类。

行政裁决种类包括：① 侵权纠纷的裁决；② 补偿纠纷的裁决；③ 损害赔偿纠纷的裁决；④ 权属纠纷的裁决；⑤ 国有资产产权裁决；⑥ 专利强制许可使用费裁决；⑦ 劳动工资、经济补偿裁决；⑧ 民间纠纷的裁决。

（4）原则。

行政裁决原则包括：① 合法原则；② 公平原则；③ 回避原则；④ 调解原则；⑤ 职能分离原则；⑥ 效率原则。

15）行政奖励

（1）概念。

行政奖励，是指行政主体为了表彰先进、激励后进，充分调动和激发人们的积极性和创造性，依照法定条件和程序，对为国家、人民和社会作出突出贡献或者模范地遵纪守法的行政相对人，给予物质的或精神的奖励的具体行政行为。[1]

（2）内容和形式。

行政奖励的内容和形式体现为：① 精神奖励，即给予受奖人某种荣誉；② 物质奖励，即发给奖金或者各种奖品；③ 职务奖励，即予以晋级或者晋职。

（3）原则。

① 物质奖励与精神奖励相结合原则；② 公正、合理、民主、平等原则；③ 奖励与受奖行为相当原则；④ 依法奖励、实事求是原则；⑤ 及时性、时效性和稳定性原则。

16）行政执法依据

（1）行政执法依据概念。

行政执法依据，是指行政执法的法律依据，亦即由立法主体制定和认可的由国家强制力保证实施的行政执法主体据以做出的行政执法行为的法律规范。[2]

（2）行政执法依据具体内容。

① 宪法；② 法律；③ 行政法规；④ 地方性法规；⑤ 行政规章；⑥ 自治条例、单行条例；⑦ 法律解释；⑧ 国际条约。

（3）行政执法依据效力等级。

行政执法依据的效力等级一般原则是：① 宪法具有最高效力，法律的效力高于行政法规、地方性法规、行政规章；② 行政法规的效力高于地方性法规、行政规章；③ 地方性法规的效力高于地方性政府规章；④ 省、自治区地方政府规章效力高于本行政区内较

---

[1] 宋行. 行政执法实务 [M]. 北京：法律出版社，2011：109.
[2] 张水海，等. 行政执法实务与案例指导 [M]. 北京：中国法制出版社，2011：46.

大市的地方政府规章；⑤ 部门规章与部门规章、部门规章与地方政府规章具有同等效力。

（4）行政执法依据适用规则。

① 上位法优于下位法，同位法在各自的权限范围内适用；② 同一机关制定法律、法规、规章，特别规定与一般规定不一致的，特别法优于一般法；③ 同一机关制定法律、法规、规章，新的规定与旧的规定不一致的，新法优于旧法。

17）行政执法程序

（1）行政执法程序概念。

行政执法程序，是指行政执法主体实施行政执法行为时所应遵循方式、方法、步骤、时限和顺序。①

（2）行政执法程序作用。

① 确保行政执法行为的合法性；② 提升行政执法行为的合理性；③ 实现行政执法行为的民主性；④ 强化行政执法行为的权威性；⑤ 提高行政执法行为的效率性。

（3）行政执法程序原则。

主要有三项：① 公开原则。要求行政执法行为除了依法应当保密外，应当一律公开，包括行政执法依据、标准、条件、程序、种类、幅度等；② 公正原则。要求行政执法主体及其工作人员办事公道，不徇私情；③ 公平原则。要求行政执法主体及其工作人员平等对待行政相对人，不歧视。

（4）行政执法程序基本制度。

行政执法程序的基本制度，是指行政执法机关在行政执法活动中必须遵循的重要程序制度。一般认为，行政执法程序的基本制度有以下 10 种：

① 表明身份制度。是指行政执法主体及其工作人员在行政执法时，要向行政相对人出示执法证明，表明身份的制度。

② 告知制度。是指行政执法主体在行政执法过程中，应告知行政相对人相应行政执法行为的主要内容、理由、依据及其享有的权利等的制度。

③ 回避制度。是指行政执法工作人员本人或近亲属同所处理事件有利害关系，应当终止其职务的行使并由他人代理的一种法律制度。

④ 陈述和申辩制度。是指在行政执法过程中，行政执法主体及其工作人员要听取行政相对人的陈述和辩解，全面、认真考虑当事人意见的制度。

⑤ 听证制度。是指行政执法机关在作出行政执法决定之前，应当公开听取当事人意见，并根据行政相对人提供的证据和发表的意见而最终作出行政执法决定的程序性制度。

⑥ 信息公开制度。是指行政执法主体实施行政执法行为有关的一切信息应通过一定的形式和途径进行公开，让行政相对人了解相关信息的制度。

⑦ 职能分离制度。是指行政执法主体内部在行政案件办理上某些相关职能加以分离从而相互配合、相互制约的制度。

⑧ 说明理由制度。是指行政执法主体在作出行政行为时，应向行政相对人说明该行政行为的事实依据、法律依据以及进行自由裁量时所考虑的政策、公益等因素的制度。

⑨ 禁止单方接触制度。是指行政执法主体在处理涉及两个或两个以上有利益冲突的当事人的行政事务或裁决他们之间纠纷时，不能在一方不在场的情况下单独与另一方当事

---

① 宋大涵，青锋. 行政执法教程 [M]. 北京：中国法制出版社，2011：93.

人接触，听取其陈述、接受、采纳其证据等的制度。

⑩ 时效制度。是指行政执法行为的全过程或各个阶段受法定时间限制的程序制度。

18）行政执法证据

（1）行政执法证据概念。

行政执法证据，是指在行政执法过程中行政执法主体依法收集并用于证明案件真实情况的物质材料。①

（2）行政执法证据种类。

① 物证。是指以其外部特征、存在场所、物质属性证明案件真实情况的一切物品和痕迹。

② 书证。是指能够根据其表达的思想和记载的内容证明案件事实情况的一切物品。

③ 证人证言。是指知道案件真相的当事人以外的人，向行政执法人员所作的能够证明案件真实情况的陈述。

④ 当事人陈述。是指行政案件当事人就有关案件事实情况向行政执法人员所作的陈述。

⑤ 鉴定结论。是指具有专门知识的人员受指派或聘请，运用专门知识，对案件中专门性问题进行分析鉴定后所作的结论性的判断。

⑥ 勘验、检查笔录。是指行政执法办案人员对与案件有关的场所、物品等进行勘验、检查时，所作的文字记载。

⑦ 视听资料。是指采用现代化技术手段，将可以重现案件原始声响、形象的录音录像资料和储存于电子计算机的有关资料及其他科技设备提供的信息，用来作为证明案件真实情况的资料。

⑧ 电子证据。是指以电子形式表现出来的能够证明某种事实的一切材料。

（3）行政执法证据收集和审查。

① 证据收集原则。依法进行，及时进行，客观全面，深入细致，应用科学技术手段。

② 证据收集方式。检查；询问；录音；录像；拍照；抽样取证；鉴定；调取。

③ 证据审查。证据审查，是指行政执法人员对收集的证据材料进行分析判断，鉴别真伪，以确定能否作为定案依据的程序活动。证据审查主要审查证据的关联性、合法性和真实性。

19）行政执法监督

（1）概念。

行政执法监督，是指享有监督权的国家机关、政党、社会组织、公民等对行政执法主体及其工作人员实施的行政执法行为进行监察和督促的活动。②

（2）种类。

根据不同的标准，可将行政执法监督分为：① 国家监督和社会监督；② 内部监督和外部监督；③ 事前监督、事中监督与事后监督。

（3）主体。

一般包括：权力机关、行政机关、司法机关、社会组织、社会舆论、人民群众。

---

① 张水海，等. 行政执法实务与案例指导［M］. 北京：中国法制出版社，2011：216.
② 张水海，等. 行政执法实务与案例指导［M］. 北京：中国法制出版社，2011：293.

（4）内容。

主要包括：① 法律、法规、规章和规范性文件的实施情况；② 规范性文件是否合法；③ 行政执法主体是否合法；④ 行政执法程序是否合法；⑤ 行政执法文书是否规范；⑥ 行政执法中认定事实是否准确；⑦ 行政执法中适用法律、法规、规章和规范性文件是否正确；⑧ 行政复议工作的开展情况；⑨ 其他需要监督检查的事项。

20）行政执法责任

（1）概念。

行政执法责任，是指行政执法主体因违反行政法律规范而依法必须承担的法律责任。[1]

（2）特征。

① 行政执法责任是行政执法主体应承担的责任；② 行政法律责任是一种不能以其他法律责任或纪律责任替代的独立的责任；③ 行政执法责任主要是行政违法（包括部分行政不当）引起的不利法律后果。

（3）产生。

行政执法责任的产生主要包括：① 行政违法、主体违法、内容违法、依据违法、程序违法；② 行政不当。

（4）认定。

① 构成要件：A. 行政执法主体的行为已构成行政违法；B. 行政相对人合法权益因行政行为违法受损；C. 承担行政执法责任有法律依据；D. 行为主体具有法定的责任能力。

② 责任主体：A. 行政执法主体；B. 具体执法人员；C. 行政执法主体的领导者。

（5）行政执法责任追究。

① 追究方式：主动追究、被动追究。② 追究机关：国家权力机关、行政机关、审判机关。

（6）行政执法责任承担方式。

① 惩罚性行政责任主要包括通报批评、行政处分、责令承担一定赔偿等；② 补救性行政责任主要包括承认错误，赔礼道歉；③ 恢复名誉、消除影响；④ 履行职务；⑤ 撤销违法；⑥ 纠正不当；⑦ 返还权益；⑧ 恢复原状；⑨ 行政赔偿等。

（7）行政执法责任免除。

在正当防卫、紧急避险情况下可免除行政执法责任。

21）行政执法救济

（1）行政执法救济概念。

行政执法行为救济，是指公民、法人或其他组织认为行政执法主体的行政执法行为侵害其合法权益，请求有权的国家机关依法对行政违法或行政不当行为实施纠正，以保护其合法权益的法律制度。

（2）行政执法救济的特征。

① 行政执法救济以行政执法相对人的请求为前提；② 行政执法救济以行政执法争议为基础；③ 行政执法救济的最终目的是保护行政执法相对人的合法权益。

（3）行政执法救济形式。

① 行政救济。行政救济是指行政相对人依法向有权的国家行政机关请求对行政执法

---

[1] 宋行. 行政执法实务［M］. 北京：法律出版社，2011：199.

主体的行政违法行为或不当的具体行政行为进行纠正、弥补损失、或追求其行政责任的一种救济途径。行政救济有三种途径：行政补偿、行政赔偿、行政复议。② 司法救济。司法救济即行政诉讼，是指公民、法人或其他组织认为行政机关的具体行政行为侵犯其合法权益，以法定程序和要求向人民法院起诉。人民法院在当事人及其他诉讼参与人的参加下，对具体行政行为进行审理并作出裁决的活动。③ 其他救济。主要包括权力机关救济、申诉、信访等。

（二）重点研读的文章①

申论备考要有充分的理论准备，这个准备同掌握申论写作的方法、技巧相比更为重要。这种准备除了要熟悉前面的理论知识，还必须掌握一些必看的文章内容，把握其精神实质，其文章篇目如下：

（1）中共中央：《关于全面推进依法治国若干重大问题的决定》。

（2）习近平：《关于〈中共中央关于全面推进依法治国若干重大问题的决定〉的说明》。

（3）中共中央：《关于全面深化改革若干重大问题的决定》。

（4）习近平：《关于〈中共中央关于全面深化改革若干重大问题的决定〉的说明》。

（5）习近平：《在第十二届全国人民代表大会第一次会议上的讲话》。

（6）习近平：《〈福州古厝〉序》。

（7）胡锦涛：《坚定不移沿着中国特色社会主义道路前进 为全面建成小康社会而奋斗》。

（8）中共中央：《关于深化文化体制改革推动社会主义文化大发展大繁荣若干重大问题的决定》。

（9）中共中央：《关于构建社会主义和谐社会若干重大问题的决定》。

（10）考试当年总理作的政府工作报告。

（11）国务院：《国家中长期科学和技术发展规划纲要（2006—2020年）》。

（12）国务院：《中华人民共和国国民经济和社会发展第十二个五年规划纲要》。

（13）工业和信息化部：《"十二五"产业技术创新规划》。

（14）国家环保部：《国家环境保护"十二五"规划》。

以上14篇重点阅读的文章，无论是"国考"还是"省考"，申论写作一定会运用到其中的理论知识。因为，"国考"或者"省考"的命题专家会根据政府和老百姓关心的问题设计题干、选择题料。无论命题专家在出题方面如何创新，其精神实质都不会超出上述文章的有关内容。这些文章是对我国涉及的问题作出的精当的理论剖析和解决问题的表述。申论作答，对问题的看法、事件性质的认定或事件意义的阐释、对策的制定，乃至要撰写的论证大作文，都少不了与其中的理论有关，甚至对策制定的条款可以直接从其中的文章中"拿来"为我所用。所以，考生一定要认真阅读，对文章中的重要部分，最少要阅读3遍，真正领会精神。这样，理论联系申论考试内容的实际，写文章就有了理论依据，认识问题就有了高度，文章写作就有了深度，申论语言就接近了行政话语。不然，看问题会浮在表面，论证问题不是翻来覆去表述"车轱辘话"，就是无话可说。例如，2013年中

---

① 重点研读的14篇文章可以从互联网上下载。

央、国家机关公务员［市（地）以下综合管理类和行政执法类］职位录用考试申论试题，2014年安徽省机关公务员录用考试申论试题，所考内容都与文化建设有关，倘若考生潜心研读过《中共中央关于深化文化体制改革推动社会主义文化大发展大繁荣若干重大问题的决定》，运用其中的理论，分析问题、制定对策、阐述文章观点，申论成绩将十分可观。

与苏东坡齐名的江西诗派之祖黄庭坚多次讲到写好诗歌须有修养的问题。在《送王郎》的诗中他写道："炊沙作糜终不饱，镂冰文章费工巧。要须心地收汗马，孔孟行世日杲杲。"① 诗句的意思是，诗歌写作刻意于文采辞丽只能是徒劳工巧，一无所获；只有从根本上着手，致力于修养，才能收到好的效果。申论写作虽不同于诗歌创作，但就加强修养方面的要求来说道理却是相同的。因为，申论写作离开内容，形式是不存在的。正是根据这个道理，制定申论阅卷赋分标准的原则是：对内容和形式的评阅分值以答题的内容为重，形式分数设置不高。绝大多数考生之所以失败，是因为其中最重要的一个因素就是没有研读与申论考试有关的理论。一些考生备考申论，把重点放到解题的形式和方法上，这是一个误区，这也是一些公考辅导网站和社会办学机构开办辅导班强调申论写作形式和方法重要的有意或无意的误导。切记，形式是为内容服务的，要考好申论，备考一定要多花一些时间、多用一些精力精心阅读上面列出的文章，一定要有与申论考试有关的理论准备。有了丰富的理论积淀，申论考试能收到事半功倍的可喜效果。没有武器如何上阵？上面列出的文章，把它们了然于胸，有了这些"十八般兵刃"，掌握一点解题的形式和方法，运用其中的理论，恰切解答申论考试中的具体问题，申论考试能取得较好的成绩。

二、作答可能运用的写作常识

（一）常用表达方式

表达方式，是指表现文章内容的具体手段和方法。基本的表达方式主要有叙述、描写、抒情、议论和说明五种类型。不同的文体都有各自常用的表达方式，如文学文体常用的表达方式是叙述、描写和抒情，应用文体常用的表达方式是说明、叙述和议论，申论常用的表达方式主要是说明和议论。这里我们仅介绍说明。

1. 说明的含义

说明，是对具体事物的形状、性质、特征、结构、成因、变化、类属、关系、功用等进行阐释、解说、介绍的一种表达方式。说明的对象非常广泛：既可以是宏观世界，也可以是微观世界；既可以是日月星辰、花草树木等自然现象，也可以是思想情感、方针政策等社会现象；既可以是具体事物，也可以是抽象事物。

恰当地运用说明的方式能提高语言表达的形象性和准确性，使说明的对象更加具体、生动，便于读者更好地理解和掌握。在说明类文章的写作中，说明是主要的表达方式，在记叙类、议论类文章的写作中，说明也是重要的表达方式。在申论考试中，说明常常用来概括材料、列举事例、说明意图、指出目标、交代做法等，无论是申论的内容概括，还是论证写作，说明都是最常用、最重要的表达方式之一。

2. 说明的方法

说明的方法多种多样，常用的有定义说明、诠释说明、概括说明、举例说明、分类说

---

① 吴言生，杨锋兵解评. 黄庭坚集［M］. 2版. 太原：三晋出版社，2008：52.

明、分解说明、引用说明、比喻说明、比较说明、数字说明、描述说明、图表说明等。下面介绍申论考试常用的说明方法。

1）定义说明

定义说明，是指用准确、简洁的语言对事物的本质属性进行揭示和界定的一种方法，用公式表示即为：被定义概念＝属＋种差。关于属加种差的定义方法，列宁曾经作过通俗的解释：下定义"首先就是把某一概念放在另一个更广泛的概念里。例如，当我们下定义说驴是动物的时候，我们是把'驴'这个较狭窄的概念放在'动物'这个更广泛的概念里。"① 列宁在这里所说的"更广泛的概念"，就是指被定义概念的属概念，被定义概念是"这个更广泛概念"的种概念。例子中的"驴"是"动物"的种概念，"动物"是"驴"的属概念。定义说明是对事物或事理进行最准确、最简洁的一种解释，所以它是最基本、最常用的一种说明方法，例如 2007 年"国考"申论试题（三）2 题：根据"给定资料（六）"，试分别解释"存量土地"和"地荒"的含义。请看"存量土地"的释义：

存量土地：是指城市建设用地中通过旧城旧村、老工业区和老企业改造或者是乱征滥批的不符合城市规划等途径获取的未被利用或低效利用的具有开发利用潜力的闲置土地。

这里的被定义概念"存量土地"是"闲置土地"的种概念，"闲置土地"是"存量土地"的属概念，种差是"闲置土地"前面的整个限定成分，它规定了"存量土地"的范围和来源。通过这种属加种差的方法，使"存量土地"的概念内涵得到了准确、严谨的揭示。

运用定义说明必须遵循四条规则：一是定义项中不能直接或间接地包括被定义项，以免造成前后同义反复；二是定义项和被定义项的外延必须相等；三是不能用否定和比喻的形式下定义；四是不能使用含混的语词，以免造成理解的困难。请看一条关于"地荒"的定义："地荒：是指非农建设用地供应不足。"我们知道，非农建设用地除了城镇建设用地之外，还应包括工矿企业用地、集镇和农村居民点用地、交通运输用地等其他用地。但给定材料（六）所说的建设用地只限于城市建设用地，而该定义却用"非农建设用地"来作为种差进行限定。很显然，种差范围过大，致使被定义项的外延大于被定义项，违反了定义说明中的第二条规则。

2）诠释说明

定义说明高度概括，这种定义不易释义，有时用得着诠释说明。这种说明是一种对事物或事理的某些属性进行解释的一种说明方法。它的最大特点是从一个方面抓住一个特点对事物作出的解释，如：鲸是最大的海洋动物，从"大"的方面解释它的特点；书桌是家具，是用来看书写字的，第一次解释的特点是"属性"，第二次解释的特点是"用处"。申论写作有时要用到诠释说明，例如，2009 年湖南省公务员录用考试申论试题 1：

给定资料（9）提到"一揽子个税改革方案"，请对这个方案加以简要解说。限 200 字以内作答。（15 分）

对某一概念或某一句话进行简要解说，显然需要用诠释说明。请看下面参考答案：

所谓"一揽子个税改革方案"，是指对个人所得税实行分类与综合相结合的征收体制，

---

① 列宁. 唯物主义和经验批判主义［M］. 北京：人民出版社，1950：138.

是个税领域的一项深层次改革。具体实施办法由现有的"一刀切"式的分类征收，改为综合考虑纳税人的各项收入和支出，综合计算纳税金额；进而综合考虑纳税人家庭的支出、负担，实行基本生计扣除和专项扣除，来征收个税。实施这种"一揽子"式的改革，将使个税计征更加实事求是，有利于解决个税体制的深层次扭曲问题，更好地实现调节差距、保障公平的功能。①

该答案首先对该概念作了定义说明，揭示了它的本质属性，简要而又严谨，但比较抽象。然后用诠释说明进一步解释了这种征收体制的性质、办法及意义。通过这样的解释，使我们对该概念的含义有了一个更加全面、完整、明确的认识。

诠释说明与定义说明都是对概念的解释，但定义说明更为严密，其定义项与被定义项要完全相等，可以互换；而诠释说明则是对概念某一方面的属性或特点进行解释，前后并不相等，不可相互置换。如我们说"文化是人类在社会历史发展过程中所创造的物质财富和精神财富的总和"，这是定义说明，所以也可以说"人类在社会历史发展过程中所创造的物质财富和精神财富的总和就是文化"。如果说"文化是一种软实力"，这是诠释说明，说明的是文化的作用，这样就不能倒过来说"一种软实力就是文化"，因为"软实力"与"文化"的外延并不相等。

3）概括说明

概括说明，是指对说明的对象进行简明扼要的概括和介绍，使读者对说明的对象有一个总体的、大致的了解的一种说明方法。概括说明不仅在说明文、应用文的写作中经常使用，而且在申论的考试中也经常用来概括申论的内容。例如，2013年"国考"申论试题（副省级以上）（三）：

有关部门拟在全球最高的妈祖圣像落成周年纪念日举办妈祖文化旅游节活动，需要一批志愿者向游客讲解妈祖文化。请你根据"综合资料4"，为志愿者写一份示范性的讲解稿。（20分）

要求：（1）内容具体，切合主题；（2）准确、全面，逻辑清楚；（3）表述生动，对象明确；（4）总字数400～500字。

要向游客讲解妈祖文化，就是要介绍妈祖文化的由来、内涵、发展、影响等内容，显然需要用概括说明进行介绍。请看下面的参考答案：

妈祖文化起源于古代人民的海上祭祀活动，古代在海上航行经常受到风浪的袭击而船沉人亡，为了祈求平安，航海者在起航前要先祭天妃。妈祖正是历代船工、海员和渔民共同信奉的神祇。妈祖于公元960年农历三月二十三日出生在福建莆田一户普通的林姓人家，起名林默。早期因知识广博、助人为乐为乡人所信赖，继而被附近渔民神化，在她过世后为其修建祠庙，为最早的妈祖庙，而后妈祖文化不断发展壮大。妈祖的影响力遍及港澳台以及亚洲、北美等20多个国家和地区。

佛教和儒家均对妈祖进行了吸收、演绎和"改造"，将其塑造成为精神典范。历代统治者也不断对妈祖文化进行加封行赏。元朝时妈祖升为国家级的航海保护神。明清时

---

① 2009年湖南省公务员录用考试申论试题解析与答案（2）.[OL]//（2009-05-04）.教育频道.http://www.edu.people.com.

代,受当时移民潮的影响,信仰妈祖的范围不断扩大,清代时妈祖信仰进入发展的全盛期。①

以上介绍抓住了特征,扣住了题意。通过这种通俗易懂的介绍,使游客对妈祖文化的来龙去脉有了一个大致的了解。

概括说明是申论写作中最常用的一种说明方式,无论是分析问答题,还是作文题,都需要对给定材料进行概括说明,它是考察考生概括能力的重要手段。

4)分类说明

分类说明,是指对说明对象按照同一标准分成若干类别,然后逐类加以说明的一种方法。分类说明通过对说明对象各类别属性的解说,使人们对该事物、事理的总体属性有一个更加深入、清晰、全面、细致的了解。分类说明在申论考试中经常运用,例如2007年江苏公务员录用考试申论试题(四):

请参考给定资料,结合自己的感想,自拟题目,写一篇演讲稿(此篇演讲稿不需要署名,凡署名者成绩无效)。

要求:观点明晰,说理明白,情感丰富,有鼓动性,篇幅不少于1000字。(50分)

根据材料内容,该演讲稿的话题属于社会救助方面。在撰写时,首先要对社会救助的对象即弱势群体的情况进行必要的说明,这是演讲的依据。然后再指出对他们实施救助的必要性和可操作性。请看下面的一份参考答案:

当我们全社会都在关注火爆的股市和喧嚣的房市时,我们可曾关注过处于社会边缘的一个特殊群体:他们处于弱势与劣势,他们的生活远远地游离于社会主体之外。这其中有温饱问题尚未解决的乡村贫民,有急需关注的农村五保,有因为自然灾害而生活困难的受灾群众,有无钱打官司的贫困夫妇,还有因公受伤和患上职业病的农民工兄弟,当然还有那些流浪乞讨人员,甚至还有曾经叱咤风云的退役运动员和无钱"救母"的大学生。在我们的视线之外,他们有太多的不可言说的辛酸,却不得不忍受着生存落差带来的无力和无奈。②

该例首先对"特殊群体"即"弱势群体"的内涵进行了定义式的说明,然后根据材料将其分成七个类别。因为给定材料对这七个类别已经作了详细的介绍,所以答题时不必对各个分类详加细说。

分类说明可分为一次分类和多次分类两种。有的说明,只采用单一的分类标准作一次性分类说明;有的说明,需要采用不同的标准进行多角度反复的说明,这是多次分类说明法。运用分类说明,必须遵循以下分类规则:一是各类之间互不包含;二是分类要穷尽,子类之和要等于母类;三是每次划分必须依照同一标准;四是每次划分不能越级。

5)引用说明

引用说明,是指援引名句熟语、经典著作、科学原理等来说明事物、事理的一种说明

---

① 2013年"国考"《申论》真题答案(省部级)[OL].(2013-10-17)[2015-07-07].教育频道.http://www.people.com.cn.

② 2007年江苏省公务员录用考试《申论》试卷参考答案[OL].http://www.chinagwyw.org/Jiangsu.

方法。引用说明使说明显得有根有据，可以扩大人们的视野，大大增强说明的生动性和可信度。请看 2011 年广东省公务员录用考试申论试卷材料 1 中第 2 段的文字：

所谓职业病，在我国是指企业、事业单位和个体经济组织的劳动者在职业活动中，因接触粉尘、放射性物质和其他有毒、有害物质等因素而引起的疾病。《中华人民共和国职业病防治法》规定，职业病必须具备四个条件：1. 患病主体是企业、事业单位或个体经济组织的劳动者；2. 必须是在从事职业活动的过程中产生的；3. 必须是因接触粉尘、放射性物质和其他有毒、有害物质等职业病危害因素引起的；4. 必须是国家公布的职业病分类和目录所列的职业病。

该例首先对职业病进行了定义说明，揭示概念的内涵，然后引用了《中华人民共和国职业病防治法》的权威规定，进一步说明了职业病的适用范围，确定了概念的外延。

运用引用说明注意事项：一要注意所引资料的真实性，切忌引用失真失考的资料；二要注意所引资料的权威性，切忌引用不见经传的资料；三要注意所引资料的针对性，切忌引用与需要说明的内容没有关联或关联不大的资料。

运用引用说明，有明引、暗引、详细摘引、概括引用等多种方法。不管运用哪种引用方法，都应注意要使所引用的资料与需要说明的内容融为一体。

（二）答题涉及文体

申论考核的文体除了议论文体和说明文体之外，还设置了一些常用文体，如 2003 年的"国考"试题要求写一篇讲话稿，2004 年和 2010 年的"国考"以及 2005 年山东省省考试题要求写一份报告，2005 年云南省级暨省级直属单位招考机关工作人员和国家公务员笔试申论试题第二题要求写一份《关于解决我国民工荒问题的对策建议》的调查报告，2011 年"国考"试题地（市）级以下职位第二题要求以教育局的名义草拟《给各村中小学家长的一封信》，2012 年安徽公务员录用考试申论（B 类）要求代拟一份"编者按"，2013 年江西省公务员录用考试申论第三题要求以 A 县政府的名义，就做好农民工春节返乡安全工作草拟一份通知，等等。这些常用文体出现的频率虽然不是很高，但一经出现，便对申论考试成绩产生一定影响，所以对于报考公务员的考生来说，千万不可掉以轻心，应该掌握一些常用文体的写作知识。

1. 党政机关公文

党政机关公文是党政机关实施领导、履行职能、处理公务的具有特定效力和规范体式的文书，是传达、贯彻党和国家方针、政策，公布法规和规章，指导、布置和商洽工作，请示和答复问题，报告、通报和交流情况等的重要工具。根据中共中央办公厅、国务院办公厅于 2012 年 4 月 16 日印发的《党政机关公文处理工作条例》的规定，党政机关公文共有决议、决定、命令、公报、公告、通告、意见、通知、通报、报告、请示、批复、议案、函、纪要等 15 种。现介绍申论考试中已经涉及或可能涉及的几种常用文体，供考生参考。

1）请示

（1）请示的概念。

请示是向上级机关请求指示、批准的上行文。下级机关在工作中遇到自身无权或无法自行处理的事项，需要向上级机关请示，在得到上级的指示或批准之后方可办理。

（2）请示的特点。

① 陈请性。请示的行文意图是将自己解决不了的问题反映给上级，通过上级的指示或批准来打开解决问题的锁头，所以，其写作的重点是如何向上级提出请求。陈请性是请示的根本属性。

② 期复性。请示的事项因为只有获取上级机关的审批或指示才能解决，其写作的落脚点应放在上级机关的回复表态上，在结尾处一定要提出需要上级机关指示或审批的愿望和要求。所以，期复是请示不可或缺的结构内容。

③ 事前性。请示必须在事情还没有开展之前就要向上级反映，所以在行文时机上属于事前行文，这既是公文程序的规定，也是尊重上级的体现，千万不能搞斩而不奏或先斩后奏。

④ 单一性。请示在内容上，要求一份请示只讲一件事、只反映一个问题，一文一事，一事一文。这是为了审批的方便，如果一文数事，就会造成事务的积压，给上级的研究和处理带来一定的工作压力和不便，也不便公文的归类和处理。

（3）请示的种类。

① 请求指示的请示。这种请示适用于：下级机关在工作中遇到新情况、新问题，没有现成的政策和规章可供遵循，或者是对上级有关文件或政策把握不准，或者是不同的职能部门对同一问题的规定互相出入等情况，要求上级机关给予明确的指示或解释。人们常把这种要政策、要办法的请示称作政策性请示。

② 请求批准的请示。请求批准的请示适用于：根据规定须经上级机关批准后方可办理的事项；下级机关在工作中遇到困难和障碍，需要上级机关支持和帮助才能解决的事项；本单位因情况特殊，需要对上级的统一规定作变通处理的事项。因为这种请示适用于须经上级机关审批方可办理的事项，所以又称事项性请示。

（4）请示的内容格式。

请示一般由标题、主送机关、正文和生效标识四个部分组成。

① 标题。请示的标题有两种写法：一种是由发文机关＋事由＋文种组成的三要素式，这是一种最为严谨、规范的标题，适用于重要事项或重大问题的请示；二是由事由＋文种的二要素式。需要注意的是：在请示的标题上不能再加上"请求"、"恳请"、"申请"等字样，因为"请示"已包含了这些词语的意思；不能在"请示"后面再加上"报告"二字，因为这是两个互相独立的文种，不能混淆。

② 主送机关。请示的主送机关只能写一个，而且必须是自己直接的上级机关。

③ 正文。请示的正文部分由缘由、事项和结语三个部分组成。

请示的缘由是请示的原因和理由。如果是指示性请示，要将请示的问题及其由来陈述清楚；如果是请求批准的请示，则要将请示的机会、条件、意义、作用、根据等陈述清楚。这部分是对请示必要性的说明，上级能否审批，就取决于这部分的写作。所以这部分是全文的重点和关键。

请示的事项是请示需要解决的具体问题。不同种类的请示有不同的事项内容，指示性请示的事项较为简单，只要把需要指示的问题准确、简要地概括出来即可，如下文的请示事项："××〔2001〕117号文件中第四条、第五条的规定是否与WTO规则相抵触，与全国外经贸会议的有关精神应如何衔接。"下级机关的请示事项，如需以本机关名义向上级机关请示，应当提出倾向性意见后上报，不得原文转报上级机关。请求批准的请示事项要写清在哪些方面需要上级机关给予什么样的帮助和支持，这一部分要具体、明确且具有可行性。

请示的结语是事项之后向上级机关提出给予批复的请求，常用"特此请示，请批示""请指示""当否，请裁示""妥否，请批复""以上请示当否，请批复""以上请示，请予审核批准""以上请示如无不妥，请批准""特此报请核批"等惯用语。

④ 生效标识。如果作为机关正式公文，请示的落款处要标注发文机关署名、成文日期和印章等生效标识；如果是申论考核的文种，则在落款处署上发文机关的名称，然后在名称后面书写"加盖公章"四字，并用括号将其括起，在其下面写上成文日期即可。日期用阿拉伯数字书写，右空四个字。如果题目要求只写标题和正文，则生效标识可以省略。

(5) 答题分析。

请示是下层机关最常用的一种文体，虽然到目前为止，申论试题还没有出现请示的文种，但这并不代表今后不会出现，所以我们必须认真掌握，做到有备无患。下面仅举二例进行分析。

题目1 ××省××市人民政府曾在2001年10月29日发布了《批转市外经贸委市财政局关于〈××市扩大出口专项资金使用管理规定（试行）〉的通知》（×政〔2001〕117号）。该市政府法制局在清理过程中，对文件的第四条、第五条规定是否与WTO规则抵触存在不同意见，来文请示省法制办。省法制办经过研究，认为该市政府法制局所反映的情况确实存在，为了慎重起见，省法制办决定向国务院法制办行文，请求答复。现在请你以该省法制办的名义撰写这份请示。

分析 不同部门，即使是同一部门不同时期所发的文件，经常会发生相互抵触的情况，这就给下级有关部门在贯彻执行有关文件时造成一定的困扰。为了稳妥，必须要向上级有关权威部门行文询问清楚。撰写这种请示，首先要将存在相互抵触的不同文件的名称、内容条款列举出来，然后提供处理意见供上级领导研究解决时进行参考，最后提请上级领导就此问题作出决断。

【范例】

××省人民政府法制办公室

关于我省××市×政〔2001〕117号文件中有关问题的请示
×府法函〔2002〕11号

国务院法制办公室：

我省××市人民政府在2001年10月29日发布了《批转市外经贸委市财政局关于〈××市扩大出口专项资金使用管理规定（试行）〉的通知》（×政〔2001〕117号）。市政府法制局在清理过程中，对文件的第四条、第五条规定是否与WTO规则抵触存在不同意见，来文请示我办。我们在办理过程中，经认真研究，在征求有关部门的意见后，认为规定与WTO规则确有抵触，但据有关部门称，2001年年底召开的全国外经贸会议上有关于保持我国在加入WTO前已实行的外贸出口优惠政策稳定性的精神，即应继续执行的精神。

鉴于上述情况，特请示如下：×政〔2001〕117号文件中第四条、第五条的规定是否与WTO规则相抵触，与全国外经贸会议的有关精神应如何衔接。

恳请及时函复。

××省人民政府法制办公室
2002年2月4日

题目2 某市地震局曾于2014年5月15日向市人民政府报送了《关于地震台拟选址位置的请示》。市政府拟将原××镇经管站、土建所和原××镇地税所三单位之一的资产，优先安排市地震台，但这三家单位均坐落在原××镇、××镇政府中心地带，距离主干道路和居民居住点太近。该市地震局根据《中国数字强震动台网技术规程》关于"固定台站应选择背景振动噪声较小的地点，避开大型的马达、泵站、发电机、塔柱状结构、重型车辆通路、大型管道等设施"的技术要求，认为强震台选址必须避开主要道路20米、避开工厂200米、避开居民居住点，与高大建筑物之间的距离应大于该建筑物的高度和长度，所以向市政府行文请求将地震台的地址选在市气象台西、××公路北侧。请你代拟这份请示。

分析 根据提供的材料，这份请示属于请求批准的请示。在撰写时，首先要介绍问题的由来，说明基本情况，陈述重新选址的理由，然后提出请示的具体事项，也就是拟选择的具体位置，最后提出批准的请求，也即结束语。

【范例】

关于市地震台有关选址问题的请示

市人民政府：

  我局于今年5月15日报送了《关于地震台拟选址位置的请示》。根据市政府领导的批示，在符合地震台选址要求的前提下，拟将原××镇经管站、土建所和原××镇地税所三单位之一的资产，优先安排市地震台。我局在××镇主要领导的指导下，对原××镇经管站、土建所和原××镇地税所进行了实地勘察。

  经勘察，上述三家单位均坐落在原××镇、××镇政府中心地带，距离主干道路和居民居住点太近。《中国数字强震动台网技术规程》要求：固定台站应选择背景振动噪声较小的地点，避开大型的马达、泵站、发电机、塔柱状结构、重型车辆通路、大型管道等设施。根据上述要求，为准确掌握地震台建设的环境要求，我局与××省地震局负责强震动项目建设的总工程师×××联系，进一步明确了强震动台站建设的技术要求：强震台选址必须避开主要道路20米；避开工厂200米；避开居民居住点；与高大建筑物之间的距离应大于该建筑物的高度和长度。根据以上要求，我局认为，上述三处建筑均不适合地震台选址要求。恳请批准在市气象台西、××公路北侧选址建设地震台。

  特此请示，恳求批准。

××市地震局
2014年6月19日

2）报告

（1）报告的概念。

报告是用于向上级机关汇报工作、反映情况，以及回复上级机关询问的一种陈述性的上行文。它是上级机关了解下情、进行科学指挥和决策的重要根据，是中、下级机关常用的文种，也是申论考试中出现频率较高的文种。

（2）报告的特点。

① 陈述性。报告的目的在于下情上达，将下级机关所掌握的情况向上级进行如实报告，只要将情况陈述清楚便达到发文目的。所以，陈述性是报告的根本属性。

② 系统性。无论是综合性报告还是专题性报告，都要把所掌握的情况进行全面梳理，综合

思考，整体反映，系统汇报，使上级机关能够全面、透彻地了解情况，以便进行科学指导。

（3）报告的种类。

从不同的角度，可以把报告分成不同的类别。从性质来分，可以把报告分为工作报告、情况报告、答复报告及报送报告；从内容所涉及的范围来分，可以把报告分为综合性报告和专题性报告；从时限来分，可以把报告分为定期报告和不定期报告。这里主要介绍从性质来划分的四种报告。

① 工作报告。工作报告即向上级机关汇报工作情况的报告，包括综合性工作报告和专题性工作报告两种。综合性报告一般属于例行报告，其特点是定期向上级机关汇报本机关一定时期内各方面的工作情况；专题工作报告是就某一专项工作的开展情况所作的报告。

② 情况报告。情况报告，是指下级将本机关所掌握的新情况、新问题、新动向及时向上级机关反映，以便上级机关了解动向、加以指导的报告。

③ 答复报告。答复报告即用于答复上级机关的询问事项、汇报上级机关交办事务办理情况的报告。

④ 报送报告。报送报告，是指报送有关材料和物件的报告。

（4）报告的内容格式。

报告的结构内容与请示一样，一般也由标题、主送机关、正文和生效标识等四个部分构成。

① 标题。一般有三种写法：第一种是由发文机关＋时限＋事由＋文种构成的四要素式，这种写法主要用于大型的工作报告；第二种是由发文机关＋事由＋文种构成的三要素式；第三种是只由事由＋文种构成的二要素式。

② 主送机关。报告的主送机关一般只有一个，如果是向人大或大会作的工作报告，则写"人大常委会""人大常委会主任""各位委员""各位代表"等。

③ 正文。不同种类的报告，其正文的写法也不尽相同。

A. 工作报告的正文一般包括前言、主体和结束语三部分。前言部分概述工作的背景、指导思想、目的、主要成绩或主要工作内容；主体部分陈述工作的具体情况，包括工作的具体内容、过程、做法、成效、问题及教训、今后的措施和打算等；最后用"特此报告"或"特此报告，请审阅"等惯用语结束全文，当然结语也可省略。

B. 情况报告的正文一般包括基本情况、情况分析和处理办法三个部分。基本情况部分要将事情发生的来龙去脉及结果叙述清楚，这是情况报告的基础；情况分析部分是揭示事情发生的性质、原因、影响其教训；处理办法部分是在前面叙述和分析的基础上进一步指出对问题所采取的处理办法或拟采取的处理措施。最后用"特此报告"的惯用语结束全文。

C. 答复报告的正文一般包括答复缘由、答复事项和结束语三个部分。答复缘由是答复的根据，写法上或者引述原文的发文日期＋主要内容，或者引述原文标题＋发文字号，或者概括原文的主要内容；答复事项是答复的具体内容，这一部分的写作要具有针对性，一定要扣住上级机关所询问的问题或所交办的事项进行回答，上级问到的问题一定要如实回答，不能回避或含糊其辞，没有问到的问题也不要主动答复，以免节外生枝；最后用"专此报告"的惯用语作结束语。

D. 报送报告的正文比较简单，只要写明所报送的材料或物件的名称和件数即可，然后用"请审阅"或"请查收"作结。

④ 生效标识。写法与请示相同，如果是政府工作报告，则将日期以题注的形式写在标题下方的括号内。

(5) 答题分析。

题目　下面是2004年"国考"申论第2题：

假设给定资料中有关我国城市交通拥堵的问题在你市都存在，你作为市交通主管部门的负责人，请根据给定资料，写一份"关于我市交通拥堵情况的报告"。

分析　这是一份情况报告。作为情况报告，首先要介绍"我市"交通拥堵的基本情况，然后再分析造成本市交通拥堵的主要原因，只有找到原因，才能对症下药，从而药到病除。本题的着重点还是在对策上，要根据本市的实际情况采取切实有效的措施，从根本上解决"我市"交通拥堵的问题。本题因为没有要求呈报给具体机关，所以可以省略主送机关，也可不落款，但若题目有规定具体的呈阅对象的身份与写作日期，则这两部分千万不能省略。

【范例】

关于我市交通拥堵情况的报告[①]

我市是一个拥有700万人口的大城市。全市车辆拥有量为××万辆。城市交通流量每天×××万辆。城市交通拥堵一直是困扰我们的一个老大难问题。造成我市交通拥堵的主要原因包括：一是历史原因造成的道路狭窄、布局不合理；二是城市交通管理手段落后，管理水平低；三是公共交通满足不了城市大众的乘车需要；四是市民自觉维护城市交通的法制意识差，违规占道、违规穿行现象较为普遍。因此，要解决我市交通拥堵现状，必须动员全市方方面面的力量，共同努力才能奏效。为尽快改进我市交通拥堵状况，提出以下建议：

一、提高认识，转变观念，把搞好城市交通工作提到重要日程

我市是北方一个大城市，但市场经济的发展与南方沿海城市相比，差距仍然很大。不仅经济落后，观念也落后。交通是城市的血脉，是城市经济发展的重要基础，然而这种观念还未在全市完全形成。因此，建议市政府通过交通工作会议等形式，向全市党政干部讲清我市的交通状况及其与经济发展的密切关系，彻底转变一些部门和单位认为交通发展和交通管理与己无关或无足轻重的观念，树立全市人民关心交通、重视交通、支持交通的新风尚，为全面加强我市交通建设、改善我市交通管理奠定坚实的思想基础。为配合这一活动，市交通管理部门拟举办一次城市交通展览会。展览会的主要内容是：展示我市改革开放以来交通建设和交通管理方面的巨大成就；揭示我市交通建设与管理方面的问题，特别是对经济发展的制约；介绍国外发达国家和我国沿海城市先进的交通建设和管理的经验。展览会拟在5月份举办。

二、修路、架桥，彻底缓解城市交通拥堵状况

目前，我市交通拥堵的一个内在重要原因是历史遗留下的城市道路狭窄、布局不合

[①] 关于我市交通拥堵情况的报告[M]//4版.国家公务员录用考试规范教材编写组.国家公务员考试规范教材.北京：中国致公出版社，2007：112-114.

理。因此，建议市政府增加城市交通建设的财政投入，同时，也可通过引进外资共建共享的办法，进行城市主干道的改建、扩建、新建。计划在三环路的基础上再建一条四环路，减缓城区车辆的压力；同时在××、××区两个城市中心区的×××路、×××路等10条主干道建造5座高架桥；积极筹建高架轻轨，力争在3~5年建成，从而彻底缓解我市道路拥堵状况。

三、引进先进管理模式，科学管理城市交通

目前，我市交通管理十分落后，建议市政府增加投入，扩建市交通指挥中心，配备现代化的交通监控系统，对全市交通实行微机监控。同时，引进国外城市先进的交通管理办法，对市内的街路按功能划分为主干道、次干道、支路，进行分级管理，限定不同的时速。

为解决市内乱停车问题，建议在年内制定出台"××市车辆停放管理条例"。同时建议市政府对全市新建、扩建的大型广场、商厦的停车场建设规模、功能等作出限制性规定，增加地下停车空间，缓解地面压力。

四、强化市民素质教育，动员全市人民维护城市交通秩序

城市交通与全市人民的生活息息相关。维护城市交通秩序不仅是城市交通管理部门的事情，也是全市人民的事情。为解决目前市民交通意识薄弱、行人和自行车违章穿道等问题，建议由市政府办公厅牵头，组织全市有关部门开展一次全市人民关心交通、维护交通的宣传教育月；充分利用广播电台、电视台、报纸等媒体，以及专题讲座、交通知识竞赛、"当一天交通警察"（协勤）等活动，对全市人民进行一次深入的城市交通管理教育。

同时，加大对交通违章违规行为的处理力度。在主要路段增加交通协勤人员，强化交通秩序管理力度。

五、大力发展城市公共交通事业

我国的国情与国外发达国家不同。城市人口密集、国民收入低，城市交通应该以公共交通为主。鉴于我市公共交通还很落后、企业长期亏损、在财政暂时拿不出更多资金的情况下，建议采取与外资合作经营城市公共交通的办法，解决资金来源问题，发展城市公共交通。可先选择部分线路作为试点，成功后再全面铺开。还有一个方案是改变目前的乘车管理办法，取消月票，采用IC卡计费的方法，缓解公共汽车公司的经营压力，使其扭亏为盈，增加再生能力。预计采取该办法后，每年可增加收入××××万元，3年左右可将市内现存陈旧车辆全部更新。但这个办法可能要增加部分市民的生活支出，有可能引起社会反响。因此，应广泛征求各方面意见，在取得共识的情况下实施。

3）函

（1）函的概念。

函是不相隶属机关之间商洽工作、询问和答复问题、请求批准和答复审批事项时所使用的平行文。

在党政机关公文的15个文种中，绝大多数都是在上下级之间使用的，唯有函是不相隶属机关之间使用的。但在少数情况下，函也可下行，例如，上级机关向下级机关商借现金、物品、场地以及有关人员，要求协办或者催办有关事项、询问有关情况等，不太适合使用别的文种，可以用函行文，但下级的回复最好用报告。

（2）函的特点。

① 平等性。函主要用于不相隶属机关之间互相商洽工作、询问和答复问题，双方之间不论级别高低，都是平等的关系，语言方面要体现出谦逊、客气、礼貌、尊重的特点。

② 广泛性。在内容上，函有很宽的适用范围，既可以告知、商洽有关事项，也可询问、请求批准和答复有关事项，兼具通知、请示、批复的部分功能；在行文关系上，函除了平行以外，有时还可下行，甚至还可上行，所以，函的适用范围十分广泛。

③ 单一性。函与请示一样，内容也要求单一，只能一函一事，一事一函。

（3）函的分类。

从不同的角度，可以把函分为不同的类别。

① 根据性质来分，可以把函分为公函和便函两种。公函用于处理重要的公务事项，它是正式的公文，在写作上与一般公文一样，公文格式十分严格。便函用于处理一般的公务事项，不属于正式公文，写作上比较随意，可以按照一般书信格式去写。

② 根据往来关系来分，可以把函分为发函和复函两种。发函也称去函，是主动发出的函；复函也称回函，用于回复来函。

③ 根据内容来分，可以把函分为商洽函、询问函、答复函、请批函、审批函等。商洽函是机关单位之间用来商洽工作和有关事项的函。询问函是向业务主管部门和职能单位询问有关政策、法规在理解和执行过程中所遇到的一些困惑和问题，或者本单位所关心的其他一些问题的函。答复函是对商洽函和询问函进行答复的函。请批函是向具有审批权限的主管部门申请办理有关事项的函。审批函是对请批函进行审核并予以回复的函。此外，还有知照函、催办函、征集函、报送函、邀请函等等，不胜枚举。

（4）函的内容格式。

函一般也由标题、主送机关、正文和生效标识四个部分组成。

① 标题。公函的标题与一般公文的标题相同，也有三要素式与二要素式两种形式，如果是复函，其标题的写法又与批复类似。

② 主送机关。函的主送机关较为复杂，既可单一主送，也可多头主送，如果主送对象不明确，还可采用泛称。

③ 正文。函的正文一般包括缘由、事项和结语三个部分。但因函的类型不同，各部分的写法又各有区别。

A. 如果是商洽函，则首先要说明商洽的根据、时机与条件，这是商洽的缘由；然后在主体里面写清商洽的事项，写作时要注意具体、明确，要能引起对方的兴趣；最后表现出希望得到对方响应的要求和愿望；结语用"特此函商，盼予函复"等套语。

B. 如果是询问函，则在开头直接提出有疑惑的或者是关切的问题及其来源，然后提出希望得到对方解释和说明的要求，也可提出自己对这个问题的看法，供对方研究时参考；结语用"特此函询，望予函告"等套语。

C. 如果是请批函，则首先要提出请批的理由，这一部分是重点，是能否得到审批的关键，所以这一部分要精心写作；主体部分是希望得到审批的事项，这一部分要具体可行；结语用"请批准为谢"等惯用语。

D. 如果是答复函和审批函，则先要写明来函的标题、发文字号或来函的日期，这是答复的依据；然后再写答复或审批的具体事项；结语用"特此函复"等套语。

④ 生效标识。写法与一般公文相同。

（5）答题分析。

题目1 ××市工商管理局于2004年8月27日去函中国就业培训技术指导中心，询问某美容美发培训机构美发师张××所获得的"全国技术能手"奖牌是否为该中心颁发。该中心证实，张××曾于2003年在第27届亚洲发型化妆大赛上获得晚宴化妆项目第一名，劳动保障部按照竞赛文件的奖励规定向其授予了"全国技术能手"荣誉称号并颁发了"全国技术能手"奖牌，该奖牌由该中心统一监制，样式为台式，也就是××市工商管理局传真件右侧样式。另一个悬挂式奖牌则不是该中心所制。现请你代该中心向××市工商管理局写一份回函。

分析 从往来关系上看，这是一份答复函，写作时，首先要将对方来函的时间写明，然后就来函所询问的奖牌一事进行回答。这种回答具有法律效应，所以回答一定要实事求是。为了让对方更好地了解情况，也可将本部所掌握的该机构美发师获奖的相关情况如获奖的时间、名称等一并介绍一下，但要注意简洁。

【范例】

关于核实有关情况的函

××市工商管理局：

你局2004年8月27日的函收悉。经查，该美容美发培训机构为美发师张××所经营，她曾于2003年在第27届亚洲发型化妆大赛上获得晚宴化妆项目第一名，劳动保障部按照竞赛文件的奖励规定向其授予了"全国技术能手"荣誉称号并颁发了"全国技术能手"奖牌，该奖牌由我部统一监制，样式为台式，即你局传真件右侧样式。另一个悬挂式奖牌非我部所制。

全国技术能手表彰是我国对优秀技术工人的一项政府表彰制度，是国家对技术工人技术技能水平的最高奖励，在社会各界具有广泛良好的影响，任何私自刻制行为都是不严肃的。

特此函告。

中国就业培训技术指导中心
2004年9月23日

题目2 由于宜宾市向家坝电站工程建设的加快，屏山县沿江已有部分居民移民到了高场镇，目前这些移民迫切需要安装天然气。高场镇人民政府于2009年9月1日向宜宾县××燃气有限责任公司提出用气申请，第一期申请用气量为2500立方米，第二期申请用气量为3000立方米。根据宜宾县府发〔2008〕219号文件要求，自贡市××燃气有限责任公司在宜宾县高场镇设立的宜宾×××燃气有限责任公司全权办理相关业务。请你代高场镇人民政府拟写这份函。

分析 从内容性质来看，这份函属于请批函。写作上，首先要阐述申请用气的原因；然后再写明申请用气量；最后表达获批的愿望。

【范例】

关于申请居民用气的函

宜宾县××燃气有限责任公司：

随着宜宾市向家坝电站工程建设的加快，屏山县沿江已有部分居民移民到了我镇，目前这些移民迫切需要安装天然气。为了支持向家坝电站工程建设，为西部大开发服务，提高移民的生活质量，第一期申请用气量为2500立方米，第二期申请用气量为3000立方米。根据宜宾县政府〔2008〕219号文件要求，自贡市××燃气有限责任公司在宜宾县高场镇设立的宜宾×××燃气有限责任公司全权办理相关业务。

请批准为谢！

高场镇人民政府
2009年9月1日

4）意见

（1）意见的概念。

意见，是指党政机关对重要问题提出见解和处理办法的一种公文。意见是2000年8月24日发布的《国家行政机关文处理办法》中新增的公文文种。以前下级机关向上级机关提建议用报告或请示行文，上级机关再用通知进行批转，平行机关之间相互建议用函，上级机关向下级机关布置工作，安排事项，提出建议，用通知或指示行文。现在不论是上下级之间，还是平行机关之间提建议，都一律使用意见。

意见是体现机关单位的工作能力和领导水平的一种重要的文体形式，也是推进社会主义民主政治进程的一种重要手段，在实际工作中运用得越来越广泛和频繁。尤其是申论考试，着重考察的是考生的办事能力和行政水平，意见这种文体正适合于这种考察，所以在今后的申论考试试题中出现意见这一文体的概率很大，考生在备考中要重视和掌握这一文体。

（2）意见的特点。

① 适用的广泛性。意见既可以提出建议，表明态度，阐述原则，说明措施，明确要求，作出安排，也可对有关单位和部门的工作作出批评、评估、鉴定或咨询。

② 行文的多向性。意见既可下行，向下级机关提出工作的原则、方法、要求，表明立场、态度，部署、安排工作任务；也可上行，就某项工作提出意见和建议供上级机关参考、推行；还可平行，就某一工作或问题向平行机关和不相隶属机关提供评估、咨询或鉴定。

③ 内容的原则性。意见一般是从宏观上提出见解和处理办法，而不是具体的工作安排，受文单位可以结合本单位的实际情况参照意见的精神来处理工作事务，有一定的灵活性。

（3）意见的分类。

根据不同的角度，意见可以分成不同的类别。

① 按性质和作用来分，可以把意见分为指导性意见、建设性意见、规定性意见、评估性意见。

A. 指导性意见是上级机关就某项工作或问题对下级直接进行指导，阐明处理的基本思想、原则、要求，提出工作的思路和措施，其原则性、方向性较强。

B. 建设性意见用于下级机关向上级机关提出工作建议和设想。

C. 规定性意见用于对所属机构、组织和人员提出规范性要求和限定，具有较强的约束性和强制性。

D. 评估性意见主要在平行机关和不相隶属机关之间使用，职能部门或专门机构对某项工作进行鉴定、评审。

② 按行文方式来分，可分为直发性意见和转发性意见。

A. 直发性意见用于上级机关直接发文给下级机关，向下级提出意见、方法，或作出某种规定。

B. 转发性意见是先由职能部门提出意见，然后上报给领导机关审阅，上级机关经审阅、同意之后再批转给各下级机关部门去执行。这种意见一经上级机关同意和批转，就代表了上级机关的意见，下级机关必须坚决贯彻、执行。

（4）意见的内容格式。

和前面讲过的几种公文一样，意见的内容格式也由标题、主送机关、正文和生效标识等组成。

① 标题。意见的标题一般也由发文机关、事由及文种构成，如《国务院关于支持农业产业化龙头企业发展的意见》。当然，也可省略发文机关，只由事由 + 文种构成，如《关于加强中央企业廉洁风险防控工作的指导意见》。

② 主送机关。一般来说，经上级机关批转下发的意见，无须再标注主送机关，但若是直发性意见则要写明主送机关。

③ 正文。意见的正文一般由前言 + 主体 + 结语构成。

A. 前言。前言主要是说明缘由，也就是讲清楚为什么要提意见，主要介绍提意见的背景、依据、目的、意义等内容。其写作要求目的明确，理由充分，要让受文机关充分感受到意见提出的必要性和及时性。

B. 主体。主体是全文的核心内容，不同类型的意见，其内容也各不相同。如前所述，指导性意见的内容是阐明处理工作的基本思想、原则、要求、思路和措施；建设性意见的内容是下级机关向上级机关提出工作的见解、建议和设想；规定性意见的内容是对所属机构、组织和人员提出规范性的要求和限定；评估性意见的内容是职能部门或专门机构对某项工作进行鉴定和评审的结论。意见的写作要求既要有总的原则和要求，又要有具体的步骤、措施和方法，做到既有原则又不空洞，既具体明确又不琐细。由于主体部分的内容较丰富，为了条理清楚，一般都采用条项式的结构方式。

C. 结语。有的意见主体写完之后就自然结束，没有结尾。有的意见有结尾，又分两种情况：一种是在结尾发出号召，提出希望或执行的要求。另一种是用惯用语作结，以惯用语作结的也要视类型而定：如果是下行的意见，其结语一般用"以上意见，请认真贯彻、落实"之类的惯用语；如果是上行的意见，其结语一般用"以上意见，请审阅""以上意见如无不妥，请批转各地各有关单位贯彻、执行"之类的惯用语。

④ 生效标识。写法与一般公文相同。

（5）答题分析。

题目 某县人民政府根据国务院《关于进一步加强食品安全工作的决定》（国发〔2004〕23号）及省、市政府《关于进一步加强食品安全工作的意见》精神，拟下发一份《关于进一步加强食品安全工作的意见》。请你代为拟写这份意见。

分析 食品安全问题是关系到广大人民群众的身体健康和生命安全的重大问题，党和国家以及各级地方政府都极为重视食品安全工作，先后出台了一系列政策、法规和意见。意见撰写可参照这些文件，但要避免与这些文件内容相重复。就结构来说，本文可分为两部分：第一部分是前言，主要说明发文的缘由，包括发文的目的、根据等内容。第二部分是主体，主要阐述如何加强食品安全工作，这是全文的核心，要根据本县的实际，提出切实可行的措施，这些措施既要与上级领导机关的意见精神保持一致，又要避免与之简单重复，能体现本机关的特点。具体来说，可从以下几个方面来思考：一是要提高认识，引起重视，形成牢固的食品安全观念；二是要明确具体的工作内容，也就是制定具体的措施，找准具体的抓手，要求既要全面、具体，又要重点突出、纲举目张；三是提出如何落实这些措施。

【范例】

关于进一步加强食品安全工作的意见（节录）

各镇人民政府，县各委、办、局，县各直属单位：

为切实做好全县食品安全工作，保障人民群众身体健康和生命安全，根据国务院《关于进一步加强食品安全工作的决定》（国发〔2004〕23号）和省、市政府《关于进一步加强食品安全工作的意见》精神，结合我县实际，制定如下实施意见：

一、充分认识加强食品安全工作的重要意义

食品安全关系到广大人民群众的身体健康和生命安全，关系到经济健康发展和社会稳定，关系到党和政府的形象。

二、突出抓好加强食品安全的重点工作

以食品安全专项整治为切入点，紧紧围绕粮油、肉、蔬菜、水果、奶制品、豆制品、水产品、饮用水、保健食品、儿童食品等重点食品，狠抓源头、生产加工、流通、消费等四个环节的专项整治，深入、持久开展食品放心工程建设。

（一）正本清源，强化食品源头监管
（二）严格准入，强化生产加工监管
（三）严格审查，强化流通环节监管
（四）量化分级，强化消费环节监管
（五）突出重点，强化专项整治行动
（六）查处要案，严厉打击违法犯罪行为
（七）强化宣传，营造共同关注食品安全的良好氛围

三、认真落实加强食品安全工作的各项措施

加强食品安全工作是一项长期艰巨的任务，要立足当前，规划长远，标本兼治，着力治本，建立健全食品安全长效监管机制。

（一）加快建立健全综合监管工作机制
（二）强化地方政府对食品安全监管的责任
（三）进一步理顺食品安全监管职能
（四）加强基层队伍建设
（五）加强食品安全信用体系和信息化建设
（六）建立健全食品安全检验检测体系

××县人民政府
2006年9月4日

5）纪要

（1）纪要的概念。

《党政机关公文处理工作条例》规定，纪要"适用于记载会议主要情况和议定事项"，它是在会议记录的基础上形成的一种概括会议主要内容的下行文。

（2）纪要的特点

① 概括性。纪要不能像会议记录那样有闻必录、有事必记，它必须对会议记录进行

归纳和提炼，将其精要概括出来，以便下级机关能掌握会议的主要内容。

② 纪实性。纪要虽然对原会议材料作了一番归纳和提炼，看起来与原始内容有所走样，但这其实是在更大程度上保证了它的纪实性，更能抓住会议的精神实质。

③ 指导性。会议是研究问题、统一认识、布置工作、制定决策的重要方式，会后形成的纪要，代表了上级机关的统一认识，是指导下一阶段工作的纲领性文件。

（3）纪要的分类。

按照会议讨论的内容范围，纪要可以分为综合性纪要和专题性纪要。按照会议的性质，纪要又可分为办公性纪要和研讨性纪要。

① 办公性纪要。这是领导机关为处理日常工作而召开的行政办公会议经整理而成的纪要，包括综合性的纪要和专题性的纪要两种。

② 研讨性纪要。这是各机关单位或社会团体为研究和解决某一专门问题而召开的会议所成的纪要。这种纪要属于专题性纪要。

（4）纪要的内容格式。

纪要的结构一般包括标题和正文两个部分。

① 标题。一般由机关名称＋会议名称＋纪要组成。也可省略机关名称，由会议名称＋纪要组成。如果是研讨性纪要，也可采用正副标题式，正标题揭示会议的主要精神或主要内容，副标题注明会议名称和文种。

② 正文。纪要的正文，一般由前言、主体和结尾三个部分组成。

A. 前言。前言部分概述会议的基本情况，包括会议的名称、时间、地点、主持人、参加人、发言人以及主要议程等。

B. 主体。主体部分是会议议定的事项，要写出会议讨论的主要问题、作出的决定、统一的认识，这是纪要的核心。这一部分一般采用以下三种写法：

● 概述式。即对会议讨论的内容和结果进行综合和概括。这种写法比较适用于小型会议，如一般日常行政工作会议，讨论的内容较少，问题较单纯，意见较统一。

● 归纳式。适用于规模较大、讨论问题较多的会议。撰写者将会议内容归纳为几个方面，然后分条列项地写出来。

● 发言摘要式。即按照会议发言的顺序，将每个人的发言要点摘录下来，以便如实地反映发言人的意见，原始地反映会议情况。这种写法适用于研讨会、调研会的纪要。

C. 结尾。在纪要的结尾提出希望，发出号召。有的则不写结尾。

（5）答题分析。

题目 6月16日上午，××省召开了小麦抢收工作专题会议，省委常委、副省长、省小麦抢收指挥部指挥长×××主持召开专题会议，省政府副秘书长×××及省农委、省气象局、省农机局有关负责人参加会议。通过汇报得知，近期小麦抢收工作总体进展顺利。截至6月15日，9个小麦主产市已抢收小麦2788.75万亩，占应收面积的76.86%。合肥、六安、淮南、蚌埠、滁州等市已基本抢收完毕。与会领导要求确保6月17日前全面完成小麦抢收工作。现在请你以省政府秘书的身份参加会议并拟写一份纪要。

分析 这是一份关于小麦抢收工作的专题会议纪要。要撰写这份纪要，首先要说明会议的主持人、与会单位和人员、会议的名称和议程；然后概括会议的主要内容，包括对前期工作情况的介绍、后期工作的安排，尤其是后者，为重中之重，要采取强有力的措施，确保小麦抢收工作的顺利完成。

【范例】

小麦抢收工作专题会议纪要

6月16日上午,省委常委、副省长、省小麦抢收指挥部指挥长×××主持召开专题会议。会议听取省农委关于当前小麦抢收工作有关情况的汇报,分析形势,部署今、明两天小麦抢收等工作。省政府副秘书长×××及省农委、省气象局、省农机局有关负责人参加了会议。

会议指出,近期小麦主产区各级政府、各有关部门认真贯彻、落实省委、省政府的决策部署,精心组织,科学安排,落实责任,强化措施,广泛发动干部群众投入小麦抢收工作,总体进展顺利。截至6月15日,9个小麦主产市已抢收小麦2788.75万亩,占应收面积的76.86%。合肥、六安、淮南、蚌埠、滁州等市已基本抢收完毕。

会议要求,进一步加强对抢收小麦工作的组织领导,抓住当前有利时机,千方百计打好小麦抢收攻坚战。要突出重点,集中力量,合理调度农机作业,搞好工作衔接,认真组织今、明两天的小麦抢收会战,确保6月17日前全面完成小麦抢收工作。

会议议定以下事项:

一、省农委、省农机局要抓紧制定农机转移作业方案,具体落实到麦收任务较重的沿淮淮北7个重点县,并请两地农机、交警部门搞好相关工作衔接。

二、农业、农机、公安、交通运输等部门要进一步加强农机安全作业管理和有关服务工作,严防农机阻塞和道路交通安全事故的发生。

三、对部分市、县反映的小麦抢收工作中存在的问题,农业、农机等有关部门要想方设法帮助解决。对交通不便的地方和无劳力农户,要给予帮助支持,确保麦收工作顺利进行。

四、省农委要在明、后天召开全系统视频会议,对抢种、抢栽工作进行安排、部署,确保夏种不误农事。

参会单位、人员:省农委×××、×××,省气象局×××,省农机局××。

6)通知

(1)通知的概念。

通知是用于发布、传达要求下级机关执行和有关单位周知或者执行的事项,批转、转发公文的一种下行文。

通知是申论试题中出现频率较高的文种之一。如:2009年上半年四川公务员录用考试申论试题2,要求根据给定资料所反映的问题,以"××省人民政府"的名义,写一份关于贯彻"两会"精神,做好本省2009年大学毕业生就业工作的通知;2012年安徽公务员录用考试申论试题(含AB卷)(四),要求根据"给定资料二"为××市(或××县)代拟一份关于进一步搞好"大走访"活动的通知;2013年江西省公务员录用考试申论试题三:结合材料7,以A县政府的名义,就做好农民工春节返乡安全工作计划草拟一份通知。

(2)通知的特点。

① 常用性。就使用机关来说,通知不受发文机关级别的限制,无论什么单位都可以使用通知行文;就内容来说,无论是重大的政治问题、重要的决策事项、重大的行动安排,还是一般的日常事务,都能使用通知;就行文关系来说,通知不仅可以下行,而且还可以平行。因此,通知是机关公文中适用范围最广、使用频率最高的一个

文种。

② 告知性。通知可以用于传达要求下级机关办理和需要有关单位或人民群众周知的事项，所以，通知与公告、通告、通报等文种一样，都需要将有关公务事项明确地告诉受文单位以及相关群众，都具有明显的告知性。

③ 强制性。有些通知还适用于要求下级机关或有关单位执行的事项，用来指导和部署工作，如果下级机关或有关单位不按照要求行事，将要受到相应的纪律或行政惩处。所以，这种通知与命令、决定、通告等文种一样，具有较强的指挥意识和法规意识，下级机关或有关单位必须坚决按照通知的要求去执行。

(3) 通知的种类。

通知因为用途广，所以其种类也特别丰富，难以细分，这里根据其总体适用范围的不同，将其分为三大类。

① 周知性通知。这类通知适用于让下级机关知晓而不需要执行的事项。如机构的调整、印章的启用或废止、电话号码的变更等。

② 执行性通知。这类通知适用于发布、传达、要求下级机关和有关单位执行的事项，具有明显的指挥性和强制性。这类通知按照执行事项的性质不同，又可分为指示性通知和事务性通知两个具体类别。

A. 指示性通知。适用于上级机关对下级机关就某一重要或重大事项作出指示、部署和安排，要求下级机关坚决执行，但又因为机关级别的限制，不适宜使用"命令"等文种行文，所以就用通知来行文。这种通知的事项一般侧重于宏观方面，具有强制性、指挥性、原则性等特点。下级机关在执行时，往往还需要制订具体的实施方案。

B. 事务性通知。用于处理具体的日常的工作事务，上级机关就某项活动、某项事务作出具体安排和布置，要求下级机关予以遵照执行，如召开会议、节假日安排、缴纳费用等。这种通知具有事务性、具体性。

③ 颁转性通知。这种通知适用于批转下级机关的公文，转发上级机关和不相隶属机关的公文，印发本机关的公文。这种通知的特点是一文两件，构成复合型公文。

(4) 通知的内容格式。

和一般公文一样，通知也由标题、主送机关、正文和生效标识等组成。

① 标题。通知的标题，一般应由发文机关、事由和文种构成，如《国务院办公厅关于成立国务院农民工工作领导小组的通知》。有时候，标题的发文机关也可省略，如《关于进一步加强环境保护信息公开工作的通知》。如果是内容简单的非正式文件的通知，也可直接用"通知"二字作标题。

颁转性通知的标题事由由颁转的类型和被颁转公文的标题两部分组成。如《国务院办公厅转发食品药品监管总局等部门关于进一步加强婴幼儿配方乳粉质量安全工作意见的通知》、《国务院办公厅关于印发消防工作考核办法的通知》等。如果被转发的公文也是通知，则应将"转发"前的"关于"以及后面的"通知"去掉，也不能保留原通知的书名号。如《关于转发〈关于举办第五届全省职业技能大赛的通知〉的通知》，应该为《转发关于举办第五届全省职业技能大赛的通知》。

② 主送机关。通知的主送机关是发文机关的下属机关或有关单位，根据受理对象的范围不同，可采用泛称或特称。

③ 正文。通知的正文一般由通知的缘由、事项、结尾三个部分组成。不同类型的通

知，写法又不尽相同。

A. 周知性通知的正文内容。周知性通知的正文内容最为简单，一般由"缘由"和"事项"两部分组成。缘由部分主要用来说明通知的依据；事项部分是受文对象需要了解的具体情况，只需告知"是什么"，不必解释"为什么"。

B. 执行性通知的正文内容。执行性通知中的指示性通知，其正文内容较为复杂，写作难度较大。写作时，需要站在一定的高度，体现一定的政策性和领导艺术性。就格式来说，其正文一般包括通知的缘由、事项和结尾三部分。缘由部分写明发文的背景、原因、根据、目的等；事项部分要阐明工作的内容、方法、原则等，要求方向明确，重点突出，详略得当，条理清晰，逻辑性强；结尾一般是提出希望和执行要求，如果事项部分已经包含了这部分内容，则应省略结尾。

C. 事务性通知的正文内容。事务性通知的正文结构与指示性通知基本相同，一般也包括缘由、事项和结尾三个部分，但其内容则简单得多。只是会议通知的正文内容较为特殊，其缘由部分主要写明召开会议的根据、原因、目的、会议的名称等；事项部分主要包括会议的内容、时间、地点、程序、参会人员、要求、注意事项等。大型会议还需要告知报到的时间和地点、乘车路线、联系方式、食宿安排、会费收取等内容。

D. 颁转性通知的正文内容。这类通知的正文内容主要包括被颁转的对象和颁转意见两部分。第一部分包括被颁转的公文名称和原发文单位的名称两个内容。比较简单的颁转性通知，第二部分只需表明发文机关对被颁转公文的肯定态度和需要贯彻的总体要求即可；比较复杂的颁转性通知，其颁转意见要揭示被颁转公文的意义，提出具体的执行要求。

④ 生效标识。这一部分书写要求与前面讲到的请示相同。

（5）答题分析。

题目 2009年上半年四川公务员录用考试申论试题：

根据给定资料所反映的问题，以"××省人民政府"的名义，写一份关于贯彻"两会"精神，做好本省2009年大学毕业生就业工作的通知。

要求：符合通知的写作格式，只写通知的主体，内容具有操作性。字数限500字以内。（30分）

分析 这是一份指示性通知，其写作难度较大。要想写出高质量的通知，首先必须认真阅读材料，从材料中了解大学毕业生就业难的症结。从材料提供的信息可以看出，造成大学毕业生就业难的原因主要有金融风暴导致的经济危机、大学生就业观的偏差、高校的盲目扩招导致毕业生供过于求、专业设置脱离社会需求、企业招聘中过分强调工作经验和专业技能、对女大学毕业生存在性别歧视、高校对毕业生的就业待遇缺少关心等。同时，材料还为考生提供了积极的一面，即大学生的自主创业取得积极成效，这是大学毕业生就业工作中的亮点，应该予以倡导。这些正、反两方面的情况正是写作本通知的依据。

【范例】

关于做好2009年大学毕业生就业工作的通知

由于国际金融危机的影响，我省和全国一样，大学毕业生的就业面临严峻的形势。为贯彻"两会"精神，切实做好我省大学毕业生就业工作，现就有关事项通知如下：

一、各地、各有关部门要认真学习、贯彻《国务院办公厅关于加强普通高等学校毕业生就业工作的通知》，高度重视我省大学毕业生的就业工作，将其放在各项工作的首位。

二、要发挥好政府投资和重大建设项目对就业的带动作用，继续实施、完善和扩大面向基层就业的专门项目，积极拓宽就业渠道，努力为大学毕业生提供更多的就业岗位。

三、加强就业指导，转变大学生的就业观念。鼓励大学毕业生投身基层、中小企业、非公有制企业和西部建设，缓解就业压力。

四、高校要放缓扩招计划，完善专业设置，坚持对口招生，提高教育质量，提升大学生的专业技能。

五、鼓励大学生自主创业。各级各单位各部门要对大学生的自主创业给予政策和资金的扶持。

六、用人单位要树立正确的用人观念。要降低用人门槛，取消对工作年限的苛刻要求；要避免性别歧视，积极吸纳女大学毕业生就业。

各地、各有关部门和单位要通力配合，扎实做好2009年我省大学毕业生就业工作，妥善解决大学生就业难的问题。

2. 一般应用文

1) 讲话稿

(1) 讲话稿的概念。

讲话稿有广义和狭义之分。广义的讲话稿，是指人们在各种特定的场合下所作讲话的文稿，包括演讲稿、开幕词、闭幕词、大会工作报告、欢迎词、欢送词、答谢词、祝词等。狭义的讲话稿，专指领导人在各种会议上所作的带有指示或指导性的讲话的文稿，所以这种讲话稿也叫领导讲话稿，本书所介绍的讲话稿就是这种狭义的领导讲话稿。

讲话稿是领导干部最常用的一种文体，也是最能体现领导干部思想境界、学识水平、表达能力、个人魅力的一种文体，任何领导干部都十分重视这一文体，都迫切需要和希望掌握这一文体。在公务员录用考试中，这一文体也特别受到青睐。例如，2003年中央、国家机关公务员录用申论试卷第二题要求为设定的发言人拟出一篇现场讲话稿或电视讲话稿；2008年江苏省录用公务员考试申论试卷第二题要求按照给定的材料写一篇发言提纲；同年，云南省录用公务员考试申论试卷第二题要求根据给定材料写一份新闻发言提纲；等等。

(2) 讲话稿的特点。

① 针对性。讲话稿的内容和风格要根据会议的性质、主题、讲话者和听众的身份来确定。只有紧扣会议中心议题，明确讲话的目的，根据特定场合，针对听众身份，才能做到有的放矢，收到讲话效果，实现讲话意图。

② 口头性。讲话稿是讲话人直接与听众进行谈话的文字依据，既然是口头谈话的文字依据，那就必须充分考虑到口头谈话的特点。例如，句子不宜太长，语言要通俗易懂，不要使用生僻晦涩的词语，少用书面语；注意平仄交错运用，使语言富有节奏感，增强语言的音乐性；语言要生动形象，富于幽默性，力戒枯燥乏味。

③指导性。领导人的讲话稿，或者就当前的形势和任务进行分析，以明确奋斗目标；或者就当前的社会热点问题提出自己的看法，帮助听众提高认识；或者就前一阶段的工作进行分析、总结，以肯定成绩、指出问题、明确今后的工作方向。总之，讲话稿对全局工作具有高屋建瓴的指导作用，是搞好今后工作、解决现实问题的指针。

（3）讲话稿的分类。

根据不同的角度，可以把讲话稿分成不同的类型。从形式上看，讲话稿可以分为会议讲话稿、新闻媒体讲话稿、特定场合讲话稿三种；从内容上看，讲话稿又可分为总结推动型讲话稿、部署动员型讲话稿、传达贯彻型讲话稿、表彰号召型讲话稿、批评指导型讲话稿、研究探索型讲话稿等类型。这里主要介绍从形式上划分的三种讲话稿。

① 会议讲话稿。这是领导人在各种会议上的讲话稿，包括工作会议讲话稿、理论研究会议讲话稿、代表会议讲话稿等三种。

A. 工作会议讲话稿是领导人在各种工作会议上讲话的文稿，这种文稿主要是对前一阶段的工作进行回顾和总结，对下一阶段的工作进行安排和部署。

B. 理论研究会议讲话稿是领导人在思想、理论、学术等会议上所作的讲话文稿，这种文稿主要是领导人对某一理论问题的研究心得，理论性较强。

C. 代表会议讲话稿是领导人在各种代表会议上的讲话文稿，包括开幕词、闭幕词、政府工作报告、人大工作报告、政协工作报告、企事业单位代表大会工作报告等。

② 新闻媒体讲话稿。新闻媒体讲话稿，是指通过电视、电话、广播等有声载体直接面向下级单位或人民群众进行讲话的文稿。

③ 特定场合讲话稿。特定场合讲话稿，是指有关领导人在庆典、祭奠、集会、聚会、参观访问等各种特定场合进行讲话的文稿。这种讲话稿有的是事前就拟好的文稿，有的是事前没有准备的即兴讲话之后进行整理的文稿。

（4）讲话稿的内容格式。

讲话稿的格式一般包括标题、称谓和正文三个部分。

① 标题。讲话稿的标题常见的形式有两种：一种是单标题，另一种是双标题。其中，单标题又有四要素式、二要素式等两种形式：四要素式由讲话人的姓名＋称呼（或职务）＋场所＋文种构成，如《×××同志在×××会议上的讲话》；二要素式又有场所＋文种和讲话性质＋文种两种形式，前者如《在庆祝中华人民共和国成立六十周年大会上的讲话》，后者如《政府工作报告》《工作报告》《开幕词》《闭幕词》《祝酒词》《答谢词》等。需要指出的是，讲话稿的文种较为灵活：有的直接以"讲话"作为文种；有的用"报告"作为文种；有的用"词"作为文种。

② 称谓。根据会议的性质、听众对象的不同，使用适当的称谓，如"各位代表""同志们""朋友们"等。

③ 正文。讲话稿的正文包括开头、主体和结尾三部分。

A. 开头。不同类型的讲话稿有不同的开头方式：有的是用简洁的语言介绍讲话的时机、目的、原因；有的是致以谢意或问候；有的是分析形势、介绍背景、提出问题；有的是表明立场、态度；有的是提示主要内容；有的是概括主旨。无论是哪种开头，都要求直截了当、简明扼要。

B. 主体。主体是开头的延伸和扩展，具体表达讲话人的意见、认识、思想、情感。一般包括：概括会议的精神，阐明会议的意义；提出当前存在的问题及其解决的办法；分析当前存在的倾向，指出其发展的趋势；分析当前的形势，提出今后的任务和对策。在层次的安排上，由于讲话稿的内容丰富复杂，为了条理清楚，一般用小标题或序号分成有逻辑联系的几个部分，分条列项地进行阐述。

C. 结尾。俗话说，"编筐编篓，重在收口。"一个好的讲话稿结尾，能够给人留下深刻、难忘的印象。由于会议的性质及讲话场合的不同，其结尾的方式也不尽相同：有的是提出要求和希望；有的是喊口号；有的是提建议；有的是发号召；有的是进行展望。请看习近平同志《在同各界优秀青年代表座谈时的讲话》的结尾：

青年朋友们，我坚信，在党的领导下，只要全国各族人民紧密团结，脚踏实地，开拓进取，到本世纪中叶，我们必将建成富强民主文明和谐的社会主义现代化国家，我国广大青年必将同全国各族人民一道共同见证、共同享有中国梦的实现！①

这一结尾，目标明确，信心满怀，语言朴实，语气坚定，展望前景，令人振奋。

（5）答题分析。

题目 2003年中央、国家机关公务员录用考试申论第2题：

2. 下面提供了两种讲话情境，请任选一种，为设定的发言人拟出一篇现场讲话稿或电视讲话稿。要求：根据选定情境，自拟标题。讲话稿不少于1000字。（50分）

情境之一：给定资料B中烟花厂爆炸事故发生三天后的现场。作为当地政府派出的事故调查处理的负责人，面对职工、死伤人员家属和有关干部的讲话。

情境之二：给定资料B（1~6）中某个事故调查和善后处理期间，作为上一级安全生产管理监督机构的主要负责人，在当地电视台专题节目中的讲话。

分析 该题提供了两种讲话情境，前者属于现场讲话，后者是电视讲话。由于讲话者的身份、讲话的对象和讲话的重心不相同，其讲话稿的写作也有所差别。前者因为面对职工、死伤人员家属和有关干部，讲话的目的和重点是安抚群众的情绪、稳定局面，要求讲话人要设身处地、换位思考、把握对象的心理，要多讲抚慰的话、通报善后事宜、让群众相信政府，不得在现场上对群众和有关干部进行批评、指责或埋怨。后者属于电视讲话，离现场和发生时间相对较远，内容上要以通报事故概况、发生原因、教训、安全生产教育、处理情况为主体。

【**范例1**】（选定情境之一）

牢记惨痛教训，重建安全家园
——在黄茅镇烟花厂爆炸事故现场的讲话②

各位老乡，各位同志：

大家好！

今天，我怀着很沉重的心情来到这里，面对遍地的瓦砾、弥漫的硝烟和心中充满悲痛的大家。

---

① 习近平.在同各界优秀青年代表座谈时的讲话[EB/OL].(2013-05-04)[2013-05-04].http://www.news.xinhuanet.com.

② 申论：安全事故现场讲话的基本结构和写作模式[OL].(2006-10-09)[2015-07-15].招生考试，新闻中心.http://www.news.zj.com.

首先，我代表党和政府向在事故中死亡的同志表示深切的哀悼，向受伤职工、死伤人员的家属以及在事故中遭受损失的广大群众表示深切的慰问，你们将按照相关政策获取赔偿和救助，政府将保障你们的生活。

其次，对于这次烟花厂爆炸事故，我将作出调查、处理。这次爆炸事故造成了14人死亡、61人受伤，还有暂时无法统计的经济损失。这是一次由于安全教育意识不强、长期忽视安全隐患的典型事故。我们将对事故责任追究到底，尽快妥善解决。希望各位干部同志负起责任，做到心中有群众，协调解决事故的调查和处理善后工作。

然而，我最希望能引起大家注意的是，大家能够真正吸取这次事故的惨痛教训，在以后的生产、生活中真正关注安全问题。我知道，咱们黄茅是江西乃至全国的烟花生产中心，烟花爆竹的生产给咱们镇和大家都带来了实实在在的经济利益。但是，致富不能只看眼前，不顾安全，我们的经济利益是用多大的血的代价换来的呀！这攀达公司建厂至今就发生了4次爆炸，远的不说，1999年就死了42人！烟花工厂、公司的安全责任我们一定会严厉追查，但同时最重要的是群众要加强安全意识，因为真正处于危险而不自知的是你们啊！以后，希望大家：第一，在生产中严格遵守安全规定，不要只顾及经济效益而忽视安全；第二，发现事故隐患立即向有关部门反映，寻求解决，才是自我保护的最有效手段。

最后，我要说的是政府部门干部同志们的安全意识问题。烟花爆竹业是我县的支柱产业，但目前的安全状况严峻。这次事故表明，只有规范了安全生产，烟花工业才能真正成为安全、快速发展的产业。这个关系理顺了，才能实现我们的可持续发展。因此，哪怕牺牲眼前的经济利益，也必须让我们的人民获取长久的利益和安定。

各位干部、群众，事故的发生令人难过，但我们可以通过妥善解决这次事故、希望并从中吸取教训来减少更大的损失。亡羊补牢，未为晚也。希望大家能牢记惨痛教训，重建安全家园，在新世纪为实现小康目标而努力奋斗！

谢谢大家！

【范例2】（选定情境之二）

关于烟花厂爆炸事故的电视讲话[①]

同志们：

今天，对我们来说是心情沉重的一天。我们知道，在前段时间，我们市里刚刚发生了一次惨痛的安全事故——烟花厂爆炸，造成了严重的人员伤亡和财产损失。在这里，请允许我首先代表市委、市政府领导，对在这次事故中去世的职工表示沉痛的哀悼，对在事故中受伤的同志们表示诚挚的慰问。同时，作为上一级安全生产管理监督机构的主要负责人，对于发生这样惨重的安全生产事故我们深感内疚，由于我们的工作没有做好给广大群众带来了生命、财产损失，我们深感有负党和人民的重托。

近年来，我市安全事故发生的频率有上升的趋势，安全事故给国家和人民生命、财产造成重大损失的同时，也应该引起我们的深刻反思：究竟是什么原因造成这些严重的安全事故呢？综合分析起来，其主要原因有以下几个方面：

[①] 新天地深度剖析近七年公务员申论考试命题来源之2003年版（二）[OL].（2008-07-15）[2015-07-06].考试中心, 公务员考试, 公务员考试资料. http://www.thea.cn.

一、烟花爆竹生产起于手工作坊，工艺简单、容易制作、进入门槛低，导致行业缺乏创新意识，处于工艺技术落后、机械化程度低、安全程度低的状态，加上从业人员95.9%是未经严格培训的农民工，安全生产基础相当薄弱。在我市的许多地区，由于农民法律意识薄弱，他们很少会向有关部门办理生产鞭炮的合法手续，而农村又难以像城市那样实行统一监管、发现和取缔这种非法作业。

二、监管不力，执法力度不够。我市一些地方的公安、工商等部门对当地的非法生产打击力度不够，使得一些地方非法生产比较猖獗、事故发生的概率增加。

三、安全意识不足。不仅从业人员安全意识差，甚至一部分公职人员对安全事故的认识也存在相当大的缺陷。从业人员在实际操作中，对存在的危险认识不足，不能自觉按施工或作业的标准进行操作，违章违纪的行为屡禁不止，是导致事故不断发生的主要原因之一。而部分公职人员的责任意识不足，也助长了安全事故的发生。

四、安全生产监管力度不足，监管工作存在空缺。当然这与我市市内烟花生产点多、监管人员相对不足的客观原因有关。现有的安全生产监管力量明显不足，特别是基层一级的安全管理力量就更为薄弱。

针对以上存在的问题，我们应该认识到，安全生产工作中还存在着许多亟待解决的深层次问题，安全生产形势仍相当严峻。对于下一步的安全生产工作，我们应该从以下几个方面来着手解决问题：

一、建立联合执法机制，严厉打击非法生产烟花爆竹活动。
二、落实基层部门的监管责任，加强基层监管力量。
三、加强烟花爆竹生产企业的安全监管工作。
四、深入开展宣传教育工作，提高人民群众自我安全保护意识。

谢谢大家！

2）调查报告

（1）调查报告的概念。

调查报告是调查人对调查对象进行深入的调查研究，发现事物的本质特征，探求事物的规律并进而形诸文字的书面报告。

调查报告可以用来发现新生事物，揭露社会问题，推广先进经验，揭示事物的发展规律，是人们正确认识事物的重要手段，是领导进行决策和调控的重要依据。各级党政机关和企事业单位的领导以及社会有识之士都十分重视调查、研究工作，写出了大量有价值的调查报告，对推动社会的发展，提高人们的认识起了积极的作用。公务员录用申论考试中把它作为考核的文体之一，例如，2010年安徽省公务员录用考试A类申论试卷第四题就要求按给定材料写一篇不少于1200字的微型调查报告，还有"国考"和"省考"的很多议论文都类似于调查报告。

（2）调查报告的特点。

① 新闻性。调查报告的写作目的就是反映当前人们普遍关心的社会问题，宣传新思想，介绍新事物，推广新经验，揭露时弊，因此，调查报告具有新闻的新颖性；为了拥有这种新颖性，作者必须进行及时、快速的采访和报道，所以，调查报告又具有新闻的快速性；同时，调查报告所反映的这些现实问题又必须是真实、准确的，不能有任何的想象和虚构，否则将会产生严重的消极影响，因而，又具有新闻的真实性。

② 目的性。调查报告的写作具有鲜明的目的性：或者通过反映社会情况，为领导提供信息，以作为制定政策的依据；或者是为了推广先进经验，以指导和推动全局工作；或者是为了查清事情真相，为领导处理问题提供事实根据；或者是为了批评错误，揭露问题，暴露阴暗面，以便吸取教训，进行反面教育；或者是反映新思想、新风气、新事物，以促进它们的健康成长。总之，写作调查报告的目的非常明确，就是为了解决问题，就是为了特定的用途。

③ 理论性。调查报告是由"调查"和"报告"两部分组成的，前者是基础和前提，后者是结论和目的。首先要通过调查获得丰富、翔实的事实材料，然后在此基础上，进行分析、研究，使这些感性材料上升到理论认识，揭示事物的内在规律。或者从成绩中概括出经验；或者从问题中总结出教训；或者从现象中发现事物的本质；或者作出预测，指出新生事物的发展方向；或者抓住事物的要害，提出解决问题的建议和办法。

（3）调查报告的种类。

从不同的角度，可以把调查报告分成不同的类别。从范围上分，可以把调查报告分为综合性调查报告和专题性调查报告；从内容上分，可以把调查报告分为经济调查报告、军事调查报告、卫生调查报告、农业调查报告、科技调查报告、社会调查报告等；从性质上分，可以把调查报告分为情况调查报告、典型调查报告、问题调查报告。这里主要介绍根据性质划分同申论考试有关的三种类型。

① 情况调查报告。情况调查报告包括现实情况调查报告和历史事实调查报告两种。

现实情况调查报告又包括三种具体类型：一种是综合性调查报告，这种调查报告比较系统、全面地反映现实社会的政治、经济、民生、社会风气或本地区、本系统、本单位的一些重要情况；另一种是专题调查报告，是指反映工作中遇到的个别案例的报告；还有一种是学术报告，是指针对科学领域里的某个课题进行调查、研究后写出的具有学术价值的报告。

历史事实调查报告主要根据现实需要，对某些需要重新审定的重大历史事实、问题进行调查，用确凿的事实反映历史真相，还历史本来面目。

② 典型调查报告。典型调查报告包括新生事物的调查报告和典型经验的调查报告两种。

新生事物的调查报告是针对社会现实中新近出现的新事物、新现象、新趋势、新变化而写的调查报告。往往在全面叙述事实的基础上，分析其性质和特点，指出其意义，推论其发展规律和前景。

典型经验的调查报告主要是对工作、生产、学习中的典型经验和先进事迹进行介绍并加以推广，通过分析、总结工作中出现的新经验，指导和推动某方面工作，起到以点带面的作用。

③ 问题调查报告。问题调查报告是对工作中发生的真假难辨的重大问题、某一典型的反面事例或社会现实的消极因素展开专项调查，澄清事实真相，判明问题的原因和性质，确定造成的危害，并提出解决问题的途径和建议，为问题的最后处理提供依据，也为其他有关方面提供参考和借鉴。

（4）调查报告的内容格式。

调查报告一般由标题、正文、署名和成文日期组成。

① 标题。常见的调查报告标题有两种类型：

一种是公文式标题，一般由事由＋文种组成。事由写明调查的对象、内容、范围，文种常用"调查报告""考察报告""调研报告""调查""报告"等。如《新生代农民工价值观、择业观、生活观的调查报告》，又如《2011年地热能利用各区域供需竞争格局战略调查与趋势研究分析报告》《我国双低卷烟品牌分布情况调研报告》等。

另一种是新闻式标题，这种标题有单标题和双标题两种。单标题与文章式标题一样，用一句话作为标题，只标明内容、范围或主旨，而不涉及文种，如《河南省国有粮食购销企业改革取得阶段性成效》《××县是怎样鼓励和支持个私经济蓬勃发展的》等。双标题是由正、副标题构成的：正标题用来概括调查报告的主旨或主要内容，从形式来看属于文章式标题；副标题用来标明调查的对象、范围、事项、文种，属于公文式标题，如《崛起广厦千万间——来自××县康居工程的报告》《筑牢土地督察队伍的安身立命之本——关于国家土地督察机构党风廉政建设情况的调研报告》。

② 正文。调查报告的正文一般由导语、主体、结尾三个部分组成。

A. 导语。也称前言，是调查报告的开头，用来提示全文，引导读者阅读和理解文章内容。常见的导语有以下几种类型：

● 概述式。概述调查对象的基本情况，如背景、风貌、历史沿革、组织规模、主要事迹与业绩等，让读者对调查对象首先有一个大致的了解。如：

新疆地处边远，位置特殊，是一个相对独立的经济区。全区总面积160万平方公里，总人口1965万。粮食种植面积2000多万亩，大宗种植品种主要是小麦和玉米，另外是其他杂粮及豆类，不同年份小麦的种植比例达到45%～55%，目前种粮收入仍是农民收入的主要来源之一。历年来，自治区党委、政府都把粮食生产流通工作作为农业结构调整、农民收入增长、农村经济以及国民经济持续、稳定、健康发展和边疆地区社会稳定、经济发展的头等大事来抓，特别是粮食流通体制改革以来，面对全国和自治区粮食生产供求出现的新情况、新问题，全区以粮食安全为前提，以保护农民利益、提高农民收入为立足点，积极、稳妥地推进农业和农村经济结构战略调整，推进粮食流通体制改革，在放开购销市场、直接补贴粮农、转换企业机制、加强宏观调控、维护市场秩序等方面进行了一系列有效的探索与实践，经历了一个循序渐进、逐步成熟和完善的过程。①

前言对新疆的社会和地理环境、粮食作物的种植情况、地方党政机关对粮食工作的态度和举措等进行了概括介绍，使读者首先对新疆的农业情况有一个大致的了解。

● 交代式。指首先介绍调查的时间、地点、目的、根据、范围、过程、方式等内容，以说明材料的来源。如：

为深入贯彻落实中央关于保增长、保民生、保稳定的一系列重大决策，全国人大常委会组织专题调研组，在陈昌智副委员长带领下，从6月上旬到7月下旬，先后对山西、黑龙江、甘肃、河北四省的保障性住房建设实施情况开展了实地调研。专题调研小组先后听取四省政府有关工作情况的介绍，到20个市、14个县与市、县政府和有关部门座谈，深入城区、林区、垦区、矿区和农村保障性住房建设工地实地考察，探访廉租房、棚户区和农村危旧房

---

① 黄建庄，冯巍，张建梅. 新疆维吾尔自治区深化粮食流体通体制改革情况调查[OL].（2005-08-24）. http://www.chinagrain.gov.cn.

住户，并针对调研中发现的问题，与四省人大、政府和有关部门的领导同志充分交换了意见。同时，专题调研小组还委托安徽、江西、山东、河南、云南等5省人大财经委、预算工委对保障性住房建设情况开展专题调研并提交了调研报告。现将专题调研情况报告如下。①

该前言较为详细地交代了调查的目的、人员组成、时间、对象、过程等要素，使读者对此次调查的基本情况有所掌握。

- 解释式。用来介绍名称的含义与来历、相关知识与背景、性质与特点等，以便开阔读者的视野，帮助读者加深对内容的理解。如下面所附范例的开头，首先介绍"新生代农民工"的名称来历，然后概括介绍"新生代农民工"的特点，通过这种概括介绍，使读者对"新生代农民工"这个概念有了一个初步的了解。

- 问题式。即提出本文需要探讨和解决的问题，引起人们的思考。这种方式可以用陈述句提出，也可用疑问句提出。如《企业共青团工作情况调研报告》一文的前言就是用陈述句提出的：

环境、担负的任务以及自身状况发生了较大变化，如何在新形势下更好地发挥团组织的作用，如何找准青年工作的切入点，认清形势，统一思想，与时俱进，以改革创新的精神进一步加强和改进企业共青团工作，是当前企业团组织面临的一个重要课题。②

前言分两层：第一层点出形势，第二层用陈述句顺势提出需要解决的两个问题，带着读者一起思考。再如：

"皇粮国税"不收了，从事税收工作的乡镇财税干部现在干什么？今后怎么干？思想动态如何？带着这一串问题，我们与乡镇党政领导、财政所长、财税人员进行了广泛、深入的座谈调研。③

农业税收改革之后，乡镇财税干部的出路及思想动态已成关注的焦点，作者在这里一连用三个设问句将此问题提出来，必将让人们产生浓厚的兴趣。

- 结论式。即开头直接亮出观点，揭示主旨，说明结论，给出答案。如：

华西村，是中国特色社会主义实践的一个先进典型，是社会主义新农村建设的一面光辉旗帜。几十年来，华西村高举中国特色社会主义伟大旗帜，始终坚持解放思想、实事求是、与时俱进、不断创新、勇于超越、艰苦创业，走出了一条经济繁荣、农民富裕、社会和谐的成功之路，去年销售收入超过500亿元，村级可用财力超过30亿元，农民人均纯收入超过8万元。华西村不仅经济社会发展取得了辉煌的成就，而且在改革发展实践中创造了宝贵的经验。华西村的经验对全省和全国农村的发展起到了示范作用，华西村成为大规模培训农村干部的重要基地。

在新的发展阶段，华西村坚持以邓小平理论和"三个代表"重要思想为指导，深入贯

---

① 全国人大常委会保障性住房建设专题调研小组. 关于保障性住房建设项目实施情况的调研报告[OL]. (2009-10-28). http://www.npc.gov.cn.
② 企业共青团工作情况调研报告[OL]. (2011-07-28) [2015-07-10]. 调研报告. http://www.wenni114.com.
③ 乡镇财政（农税）所职能转变情况调查[OL]. (2005-06-13) [2015-07-07]. http://www.wenni.net.

彻落实科学发展观，以又好又快发展为鲜明导向，加快经济转型升级，在科学发展的道路上实现了新突破，创造了新辉煌。吴仁宝同志提出的"地创高产出、人创高素质"，精辟概括、集中体现了华西村近年来发展的新思路、新经验，更加突出了依靠科技进步和提高劳动者素质实现高效益发展，贯彻了科学发展观的本质要求。[①]

文章在第一自然段对华西村过去的做法和成就作了充分的肯定，然后在第二自然段进一步概括了华西村在新形势下的新实践、新贡献，最后总结了经验，给出了结论——依靠科技进步，提高劳动者素质。

B. 主体。这是对导语提出问题的回答，是对导语的引申和拓展，是调查报告的主要内容之所在。不同类型的调查报告有不同的内容，如前所述，情况调查报告主要是对调查对象的现实情况或历史情况进行说明。对于现实情况的调查报告来说，不仅要说明基本情况，还要指出情况出现的过程、原因以及解决的办法；对于历史情况的调查报告来说，不仅要指出历史事件的背景、变化发展的过程、性质、意义、影响，还要指出人们历来对这个历史事实的认识，要运用辩证唯物主义和历史唯物主义进行分析。对于典型调查报告来说，如果是介绍新生事物的，要分析其性质和特点，指出其意义及其发展规律和前景；如果是介绍先进事迹和典型经验的，则要指出先进事迹的表现、发展的过程、原因与动力、背景与条件、意义与影响，以及先进经验的性质，与成绩之间的内在联系，价值和意义；如果是问题调查报告，则要说明问题的性质、原因、造成的危害，并提出解决问题的建议。

主体部分的内容较多，写作上要注意精心安排结构，有条不紊地展开叙述和论证。常见的结构方式主要有三种：

● 纵式结构。即进行纵向展开叙说的一种结构方式。这种结构有的是按照事物发展变化的过程来安排，称为顺序式；有的是按照人们对事物的了解和认识的过程来安排，称为递进式；有的是按照由原因到结果或由结果到原因的顺序来安排，称为因果式。

● 横式结构。即按照事物的不同性质、不同侧面进行安排，各部分之间是相互并列的关系。如本专题所列的范例就是采用这种结构，主体部分分别按照新生代农民工的价值观、择业观、生活观等三个方面进行叙述和论证。

● 纵横结合式结构。这种结构有两种情况，一种是总体以纵式为主，纵中又穿插比较、说明、分析、议论，横向展开；另一种是整体属于横向结构，将全文分成若干部分，每一部分冠以小标题，但部分里面又有事情的叙述或人物的经历介绍，进行局部的延伸。

C. 结尾。结尾是全文的收束和总结，不同类型的调查报告有不同的结尾方式，常见的有以下四种：

● 概括全文，点明主旨。这种结尾是用简洁的语言对全文内容进行高度概括，表明作者的观点，归纳出全文的中心，给出文章的结论。如《郭明义先进事迹调查报告》的结尾：

从郭明义同志的身上，我们可以清楚看到一名共产党员、一个社会公民、一名企业职工对党、对国家、对社会、对企业的无限忠诚和热爱。他的思想和行为展现出了强大的感染

[①] 江苏省委赴华西村调研组. 华西村加快经济转型升级 推进科学发展新经验的调研报告［N］. 新华日报, 2010-09-01(A2).

力、吸引力和号召力。他的精神既传承了中华民族的传统美德又具有鲜明的时代特征，是助人为乐的道德楷模，是雷锋精神在新时期的延伸和弘扬。他用自己博大的爱心与满腔的热血铸就了人间大爱，为全面建设小康、构建社会主义和谐社会提供了强大的精神力量。①

作者在这里对郭明义的思想、情怀、精神给予了高度的概括和评价，大大提高了读者对郭明义先进事迹的认识，进一步突出了主旨。

● 提出问题，发人深省。这类结尾是通过对事实材料的梳理，发现并提出令人深思的问题，以引起人们的关注和思索。例如：

世界上淡水量不多，但因为大量的淡水在寒冷的南北两极和终年积雪的高山一带，所以我们人类能直接使用的淡水就很有限了。据科学家的研究，人不吃饭可活十天，但不喝水却只能活三至五天。从这里可以看出，水是多么重要了。可有些人明知淡水不多，还浪费，像这样下去，我们的子子孙孙会怎样生活呢？到那时，最后一滴水将是人类的眼泪！我们希望人类能拿出实际行动来弥补过去的过失，好好保护有限的淡水资源，让子孙后代也能过上幸福美好的生活。②

作者通过议论进一步深化了主旨，然后又提出了一个发人深省的问题："像这样下去，我们的子子孙孙会怎样生活呢？"每一个对子孙负责的人都必须深深地思考这个问题。

● 展望未来，鼓舞斗志。作者以广阔的视野、认识的高度和科学的判断，乐观地放眼未来，给人以信心和鼓舞。如：

粮食现代物流业的发展任重道远，我们相信在各级政府和部门的大力支持下，一定能把河南省粮食交易物流市场做大做强，在黄淮海地区小麦物流通道建设乃至在全国粮食现代物流通道建设中起龙头示范作用，为提高河南粮食的流通效率，提高河南粮食在全国市场的竞争力，确保为国家粮食安全作出贡献。③

作者对河南省粮食交易物流市场的发展充满信心，大大增强了各级政府和有关部门的奋斗意志，对推动河南省粮食交易物流市场的发展具有积极的意义。

● 提出建议，给出办法。指在结尾针对前面的分析和研究，提出科学、合理的建议，给出解决的办法。如下面的"答题分析"所附范例的结尾，作者就解决新生代农民工的出路问题提出了两项建议，这两项建议基本上抓住了问题的要害，具有较强的建设性。

需要指出的是，开头和结尾的写法有很多种，以上列举的五种开头和四种结尾的写法只是常见的几种，这些写法也不是相互不容的，它们既可单独使用，也可综合运用。同时，还有一些调查报告在正文结束之后便戛然而止，无结尾之赘，甚至还有不少调查报告直接将全文分成几大部分，既无前言，也无结尾。

---

① 辽宁省委宣传部，辽宁省委组织部，辽宁省总工会联合调查组. 弘扬雷锋精神的时代先锋——郭明义同志先进事迹调查报告［N］. 辽宁日报 2010-09-02（A01）.
② 节约用水的研究报告［OL］.（2015-07-03）［2015-07-06］. 总结. http：//www. pincai. com.
③ 崔银太，屈新明，史继庚，等. 整合资源构建大型复合型粮食现代物流企业 做大做强河南省粮食交易物流市场［OL］.（2005-04-24）. http：// www. chinagrain. gov. cn.

（5）答题分析。

题目 2010年安徽省公务员录用考试A类申论试卷第四题：

（四）请以【给定资料三】所列举的事例为基本素材，联系其他给定资料，撰写一篇不少于1200字的微型调查报告。（50分）

写作要求：

1. 做到有叙有议，观点与材料相结合；切忌只是罗列事例、堆砌资料。

2. 文章标题自己拟制；正文应有简洁的序言和结语，主体按"价值观""择业观""生活观"三方面内容分成三个部分，并自拟小标题。（示例："价值观：追求自身价值的实现，维护自身合法权益"）

3. 要善于对给定资料中无序的事例按材料的性质进行归类，以便合理安排主体部分的内容；给定资料中有的事例只提供一些信息，需用自己的语言重新组织，有的过长的事例需要压缩，以适应篇幅的限制。

4. 书写工整；不得在卷面上透露或暗示考生姓名、单位等违规信息。

分析 作为申论考核的调查报告，与一般的调查报告有很大的区别，一般的调查报告在写作上必须经过两个步骤：一是"调查"，二是"报告"。"调查"是对调查对象进行深入的了解，包括对象发生的时间、地点、背景、起因、过程、结果等都要调查清楚；"报告"是将调查的材料进行加工、整理进而写成书面材料报告给阅读对象。所以，对一般的调查报告来说，"调查"是基础，"报告"是目的。而作为申论考核的调查报告则省去了第一个步骤，调查对象的素材由试卷给定，考生要做的只是对这些材料进行分析、研究、理清其顺序，掌握其性质和类别，然后写成报告。当然，仅就题目所给的素材往往还不够，还需考生调动自己的材料储备进行扩展和充实。就本题来说，试题一共给了9个素材，我们不妨先对这些材料进行概括和分类：

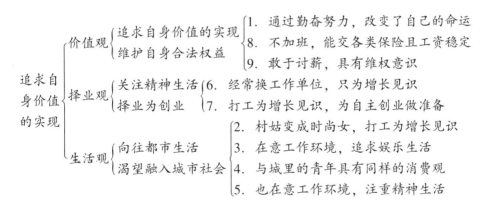

以上只是一些具体材料，考生在写作时最好还要补充一些概括性的材料以及平时搜集到的一些具体事例，以便做到点面结合，增强文章的说服力。就结构来说，题目对正文的结构形态已作了规定，前言、主体、结尾都必须具备，并且对主体部分的层次也作了具体的安排，写作时只要将内容纳入进去即可。构思时，可按照"新生代农民工"的含义、特点、形成原因、存在的问题以及建议和对策的顺序进行。

【范例】

新生代农民工价值观、择业观、生活观的调查报告

2010年"中央1号文件"明确提出"新生代农民工"的概念,再次掀起社会广泛关注的热潮。新生代农民工,是相对于上个世纪80年代第一批进城务工的农民工而言的,他们多数出生于20世纪80年代、90年代。相对于父辈,他们的显著特点,一是大多生在城市,在农村没有土地即没有生产资料;二是多在城市长大,不熟悉农业生产;三是大多没有解决户籍问题。在价值观、择业观、生活观上,他们与父辈也是迥然不同的。

一、价值观:追求自身价值的实现,维护自身合法权益

相比第一代农民工,新生代农民工一般上过初中、高中,有一定文化,加之生长环境、时代的变迁,其价值观、维权意识都与父辈们迥异。

新生代农民工进城打工不再是为了生存,而是谋求发展,追求自己的生活,在城市里更好地实现自我人生价值。有数据表明,75%的新生代农民工认为自己属于工人群体,27.4%的新生代农民工希望在城市买房成家。来自湖南怀化的小廖,初中毕业即南下打工,7年间,她不断参加各种培训、学习,不但获得事业上的成功,也获得了城市户口,很好地实现了自身价值。

新生代农民工有文化,讲公平,维权意识也大大增强。2009年孙中界"断指明志"、张海超"开胸验肺",就是轰动全国的新生代农民工维权事件。相比父辈,新生代农民工对自己的权利更为看重而且勇于维护。24岁的周维初,工作经常加班至半夜,觉得自己的权益受损,于是"炒"了老板的鱿鱼;湖南桃源县的童方标因为工厂拖欠工资决定向老板讨薪。

二、择业观:关注精神需要的满足,扩展自身发展空间

新生代农民工进城务工是发展型就业,对工资的要求不是特别高,更多地关注工作环境和发展空间,不以牺牲健康换取高薪。

据调查,应聘者最关注的不再是工资的高低,而是加不加班、老板工友好不好相处、有无娱乐设施等。还有的新生代农民工更看重增长见识和以后的发展。在深圳龙岗打工的小孙已经换了十多家企业,而像他这样的不在少数,他们表示:要"饭碗"更要有发展。来自广西玉林的廖婉怡就希望多长点见识,然后攒钱回家开店,而不是一辈子打工。

三、生活观:向往城市生活的怀抱,建构都市幸福生活

成为城里人、过城市生活是很多新生代农民工的梦想和奋斗的目标。武汉大学农民工课题组调查显示,新生代农民工中想"通过打工,争取留在城里生活"的占42.4%,"不愿意回乡干农活,想过城里人的日子"的占15.2%,二者相加,比例高达57.6%。

究其原因,一是新生代农民工多生长在城市,对农村不熟悉,也没有什么感情和牵挂。比如"90后"农民工多是独生子女,从小吃穿不愁,长在城市、学在城市,根本不愿回到农村。二是城市生活丰富多彩,各种娱乐设施齐全,很多新生代农民工慢慢就迷恋和习惯了城市的生活方式。"K歌、泡吧、上网、听歌、聊QQ",这是河南一位"90后"农民工向往的都市生活,也是大多数新生代农民工的理想生活。

新生代农民工的人生观、价值观都发生了巨大的变化,但是我们的各项政策还远远没能跟上这一变化,城市也远远没有做好迎接如此庞大的群体的准备,以致很多新生代农民工的理想落空、信心受挫、人生转轨,甚至走上违法犯罪、报复社会的不归之路,给其自身带来不幸,也给社会稳定埋下巨大隐患。

温家宝总理曾一针见血地指出，新生代农民工的症结是户籍。所以，政府一方面应该尽快打破城乡二元结构，推行户籍制度改革，充分做好迎接农民工进城的准备；另一方面也要加快农村建设，推行现代农业理念和技术，吸引他们回到农村发展。①

3）书信

（1）书信的概念。

书信有很多名称，在古代有"信札""书札""书简""书柬""尺牍""尺素""鸿雁""鱼书""笺""帖""书"等众多名称，现代也有"书信""信件""信""函"等不同名称。名称虽然不同，但都是指机关单位、社会团体和人民群众通过书面的方式同特定的对象进行交流思想、表达情感、传递信息的一种具有惯用格式的应用文体。

书信的适用范围十分广泛，不仅个人用来处理私务，而且机关单位和社会团体及其领导人也用来处理公务，是进行沟通和协调的重要工具。正因为这种重要的工具性质，书信历来备受重视，因而也就进入了公务员录用考核的范围，例如，2011年的"国考"和2009年的湖北"省考"都曾入题。

（2）书信的特点。

① 模式性。应用文的各种文体都有一个相对固定的格式，尤其是书信的格式更为特别，一般包括信封和信文两部分，信封和信文又都有自己特定的格式，这是千百年来约定俗成的，不按照这种格式书写就不是规范的书信。

② 通信性。书信和新闻一样，都是信息的载体，都是通过邮寄、电报、传真、网络等传统的和现代的传媒方式进行传递；只是新闻是通过公众媒体公开发布的，而书信的阅读对象则是特定的，除了公务信件以及个人需要公开声明立场、观点的公开信以外，一般不得公开传阅。

③ 交流性。书信从内容上来说，是用来交流思想、表达情感、传递信息的；从往来关系上来说，书信一般都是双向的，你有来信，我有回复，有来有往，不失礼貌。所以，写信的目的就是为了沟通交流，增进相互了解。

（3）书信的内容格式。

书信的格式一般由信封和信文两个部分组成，申论考试一般只考信文，所以我们在这里只介绍信文的内容格式。

① 标题。书信一般是没有标题的，我们在出版物上看到的书信标题往往是转载人在转载时为了标示书信的名称加上去的。但作为申论考试的书信往往要加一个标题，这个标题有的是试卷给定的，有的需要考生自己拟定。其写法一般有两种：一种是公文式标题，另一种是文章式标题。公文式标题通常由"写信者名称+给（致）+阅读对象+文种"等四要素构成，有时也可省略写信者名称，只有"给（致）+阅读对象+文种"等三要素构成，如《给各村中小学生家长的一封信》。文章式标题，是指用完整的词组或一句话来揭示书信的主旨或概括其主要内容的标题，如《倡导文明上网　共建网络文明》。

② 称谓。称谓也称"抬头"，是写信人对收信人的称呼，位于信的第一行，顶格书写，后面加冒号。称谓很有讲究，具体怎么称呼，应根据写信人与收信人之间的关系或者

---

① 新生代农民工价值观、择业观、生活观的调查报告［OL］.（2010-05-30）［2015-07-12］.公务员考试，时政申论，申论历年真题. http://edu.newdu.com

根据对方的身份和职务来确定。

③问候语。问候是对对方表示尊重、亲近、友好、客气、礼貌的一种方式，位于称谓的下一行，空两格，单独成行，后面加感叹号。常用的问候语有"您好""近好""别来无恙"等，如果是公务信或公开信，问候语有"你们好""大家好"等。具体使用哪种问候语，也要视对象的情况而定。

④正文。正文是书信的具体内容，其结构一般包括开头、主体、结尾三部分。

A. 开头。一般书信的开头用几句话叙叙旧，如分别的时间、分别时的情景、别后的思念等，然后再进入正题。对于申论考试的政务信来说，则应免去这些内容，直接进入正题。如果是回信的话，则应先说明收到对方来信的时间和内容。

B. 主体。这部分是书信的主要内容之所在，包括需要汇报、说明的思想和工作情况，要商洽、请求、询问、答复的事项，要安排、布置的任务，要思考、解决的问题，等等。在层次上，如果事情较单一，可以不分；如果事情较多，内容较复杂，则应分层次来写。

C. 结尾。书信的结尾可有可无，如果需要结尾，一般是用来向对方提出希望和要求。

⑤祝颂语。书信结束之后，另起一行写上祝愿或致敬的习惯用语。祝颂语也很有讲究，一般根据写信人与收信人的关系，对方的职业、职务，或者季节时令等情况来写。如"此致敬礼""祝工作顺利""祝身体安康""顺致秋祺""顺颂时绥""谨祝夏安"等。格式上，另起一行退两格或在前1/3处写上"此致""顺祝"，再回行顶格书写"敬礼""近祺"等。

⑥署名。正文结束之后，要在右下方署上写信人的姓名。署名也很有讲究，要与称谓相对应：给朋友写信，一般只写姓名；给长辈写信，一般要写上称谓，如给父母写信，则写上"儿（女儿）××敬上"。作为申论公开信，则署上所代表的机关名称。

⑦日期。署名的下一行要写上年、月、日。有的在日期后面还写上写信的时刻与地点。

⑧附言。附言是对正文的补充和说明。其写作方法是先写一个"附"字，或者写上"另""另外"，后面加冒号，然后写上补充内容；或者在附言之后写上"又及"或"再启"。

(4) 答题分析。

题目 2011年中央、国家机关公务员录用考试申论试题（二）：

（二）L县政府拟进一步宣传寄宿制学校的办学模式，以期更好地提高办学效益和质量。请根据"给定资料（三）"，以县教育局的名义草拟《给各村中小学生家长的一封信》。（20分）

要求：内容具体，符合实际；用语得体，通俗易懂；不超过400字。

分析 这是一封处理公务的公开信，考生在写作时要根据给定的材料和题目要求，明确写作的思路。寄宿制学校是一种新型的办学模式，一般的学生家长，尤其是农村学生的家长对这种模式还不是十分了解。作为县教育主管部门要想推介这种模式，就必须向各村的中小学生家长讲清楚什么是寄宿制学校，这种学校与传统的学校相比有什么样的优势，上这种学校有什么问题，如果有，主管部门如何解决。只有把这些问题讲清楚了，才能解决学生家长的后顾之忧，才能得到学生家长的积极响应和支持。

题目提供的材料较具体，由于字数的限制，写作时不能照搬照引这些材料，而是要对这些材料进行由点到面、由具体到抽象、由现象到本质的分析与概括。

在格式上，标题、称谓、问候语、正文、署名和日期等要素都要完备。尤其要注意正文的结构顺序，开头可说明推行寄宿制办学的原因、目的或宗旨；主体部分主要阐述寄宿制的优势、保障措施；结尾可以向家长发出呼吁，提出希望。

语言方面，要通俗易懂，亲切自然，体现关心、体贴，并且具有宣传、鼓动性，同时也要注意掌握分寸，不能讲过头的话。

【范例】

> 尊敬的各位家长：
>
> 你们好！
>
> 为了改变我县学校不合理的校点布局，进一步改善办学条件，明显提高办学效益，合理配置教育资源，我县将有效利用各方面条件，逐步推进寄宿制办学。
>
> 我们会加大资金投入，完善学校的各项设施。将资金投入到教学用房、学生宿舍楼、学校食堂、公共厕所等的建设之中，保证学生学习的环境。我们会推进教育资源配置方式的改革，统筹规划学校布局：一是从实际出发，将农村校点多、规模小的有限资源进行优化配置；二是着力调整中小学布局，建设一批试点学校，形成富有特色的实践模式，如联村办寄宿制学校、民族寄宿制学校、边境形象学校等。
>
> 创办寄宿制学校，意味着孩子们要去更远的地方读书，由于交通不便等原因，难免会加重家长们的担忧。我们将努力把寄宿制学校办成群众满意，家长放心，学生"进得来、留得住、学得好"的学校，希望广大家长朋友能够共同关心和支持我县寄宿制学校建设，共同为孩子们营造一个良好的教学环境。[①]
>
> ××县教育局
××××年××月××日

3. 新闻

"新闻"有广义和狭义之分，广义的"新闻"包括消息、通讯、报告文学、调查报告、特写、评论新闻资料和图片等各种新闻体裁，是新闻体裁和新闻报道活动的总称。狭义的"新闻"专指消息，是指对新近发生的有传播价值的事实的简短报道。本书所要介绍的就是这种狭义的新闻。

1）消息

（1）消息的结构类型。

消息的结构类型较多，常见的有以下几种：

① 倒金字塔式。这是消息最常见、也是最基本的结构形式。这种结构按照消息内容的重要性和主次关系递减为顺序来安排材料。从形态来看，这种结构像是倒放的金字塔，顶大底小，头重脚轻。倒金字塔式结构的模式性较强，便于写作和排版，同时也便于受众阅听，因此，这种结构自形成至今一直深受欢迎，已成为消息结构中的经典模式。

② 金字塔式。这种结构与倒金字塔式结构相反，按照事件发生的自然进程或者按照由浅入深、由表及里、由原因到结果、由远及近、由小到大、由轻到重、由次到主的逻辑

[①] 国家公务员网. 给各村中小学生家长的一封信. 2011年国家公务员考试申论真题及参考答案（B卷）[OL]. (2010-12-06). http://www.chinagwy.org.

顺序来安排结构。金字塔式结构的故事性较强，对受众颇具吸引力。

③ 倒金字塔与金字塔相结合式。这种结构通常是将消息最重要的内容或结论放在导语里，然后再按照事情发展的自然顺序或由轻到重递增的逻辑顺序来安排材料。

④ 悬念式。这种结构是在篇首部分设置一个疑问或矛盾冲突，在初露端倪时却又立即打住，故意不把事情说破，留下谜面，然后几经周折，直到篇尾才将事情的原委和盘托出，给出答案，揭开谜底。这种结构抓住人们急于了解事情结果的好奇心理，牢牢套住受众的阅听欲望，起到引人入胜的效果。这种结构适用于故事情节较强的新闻，切不可滥用。

（2）消息的结构要素。

① 标题。标题是消息的眼睛，是消息结构中最显目、最有灵气的部分，在消息的结构中具有举足轻重的作用。一则消息的内容再重要，如果没有好的标题，也将从人们的眼皮底下溜走。消息的标题灵活多变，丰富多彩，有单行、双行和多行之分。

单行标题一般用来概括消息的中心内容，具体、明确、简短的消息一般都采用单行标题。

双行标题有两种形态：一种是"引题+正题"。引题，也称肩题或眉题，位于正题上方，用来介绍背景，烘托气氛，阐发意义，引出正题；正题也称主题，用来揭示主旨，概括主要内容。如：

优化口岸环境　提升通关效率（引题）
满洲里开发开放尽显活力（正题）

另一种是"正题+副题"。副题，也称辅题或子题，用来补充、注释、说明正题。如：

李娜击败上届冠军挺进中网女单四强（正题）
张择无缘男单四强　创中国队男选手ATP巡回赛最佳战绩（副题）

多行标题一般为三层，即"引题+正题+副题"。这种标题容量较大，提供的信息较多，一般适用于重大的新闻题材。如：

庆祝中华人民共和国成立63周年
首都各界向人民英雄纪念碑敬献花篮
胡锦涛吴邦国温家宝贾庆林李长春习近平李克强贺国强等出席仪式

② 消息头。消息头是消息的特有标志，位于消息的开头，用来标明消息的来源和版权归属。消息头的形式主要有"讯"与"电"两种。

"讯"，主要是指通过邮寄或书面递交的方式发送给报社的新闻稿件。如果是报社通过自身的渠道从本埠获得的消息，用"本报讯"标示；如果是从外埠获得的，还应标明发布新闻的时间和地点，如"本报北京×月×日讯"。

"电"，主要是指通过电报、电传、电子邮件等电讯的形式向报社传递的新闻报道。电头一般由发布新闻单位的名称、发布新闻的地点、时间和形式组成。如"本报满洲里10月5日电""据新华社北京10月5日电"。前例标明稿件是报社通过自身渠道获得的，后例标明稿件是来自本报以外的新闻机构的。

③ 导语。导语是紧接消息头之后的第一个自然段或第一句话，一般用简洁的语言概

括或提示新闻的主旨或主要内容，诱导受众阅读全文。例如：

  本报北京10月5日电 （记者 王珂）今天是中秋、国庆长假第六天，部分地区中长线游客开始回落，游客接待高峰较前几日有所降低，部分热点景区游客接待量已回落至最佳接待量以下。短线游、散客游依然保持平稳增长。①

  导语对中秋节当天全国各旅游景点接待量的总体情况进行了介绍，概括了消息的主要内容。

  ④ 主体。主体是消息导语的展开和延伸，它是消息的躯干，消息的大量内容都在这一部分。这一部分因为内容较多，写作时要做到条理清楚、言之有序。常见的主体顺序有以下三种：

  按逻辑顺序安排材料。就是根据事物的内在联系或材料的性质来组织材料，如正反关系、因果关系、点面关系、递进关系、主次关系、并列关系、总分关系、对比关系等。

  按时间顺序安排材料。就是按照新闻事件发生的先后顺序来安排材料。这种写法有头有尾，次第展开，过程完整、清晰，便于阅读。

  时间顺序和逻辑顺序相结合式。这种顺序方法或者总体是逻辑顺序，部分层次按时间顺序；或者总体是时间顺序，部分层次有逻辑顺序。

  ⑤ 背景。消息中的背景，是指有关新闻事实的历史材料和环境材料。消息的背景是消息内容的组成部分，不属于结构形态，只是因为它的功能较特殊，所以通常把它放在结构要素中加以讨论。常见的背景材料有三种：

  说明性材料。用来说明有关新闻事实的历史情况、地理环境、政治背景，以及人物的身份、经历、性格特征等材料。

  注释性材料。用来对消息中出现的一些专业术语、有关名称、科学技术、产品性能等进行解释的材料。

  对比性材料。用来与新闻事实进行对比的材料，如今昔对比、正反对比等，通过对比，突显新闻事实的价值和意义。

  ⑥ 结尾。结尾是消息的最后一个自然段或最后一句话，但并不是所有的最后一个自然段或最后一句话都属于结尾，例如倒金字塔式的结构就不存在结尾，其最后一句话或最后一个段落，属于主体的一部分。

  （3）答题分析。

  题目 湖南事业单位人员录用考试申论应用文写作专题3：请根据给定材料，为某市卫生局写一份关于"预防甲型H1N1流感"的新闻发布稿。

  分析 新闻发布稿是党政机关、企事业单位在新闻发布会上新闻发言人的讲话底稿。其写作目的是，将本机关、本地区、本部门、本单位所发生和掌握到的重要新闻事件或有关信息借助新闻媒体的报道直达广大人民群众。其内容主要包括新闻事件的起因、经过、已经采取的措施及其结果等，后者是写作的重点，其结构包括称谓、问候语、导语、主体、结束语等几部分。

---

① 王珂. 双节长假第六天中长线游客开始回落[N]. 人民日报. 2012-10-06(1).

【范例】

各位新闻界的朋友们：

大家好！

今年甲型H1N1流感在全球范围内暴发，我国首例"甲流"病例发生已经两个月，迄今尚未发生较大规模疫情，也没有出现重症病人致死的病例，这要归功于国家前一阶段的"甲流"综合防控措施。这些措施极大地延缓了疫情在我国的扩散速度和流行强度，为我国应对可能发生的更为严重的疫情、做好药品和疫苗的研发生产及储备等相关准备，争取了宝贵的时间。根据流感发展情况，本市已经采取以下措施：

第一，疾病预防控制机构和医疗机构发现符合病例定义的疑似病例和确诊病例后，将于2小时内通过国家疾病监测信息报告管理系统进行网络直报。不具备网络直报条件的医疗机构，应于2小时内以最快的通信方式向当地县级疾病预防控制机构报告。

第二，港口、机场、铁路疾病预防控制机构以及国境卫生检疫机关发现符合病例定义的疑似病例和确诊病例时，应当立即向国境口岸所在地的疾病预防控制机构或者地方人民政府卫生行政部门报告并互相通报。

第三，在做好个人防护的条件下，应尽快将病人转运至当地定点医院进行隔离治疗。各级疾病预防控制机构接到病例报告后，尽快对病例进行流行病学调查，根据病人的病情进展和流行病学调查的深入，收集病例的临床资料，随时将更新的调查结果和资料上报，并提出相应的防治建议。

这些防控措施最大限度地减少了疫情对我国社会经济发展的影响，保持了社会正常生产、生活秩序。为了切实控制流感蔓延，今后还会采取以下措施。

第一，考虑到今后疫情可能进一步发展，尤其是在有些重点地区，密切接触者的数量会比较多，集中管理有一定的难度。因此，将把对密切接触者过去所做的集中的观察，改为可以实行居家的医学观察。

第二，开展中药治疗研究，进行临床观察，中西医结合治疗。

第三，一旦疫苗进入接种阶段，第一步将向易感人群接种疫苗，例如孕妇、有基础性疾病的人群及特殊领域的工作者。

第四，加强学校、医院等公共场所的重点防控工作，防止疫情传播。

第五，重视加强公民责任的宣传工作。在关键时刻，最能体现一个人的公民责任。我们每一个公民都应当本着对国家、对社会、对他人、对家庭负责任的态度，从自身做起，把防控甲型流感当成一件大事，当成自己应尽的责任和义务，积极配合、全力支持政府的工作，为我国取得防控甲型流感的胜利作出自己应有的贡献。

我们期待各方相关的专业人士进入并保持应有的工作状态，及时、有效地监测、控制本市疫情的发展和蔓延，在即使有病例确诊的情况下，也能够减少冲击，保持应有的社会稳定，让每一个市民都能踏实、平静地生活。谢谢！①

---

① 湖南事业单位招聘网. 湖南事业单位考试申论应用文写作专题（三）(3) 参考答案[OL]. (2012-01-11). http://hn.offcn.com.

2）编者按

（1）编者按的含义。

"编者按"也称"编者按语""编者的话"或简称"按语"，是用来评论、说明、强调、推荐、提示、依附新闻报道的画龙点睛式的简短文字。

编者按是一种常用的新闻体裁，它可以起到推荐新闻内容、揭示新闻要点和意义、引起受众注意等重要作用。

编者按的位置较灵活，可以在文前，也可在文中，还可在文后。

（2）编者按的特点。

① 简洁性。新闻报道本身就要求简明扼要，依附于新闻报道的编者按就更应该简洁，不能长篇大论，体现在字数上，一般不能超过200字。

② 议论性。新闻报道一般是通过新闻事实说话，记者不便站出来议论。而编辑则可代为行使议论的权力，对新闻内容标明立场、观点和态度。

③ 精辟性。撰写编者按，要充分体现编辑的思想理论高度和敏锐的洞察力，要能从报道中嗅出一般人不易察觉的气味，要有高屋建瓴的见解，要能使读者读后有一种"茅塞顿开""拨云见日"的感觉，立片言以居要。

（3）编者按的种类。

① 推荐型编者按。推荐型编者按，是指对先进单位以及模范人物的事迹、典型经验进行肯定、赞扬，指出其意义，提出学习的方法和要求的一种按语。

② 说明型编者按。说明型编者按是对新闻事实的来龙去脉进行介绍，以帮助人们了解新闻事实发生的线索和原委的一种类型。

③ 提示型编者按。提示型编者按是一种对新闻要点、焦点进行提示、点拨，指导人们进行阅读理解的一种写法。

（4）答题分析。

题目 2012年国家公务员考试申论（副省级）试题：

给定资料（八）介绍了最近社会上涌现出的先进人物事迹，某单位党委决定编印一期《内部学习资料》宣传他们的事迹，号召本单位全体人员向先进人物学习，请你为这期《内部学习资料》撰写一则"编者按"。（10分）

要求：概括全面、准确，揭示各位先进人物的精神实质。200字以内。

分析 很明显，这是一份推荐型编者按，撰写要对学习的意义、学习对象的精神品质、学习的要求等进行提示。

【范例】

编者按：

提高公民道德修养是社会道德建设的重要内容，它关乎着社会进步、国家发展和民族振兴。

作为包工头的孙先生为给农民工发工钱路上遇难，其弟帮助哥哥完成遗愿，这是对诚信的坚守；希望小学徐老师身患重病仍坚持于教育岗位并资助孩童，这是爱心的奉献；"最美妈妈"不顾自身安危果断营救坠落女童，这是善良无私的流露。他们身上的优良品质值得每位公民学习。

> 加强社会道德建设，党员干部应起到带头作用，让社会焕发新的精神面貌。①

思考与练习二

一、涉及机关事务工作的理论准备的"思考与练习"

（一）有关应用"四个全面"的治国理政方略、科学发展观、小康建设理论和文化建设理论的"思考与练习"

1. 请根据 2012 年山东省公务员录用考试申论试题，认真阅读给定材料，做试题。

1）给定资料：

（1）位于陕西省南部的安康、汉中、商洛三市，地质条件较差，经常遭受洪水、滑坡和泥石流灾害，平均每三年半就发生一次大的洪灾。频发的自然灾害严重威胁着陕南人民的生产、生活及其发展。2010 年，陕西省委、省政府在详细勘察陕西灾情后，下定决心对这些地区的居民进行搬迁，要让生活在危险边缘的群众彻底摆脱自然灾害的困扰。

2010 年 12 月 7 日，陕西省政府常务工作会议原则通过《陕南地区移民搬迁安置总体规划（2011—2012 年）》。该规划决定从 2011 年启动"陕南地区移民搬迁安置"工程。搬迁工程涉及安康、汉中、商洛三市共 28 个县（区）。搬迁对象首先是受地质灾害、洪涝灾害或其他灾害影响严重的村庄，特别是要先把深山里居住条件最危险的农民搬迁出来，离公路超过 5 公里、人口规模过小的偏远村庄也在搬迁之列。到 2020 年，搬迁居民总数将达到 240 万人，超过安康、汉中、商洛三市总人口的 1/4，也超过 139.76 万人的三峡库区移民规模。这些居民将按照城镇安置、移民新村安置、小村并大村安置和自主分散安置等方式选择新住宅建设用地，分期、分批迁入新的居民住区。根据不同情况，每户居民将获得一定数额的财政补助。

（2）1990 年，宁夏西海固地区一个名叫禹万喜的农民和几个同乡离开了祖祖辈辈生活的老家，准备迁往一个未知的新家。陪他们上路的只有一辆破旧的农用车和一张简陋的地图。西海固是宁夏回族自治区中南部的西吉、海原、固原、泾源、隆德、彭德、同心 7 个国家级贫困县的统称。那里是黄土高原绵延不断的丘陵区，山大沟深，干旱少雨，水土流失严重，因"苦脊梁甲天下"而闻名于世。众多居民祖祖辈辈一直生活在这块贫瘠的土地上，直到 20 世纪 70 年代，宁夏回族自治区开始对这里的居民进行搬迁。

40 年来，陆续有 80 多万移民走出了西海固，禹万喜他们就是 90 年代的一批移民。但是，由于受各方面条件的限制，目前西海固地区仍居住着 100 多万人，其中，近 35 万人因自然条件极度恶劣，交通极为不便而急需扶助。没有发展前途、发展潜力，只能过度索取，当地的生态环境遭受持续的破坏，日复一日，年复一年，陷入一种恶性循环。为了在保护生态环境的同时彻底摆脱贫困，2010 年年底，宁夏回族自治区党委决定实施《宁夏"十二五"中南部地区生态移民规划》。按照这个规划，宁夏将用 5 年时间，把中南部地区生存条件极差的 7.88 万户 34.6 万人，搬迁、安置到条件较好的近水、沿路、靠城地区。搬迁涉及宁夏山区 9 个县、91 个乡镇、684 个建制村、1655 个自然村，计划投资 105.8 亿元。

---

① 2012 年国家公务员录用考试申论（副省级）参考答案[OL].（2011-11-28）.公务员考试频道.http://www.people.com.cn.

(3) 2011年5月6日，陕南地区移民搬迁工程正式启动。省委负责同志在移民搬迁安置工作会议上强调指出，陕南地区移民搬迁，是省委、省政府从全局和陕南县具有扶贫开发层面、经济发展层面的意义上作出的决定。移民搬迁安置工作关键是要做到让移民搬得出、稳得住、能致富。作为领导干部，要始终对两个方面怀有敬畏之心：一是对人民怀有敬畏之心，全心全意为人民服务，不可懈怠；另一个是对大自然怀有敬畏之心，尊重而不能违背自然规律。为此，有媒体在报道陕南移民搬迁时，就用了"第一次主动向大自然低头"这句话。

陕西省政府办公厅印发的《陕南地区移民搬迁安置工作实施办法（暂行）》规定，陕南地区搬迁安置工作的原则是："政府主导，群众自愿；以人为本、民生优先；因地制宜、突出重点；整合资源、传承特色。"移民安置工作要坚持统筹兼顾，科学规划，分步实施。根据搬迁规则，陕南地区共需投资1109.4亿元。按规定中"三四三"的补助方案，意味着陕南地方政府需支付360亿～420亿元的补贴，其中半数需要市县一级财政自筹。这对地方财政收入仅10多亿元的陕南地区可谓压力巨大。为此，陕西省有关方面组建了陕南移民搬迁工程有限公司，其股东分别为陕西省财政厅和陕西有色金属集团，前者出资10亿元，后者出资20亿元，其余资金缺口将通过银行贷款解决。未来10年，该公司将在陕南地区移民搬迁工作领导小组的领导下，在陕南地区移民搬迁工作指挥部的统一安排下，配合陕南三市各级政府，以社会性和公益性为宗旨，以项目建设的模式，推进移民搬迁安置工作。同时，省政府将积极争取国家有关部门对移民搬迁予以政策和资金等方面的扶持。

根据陕南移民搬迁的范围和对象，移民搬迁分为地质灾害移民搬迁、洪涝灾害移民搬迁、扶贫移民搬迁、生态移民搬迁和工程移民搬迁等五大类型，统称避灾移民搬迁。一位从事扶贫工作近30年的陕南当地老干部感慨地说，对于多灾多难的陕南地区而言，移民工程足以与废除几千年来的农业税政策相提并论。如果一切顺利，这可能是新中国历史上最大规模的移民搬迁工程。它与以往单纯的扶贫救济不同，这一次是彻底搬迁：搬迁不仅仅是让群众改变居住的环境，更重要的是让他们改变一种生活的方式。

(4) 2011年5月，有媒体调查指出，中华人民中和国成立的60年中，中国大规模的经济建设导致移民总数达到7000万以上。从未来的发展趋势来看，今后每年仍将会有数百万人因地质灾害、生态环境、扶贫开发、城乡建设征地等成为移民。然而迄今为止，我国尚缺乏一部专门的法律，对移民的管理机构、管理体制、移民搬迁的规划设计、权益保障等方面进行统一规范。国际研究移民问题的某知名专家表示，移民活动对迁入区和迁出区的人口分布、社会经济发展状况及趋势、生态环境与土地资源利用方式等都有较大影响，将在很大程度上改变相当一部分人群的生存状态。移民的生活、生产、就业、社会关系都将发生变化，原有的社会经济体系完全解体，需要异地恢复重建，绝非易事。迁移不当就可能导致灾害搬家；迁入地本来生态环境很好，但迁入大量人口之后，资源与环境压力增大，也可能会出现新的灾害。我国内蒙古阿拉善地区草场严重沙漠化的一个重要原因就是，人口大量迁入，过度垦殖、放牧，导致原来的生态系统崩溃。

也有研究者主张，对于灾害，首要的选择不一定是移民，而是要建立一种灾害治理和管理的长效机制。要建立各类灾害普查、重点地区详查、风险评估与预测、灾中救援和应急管理等一系列制度，强化灾害管理和应急能力建设。

中国工程院院士、三峡工程某专家组组长在接受记者专访时指出，移民、生态、地质灾害这三个问题最棘手，因为"这些问题是需要长期做工作的，不是一下子可以解决的，这三个问题又是性质不一样的问题"。

(5) 搬还是不搬？50多岁的老邓一直在犹豫。老邓家在陕西省Z县甲村1组。Z县历来干旱少雨，全县除了黄河边的一小部分农田可以灌溉外，其余田地的庄稼几乎完全依赖雨水，干旱甚至造成许多村庄人畜用水困难，村民们惜水如油，所谓"宁给一个馍，不舍一碗水"。2005年12月，国家发改委出台《以工代赈管理办法》，提出政府投资建设基础设施工程，受赈济者参加工程建设获得劳务报酬，以此取代直接救济。Z县因属典型的旱作农业县，成为陕西省最早一批试点县。县里自2009年开始组织村民整体搬迁。老邓找亲戚凑了4.5万元交给村里，几个月之后，在县城附近太乐移民新村盖的移民楼因为违章推倒了，此后房子的事情就一直搁浅。一位太乐村的王姓村干部证实说，原来太乐村的一片耕地，2009年以每亩6万元的价格卖给了甲村作为移民房的宅基地，但这样的买卖不合法。2009年8月，因为太乐村"私自卖地"，Z县国土资源局会同公安、城建等部门对在建移民房进行了强拆，并在县电视台曝光。按照最初的计划，甲村准备将老邓所在的1组整体搬往6里以外的路井镇旁，但是后来由于2、3两个组村民的参与，搬迁地点改到B县附近。举家迁往40里之外的B县城，地怎么办，以后的生活怎么办？老邓说，刚开始1组的村民极力反对，但几番讨论下来，人数占多的2、3组村民占了上风，村委会决定搬到B县城去。"有钱人才愿意搬到B县城去。"老邓说，搬到路井镇是最实际的方案，一来村民可以回来种地，二来孩子在镇上读书也更方便。这几年，孩子越来越少，连上幼儿园都要到6里之外的路井镇，很多人只好在镇上租房，专门照顾孩子，如果能搬得近一点，可以省下一笔不小的费用。

"主要是计划跟实施脱节。"Z县经济发展局以工代赈办公室搬迁负责人说，实际搬迁中，同一个村内进行安置，土地基本上不成问题，但是跨村、跨乡镇就很难。太乐村的地在县城规划中是预留的工业用地，作为移民搬迁肯定不行，加上两个村之间私底下买卖，因此最终被叫停，这样的问题并不是孤例。一份Z县以工代赈办提供的内部调研报告显示，土地已成为异地扶贫搬迁工作的瓶颈。国家严禁在耕地上建设住宅，各村又没有公共用地，搬迁中的土地问题就难以解决。

搬迁的另一个尴尬是补助少，个人出资的部分太重。结果是有钱的搬了，没钱的只能等。每户4.5万元的建房款，在靠天吃饭的农村是一笔巨款。甲村22户村民中，就有13户因交不起房款而无法搬迁。77岁的李大爷就是交不起钱的住户之一。老人有两个儿子，老伴去世后，先是跟着大儿子住，后来大儿子去渭南工作，小儿子也成了家，最后就只剩下他一个人。能搬走的都是那些能交得起房款的人，剩下的村民怎么办？这种状况导致虚报和私下转让等不法行为。据陕西省发改委《关于Z县2008年以工代赈易地扶贫搬迁试点工程实施方案的批复》统计，路井镇乳阳村1组50户230人，集中安置在该村南1.5公里路边42户184人，插花安置8户46人。该村一位不愿透露姓名的村民反映，1组实际只有30多户，不到180人，这明显属于虚报。该村民称，多出的指标被2组霍林村村民"冒名顶替"。有的搬迁户甚至私下转让指标套取补助款，更有甚者，一些"吃皇粮"的国家工作人员也借村民的名义占用宅基地。

2003年8月，Z县遭遇历史罕见的长期暴雨，位于县城10千米的乙村村东和东北方沟堤大面积滑坡崩裂，沿沟边居住的6组村民房屋倒塌十几间，就连院子里也出现了大裂缝。2008年，Z县决定将原来住在沟沿边的6组整体搬迁到村南一公里处的空地上。作为数量不多的避灾移民，这次搬迁建房采取的是村民自建、政府补助的方式。按当地政府规定，房子建好后，经验收合格，国家将给每户1万元补助款。但两年之后，村民的房子陆续建成，不仅补助没有全部到位，每户还被额外收取了2500元的宅基地费。一位姓张的村民说，政府承诺每户1万元的补助，实际上每户仅得到7500元，部分原来的老房子没来得及腾出来的，甚至只领到3000元，远低于国家的补偿标准。搬迁户还要自购地皮？大部分人对此表示不解。张姓村民反映，村里用来安置的土地本身就是6组的土地，并没有新占土地，而且新建每户占地面积只有4分多，村民原先住宅占地大多比这个面积大，搬迁后原宅基地交给了村集体复耕，耕地不仅不会减少反而增加了，为什么1万元反而缩水成了7500元？以工代赈办搬迁负责人解释称，国家的建房补助标准是按人口计算的，但自建房一般按户补助，县里便将该村的建房平均分摊以后每户1万元，但是由于集中居住需要基础设施投入，因此最终定下来的标准是每户8000元。至于村上收每户2500元宅基地费，在项目实施之前，以工代赈办曾要求全数退给农户，但由于乙村村委会干部长期空缺（村上事务有镇上一位副书记代管），这个问题目前还是没有得到解决。与乙村补助款"缩水"不同，在Z县丙村、丁村等移民点，补助款被以宅基地平整费、管理费、押金等方式克扣。丁村村委会甚至给每户都配上了大铁门、不锈钢护栏和塑钢窗，"没说多少钱，只说等发搬迁补助时一起扣。补助款竟成了唐僧肉，人人都想咬一口。"Z县以工代赈搬迁负责人对此深有感触。

（6）移民搬迁安置工作中，陕南地区旬阳县的做法颇有亮点。多数农村地区农民的富裕程度不同，相对富裕的农民有比较迫切的进城愿望，因而这部分人成为当前搬迁的首要群体。经过摸底调查，旬阳县采取了统一编制住宅规划、统一征用调配土地、统一安排基础设施建设、统一办理各类手续，房屋由农民分户建设的"四统一分"法，在8个集镇统征土地，以最低价为农民进镇建房提供用地。旬阳县发展计划局负责人表示，从市场开发、社区建制、居民管理、公共设施建设等方面综合比较，满足农民进城需要的最佳选择无疑是集镇，集镇承接着城市和乡村，最易于发挥集聚效益、产生发展效能，镇域经济是未来农村经济发展的方向，是改变城乡二元体制的最大突破口。

而对于一定数量的贫困人口，旬阳县也把他们作为扶贫工作的重点群体予以关注。近年来，旬阳县已有近万户农民迁入集镇，其中6000多户还保留了在农村的住宅，这就使得农村出现了大量闲置房屋。这些闲置房屋比贫困户的住房在位置、材料、设施等方面都要好，使用价值较高。同时，进镇村民还有部分遗留的土地、沼气等生产、生活设施也处于闲置状态。因此，旬阳县提出将农村闲置资产向贫困农民转移，由政府为贫困户购买进镇农户的闲置房，再以极低的价格甚至免费"转卖"给贫困户居住。这一办法受到了卖房户、买房户的共同支持，实施一年来，迁入"新居"的贫困户绝大多数都提高了生活水平。

旬阳生态工业园位于县城近郊，是一个包含矿产开采加工、水泥生产、汽车制造培训、魔芋种植以及烟草生产等多种行业的县域工业园区。如水泥生产线，依靠配套产业尤其是下属公司解决了大批农民的就业问题。据悉，县域工业园先后给1万多名城乡居民提供了就业岗位，成为移民解决就业、实现增收的重要渠道。

（7）宁夏固原市原州区是35万生态移民工程的重点区县，5年内要完成移民任务6万人。区委F书记对记者说，既要让移民搬出去，更要关心移民有没有致富的路子，我们采取的办法是，移民搬迁住房和蔬菜温棚两把"钥匙"一齐交，目的是让他们真正做到既安居又乐业。针对移民长期受旱作农业耕作方式束缚、短时间内难以适应温棚种植技术的状况，原州区采取举办培训班、邀请技术人员实地讲解等方式，对移民实施生产技术和技能强化培训。

对原州区的做法，陕南地区商洛市Y市长非常认同，他坦言，商洛市以前的移民搬迁中，确有搬迁后的居民最终又返回了家乡。"因为以前的搬迁只是简单地把大家从一个地方移民到另一个地方，新地方没有配套设施，生活很不方便。"Y市长分析，"缺乏收入的方式，新生活自然难以为继。尤其是农民搬迁进城后，生活成本比农村高，不想办法拓展他们的收入，肯定还会返乡。"此次商洛市移民搬迁将集中安置作为搬迁的最重要方式，"这样做主要是便于道路、水电等基础设施和卫生院、幼儿园、学校等配套设施的统一建设。"Y市长说，"首先让搬迁群众生活方便，他们才愿意长久住下去。"

（8）"难别那童年欢闹的河州，难别那河州喂饱的老牛，难别那老牛翻过的黑土，难别那黑土种下的乡愁……"这是一首名为《故土难离》的歌曲。的确，故土情结根植于每个人心中，移民尤其难舍故土。

移民的搬迁不仅仅是居住地的改变，更重要的是生活方式的变化，这需要一个漫长的适应过程。其中一些人因无法适应全新的生活环境，选择重新回到故土，被称为移民"返流"。移民"返流"现象伴生了许多新的社会问题。A教授是长期研究移民问题的专家，针对移民搬迁中难以回避的"返流"现象，他表示："移民问题是个非常复杂的问题，千万不能只根据某些好的例子就说它好，一些不好的例子就说它坏，这需要很慎重。"他提出："在理念和政策上，首先要让移民有一个合格的身份，不能永远是移民的身份，否则社会怎么管理？不要长期用"移民"这个词，没有好处。像新安江的移民，都已经过了50年了，你还叫他移民，就很麻烦，他没有归属感了。因此要淡化移民概念。要让他们感觉到自己已经和当地居民是一回事了。归根结底，要让移民有归属感和认同感。"

2）作答要求：

（1）认真阅读给定资料，概括政府在移民搬迁安置工作中需要着重解决哪些问题？（20分）

要求：准确、简洁。不超过150字。

（2）"给定资料（3）"提到，"搬迁不仅仅是让群众改变居住的环境，更重要的是让他们改变一种生活的方式。"请你结合对全部给定资料的理解，谈谈对这句话的认识。（20分）

要求：观点明确，分析深入，条理清晰。不超过300字。

（3）针对"给定资料（5）"所反映的移民搬迁中各种具体问题，从Z县主管部门的角度，提出改进工作的具体建议。

要求：①问题定位准确；②建议措施具体可行；③不超过900字。

（4）参考给定资料，以"新的生活 新的希望"为题目，围绕"移民"问题写一篇议论文。（40分）

要求：①观点鲜明，论述深刻；②联系实际；③条理清晰，语言流畅；④总字数800~1000字。

2. 请根据2011年中央、国家机关公务员录用考试申论试题（地市级），认真阅读给定材料，做下面的试题。

1）认真阅读给定资料，简要回答下面两题。（20分）

（1）给定资料（一）和给定资料（二）集中反映了进城务工人员随迁子女受教育的诸多问题。请根据这两则资料，对这些问题的具体表现进行概括和归纳。（10分）

要求：准确、全面、有条理。不超过200字。

（2）根据给定资料（四）中的有关内容，谈谈对文中"困境中的不绝希望"这一表述的理解。（10分）

要求：准确、简明。不超过150字。

2）L县政府拟进一步宣传寄宿制学校的办学模式，以期更好地提高办学效益和质量。请根据给定资料（三），以县教育局的名义草拟《给各村中小学生家长的一封信》。（20分）

要求：① 内容具体，符合实际；② 用语得体，通俗易懂；③ 不超过400字。

3）给定资料（七）的画线部分写道："有位知识分子说，'我已经无家可归'，'我在城市是寓公，在家乡成了异客'。这样，无论在乡村少年身上，还是农民工那里，以及这些出身农村的知识分子的群落里，我们都发现了'失根'的危机。"请结合你对这段话的思考，参考给定资料，自拟题目，写一篇文章。（40分）

要求：① 自选角度，立意明确；② 联系实际，不拘泥于给定资料；③ 语言流畅；④ 总字数800～1000字。

（二）有关应用行政执法理论的"思考与练习"

2011年上海市公务员录用考试申论试题

1. 给定资料：

1）我国历来十分重视勤政，秦代将不懂法令、不识时务、苟且懒惰、不勤政等作为不良官吏的标准。到了唐代更是制定了一部内容比较完备的道德法典——《唐六典》，将德、慎、公、勤作为国家公职人员的"四善"标准。宋人田锡把勤政作为首要的从政理念，认为"臣道务勤，勤则职业修而事无壅"。

党的十七届四中全会明确提出："加大治懒治庸力度，着力解决干部管理不严问题。"这给根治多年来在一些地方和部门蔓延的遇事推诿、不思进取、无所作为、贻误发展的懒政、庸政弊病指明了方向。

2）2004年A县举办迎春灯展发生了踩踏伤亡事故，2005年当地过了一个没有灯展的元宵节。由于当年该地元宵节观灯活动少，不少市民只得驱车至邻市冒雪观灯。尽管市民理解取消灯会的原因，但更多人还是深为不满，纷纷认为这种做法是典型的因噎废食。实行这类消极防御和自我封闭的"鸵鸟政策"，管理者固然相对省事，看似消除了大安全事故的隐患，但是广大民众只怕难以满意。因为这种行为，必然会因简单、粗暴、片面使得民众的生活、权利空间遭受挤压，民众福利大打折扣。这种害怕付出，拒绝承担责任与风险的封闭管理模式，怎么能够得到思想日益开放、要求日益多样的现代社会民众的认同和支持？

实践早已证明，疏导总是胜过堵塞，积极的治理与防范总是胜过消极的躲避，在一个开放和谐的现代社会中，公共管理不能采取"鸵鸟政策"。随着社会改革和现代化进程的逐渐深入，出现了各类更为复杂多变的社会情况，公共管理部门理应有更为积极、灵活和务实的应对。

3）B市地铁一向是其他城市市民羡慕的对象：线路多、准点率高、票价便宜……可最近，该市公安局公交总队给市地铁运营公司下发了《关于轨道交通站内信报发放和停止销售其他报刊意见的函》。根据这一"禁令"，B市地铁站内将不再允许销售其他报刊，只能发放《B市娱乐信报》。此令一出，遭到不少批评。不少人认为"出于安全考虑"的理由站不住脚，让《B市娱乐信报》一统地铁站内天下，有垄断之嫌。根据个人喜好买份报纸在地铁上看,不仅是地铁乘客的一种生活习惯,更是一道都市的文化景观。政府部门的任何决策,都必须充分顾及群众的利益。

有一个理由便随意禁止,这样的"懒政思维"并不鲜见:为了安全就禁止合租或群租;为了防止孩子游戏成瘾,就关闭全城网吧;为了课堂秩序,所有学生禁带手机……对于管理者而言,这样的"禁令"确实操作简单,但对于人民群众来说,合租一间房、上网吧、打手机、地铁购报等,不是"大事",但直接关系到其日常生活和基本合法权益。

4) 自古至今,勤政人人标榜,但是许多人在勤政的同时,往往忽略了可能引发的一个问题,就是过度的"勤政"会引起"扰民"的后果。当前不少地方整日忙于出台新政策、新方案,忙于大建设、大变样,结果违背民众的意志,损害了公众的利益,出现"政府作为越多,公众越反感"的现象,直接损害了政府的公信力。比如,某个国家级贫困县,工业基础薄弱,税源微薄,当地政府却大规模推行夜景工程、绿化工程、豪华人行道等项目,结果是劳民伤财、怨声载道。又如,某地掀起的一场"打狗风暴"。该地曾发生多起人畜被狗咬伤后死亡的事件,狂犬病波及4个乡镇。按当地政府部门要求,6天时间内全县5万条狗必须全部扑杀干净,连4000条打过狂犬疫苗的狗也在劫难逃。"一杀永逸"的做法被网友套上了"懒政"的帽子。

与此类似,某县为了打击短信诈骗,叫停所有银行自动取款机,虽然短信诈骗的情况有所遏制,但百姓只能在正常营业时间到银行柜台排队办理金融业务,银行关门后无法自助办理业务;某市为了改善市容,提出创建"无摊城市",禁止瓜农在"街头"卖瓜,如此禁令也许能让市容有一定改观,但同时也损害了不少瓜农的利益。

5) 2009年8月19日,Y市某市民致信市长信箱,质疑该市创建办不实地考察,仅限于网上作答的创建方式,认为"创建办网上创建要不得",该信称"政府曾投入资金改造光明街一段,但目前光明街杂草丛生、污水横流、占道经营问题严重"。反映上述问题后,某些部门很不高兴,在网上进行反驳,认为是"刁民在找茬"。8月20日下午1时59分,该市市长信箱就此信回复:"我办没时间跟你闲扯,你有意见到创建办来面淡"(回复者打了错别字,应为"面谈")。

8月21日,记者查询发现这封信件的处理部门显示是"创建办",处理情况为"办结"。

8月21日晚9时,Y市新闻办主任提供的通报称,该市决定对Y市创建办负责人和回复当事人进行严肃批评教育,按程序追究有关人员责任,责成市创建办向市委、市政府作出书面检讨,同时在网上向广大网友作出公开道歉。

6) 2010年9月,某省S县社会综合治理委员会办公室与保安公司签订协议,以每月75000元的价格,将县城区夜里10点到次日早6点之间的治安巡逻工作承包出去。这种做法,引发社会广泛争议。把自己分内职责"承包"给他人,既涉嫌对纳税人钱财的随意支配,等于让公民二次拿钱"购买"服务,又涉嫌把国家赋予的公权力擅自出让。由此人们不禁想到工程建设中的层层"转包"现象。如果保安公司经过一段巡夜感到"平安无事",是不是可以再次转包,自己也当一回"老板"?

夜间治安权"转包",既是当地公安部门懒政的表现,也是对职务风险的回避。夜里10点到次日早6点正是治安案件易发、公民特需保护的关键时段,公安干警此时"退居二线",让保安"顶班",明显涉嫌职务不作为。

7）在"十一五"节能减排体系中，各级政府被要求"建立政府节能减排工作责任制和问责制"。各级政府对本行政区域节能减排负总责，政府主要领导人是第一责任人。面临完成"十一五"节能减排目标的压力，2010年岁末，强制性的"减排"风暴在多地涌动，部分省市纷纷采取限电、限产甚至关停措施。8月份，某省启动工业节能减排二级橙色预警调控方案，对列入第一批单位工业增加值能耗超限额名单的32户企业实行惩罚性电价，对能耗速度大于产值增长速度及各地提出拟停产整顿的52家企业实施停产整顿。9月份，某省开展了"节能减排会战月"活动，如果市、县、企业节能减排指标未能达到要求降幅，省里将下发黄牌警告通知书，并视情况启动调控方案，采取果断措施予以关停……

不少地方也陆续上演着拉闸限电的事件，以W市为例，很多企业无奈地进入一种奇怪的生产节奏，每开一天工，就须停电两天至四天不等。许多企业完不成订单，工人收入骤减，生产成本加大。当地的企业大多是外贸加工企业，订单早就签订，如果延误工期就要罚款，许多企业为赶工期只能买发电机发电，成本高昂但也要扛过去。令人困惑的是，如果企业都想办法自己发电，表面上官方的发电数据下来了，但能耗其实并没有减少。这样突击报上去的数据，能反映真实情况吗？

8）2011年1月12日，多家媒体报道，截至1月11日，L市已停止供暖15天。该市邻近河北，近期属全年最冷时期，气象预报显示，11日市最低气温为-10℃。据L市市长热线回复：L市今冬将为完成节能减排任务停止供暖。1月8日起热力公司全额退还市民的供暖费。为了完成节能减排任务，L市关停了提供热源的某电厂，从而造成市民集体供暖被中断，这一事件把L市市政部门推到了舆论的风口浪尖。该市领导表达了两难的困境——按照节能减排的要求，关闭该电厂是死任务，不能因为供暖而耽误完成节能减排任务。

9）庸政和懒政往往联系在一起，需要我们不断在党风廉政建设中着力加以整治，努力将之遏制。

一些人在学习上，不喜欢读书，不喜欢研究。工作上，墨守成规，不思进取。不认真学习理论和知识，不深入思考问题，也不想深入实际，不愿探索实践而习惯于老方式、老办法，办事安于现状，缺乏创新的主动性、探索的积极性，也缺乏为基层群众服务的责任心。这些人面对新情况、新问题抱残守缺，习惯于"眉头一皱，计上心来"的"拍脑袋"决策，或是"以前就是这么做的"经验型决策。

一些人对待工作马马虎虎，敷衍了事。平时不深入实际，不了解情况，不研究思考，但求得过且过。

一些人全局观念不强，责任意识淡薄，想问题、做决策不是从改革发展稳定的大局出发，从维护、实现人民群众利益出发，而是首先考虑部门和个人的利益。

10）客观上说，我们干部队伍的总体状况是好的，广大干部是勤政、廉政，想干事、能干事、会干事的。江苏省泰州市信访局长张云泉22年如一日，始终工作在辛劳、繁忙的信访第一线，几乎每天在岗位上都能听到骂声、哭声、埋怨声，做不完的都是难事、琐事、窝囊事，但群众利益无小事。他凭着对事业的执着信念，凝练出了"五心""四力"的接访方法。

被胡锦涛总书记称为"勤政为民、鞠躬尽瘁"的牛玉儒同志是勤政的楷模。牛玉儒常说："我们手里有点权，就得想着给老百姓办点事。"他经常深入企业、街道、社区等基层一线，深入下岗职工、困难居民、贫困农牧民之中，体察民情，了解民意，竭尽全力为群众多办事、办实事、办好事，做人民群众的贴心人。病重住院期间，他仍时刻关注群众的生产、生活；弥留之际，牵挂的仍然是事业。他把毕生精力奉献给了党和人民，直到生命的最后一息，因而受到广大人民群众的信赖和爱戴。

但也毋庸讳言，确有一些干部精神不振、作风懒散、执行不力、办事拖拉、回避矛盾、怕担责任、敷衍应付、工作平庸，存在"只当官，不干事"、"不作为、懒作为、乱作为"和"置身局外，指手画脚"等不良现象，影响了决策部署的落实和工作效能的提高。对此，决不能等闲视之、置若罔闻，要加大治理庸政和懒政的力度，增强干部队伍的危机感、责任感和进取心，激发干部队伍干事创业的热情、干劲和活力，加快建设一支能够推进科学发展、跨越发展的干部队伍。

11）对那些不负责任、不干事情、不思进取、无所作为的"懒官""庸官"，群众反映强烈，党和政府非常重视，推出一系列治懒、治庸的有力举措。中共中央办公厅最近印发了《关于进一步从严管理干部的意见》，要求进一步加强对不胜任、不称职干部的组织调整工作，认真执行问责制度。这些年来，全国各地都开展了卓有成效的整治庸官、懒政行动，有的地方称之为"问责风暴"，有的称之为"庸官问责"，有的称之为"治庸计划"，有的称之为"效能革命"。名称不一，但实质一样，都属于整饬吏治，推动干部队伍勤政廉政，为经济社会又好又快发展提供作风、制度和组织保障。

12）胡锦涛总书记曾强调指出，对那些长期在条件艰苦，工作困难的地方工作的干部要格外关注，对那些不图虚名、踏实干事的干部要多加留意，对那些埋头苦干、注重长远发展打基础的干部不能亏待。用什么样的人，不要什么样的人，体现用人导向，关乎党风民意，关系事业发展。因此，我们一定要表扬、鼓励、提拔、重用那些锐意创新、干事创业、作风踏实、清正廉洁的党员干部，使真正老老实实做人、踏踏实实干事、兢兢业业工作的干部越来越多，成为我们党和政府执政兴国的中坚力量，也成为人民群众可依赖的优秀干部。

2. 作答要求：

1）请概括"给定资料"所反映的主要内容。（10分）

要求：语言精练，层次要点清楚。字数不超过200字。

2）结合"给定资料2）"，谈谈对文中"积极的治理与防范胜过消极的躲避"这一表述的理解。（15分）

要求：准确、简明。字数不超过200字。

3）认真阅读"给定资料8）"，简要回答下列两个问题。（20分）

（1）请从政治经济角度，对L市主要领导所面临的"两难困境"作简要分析。（10分）

要求：观点明确，条理清楚。字数不超过200字。

（2）从实践出发，简要论述如何破解类似该市"两难困境"的难题。（10分）

要求：分析思考条理清楚，措施得当。字数不超过200字。

4）分析"给定资料"，就如何整治庸官、懒政提出对策。（15分）

要求：观点明确，对策可行，条理清楚，语言流畅。字数不超过350字。

5）阅读"给定资料"，以"坚持勤政廉政，促进和谐发展"为主题写一篇议论文。（40分）

要求：

（1）参考给定资料，自选角度，自拟题目。

（2）观点明确，联系实际，分析具体，条理清楚，语言流畅。

(3) 总字数800~1000字。

二、涉及写作常识的"思考与练习"

(一) 仔细分析下面两段文字所使用的表达方式和方法。

1. 和谐是一种自然。它绝不勉强也并非刻意为之。它包含博大、祥和的儒雅气质。它是一种个性，一种气质。它绝不是一根呆板的朽木，而是一泓灵动的生命之泉。这种和谐流畅的状态，则依附于规律，推动着新旧事物的更迭，从而获得自身的前进。和谐是一种静态的美，又是一种动态的美，它契合了天地之道！是我们共产党人长期的努力方向，也是我们社会主义追寻终极目标。①

2. "面子"与"里子"是城市发展不可或缺的两个方面，就像穿衣服，不能只注重光鲜亮丽而忽视舒适度，城市的健康发展不应只停留于表面而忽视城市中的人。对民生的重视程度是评价城市发展的重要标准，而城市"里子"的丰富完善对提升城市形象往往作用更大，所以，只有通过夯实"里子"，才能真正赢得"面子"，二者的有机结合、相互统一，才是对城市形象最完整的诠释。②

(二) 2006年"国考"申论试题：当前，如何应对各种突发公共事件是各级政府必须面对的重要课题。请你就如何提高各级政府应对突发公共事件的能力写一篇议论文，题目自拟。要求观点鲜明，论述充分，论证有理。字数控制在1000~1200字之间。

(三) 2009年上海公务员录用申论试题第3题：为改善流动儿童受教育的环境，B市政府办公厅拟专门发文加强未经批准流动人员自办学校的安全工作。下面是某秘书草拟的公文初稿，文中有若干处不符合公文行文规范要求，请找出错误，并按行文规范改正。(本题10分)

B 市 人 民 政 府 办 公 厅 文 件
B政办发〔06〕第44号
B市人民政府办公厅关于进一步加
强未经批准流动人员自办学校安全工作的通报

各区县人民政府，市委、市政府各部、委、办、局，各市属机构：

随着该市城市现代化建设步伐的加快，来该市接受义务教育流动儿童少年呈逐年增多趋势。为改善儿童少年受教育环境，确保师生安全，经市委、市政府同意，现就进一步加强未经批准流动人口自办学校安全工作通知如下：

1. 加强领导，落实责任（以下略）
2. 采取措施，确保安全（以下略）
3. 明确职责，建立机构（以下略）

特此通知

B市人民政府
2006年7月12日

请以"1.2.3.4.……"自编编号，逐条指出文中错误处，并加以改正。

---

① 扶持弱势群体 维护社会和谐[OL].(2012-05-23)[2015-07-22].发展论坛.http//www.news.cn.
② 2013年河北申论答案详解[OL].(2014-03-28)[2015-07-22].公务员考试,资格考试/认证,教育专区,百度文库.http://www.baidu.com.

（四）根据以下材料代S省中小企业局给省政府写一份请示。

给定材料：

1. 当前S省中小企业发展遇到前所未有的困难，大量企业停产倒闭，大批人员下岗失业，而且这种情况有加剧蔓延的势头，势必对全省经济发展和社会稳定造成巨大影响。因此，帮助该省中小企业解决困难、渡过难关已成为各级政府今后一段时期的一项重要任务。

2. 最近，国务院常务会议和省政府常务会议都把支持促进中小企业发展作为今后的一项主要工作进行了安排、部署。

3. 该省中小企业局建议省政府于近期召开全省中小企业工作会议。会议的主要任务是：研究、分析当前我省中小企业发展的形势；出台支持中小企业发展的政策措施。建议在全省经济工作会议期间召开，安排半天时间。会议的主要内容有三项：一是省领导讲话；二是出台《关于支持促进中小企业发展的若干意见》（或讨论稿），出台《S银行业小企业金融服务工作指引》；三是表彰先进单位、模范个人。建议以下人员参加会议：一是出席全省经济工作会议的有关厅局、地市负责同志；二是各市分管中小企业工作的副市长、中小企业局局长；三是各县（市、区）分管中小企业工作的副县（市、区）长、中小企业局局长。还建议会议由省政府办公厅牵头筹办，省中小企业局负责具体工作。

（五）2005年山东公务员录用申论试题：根据材料三，假如你是到现场采访的记者，请你根据采访情况，撰写一份"关于黔江特大交通事故的报告"，报于市委、市政府。要求字数在800字左右。（满分30分）

（六）根据以下材料，请你替S市职康残疾人服务中心拟写一份函。

1. S市职康残疾人服务中心践行"以人为本"的科学发展观，牢记"和特殊儿童一起快乐学习"的使命，积极开展残障儿童社区化教育、随班就读残疾学生特殊教育支援服务等工作，产生较好的社会效益和经济效益，受到了特殊儿童及其父母的普遍欢迎。

2. ×××有限公司是一家热心社会公益事业的公司，S市职康残疾人服务中心特致函商请该公司出资15万元资助两个公益项目在全市各中小学推广。

3. 时值S市民政局、S广播电影电视集团主办S市第三届公益项目大赛，经专家评审，S市职康残疾人服务中心率先在国内开发、推行的《特殊教育服务快车》和《蜜蜂行动——特殊教育进校园计划》两个公益项目已入围。

4. 有关信息：

详情请浏览以下网站：

活动组委会：www.szscf.org/jijinhui/jijinhui_web/index.jsp

S市职康残疾人服务中心：http://yyyy2000.com/

联系电话：0755-89624621、13530302370、13714061970

联系人：黄老师

附件：1）大赛定向捐赠协议书

2）企业资助合作方案

3）机构相关资料

（七）2010年北京市公务员录用考试申论试题2：××市正在研究全面贯彻落实《全民健身条例》的精神，请依据给定材料为其撰写一份《关于进一步加强全民健身工作的意见》的内容提纲。（20分）

要求：措施、建议合理、可行，条理清楚，语言简练。字数不超过300字。

（八）2007年江苏省录用国家公务员和机关工作人员考试申论试题4：请参考给定资料（社会救助方面），结合自己的感想，自拟题目，写一篇演讲稿。（此篇演讲稿不需要署名，凡署名者成绩无效）

要求：观点明晰，说理明白，情感丰富，有鼓动性。篇幅不少于1000字。（50分）

第三章 命题、作答和评分

第一节 命题要求

一、命题原则

(一) 公平性

申论考试的内容、考试方法和测试功能都体现的是人才考核的基本设计思路。命题者首先考虑的就是考试的公平性。申论的公平性要求申论命题者所出申论试题对所有考生都是公平的，申论试题是要测查考生从事公共管理的共同能力，而不是对特殊专业具有的知识、素质、技能等进行局部测查。其最基本的表现是申论的试题卷对所有报考者来说都是完全相同的，考试时间及考试规则也完全相同。具体表现为：

1. 选择面向大众的、已经公开的客观信息作为申论材料

申论材料一般不选尚未公开的信息，或者是仅限少数人知道的信息。一般来说，各级各地申论试题主要都是来自报纸、杂志、电视、网络或广播等媒体的消息、通讯、报告和专业性不是特强的论文等，或以完整之态出现，或以拼接之貌显现。公开是保证公正的一个重要条件。

2. 材料中的专业术语要照顾考生的普遍利益，以不影响多数人的阅读理解能力的发挥为限

没有任何材料不涉及专业术语，只是专业术语不能过多，而且对专业术语的不理解不能导致对申论无从作答。社会问题是变幻多样的，每个领域、每个行业都有其术语，要想完全避免是不可能的。当然，是否有术语或有多少术语不是申论命题考虑的重要内容，只是需要兼顾而已，在全面衡量试题质量时可以把它作为一个方面的标准予以较小的权重。申论试题从普遍意义上讲，对考生是公平的。公平是实现公正的又一个重要条件。

所以申论考试是不会向某种专业知识特别倾斜的。考生来自各个方面，所学专业或所从事工作的内容及特点有很大差异，这就要求材料和试题必须具有普遍性、非专业性。命题内容虽然广泛，但不会局限于某一社会方面，也不偏重于某一科学领域，而是尽可能地全面铺开，对涉及的方方面面的知识都不作专业性的深入探究，只是基础性内容，这对学不同专业或从事不同工作的考生才是公平的。

（二）原创性

申论命题的原创性是指命题者利用自己的智慧自主设计、首创的用于考查考生的试题。事实上，命题者在命题中会根据《中央国家行政机关公务员录用考试大纲》的规定，来选择社会生活的方方面面的热点、焦点问题，作为材料的来源。所提供的材料范围广泛，所反映的问题大部分已有定论，也有些问题尚无定论或存在争议，需要考生去理解、分析和判断并作出结论。命出的题型，针对考生所要求掌握的知识点设计考题，命题者把这些问题设置在特定的背景、情景之下，经过思考，以独特的方式形成文字，即把"话"变成"文"，把"文"变成"题"，这是最先形成的原创性试题"雏形"。在此基础上反复研究、推敲、精心编制直至形成考题，这类试题无异议，又新颖，且符合考生所要达到的知识点要求的层面，可以准确测试考生的综合素质，这是比较成熟的原创试题。命题者会避开辅导资料、辅导机构编印的考前模拟题，或国家省市已考过的现题，所以考生不能过多地去做真题集、模拟试题集或去押题、猜题。

（三）行政性

申论考试是具有模拟公务员日常工作性质的能力测试。作为公务员，对社会生活的方方面面都应当有所认识和有所思考，并且具备较高的思想水平和较强的分析问题、解决问题的能力。因此，申论考试所提供的一般都是社会性较强的背景材料，让考生去进行分析和论述，从而测查考生处理公务员日常事务的潜能。公务员处理日常工作，依据的是党的方针、政策、法规，所提出的解决问题的方案要有针对性，要切实可行。应试者在考试时首先应该具有鲜明的角色认定，即"我是一个国家公务员"。也就是说，在考场中的应试者不是学生、不是公司职员、不是任何其他身份的人，而是一位虚拟的国家公务员。因此，申论应试者必须在作答时具有如下理念：

1. 体现政府行为

政府行为，应该是协调政府各部门共同做好工作，使百姓生活安定、社会各项工作稳定发展。

2. 切实解决问题

体现政府行为的关键在于切实解决问题。申论考试作答也要如此，不要说套话、假话，不能漫无边际、无的放矢。

正是申论考试具有的行政性，要从政府行政行为的角度针对题料的具体问题作答，这就决定了它与一般文章写作尤其是同高考作文写作的不同。

（四）分级性

在2010年前的历次国家级申论考试中，省级以上和市地以下职位是同卷的，试卷相同，试题不同。有些试题是有选择性的，选择做哪几道试题与报考者自身准备报考的职位密切相关：有些题是副省级以上考生做的，其他考生不能做；有些题是市地级以下考生做的，副省级以上考生无须做。尽管部分试题不同，但卷子还是同一张卷子。而2010年

《大纲》明确规定,将按照职位等级,分别设置两类试卷。这意味着报考不同层次职位的考生,同科不同卷,所面对的申论试卷是不同的;报考中直机关公务员的主体——市地级以下职位的考生将不会在同一张试卷上看到省级以上职位的试题,这对集中精力作答、防止超范围作答是有利的。

二、题料选择

(一) 选择的原则

1. 现实

申论材料通常涉及某一个或某几个特定的社会问题或社会现象,要求报考者能够准确理解材料所反映的主要内容,全面分析问题所涉及的各个方面,并能在把握材料主旨和精神的基础上,形成并提出自己的观点、思路或解决方案,准确、流畅地用文字形式表达出来。

申论考察的对象是社会问题,我们就有必要弄清楚什么是社会问题。社会是一个现代汉语词汇,是从西文 society 翻译过来的,这个词的基本意思之一是有共同利益和文化及追求的共同体。在西文中,社会(society)一方面和国家(nation)相对,另一方面和个人(individual)或者私人(personal)相对。国家的问题一般只和掌握政权的政府相关,比如我们的外交、军事、宗教等问题,甚至包括我们对官僚主义的治理,等等,这些问题就是我们经常说的政治问题。私人或者个人的问题只与个人相关,比如商业买卖等,这种问题就是我们常说的民事纠纷。在这两者之外还有一类问题,就是与这两者都相关,但是不属于其中任何一类,这类问题就是我们这里所讲的社会问题。

2. 普遍

简单来说,就是指这些事件是共同的事,不只是某些主体自己的事。从否定的方面说,它不是哪一个行业、哪一个地区或者哪一个时段的事件;从肯定的方面说,它是涉及整个社会甚至是人类的事件。这些事件是需要通过大家的共同努力来完成的。这里的大家包括多方面:国家、集体、行业、企业、中间机构、个人……比如药品安全问题,政府有责任进行监管,行业有责任自律,药品安全检测机构有责任进行监督,企业有责任加强自身的社会责任意识,个人有责任协助调查与监督。公共事件具有社会性,这样的事件没有任何一个单方面的力量能够把它处理好。比如2005年的"三农"问题,表面看起来好像是农民自己的问题,而"三农"问题的出现从原因上来说,不仅仅是农民自己的原因,从后果上说,这个问题解决不好,将给社会、国家带来一系列的影响,所以,这样的问题就不再是一个简单的农业问题了。再比如2004年的汽车发展问题,看起来也是一个单独的行业发展问题,而材料反映出的是汽车工业的发展对社会经济发展的重要性以及这样的发展和公共交通的关系问题。

3. 重要

从十多年的申论考试命题规律来看,考试内容涉及社会政治、经济、法律、文化以及民生等方面在国际、国内产生一定影响的重要的社会现实问题或重大的社会热点问题,如环境污染、生产安全、文化建设、教育公平、社会道德等。

事件或问题的重要是有层级性的,申论题料选用的往往是一些中观问题:即具有一定的影响范围、又具有一定代表性的涉及千家万户的焦点或热点问题,如城管问题、零团费旅游问题等。这些事件或问题一是符合考生的生活经验背景,二是符合招考的职位性质。中观问题既可以测查报考省级以上(含副省级)岗位公务员的综合、分析能力,也可以测查报考市（地）级岗位公务员的贯彻执行能力。

4. 复杂

申论题料的选择是复杂的，其复杂性包括材料背景和体现的形式两方面。从材料背景来看，都是有关当前政治、经济、法律、文化、教育等方面，而且这些材料都与当时国家的大政方针相联系，都与当时的政府工作中心相结合，都是社会热点问题。因为现实社会、现实生活、政府工作千头万绪、无穷无尽，哪个方面都有可能成为申论考试的材料。选拔公务员就是要考查考生对社会生活方方面面的关心程度，对社会热点、社会焦点的认识、思考程度。从材料内容、形式来看，最近几年材料的字数都在 7000 字左右，内容不仅仅限于文字方面，还有数字、图形的内容，看起来更加复杂，增加了材料阅读、分析的难度，这就适合考察考生的分析、判断、解决问题的能力，而这些能力是公务员实际工作中必备的能力。

（二）选择的内容

1. 考过的题料内容

纵观十多年的考题，"国考"考过的题料有：

2002 年公务员录用考试申论题是关于网络发展给社会生活带来的影响问题，给定材料从正反两方面列举了这些影响的积极方面和消极方面，从而揭示出要正确对待网络发展给人们生活带来的影响。"政府与企业合作建设网络"、"建设稳定安全正常的网络社会"等都是不错的申论文章标题。

2003 年公务员录用考试申论题是关于企业安全生产事故与公共安全问题，材料列举了近年来发生在我国境内的一些重大安全生产事故问题，揭示了安全生产问题直接关系到人民的生命、财产安全，成为亟待解决和应对的重大社会问题。第一次出现写讲话稿的新题型，申论要求提供两种讲话情境，为设定的发言人拟出一篇现场讲话稿或电视讲话稿，请任选一种。

2004 年公务员录用考试申论题是关于我国汽车工业的现状和发展趋势以及城市交通问题，材料分析了我国汽车工业的现状和发展趋势，并指出了困扰我国一些大城市发展的交通拥堵问题。这是当年人们普遍关注的一个话题。2004 年公务员录用考试申论试卷只有两道题：一是概述"我国汽车工业的现状和发展趋势"；二是要求你作为市交通主管部门的负责人，写一份"关于我市交通拥堵情况的报告"，第一次出现了报告文体写作的新题型。

2005 年公务员录用考试申论题是关于解决我国农村农民问题的两种思路问题，第一次出现了评论文体写作的新题型。申论文章标题已给出，明确要求请以"评解决我国农村农民问题的两种思路"为题，写一篇申论文章。

2006 年公务员录用考试申论题是关于我国各级政府应对公共突发事件能力建设，即我国各级政府应急管理能力建设问题，材料来自某部长在网上与网友的交流谈话，大致内容讲的是公共安全的重要性、突发公共事件产生的原因以及如何应对公共突发事件。相对优秀的申论论证标题有"加强我国各级政府应急管理能力的建设""勿让天灾变人祸——切实加强各级政府应对突发公共事件能力建设"等。

2007 年公务员录用考试申论题是关于废弃土地再利用和政府征地过程中的占补问题。材料主要讲的是土地在被转让的过程中所面临的问题，以及举例说明如何才能在现有土地资源紧张情况下做到土地持续利用。申论试卷要求，请以"命脉"为题，写一篇关于土地问题的文章。

2008年公务员录用考试申论题是关于怒江水电资源开发及人与自然的关系问题。

2009年公务员录用考试申论题是关于我国经济发展面临的结构性问题，即转变经济发展方式，实现产业结构优化升级，深化农村改革，稳定粮食生产。要真正实现我国国民经济又好又快发展，迫切需要解决好我国经济发展面临的几个结构性问题，处理好几方面的关系。

2010年以来"国考"申论省级以上和地市级以下申论主题和题目都是不同的：2010年省级以上是关于海洋开发与保护问题，地市以下是关于海洋的健康问题。

2011年省级以上是关于黄河精神及黄河治理问题，地市级以下是关于农村教育及文化失根问题。

2012年省级以上是关于社会道德危机及社会道德重建问题，地市级以下是关于城市公共安全问题。

2013年省级以上是关于非物质文化遗产传承和保护的问题，地市级以下是关于民族文化传承、弘扬、建设问题。

总体上看，虽然材料主题的选择上：由经济为主逐步地转向了文化为主（2011年、2012年、2013年都考到了文化）；从经济环境逐步地转向了自然环境、人文社会环境；从注重城市逐步地转向了重视农村；从重视效率和效益转向了注重公平与正义。

以上是从"国考"题目的题料分析，如果再从"省考"题料考察，选取内容则更加广泛。

2. 没考的题料内容

没有考过的题料内容有以下几个类型。

政治类：政治道德问题、问责制度建设问题、科学决策问题、规范执法问题、政府诚信问题、节约型政府问题、政府信息公开与舆论监督问题等；

经济类：统筹区域发展主题、乡村旅游业主题、垄断行业改革问题、企业社会责任感问题等；

社会类：社会公平主题、大学生就业问题、交通安全建设问题、医疗卫生体制改革问题等；

文化类：文化体制创新问题、知识产权保护问题、文物保护问题、手机文化主题等；

生态环保类：应对气候变化问题、农村生态环境问题、生态城市问题、新能源开发问题、小城镇生态环境问题等。

（三）选择的信息载体

申论所给定的材料不是命题人的主观编造，而是来源于既有的社会现实、新闻报道、政府文件和相关社会科学研究成果。从载体来看主要有下面两种：

1. 电子载体：主要是网络媒体

网络是目前最发达的新闻载体，社会上所发生的任何社会问题或社会现象都会在网络上得以出现，而且现存的报刊、电视媒体也都存在网络版，所以从网上收集某一方面的社会问题或社会现象，可以做到非常齐全、完整和迅速，尤其是在资料的编辑上具有很大的自由空间。自申论科目开考以来，"国考"申论试题内容来源于网络媒体的材料很多，现举例如下：

2007年"国考"试题：①《河南省保护土地资源"三项整治"整出土地46万亩》（新华网，2005年11月24日）；②国土部员小苏驳斥"地荒论"旗帜鲜明，土地重整（新华网，2006年6月22日）；③《全省连续6年实现耕地占补平衡》（河南农业信息网，

2005年11月24日)。

2008年"国考"试题：①《水电专家对〈提请依法公示怒江水电环评报告〉公开信的回复》(人民网，2006年1月19日)；②《以开发促保护 在保护中开发》(人民网，2005年10月24日)；③《评反对怒江水电开发的若干说法》(人民网，2005年12月13日)；④《水电大国的隐忧》(中国能源信息网，2008年5月9日)。

2009年"国考"试题：①《粮食局副局长就当前粮价等有关问题回答记者提问》(中国网，2008年4月29日)；② 2008年9月11日《胡锦涛在河南考察农村改革发展情况纪实》(人民网，2008年9月11日)。

2010年"国考"试题：①《"经济半小时"填海有道(3)》(央视网，2009年8月10日)；②《近岸海域污染严重 渤海"欠安"，拿什么来拯救》(人民网，2009年5月11日)。

2. 纸质载体：主要是学术期刊、报纸

网络的新闻报道大多简单、短小，缺乏深入的分析和专业的介绍，而专业的学术期刊和报刊有着独特的优势，所以引用学术期刊或专业报刊资料可以增加资料的权威性、真实性和复杂性，有助于增加阅读的难度，理解的综合性，所以这方面的资料也会经常出现在申论的给定资料中。有的做了技术处理，有的直接采用。近几年"国考"资料来源：

2007年"国考"试题：①《大陆六千万农民失地线路图》(《凤凰周刊》2005年3月7日)；②《无锡在"缺米之炊"中实现双赢》(《无锡日报》2004年4月20日)。

2009年"国考"试题：《珠三角企业外迁调查：成本上升带来转型之痛》(《商务周刊》2008年4月3日)。

2010年"国考"试题：《威海："宜居城市"的宜与不宜》《拯救泉州湾》《日本填海的历史教训》(《南风窗》2006年第16期)。

2012年"国考"试题：(副省级)材料3中"1906年2月，美国长篇小说《屠场》面世，揭露肉联厂工人非人道的劳动状况……来说明发达国家也经历过'食毒时代'"。

2012年"国考"(地市级)材料2中引用了H博士、M博士、C研究员来阐述地铁技术性问题；材料5中更是直接引用了"英国哲学家阿兰·德波顿在四川大地震之后发表的文章，介绍并阐发了古代罗马哲学家塞内加关于人类灾难的哲学思考"，都体现出其材料引用的思想高度。

3. 政府文件、领导讲话

申论材料中的政府文件多是大的问题，有些务虚，但是给考生提供了把握考查主题的重要线索。在申论材料中，政府文件的形式比较多，但最为主要的是全国或地方的政府工作报告，在材料编排中，多以"龙头"或"凤尾"的形式出现。

(四)题料的类型

题料的类型从形式来看可以分为两种：案例型材料和汇编型材料。

1. 案例型材料

案例型材料是指所给定的一组集中反映社会生活中发生的、有一定影响面而又亟待解决的具体问题的材料。这种材料一般围绕一个主题客观陈述，把案例涉及的情况加以详细说明。这类问题涉及的对象往往是双边的、具有"案例"的某些因素，但并不是一个完整的案例。例如，2000年"国考"试题由12则"子材料"组成，内容围绕某省某市红星新村居民状告××印刷总公司噪声污染问题，整个材料基本上按照事情的顺序排列下来。材料所反映的问题不是诉讼案本身，而是我国现代城市加速发展过程中所出现的经济建设与环境保护的矛盾。题目不是要考查考生的专业法律知识，而是要求考生就经济建设与环境保护这一突出问题进行分析并提出切实可行的对策建议。

2. 汇编型材料

汇编型材料是指主要围绕某一社会"热点"问题摘录组编而成的材料。这种形式的材料可能是影响范围很大的突发性事件，也可能是久积未解的社会"难题"，与"新闻综述"有些相似，但决非成型的新闻综述。材料是由诸多信息"拼合"而成的。这些信息（无论是客观陈述的，还是评析议论的）都具有相关性或连带性，但有些之间是没有什么关联的。这类材料不是一篇文章，各则"子材料"的码放，可能是错落、杂乱的，不一定体现严格的时空顺序或严密的逻辑顺序。2002年中央、国家公务员录用考试申论题是关于网络发展给社会生活带来的影响问题，给定材料共有9条，涉及面非常广，有广告问题、扰民问题、网络犯罪问题、网络普及问题、网络保密问题、法律建设问题、网络办公问题、利用网络进行远程教育问题等，就像我国网络发展情况的资料汇编。2004年"国考"关于我国汽车工业的现状和发展趋势以及城市交通问题，2007年"国考"关于废弃土地再利用和政府征地过程中的占补问题都可归入此类。

三、试题类型

（一）内容概括试题类型

归纳类试题是指对给定资料或试题中特定部分的内容要点、精神主旨、思想意义进行提炼，并用简明的语言加以概述的试题。这类试题在提问方式上多使用"归纳""概括""概述""简述"等词语。按照考查方式的不同，可将归纳类试题分为四个基本类型：

1. 词句理解阐释题

一般要求考生对给定资料中出现的特定词语或句子进行解释，或谈谈对此的理解等。例如，2010年"国考"试题省级第一题："给定资料（一）"提到，权威部门指出，如果再不采取果断措施，渤海将在十几年后变成"死海"。这里的"死海"是什么意思？

2. 归纳主要内容题

一般要求考生就相关资料中的所有内容进行概括总结，其出题形式一般为"概括主要问题""概括主要信息""对主要内容汇总"等。例如2001年中央、国家机关公务员录用考试《申论》试题第一题就世界一些国家的政府、民众包括医学专家和律师等对药物含PPA的反应"有条理地概括这些材料的主要内容，字数不超过200字。（20分）"

3. 归纳主要问题题

一般要求考生就给定资料中的消极的、负面的信息进行概括，其出题形式一般为"概括主要问题""指出隐患""概括问题现状"等。如2000年中央、国家机关与海关、公安边检系统从高等院校2000年应届毕业生中考试录用国家公务员申论试题1："用不超过150字的篇幅，概括出给定资料所反映的主要问题。（20分）"

4. 归纳部分内容题

一般要求考生就给定资料某一方面的内容进行归纳，如要求归纳争议焦点、观点意见、目的意义、优点缺点、经验做法、原因对策等。如2011年"国考"试题省级第一题第2小题："给定资料（五）"中介绍了汉代王景治理黄河的思路和做法，请概括王景治河后黄河安澜800年的主要原因。

（二）材料分析试题类型

材料分析试题就是让考生对材料中出现的一种社会现象或观点进行分析、评价。这种题是申论考试中一种比较常规的题目，考查的是分析、判断、评价能力。考查这种能力具体到申论试卷上则表现为启示类题型和阐释类题型两种。

1. 启示类题型

启示题作为申论考试重点考查的题型，有着与概括题和阐释题不同的特点，主要可以分为教训类启示、经验类启示、综合启示类三种小题型。

1）教训类启示：对材料中出现的一种社会现象或观点进行分析评价，总结出教训。例如，2010年9·18联考中曾经考过"结合给定资料（10）'东梁煤矿被低价转让'这一事例，指出煤炭资源整合应从中吸取哪些教训。"这就是一道非常典型的教训类启示题。

2）经验类启示：对材料中出现的一种社会现象或观点进行分析、评价，总结出经验。例如2009年重庆、辽宁等省录用公务员申论考试试题：给定资料6—9"加快我国城乡经济社会发展一体化建设提供了哪些重要的启示"。

3）综合启示类：对材料中出现的一种社会现象或观点进行分析、评价，总结出经验及教训。"综合"两字就意味着在材料中可能既有正面的也有负面的影响，其影响所展现出来的案例势必有好也有坏。2008年国家公务员录用申论考试的第二题就是这类题型的典型代表。该题作答要求是"请根据给定资料（九）、（十），分析这两个资料对搞好水电站开发提供了哪些启示"。

2. 阐释类题型

阐释类题型是指对给定资料中的一句话、一个词、一事件、一观点进行解释说明，挖掘其深层意义的一种题型。重点考查考生结合上下文准确、简明地阐释给定资料的能力。可分为两种：阐释型分析题和申发型分析题。

1）阐释型分析题：对给定资料的特点部分，如一句话、一个词、一个观点等进行解释说明，既揭示其本来意义，又挖掘其深层意义。其典型提问形式有"谈谈你对……的理解""请阐释……观点"等。题型关键词是"看法""观点""理解"。例如，2010年4.25联考中山东、天津试卷要求考生解释座谈会主持人所说的"关键是我们如何来平衡"中的"平衡"和"关键"的含义。

2）申发型分析题：在结合题目要求的条件下，对某一事件、某一观点进行纵深、全面地分析、阐发和论述。这类题型明确要求考生"由……引申，谈想法"；有的则是引用材料中的观点，让考生"谈认识"。例如，2010年下半年北京录用公务员考试申论试题第三题：根据给定资料，结合当前实际，谈谈各级党政干部为什么应当多读书、读好书。

（三）提出对策试题类型

提出对策试题一般要求考生针对给定资料所反映的主要问题或涉及的某个具体问题提出对策思路或解决方案。可分为以下两种：

1. 无文体要求的对策试题

这类对策试题是指没有特殊身份要求，只要参考给定材料提出对策的试题。这类试题比较好判断，题目当中会出现一些非常明确要求的字眼，如"针对……给出你的解决思路""针对……问题提出对策或建议"。例如，2010年"国考"试题市级第一题：针对W

市在进一步建设"宜居城市"过程中存在的具体问题,参考给定资料,提出解决这些问题的具体建议。

2. 有文体要求的对策试题

这种试题多是应用文型对策试题,它通常为应试者拟定特殊的身份,即让应试者以政府工作人员的身份完成公文和事务文书写作,而这项工作本质上仍是需要应试者提出对策,所以仍然是考查应试者提出对策和解决问题的能力。这种题型在近几年公务员考试中较为常见,极大丰富了申论考试的形式,也对应试者在解决问题的能力方面提出了更高的要求。例如,2013 年"国考"试题市级第四题:假如你是 H 县文化局干部,要在村官和社区工作人员参加的培训班上做一次关于繁荣和发展社会主义文化的讲座,综合"给定资料(八)"中提供的信息,你认为应该重点讲几方面的内容。

(四)论证写作试题类型

在申论考试中,写作论证题对考生能力的考查最为全面,分值也是所有题目中最高的。它是申论考试的必考题型,也是申论考试的核心内容。它要求考生充分利用给定资料,切中主要问题,依据给定命题或自拟标题,全面阐明、论证自己对给定资料所反映的主题或主要问题的基本看法。

写作论证类的题主要分为:有无题目要求和有无文体要求两大类型。

1. 从有无题目要求的角度划分

1)命题作文

主要是指申论要求考生根据给定资料的内容,以给定的题目写一篇文章。

2007 年、2008 年和 2010 年"国考"试题地市级申论文章写作中是直接给出题目的,如 2007 年"请以'命脉'为题,写一篇关于土地问题的文章";2008 年"请以'从怒江水电开发说开去'为题""请以'人与自然'为题";2010 年"国考"试题地市级"请以'海洋的健康'为题"。

2)非命题作文

包括给定话题试题和自选题目试题。给定话题试题是指试题要求给考生一个话题,要求考生围绕话题,自拟题目进行论述。

在"国考"2011 年、2012 年申论文章写作中都有这样的试题。如 2011 年"国考"试题地市级题目:"给定资料(七)"的画线部分写道:"有位知识分子说:'我已经无家可归,我在城市是寓公,在家乡成了异客'。这样,无论在乡村少年身上,还是在农民工那里,以及这些出身农村的知识分子的群落里,我们都发现了'失根'的危机。"请结合你对这段话的思考,参考"给定资料",自拟题目,写一篇文章。2012 年"国考"试题省级题目:"给定资料(七)"中讲述了农妇刘女士和李老太太家人之间发生的一段感人故事,请你以这个故事为话题,自拟题目,写一篇文章。

自选题目试题主要是指申论论证要求没有指定题目,而是要求考生根据给定资料所反映的内容和问题,自选角度,自拟标题、进行论述。

"国考"、"省考"都有这种命题。2009 年"国考"考题:胡锦涛总书记到河南、安徽考察,引发我们许多思考。请联系"给定资料",整理自己的思考,自拟题目,写一篇文章。2010 年"国考"考题:参考给定资料,围绕"海洋的保护与开发",自选角度,自拟题目,写一篇文章。

2. 从有无文体要求的标准划分

1）无文体要求的议论文

一般都是给定话题拟题和根据某段材料拟题的议论文。例如，2012年"国考"试题地市级题目：给定资料（五）画线部分写道："无论我们认为自己已变得多么高明和安全，自然灾害与人为灾难始终是我们生命的一部分。"请结合你对这句话的思考，联系自己的经验或感受，自拟题目，写一篇文章。2008年上海申论考题：请以"科学发展观与政府绩效评估"为主题写一篇议论文。要求参考给定资料，自选角度，自拟题目。2008年陕西申论第3题：就给定资料6、13、17所反映的社会问题，自拟题目，写一篇议论文。

2）有文体要求的议论文

从申论写作的文体来看可分为非应用文文体和应用文文体两大类。

（1）非应用文文体。

非应用文文体可以分为下面几类：

① 政论文：是从政治和政策角度分析和评论当前重大事件和社会问题的议论文。它形式多样，范围广阔。如2007年广东省的申论论证题："以论新时期加强农村文化建设的必要性和紧迫性"为标题，写一篇800字左右的政论文。

② 策论文：就是文章的正文部分要以对策为主的文章。如2010年广东省试题：针对材料中所反映的问题，以"进一步加强农民工工作"为题，写一篇800字左右的策论文章。

③ 启示文：对材料中出现的一种社会现象或观点进行分析、评价，总结出经验或教训。例如2012年中央、国家机关公务员录用考试申论试题：给定资料（五）画线部分写道："无论我们认为自己已变得多么高明和安全，自然灾害与人为灾难始终是我们生命的一部分。"请结合你对这句话的思考，联系自己的经验或感受，自拟题目，写一篇文章。

④ 评论文：评论文就是对某些事件、某种观点等发表看法。评论文的写作要有论点，有分析论证。对别人的观点可以赞成，也可以批评。如果是赞成就是立论文。例如，2012年"国考"副省级的文章写作要求以"农妇刘女士和李老太太家人之间发生的一段感人故事"写文章。如果是反对就是驳论文。例如，2010年国家命题的多省市联考：相当一部分人认为，水是公共产品或者准公共产品，因此用水应该是低价的。针对这种观点，参考给定资料，写一篇文章，对国家水资源价格改革的基本思路进行阐述。

（2）应用文文体。

申论文章的写作，有时要求写成一篇应用文文体，可以是行政公文或事务文书。例如，2004年"国考"题：要求你作为市交通主管部门的负责人，写一份"关于我市交通拥堵情况的报告"。

第二节 作答原则

一、审阅材料及其原则

（一）审阅材料概述

申论考试首先给出的是6000~7000字的基本资料，后面的问题都是建立在这些资料上的。因此，审阅给定的资料是应对答题的首要任务。认真、准确、深入地阅读资料，是回答后面的问题的前提和基础。

所谓审读材料,就是根据题目的意思和要求,对给定的材料进行阅读、审视、分析、理解、把握,以确定材料反映的主要内容、主要观点、主要问题,从而为下一步回答问题作好准备。在审读材料时,既要审读材料的内容,也要审读材料的形式,包括给出材料的方式、范围和文体等。只有这样,才能准确理解题意,把握写作中心和立意方向。

(二) 审阅材料的原则

1. 整体性原则

即通览全文,整体把握。仔细阅读原材料,对其进行整体把握,找出内容背后的隐含信息,扣住原材料的中心来阅读。

2. 多角度的原则

即发散思维,注重实效。运用"发散性思维",分析原材料,列出三至五个观点,然后找出一个对自己写作有利的角度去思考。这个角度是扣紧原材料的,但不一定是扣紧原材料的中心的。多角度的原则还可以理解为一种"实效性原则",就是说,只要扣紧了原材料,哪个角度对你有利,有利于答题,就选哪个角度。

3. 筛选性原则

即去伪存真,由浅入深。申论的材料,围绕一个问题提供众多的材料,很可能包含着迷惑信息、多余信息,在审读材料时要注意加以区分;对后面答题密切相关的材料,要仔细审读;对其余的内容只需进行一般的阅读,明白其意思即可。

(三) 审阅材料的方法

1. 弄清题意,摸准要求

要准确把握考题要求,特别是要分清要求归纳或概括的是主要内容、主要观点,还是主要问题,切莫答非所问。

2. 吃透字面,领悟深意

要理清所给材料的基本顺序,领会材料背后所隐藏的深刻含义,不能就事论事、言不及义。

3. 借助联想,明确针对性

要结合社会实际或其发展规律,从所给材料中梳理出对社会现实具有实际警示作用或帮助、指导作用的经验、途径或方法。

二、概括材料题及答题原则

(一) 概括材料题概述

概括材料就是要求应试者对给定的材料全部或部分作出简明扼要的提炼和归纳,并给出条理性的表达。这种概括是一种高度的浓缩,字数一般在150—500字之间。这即是考题形式,也是对后面的对策题提出对策和论证题进行论证的基础。具体包括四种题型:

1. 词句理解阐释题

例如,2010年"国考"省级第一题:"给定资料(一)"提到,权威部门指出,如果再不采取果断措施,渤海将在十几年后变成"死海"。这里的"死海"是什么意思?

2. 归纳主要内容题

例如,2007年"国考"省级第四题第2小题:假如中央有关部门成立联合检查组,对地方征用农民集体所有土地补偿费管理使用情况进行专项检查,请列出此项检查所查的主要内容。

3. 归纳主要问题题

例如，2000年中央、国家机关与海关、公安边检系统从高等院校2000年应届毕业生中考试录用国家公务员申论试题1："用不超过150字的篇幅，概括出给定资料所反映的主要问题。（20分）"

4. 归纳部分内容题

例如，2011年"国考"省级第一题第2小题："给定资料（五）"中介绍了汉代王景治理黄河的思路和做法。请概括王景治河后黄河安澜800年的主要原因。

（二）概括材料的答题原则

1. 准确把握试题的基本意图和要求

每年的申论考试对给定材料进行概括的要求是有区别的，必须根据试题的具体要求进行答题。偏离了考试的主旨，就会直接影响考试成绩。一定要看清是归纳主要内容或归纳主要问题，还是归纳部分内容，一定要看清楚。

2. 概括材料要力求准确、全面

在弄清试卷的基本要求与出题人的基本意图之后，应试者下一步要做的就是，按照出题人的意图和试卷的基本要求准确、全面地对材料进行概括。无论是概括主要问题还是概述主要事实，都要做到准确、全面。所谓准确，就是要分清主要问题与次要问题、问题的主要方面与次要方面，不能主次不分，更不能主次颠倒。所谓全面，就是在概括主要问题或问题主要方面时，不能有重要的遗漏。

3. 概括材料要力求深刻、到位

所谓深刻、到位，就是指在对给定材料的主要内容或主要问题进行概括时，必须要达到一定的高度，避免就事论事、停留于皮相之论、缺乏应有的深度。概括材料不准确、不到位，会直接影响应试者下面"提出对策方案"和"论述问题"的质量。

（三）概括材料要注意的问题

1. 忠实原文，高于原文

概括材料必须忠实原文，这是申论考试必须遵守的原则，也是应试者首先必须注意的问题之一。忠实于原文，即忠实于所给定的材料，就是要求应试者概括材料时必须紧扣给定材料的中心思想，既不能偏离主题、任意挥洒，也不能挂一漏万。只有这样，才能做到准确和全面。在概括材料时，应试者一般不得随意改变原文的中心和要点，也不能随意改变原文的体裁、人称和写作手法。仅凭个人感觉而胡乱概括主题是申论考试的大忌。但是，忠实于原文也不是就事论事，而是在不改变原文中心思想、主要内容的前提下进行高度的概括和提炼，完整、准确、提纲挈领地体现出材料的精髓。概括材料就如同漫画肖像，既不能把原型画成一个骷髅架，又要以极为简约的传神之笔勾勒出原型的典型特征。

2. 删繁就简，保留精华

删繁就简，就是要删掉细枝末节，保留主干和精华。也就是说，在阅读和筛选材料时，要注意先把材料中次要的部分大胆剔除掉，把主要的部分小心保留下来；把材料中大量的例证大胆剔除掉，把主要的观点小心保留下来；把材料中具体的描写、详尽的叙述大胆地剔除掉，把中心的思想、核心的概念小心保留下来。然后把经过小心筛选的主要的部分、主要的观点、中心的思想、核心的概念进行反复的洗练和抽象，形成忠实于给定材料而又符合试题要求的中心思想。最后，应试者通过重新组织语言，把抽象出的中心思想用严密的逻辑、规范的语言、明晰的线索组织成一篇短小精悍、观点鲜明的小短文。应试者在删削材料的过程中，一定要确保删去的是那些可有可无的过渡段、过渡句、修饰语，是那些大量堆砌起来的材料，是那些长篇大论的叙述和铺垫；切忌无意间删去了材料中的重要段落、观点和概念，从而丢掉了材料中的精华，影响了概括内容的质量。

3. 联系实际，不求时髦

由于公务员这一职业的特殊性，申论考试所给定的材料一般都具有较强的现实性。因此，应试者必须具备一定的政治素质，对当前的国际、国内政治、经济、文化、法律等方面的形势有比较全面和深入的了解，对当前的社会热点问题了然于胸。只有这样，当通过各种考试，真正步入国家公务员行列时，才能很快进入角色，做一名合格的公务员。这就要求应试者在概括材料时，必须密切联系实际，准确把握出题人的意图，把给定材料所反映的问题与现实生活中的实际问题进行对照、比较，这样，对问题的概括才能够真正做到入木三分。申论考试的应试者一定要注意，在联系实际时且忌胡乱联系、牵强附会、追风赶潮。

三、分析材料题及答题原则

（一）分析材料题概述

分析材料类试题是指以分析为主要作答方式、综合多种命题形式的一种试题类型。要求考生能够准确把握题目要求，条理清晰、简明扼要地分析问题，揭示问题本质和引申意义，阐释独立思考所得的观点。这类题型通过对材料中某种观点、现象、某句话的深入分析，考查考生对社会现象或观点的深入思考和看法，以及在处理问题时的辨别、分析能力。例如，2010年国家公务员录用考试省部级申论第一大题第2小题：请结合给定资料中的具体事例，谈谈你对"海洋的污染将毁灭鱼儿的家园，但让人类不寒而栗的毁灭绝非仅此而已"这句话的理解。（10分）要求：准确、简明。不超过150字。

（二）分析材料题答题原则和要求

1. 把握作答要求

分析材料题，题型多样，出题方式灵活，并且在不断地发展中推陈出新，增加了考生准确作答的难度。考生应首先牢牢抓住综合分析题的基本作答要求，做到心中有数。

1) 条理清晰

条理清晰，就是要求考生在形成答案的过程中，要做到有条有理、层次分明。

从结构上说，条理清晰包括两方面内容：一是根据具体情况，答案按照"总—分""总—分—总""宏观—微观""总体—具体""是什么—为什么—怎么做"以及时间顺序等结构进行组织，以体现逻辑层次。二是使用能够区分层次的词汇：首先……，其次……，再次……，最后……；一是……，二是……，三是……，四是……；一方面……，另一方面……；主要……，次要……；直接……，间接……，根本……；等等。

从内容上来说，条理清晰指的是一种逻辑思维，考生在形成答案的过程中要仔细斟酌，保证在落笔之前就已经完成对要点的加工整合。如果逻辑混乱，形成的答案也将杂乱无章。作答过程中，考生要注意将分析的内容要点突出出来，并且层次鲜明地阐释出来。这样做可以让阅卷者能一眼看出考生答题的重点，不至于遗漏得分点。

2）观点明确

观点明确是指考生支持什么、反对什么，都要明确予以陈述，不能模棱两可。观点不明确，在综合分析类试题中的主要表现如下：一是对问题的评价缺乏明确观点；二是对问题的性质、主要表现形式、成因、影响、后果和解决的必要性等缺乏明确概括，以罗列问题的表现形式代替对问题的定性，以问题的具体表现代替对问题的归纳；三是对导致问题产生的原因、影响、危害、后果以及为什么要解决问题等，没有明确认识和清楚表述。需要注意的是，观点正确是观点明确的前提，不正确的观点再明确也是无用的。考生要充分联系给定资料，在宏观把握材料大背景的基础上，透过现象抓本质，进而获得给定资料所要表达的实质观点，在作答中"为我所用"。

3）分析合理

要做到分析合理，需要把握以下两点：

第一，找准、找全分析对象。这是确保分析合理的前提。如果分析对象都搞错，分析再合理，最终也会与正确答案差之千里。

第二，分析要合乎事理，符合逻辑。即分析必须符合客观对象自身存在与发展的规律；符合由低到高、由简单到复杂、由显到隐、由外到内、由重到轻、由主要到次要的事物客观顺序、表达顺序（可以是正向也可以是逆向，不管正向排列还是逆向排列，都必须符合正确的顺序）；也要符合辩证法关于联系与发展、内因与外因、量变与质变、对立与统一、原因与结果、偶然与必然、现实与可能、内容与形式、现象与本质等原理。

2. 掌握不同类型的不同解答方法

1）启示型分析题

第一步：从题目所给材料中提取事例或问题，总结经验和教训；

第二步：分条作答，合理阐述。

2）阐释型分析题

第一步：直接点明本质含义；

第二步：紧扣原文解释含义；

第三步：回到材料深入阐述；

第四步：作出最后权威结论。

3）申发型分析题

申发型分析题的特点是既依据材料，又超越材料，与其他类型综合分析题不同的是，考生从这种题型材料中可以获得的答案要点非常少，材料只是答案的切入点，作答的重点是超越材料，联系实际，引申发挥。

（三）分析材料题答题要注意的问题

1. 对材料作好归纳、分析

在给定资料中分析和归纳出题目所要求的内容，分析和归纳的对象主要是给定资料的内容、观点和问题。在分析问题时，可以采用矛盾分析法、因果分析法、利益分析法、对比分析法等，对材料进行科学、有效的分析。把握题旨，切忌随意、草率，防止"下笔千言，离题万里"的情况出现。

2. 多角度思考材料内容

这里的多角度，从内容上说，包括对问题起因、经过、结果、影响的全面分析；从性质上说，要看到问题的合理性和不合理性。当然，并不是每次阅读材料都要用上所有的角度，而是要针对具体问题有目的地去思考。这里说的是面对试题时，不能片面地思考问题。

3. 做出合理的推断、评价

推断是根据事实或前提进行推论、判断；评价是通过详细、仔细的研究和评估，确定材料的意义、价值或者状态，在处理材料时，这两者都很重要。

四、贯彻执行题及答题原则

（一）贯彻执行题概述

贯彻执行题是指要求考生能够准确理解给定资料中所包含的工作目标与组织意图，遵循依法行政的原则，依据给定资料以及设定题目所反映的客观实际，及时、有效地完成题目限定任务的试题。由于贯彻执行能力是在2010年国家公务员录用考试新大纲中才提出的测查能力，所以目前题型还比较单一，都是以草拟宣传材料或内容提纲的命题形式来出题的。

贯彻执行题是公务员录用考试中出现的一种新题型，它主要考查考生作为一名公务员独立分析与解决具体问题、执行政策的能力，或是代表一级部门领会上级精神，制定、执行具体政策的能力。贯彻和执行的内容是国家的方针、政策、文件、决策、部署、指示、目标、任务等。例如，2010年"国考"市级第3题：A市市政府准备大力宣传推进对近海水域的污染整治工作，请你结合给定资料，以市政府工作人员的身份，草拟一份宣传纲要。再如2011年"国考"市级第二题：L县政府拟进一步宣传寄宿制学校的办学模式，以期更好地提高办学效益和质量。请根据"给定资料（三）"，以县教育局的名义草拟《给各村中小学生家长的一封信》。

（二）贯彻执行题答题原则和要求

1. 以国家的方针、政策为作答依据

领会国家的方针、政策是发挥贯彻执行能力的基本前提。其要求就是，必须对党的路线、方针、政策和国家法律、法规以及上级部门的精神、指示深刻领会，科学解读，准确理解、把握上级意图和精神实质。作答贯彻执行类题目最重要的就是要领会给定材料中所涉及的国家方针、政策的精神，行文严格遵照国家方针和政策。设置贯彻执行类题目的意图是要考查考生对政策、法令的理解力、判断力，以及在推进计划过程中的组织力、指挥力、协调力、推动力、控制力。因此，理解、判断是贯彻、执行的前提，是作答好贯彻执行题的前提。一些考生在阅读材料的过程中忽视了与国家方针、政策有关的材料，以至于对国家方针、政策的精神把握不准确、不全面，从而影响了答案的准确性和全面性。

那么怎样才能正确领会国家的方针、政策呢？首先，在平时的生活中要注意了解国家新近颁布的政策法令，并通过电视、报刊、网络等渠道关注权威人士对国家方针、政策的解读，以此加深对方针、政策的理解程度。其次，对于应试来说，一定要有所侧重，锁定题目所涉及的有关国家政策的材料部分。阅读时考生可对这部分内容进行分类、总结、归纳出这一方针、政策实施的原因、目的、意义以及要求等，这一过程实际上也是考生领会方针、政策的过程，为后续作答奠定了基础。

2. 考虑具体环境，避免脱离实际

执行政策、法规及上级精神，还需要充分考虑到具体的环境条件，而不能脱离实际情况。如果缺乏对所处环境、态势的准确判断，不顾及人民群众的切身利益和态度反应，就是没有摸清下情，势必会导致在具体的执行中事与愿违。因此，在以国家的方针、政策为作答依据的同时，还要考虑具体的环境，必须一切从实际出发，反对教条主义、本本主义，综合各要素进行周全考虑，即上级精神同本地实际情况相结合。在贯彻、执行时能否找准结合点，把理论与实践有效地结合起来，取决于执行者的综合能力。在新、老政策之间、宏观和微观政策之间存在不协调、不配套时，尤其需要公务员有较强的协调能力。

（三）贯彻执行题答题要注意的问题

1. 注意身份定位

贯彻执行题作答时需要注意的身份有两个方面：一是自身的身份定位；二是执行相对方的身份定位。

例如，"假定你是某街道办事处工作人员，请参考给定资料，为当地居民社区的宣传栏拟一份节水宣传材料。"该题题目将考生设定为"某街道办事处工作人员"，执行的相对方为"当地居民社区"的居民。

不同的自身定位决定了不同的权责，不同的相对方决定了不同的工作方式和工作态度。

2. 注意答题内容

1）要提纲挈领

提纲挈领简单来讲，就是抓住问题的关键。贯彻执行题要求提纲挈领地进行陈述，这主要体现为两个方面：一是对国家政策文件或相关精神的简要概述，二是内容覆盖要全面。

对于在贯彻执行题中有所体现的国家政策文件或相关精神，考生首先要充分理解其内在含义，并在联系上下文的基础上，用简练的语言有条理地概述出来。这主要考查考生的阅读理解能力和归纳概括能力。贯彻执行题的答案涵盖多方面的内容，不仅包括国家政策和精神的表述，还可能涉及现状、问题、影响、解决措施、积极意义等。将这些内容全部表述在申论答案中，在作答时间、作答字数有限制的情况下很难实现。因此，贯彻执行题在作答要求中一般会提到"提纲挈领地陈述""写一份××提纲"这样的要求。简言之，"提纲挈领"，就是要抓重点、说关键，要浓缩、不展开。

2）符合客观实际

下级机关对上级机关的组织意图和工作目标必须严格贯彻落实，"符合客观实际"则是贯彻落实的要求之一。在对组织意图和工作目标准确理解的基础上，又必须立足客观情况，做到一切从实际出发。

例如，2010年4·25联考江苏等省第二题："假定你是某街道办事处工作人员，请参考给定资料，为当地居民社区的宣传栏拟一份节水宣传材料。"请看节选的参考答案：

> 首先要选用节水器具。据测定，"滴水"在1个小时里可以集到3.6公斤水，1个月里可以集到2.6吨水。因此居民在购买卫浴产品时，首先就要考虑节水功能。
>
> 其次要改掉不良的用水习惯。将烟头等细碎废物扔进垃圾桶，而不是用马桶冲掉，洗手、洗脸、刷牙过程中不用水时要及时关掉，及时修理好漏水的设备。
>
> 再次要提高水的利用率，实现一水多用，如用废水冲马桶、浇灌绿地等。
>
> 让我们大家都行动起来，响应国家节约用水的号召，珍惜我们的水资源，一点一滴，从我做起！

贯彻执行的实施方案是否合理，要取决于其措施是否符合当地的实际，是否做到了一切从实际出发。这份答案中提出的"将烟头等细碎废物扔进垃圾桶""洗手、洗脸、刷牙过程中不用水时要及时关掉"等节水措施贴近群众生活，能够被群众理解和接受，真正起到宣传节水的目的。

五、提出对策题及答题原则

（一）提出对策题概述

提出对策是申论的关键环节，重点是考查应试者解决实际问题的能力。根据申论考试题目的要求，提出对策方案主要包括：提出解决问题的方案、提出处理材料所反映的善后意见、提出克服弊端的对策建议等形式。这一环节可以充分体现应试者的知识结构、创新意识、应变能力、操作能力等方面的整体水平。在这个环节中，应试者可以根据自己的阅历、知识，自由发挥，仁者见仁，智者见智。当然这种发挥也不是漫无边际的。应试者必须在材料所涉及的范围内以给定的角色施展自己的才华，提出切实可行的对策方案。提出方案是针对前面"概括材料"一步对材料概括出的主题或主要问题而言的，一般前面概括了几个层次的问题，后面就应该有相应的几个层次的对策。

（二）提出对策题的答题原则和要求

1. 明确给定角色

如前所述，申论写作与一般作文的一个重要区别就是命题者预先都给了应试者一个确定的公务员角色。这就要求应试者在根据主要问题提出对策方案时，首先必须明确自己的这个虚拟身份，即自己处在一个什么样的职位上提出方案。明确给定角色，主要包含两层意思：其一，应试者必须体现政府行为，这一点应试者从进入考场的那一刻就应该意识到了；其二，也是比较难以把握的一点是，应试者必须确定自己体现的是什么样的政府行为，即哪一个级别、哪一种职位的政府行为。把握不好这一点，应试者也会前功尽弃。试比较最近几年申论考试中所给定应试者的虚拟角色：

2011年"国考"地市级第三题：假定你是一名派到农村支教人员，请根据"给定材料"简要分析希望小学遭废弃的原因，并提出解决希望小学遭废弃问题的具体建议，供上级有关部门参考。

2012年"国考"副省级第三题："给定材料1"反映的问题需要妥善处理，假定你是市政府职能部门的工作人员，领导安排你处理此事，请你提出解决问题的具体措施。

不难看出，在不少的申论考试中，应试者都会得到一个给定的虚拟的政府职位，这个职位便是应试者提出对策的基本立足点。只有找准了这个立足点、出发点，才不至于在提出对策方案时发生偏离。否则，提出的对策方案就一定会偏离方向，当然更谈不上解决问题了。

2. 明确方案的针对性

所谓明确方案的针对性，即要针对问题提出方案，是指应试者所提出的对策方案必须具有很强的针对性。这种针对性包括两个方面的含义：其一，是指对策方案应该与所给定材料的倾向性相吻合。申论给定的材料都反映了某种社会问题，并设定了解决问题的倾向。应试者所提供的对策方案必须结合给定材料涉及的范围和条件，与这种倾向性相一致。其二，是指对策方案要紧紧围绕前面概括材料所提出的主要问题，切中要害。提出对策方案的前提，是阅读、分析材料之后概括出来的要点。如果说概括材料是提出问题的话，那么，提出方案实际上就是要解决前面所提出的问题。提出的对策方案是直接针对前面概括材料时提出的问题的。

所以，一般来说，前面概括了几个方面和层次的问题，这一部分就应当体现几个方面或层次的对策方案。当遇到给定材料反映的问题比较复杂时，首先要根据题目给定的角色进行认真筛选，抓住核心问题，切忌平均使用力量甚至本末倒置。解决好这一点，有赖于阅读材料与概括材料所显示出的"功力"。应试者的综合分析能力强，抽象概括能力强，概括材料时能够做到全面、准确、深刻、到位，在提出对策方案时也往往能够抓住关键；反之，所提对策方案也往往不得要领。以 2000 年"国考"申论试题给定材料为例，有些试卷，反映的问题很多，如企业在环境保护与生产效益上的两难困境、法官在断案时不得不考虑到的连锁反应、公安干警对扰民事件的爱莫能助等，但应试者很难针对这些情况提出有助于从根本上解决问题的对策方案。应试者只有抓住经济建设与环境保护这个纲，只有从加强环保立法、执法和改造城市建设规划入手，才有可能提出标本兼治的对策方案，从根本上解决噪声污染等扰民问题。

3. 明确方案的可操作性

对于任何政府部门而言，对任何社会问题的一个对策方案，不管它看起来有多好，如果没有现实的可操作性，那就没有任何的实际意义。一般而言，具有可操作性的对策方案是指：

（1）对策方案要明确执行主体，即制订出来的方案由谁去执行。也就是说，"问题"要有明确的"归口"，对策方案要有直接解决问题的政府部门或职能机构去处理与落实。

（2）对策方案要明确执行步骤，即制订出来的对策方案怎样执行。也就是说，对策方案不能只是大的原则，让人感到无所适从，而是要有解决这些问题的具体步骤、办法，要能够付诸实施。

（3）对策方案要明确执行的时效，即制订出来的对策方案何时实施。也就是说，对策方案要认真考虑其时效性，它不是遥遥无期的许诺，而是解决当前问题的切实可行的办法。

（4）对策方案要明确执行的条件，即制订出来的对策方案在什么条件下实施。也就是说，对策方案的提出必须充分考虑到解决问题所需要的主、客观条件。如果提出的对策方案在现实中不具备实施的主、客观条件，也就只能是一纸空文。

总之，应试者在构想对策方案时，要通盘考虑，尽力克服与之相悖的因素，使方案合理、具体、便于落实，切忌脱离实际、坐而论道、提出一些很难付诸实施的对策，力避大而空、难以操作的虚话、套话。

4. 善于对方案进行评估

应试者在弄清楚试卷的基本要求与出题人的基本意图、完成对给定材料的概括之后，就要在材料所涉及的范围内，按照给定的角色，提出切实可行的对策方案。当一种社会问题出现时，它的处理和解决，可以有不同的方案。不同的方案之间存在一个可行性的比较与选择问题。通过比较，人们会从众多方案中选优，选择成本最低、效果最好的可行方案。在申论考试中，应试者提供的就应该是这种最优方案。那么，如何才能在给定的时间内提出一个最优方案呢？这就要求应试者掌握相关的技巧，善于提出方案。所谓善于提出方案，是指应试者能够在考试限定的时间内，经过反复比较、筛选，迅速找到一个代价最小、风险度最低、后遗症最小、收益最大、收效最快的可行性方案。任何一个方案一旦付诸实施，都会付出一定的代价，都存在着一定的风险。问题的关键就在于，在制订方案时必须考虑如何把这种代价降至最小、风险降至最低，同时又能得到最大的收益。这实际上是一种利害得失的权衡与分析。因此，对代价的计算、对风险的预测、对收益的评估都是必要的。任何一种方案的实施，都有赖于各种条件。在实施方案的种种条件中，不可控因素所占比重越大，其风险也就越大。对于政府部门而言，善于把可以早见成效的事情办好，是行政行为的一项基本原则。一种方案一旦付诸实施，见效越快，效果越明显，收效越大，这个方案就越好。此外，方案付诸实施后，还存在一个可能产生的副作用问题。倘若一种措施实施后，成效很明显，但其后遗症也非常大，并且影响深远，那么，在方案选择时仍然需要慎重对待。

（三）提出对策题的注意事项

1. 忌身份失当

应试者在应试中必须看清题目对自己虚拟身份的要求，一定要首先把个人定位搞清楚：是以普通公务员的身份提出建议，还是以领导、决策者的身份发号施令；是提出解决问题的方案，提出处理材料所反映的善后意见，还是提出克服弊端的对策建议。不同的身份，所提对策方案的角度是有明显区别的。一旦应试者对自己的角色定位失当，其他一切都将无从谈起。当应试者明确身份之后，其思考问题的角度，甚至包括语言，都要与自己的虚拟角色相吻合。请看2000年"国考"申论试卷第2题的一份答卷：

> 经研究，解决红星新村噪声污染问题的可行性方案如下：
> 一、责令某印刷总公司立即停业整顿，等候处理。
> 二、市政府要做好群众的安抚工作，积极配合市中院的审理工作。
> 三、市中院应立即开庭审理案件，维护法律的尊严。
> 四、加强环境保护宣传，使企业认识到发展生产不应以牺牲环境为代价。
> 五、某印刷总公司限期整改重新开业后，应尽快研究、论证迁出居民区的可行性方案。在公司搬迁之前，应采取切实有效措施把噪声控制在国家标准以下。

就这份答卷而言，撇开其他问题不论，单就应试者的措词来看，除第五条外，其余四条都显得口气太大，语气太硬，与"调研室工作人员"这一特定身份很不相称。

2. 忌空话、套话、外行话

政府行政的根本是要解决问题。应试者在申论考试中所提方案必须立足于解决实际问题。明白这一点，对于应届毕业生尤为重要。人们习惯于称学校为象牙塔，生活于其中的学生对社会现实接触较少，喜欢坐而论道，解决问题远非其所长。但对于政府部门而言，它所关注的不是"应该"做什么，而是现在能做什么。应试者在提出的对策方案中对存在的问题大声疾呼，慷慨激昂，或者严厉谴责都是没有用的，对策方案必须是建设性、切实可行的措施。

下面是2002年中央、国家机关录用机关工作人员和国家公务员考试申论试卷的一份答卷：

> 关于加强我国网络建设的问题，提出如下三个方案：
> ① 建设网上的马克思主义阵地。鉴于网上是欧美的"信息霸权"，国内政治与国际政

治的界线趋于模糊，国家政治安全特别是意识形态的安全在很大程度上受到西方国家敌对势力通过网络对我意识形态渗透。因此，建设马克思主义的网络阵地就很有必要了。

②发挥网络的舆论宣传与引导作用。政府可以利用网络对外宣传自己的意识形态，对内起社会舆论的监督和引导作用，以加大对人民群众的思想政治、道德教育，提高其识辨能力，抵制西方网络对我国的消极影响。

③加强网络法规建设。我国是后起的网络用户大国，近几年已初步建立了网络法规，但还很不完善。应加大网络立法的力度：一是加快立法速度，以对政府、企业和个人信息数据实行保护；二是强调采用法制手段制裁、处罚网络犯罪；三是大力培养网络执法人员，及时发现与打击网络犯罪；四是通过技术手段提高人民群众利用信息的能力，包括技术加密防范措施，信息获取方式的技术和抵御信息防染能力等。

试卷要求应试者从政府制定政策的角度，就如何克服给定材料所反映的种种弊端，有条理地提出有针对性、切实可行的对策建议。但从这份答卷来看，三项加强我国网络建设的对策措施，除第三条外，前面两条都比较抽象，属于空话、套话，可操作性很差。

此外，应试者在虚拟身份时，还应该注意使用国家公职人员的"行话"。确定了角色，而不懂角色语言，一张口全是"外行话"，效果也不会好。要解决这个问题，只有平时多下工夫，多关注国内权威网站的时评，多阅读行政机关发布的公文，学习公文话语风格，才有可能在考场上较好地运用角色语言。

3. 忌主次不分

应试者制订解决问题的对策方案时，一定要牢牢抓住前面分析概括出来的主题或主要问题，摒弃枝节，把握主干，分清主次，突出重点，切忌眉毛胡子一把抓。如果应试者感到头绪纷乱，无从下手，一定要认真、反复分析材料，回过头来仔细看一下自己对材料的概括，分解出其中的层次，抓住给定材料的核心思想和主要问题。只有这样，才能有的放矢地提出有效的解决方案。

（1）要分解问题的层次，并针对问题的层次列出决策目标的层次，分清轻重缓急。

（2）要多角度提出解决问题的方案。

（3）要充分考虑每一方案付诸实施所需的条件、所付的代价、所冒的风险与所获的收益，进行认真比较、鉴别、选择，优胜劣汰，从中找出最佳方案。

（4）要确定对策方案的基本步骤，要条分缕析地依照由易到难的顺序列出，使方案简明、清晰、易行。一般来说，应试者提出2～4条对策方案就可以了。

（5）字斟句酌地推敲方案的逻辑结构、遣词造句、用语规范、字数要求等，使方案变得更加完备和精致。这里，应试者绝对不可忽略的是试卷对字数的规定。如果一份理想的方案却因为字数不符合规定而失分，那是非常遗憾的。

下面是2002年"国考"申论试卷的一份答卷：

针对网络发展所带来的用户信息安全、不良广告及因网络而诱发社会犯罪等问题，特提出如下对策建议：

①加快涉及网络安全的法规与规章的制度性建设。用法律和制度的手段对政府、企业和个人信息数据实行保护，对网络犯罪进行严厉打击。

②责令并监督网络机构清理不健康和可能诱发、产生恶劣社会行为的网络信息，确保网络提供健康、积极的公共信息服务。

③ 大力培养网络执法人员，对以网络形式影响和干扰公民正常生产活动秩序的不良商用广告宣传进行整治与删除。对网络与网站建设进行监管、约束与控制，堵塞乱用网络、滥建网站的漏洞。

④ 对已经建立的网络机构与网站进行信息内容等方面积极、合理、有效的规范与管理，降低因网络信息与网络使用导致的社会违法犯罪的发生，保障网络事业的健康发展。

⑤ 通过宣传、培训等手段提高广大人民群众安全利用网络的能力，如技术加密防范措施、安全的信息获取方式和抵御不良信息感染能力等。

这份答卷提出的对策方案很有针对性，五条措施层次分明，分别针对政府部门、网络机构与网络用户，可操作性都比较强。

六、论证行文题及答题原则

（一）论证行文题概述

论证行文题是指要求考生在给定字数范围内，针对特定的社会现象或社会问题，在分析的基础上提出自己观点建议一类题型。常见的有政论文、策论文、评论文和启示文等几种文体。简单地说，论证行文题就是要求考生写一篇文章。论证行文题是申论各题型中分值比例最大的一类题型。先看下面的表格：

历年国家申论考试论证行文题统计表

年份		题目	作答字数	分值
2000		第三题	1200 字	50 分/60 分①
2001		第三题	1000 字左右	50 分
2002		第三题	800 字左右	40 分
2003		第二题	不少于 1000 字	50 分
2004		第二题	字数不多于 1500 字	50 分
2005		第三题	800～1000 字	35 分
2006		第三题	1000～1200 字	40 分
2007		第五题	不少于 800 字	30 分
2008	省级	第六题	1000～1200 字	40 分
	市级	第四题	800～1000 字	40 分
2009		第四题	1000～1200 字	40 分
2010	省级	第四题	900～1000 字	40 分
	市级	第四题	800～1000 字	40 分
2011	省级	第四题	1000 字左右	40 分
	市级	第四题	800～1000 字	40 分

从上表可知，论证行文题为历年申论考试的必考题型；同时其分值远超过其他题型，重要性不言而喻。从统计表中能够看出，2008 年是论证行文题的分水岭：2008 年之前该

---

① 报考中央、国家机关（含海关总署机关、国家行政学院、公安、安全、海关直属院校、中办电子科技学院）的此题 50 分；报考海关、公安边检系统的此题 60 分。

题型无论从题目设置还是分值来看，每年的变化都较大；而从 2008 年开始，论证行文题基本设定为第四题，分值统一为 40 分。从作答字数来看，省级、市级的要求不同。省级要求的作答字数一般为 900～1200 字，市级一般为 800～1000 字。

（二）论证行文题答题原则

1. 把握文体

论证行文题作答必须写成议论文。申论文章写作题有时没有文体限制，多数时候有限制，但一般都会要求"观点鲜明"、"内容充实"，而议论文最能使文章的观点突出，详细的议论还能够使文章内容更加丰富、深刻。此外，申论考试阅卷时间较短，要使阅卷教师在极短的时间内快速抓住文章观点、明确文章结构，议论文无疑是最好的选择。

2. 注重内容

1）观点鲜明、正确

这一要求包含两个方面：

一是观点鲜明。鲜明，就是考生要明确地表示肯定什么、否定什么、赞成什么、反对什么。对某件事情、某种现象发表议论，必须态度明朗、观点明确，要让阅卷者清晰地认识到文章的基本观点是什么、是围绕什么问题而展开论述的，而不能让阅卷者雾里看花，议论义不需要朦胧美。

二是观点正确。观点正确包含三个方面的含义：首先，观点符合命题者的命题要求，没有离题。例如，2010 年国家省级申论考试第四题，题目要求"围绕'海洋的保护与开发'"写一篇文章，有考生提出观点：要大力整治水源、陆源污染排放，从根本上扭转海洋污染形势。这一观点不符合命题者要求，因为从题目要求来看，文章的观点应当兼顾"保护"与"开发"两个方面，而该考生的观点落在污染治理上，仅涉及"保护"而忽视了"开发"，偏离了题意。其次，观点符合客观实际，符合认识规律，经得起实践检验。如"坚定的信念是一切事业成就的前提"，这种观点虽然有一定的激励作用，但并不科学，也不严谨。最后，观点符合官方看法，符合社会主流价值观。申论考试是录用政府工作人员、模拟政府具体工作的考试，必然要求应试者从政府立场出发思考问题，因此，考生提出的观点必须符合政府意志，并同中央政策精神保持一致。"主流价值观"是维护社会正常秩序的一个基础，观点符合社会主流价值观也是对公务员的必然要求。

2）见解深刻，有一定高度

这是对申论文章的较高层次的要求，即作者思考问题时要尽力向更深层次挖掘，看到问题的本质。文章要避免大而无当、思想空泛，或面面俱到、认识肤浅，要对实际工作的开展有一定的价值。

要杜绝思想空泛的毛病，考生可以把论题范围变窄，并注意选择论述角度，适当缩小题目，论在实处。要杜绝认识肤浅的毛病：一要把研究的问题"吃透"，抓住要害和本质，例如"钓鱼执法"问题，我们从中看到的本质问题是依法行政问题，文章最终也要上升到执政能力建设的高度；二要强化政治理论素养，让自己具有扎实的理论基础；三要克服蜻蜓点水式的浮躁心态，从理论或实践上作深入认真的分析。这样的文章才会具有深刻的见解。

3）逻辑严谨

逻辑严谨是指运用论证方法组织材料论证论点的过程合乎逻辑、合乎事理、严密周全，不存在以偏概全、论据证明不了论点、自相矛盾等逻辑错误。请看：

就交通拥堵来说，在机动车迅速增长的过程中，交通对环境的污染也在不断增加，并且逐步成为城市环境质量恶化的主要污染。另外，英国SYSTRA公司的分析数据显示，交通阻塞使经济增长付出的代价约占国民生产总值的2%。这些迹象表明，"城市病"如果得不到及时治理，不仅严重影响城市人群的健康状况，还将加大政府财政负担，阻碍经济的可持续发展。

这一段单独提出交通拥堵问题，并借这一问题直接引出城市病的危害，是犯了以偏概全的毛病。显然，从问题的一个方面反映出整个问题的严峻性是不符合逻辑的，需要在论证过程中予以注意。

4）联系实际

联系实际就是观点要与实际情况相结合，要通过列举实际情况来论证和支持观点。文章的论据要贴近现实。申论文章最忌假、大、空，空有观点而无事实佐证的文章会显得空洞无物、苍白无力，在考试中绝不可能得到高分。

联系实际具体要做到：首先，文章立意要以实际情况为依据，从具体问题出发。例如，文章可以立意为"发扬艰苦奋斗精神，将河流污染治理进行到底"，文章写作的意图针对的是河流污染治理这一现实问题，但却不可立意为"发扬艰苦奋斗精神"，这样即便文章能够列举大量实例，也是脱离具体问题的。其次，要有具体事例作为观点的佐证。2011年"国考"省级第四题有人答题时用"如大禹治水，身执耒锸，以为民先，终于平息水患；再如清代河道总督朱之锡，30余岁履任，40余岁卒于任上，十年之间，驰驱大河上下，不辞劳瘁，筑堤疏渠，积劳成疾，但仍抱病不息，死时家无余财，只有祖传的几间老屋"，这一系列事实的列举就是对前文"自古至今，许多先贤志士就以根治黄河为己任，在极为艰难的条件下，呕心沥血，多年奔走在大河上下"的佐证。

5）内容丰富

即文章要论点全面、分析充分。具体要求：

首先，文章论点要全面。考生在提出中心论点（即总论点）的基础上，还要对其进行分解，提出分论点，用以丰富中心论点的内涵。

2011年"国考"省级第四题有考生答题时第二段提出中心论点"在全面建设小康社会的今天，我们仍需秉承黄河精神，将其传承、发扬光大，来推动我国社会主义现代化事业的不断进步"。然后在文章第三、四段分别提出两个分论点"弘扬黄河精神，需要我们秉承先贤之志，奋发有为""弘扬黄河精神，需要党员干部身体力行、率先垂范"。这样答题，分论点能有力论证总论点。

其次，分析充分，要有理有据。就是要求文章不能仅仅停留在提出观点阶段，还要对观点进行分析、阐释。比如分析观点提出的依据、现实意义、面临的问题以及具体的措施等，分析要做到深刻、有条理，论点明确，论证充分。

3. 语言规范

1）简洁规范

这一点要求大家作答时注意使用规范的政治术语，文风应严谨平实、庄重大气。

习近平在《努力克服不良文风，积极倡导优良文风》的讲话中提出，应该提倡"短、实、新"的文风，即"要力求简短精练、直截了当，要言不烦、意尽言止，观点鲜明、重点突出"，"要讲符合实际的话不讲脱离实际的话，讲管用的话不讲虚话，讲有感而发的话不讲无病呻吟的话，讲反映自己判断的话不讲照本宣科的话，讲明白通俗的话不讲故作高深的话"，"力求思想深刻、富有新意"①。习近平同志的这一讲话代表了机关文风的最新要求，申论考试作为选拔公务员的考试，其文章必定要与机关文风保持一致，因此，这一讲话对申论文章的写作也同样具有重要的指导意义。

2）有一定文采。即语言的使用在保证简洁、流畅、规范的基础上要生动、丰富。这是近年来申论考试对文章写作提出的新要求。考生可以少量引用俗语、诗文，恰当使用比喻、反问、设问等修辞手法，适当使用排比整齐、富有气势的句式，以增强文章的表现力和感染力。

4. 结构合理

1）结构完整。首先，要求文章要有题目、开头、主体内容和结尾。开头、结尾各自独立成段而不可与主体内容合并在一起。其次，要求文章应在开头提出论点，主体部分重在分析和解决问题，结尾得出结论，三者缺一不可。结构是文章的"筋骨"，缺少任何一部分都不算完成整个文章的写作意图。

2）条理清晰。申论文章有清晰的文章脉络，文章层次要鲜明。第一，要按照正确的逻辑顺序组织、安排文章的段落，如"提出问题—分析问题—解决问题"的逻辑顺序。第二，文章要尽量简化层次。一方面，申论文章较短，1000字左右的文章如果分为十几个段落明显是不合适的，文章会显得杂乱无章，每段内容必然也稍显单薄，无法将内容论述深刻。但另一方面，文章也不可不分段落，或仅开头、结尾分段而主体部分不分段。"开头—主体—结尾"的"老三段"在申论文章中不能体现清晰的结构脉络。一般情况下，申论文章的主体部分应在三到六个自然段为宜。

5. 把握答题步骤

在申论考试中，应试者一般需要经过如下几个基本环节，这几个环节对应试者都有一些基本的要求。

第一步：审题。一是仔细阅读论述问题部分的具体要求，认真揣摩出题人的意图；二是要认真阅读给定材料，牢牢把握材料所反映的主要问题和基本倾向。切忌未看清题目要求，甚至不看要求就匆匆下笔。这在阅读材料部分已经反复强调过。

第二步：立意。就是按照试卷的要求，确定自己的观点、角度和题目。

第三步：定纲。就是草拟出写作提纲，包括文章的结构、层次、基本脉络等。草拟提纲因人而异，可以是腹稿，也可以写出简单的文字稿。建议应试者最好采用文字稿，这样有利于对自己的思维过程进行全面检查、修改和补充。提纲草稿可以勾画得非常凌乱，但正是在这一涂抹圈点的过程中，作者的思路会变得越来越清晰、明朗。很多人写作时喜欢列出简单的提纲，其道理也在这里。

第四步：论证。论证是论述问题的主体过程，前述各部分都是这一步骤的铺垫。论证过程包括选择材料、组织材料、排列段落、组织语言等各个环节，简而言之，就是提出问题，论证问题，得出结论。

第五步：检查。实际上就是把前述所有环节重新过滤一遍的过程，这一步非常必要。选题是否准确、论述是否精当、逻辑是否严密、结论是否正确、结构是否合理、语言是否规范，都需要在这一过程中再重新斟酌一遍。其实，如果应试者能够仔细检查的话，一些疏漏本来并不是不可以避免的。

---

① 习近平. 努力克服不良文风，积极倡导优良文风 [J]. 求是，2010（10）：3-7.

（三）论证行文题注意事项

1. 紧扣题意，忠于材料

申论写作主要是依据"给定材料"和"作答要求"写作，因此，无论怎样发挥、怎样创新，都不可以脱离这个原则；否则，申论写作就会成为无水之源、无根之木。申论写作一定要从材料出发，依据材料立论。文章的"意"，就如同人的魂，要写一篇好文章就要握住这个"魂"。考生要对材料中反映的问题实质、要害、成因、影响等进行分析，提出的解决问题的思路也必须符合材料的精神，忠于材料原意，不可有所偏颇，更不要表达与材料本意相反的意见或者其他过激的言论。

2. 标题醒目，要有文眼

标题最好包含两方面的内容：一要包含材料的主要问题，二要包含自己的观点。也就是说，标题是对文章主要论点的准确概括。醒目的标题既要抓住内容要点，又要见解明了。有时，为了使标题吸引人，可以摘取文中有代表性的片言只语或文中触及的某些引人注目的事实作标题，再用副标题介绍文章的主要内容或写作缘由，例如，《抓好民生之本贵在和衷共济——正确看待下岗失业现象》《人类智慧的一座"灯塔"——深刻认识科学技术是第一生产力》《生死抉择的考验——我们党有决心有能力解决腐败问题》《安得广厦千万间——加强经济适用房建设与管理》等。

3. 高处落笔，亮处着墨

关于申论文章的开头，考生要牢记八个字：高处落笔，亮处着墨。"高处落笔"就是文章开头就要提出最高层次的论点，结合语言表达上的适当策略，既启发下文，又蕴涵主题。"亮处着墨"是指要从成绩、进步、优势等积极面说起，先说亮点，后讲阴暗面，多说成绩，少说问题。这样就给全文奠定了一个积极的基调，最终再指向问题的解决。有专家提醒考生，"从亮处着墨"是点明问题的最有效方法。

4. 围绕问题，力求解决

申论写作，无论申论文章前面有多少的铺垫和论述，其终极目的都要归结于对问题的解决。一篇完整的申论文章，在充分说明、论述原因或者影响之后，需要把主要精力放在怎样解决问题上，先找出解决思路，再依照思路来结构文章，最后文脉清晰、逻辑合理地表述出自己的思想。要突出文章的核心部分：策论文重在解决的对策，把对策讲得明确而充分，从而达到作答的最终目的——解决问题；政论文重点分析产生问题的原因，再提出对策；启示类文章在分析问题之后，重点说明问题给我们的启示；评论文重点评论问题的影响，再提出对策。

5. 结尾响亮，意义深远

"凤头展彩，豹尾余响"。文章有了一个出彩引人的开头，必然要有一个响亮有力的结尾与之相匹配，文章才更精美。申论文章的出发点和归宿点都是要解决问题，因此，文章收笔时就应当落于问题的解决上，以肯定的语气，通过分析、推断，说明问题是一定能够圆满解决的；并进一步对问题解决的趋势、前景作出预测、展望，分析由于问题解决而必将带来的积极影响和深远意义。

6. 观照全篇，首尾呼应

就申论作答中撰写议论文而言，观照全篇，应做到两点：首先，内容要切合文章题目，即所写内容一定要切合拟定的文章标题，如果文题不符，那连最基本的分数都达不到。其次，要首尾相应，即开头和结尾要呼应，开头提出的问题，结尾要作总结论述，明确给予解决；开头申明的题旨、论点，结尾要呼应，用阐发或重复的方式加以深化和升华，体现首尾之间的必然性联系；内文也要照应，不同段落之间、同段不同层次之间前后要照应，上下承接、前后连贯、论点一致，根据由浅至深的阐述原则，论点可逐层深化，以体现文章各部分之间的内在联系和行文思路的一贯性。

7. 卷面整洁，字迹工整

卷面整洁、字迹美观、分段合理的试卷容易让考官产生眼前一亮的愉悦感，因而先不管考生作答情况如何，卷面的印象分很重要（教师在电脑上评阅的申论论证试卷是扫描的，同考生在考场上书写在纸质试卷上的文字完全一样）。因此，考生在答题时，字要尽量写得漂亮一点，如果觉得自己的字没法漂亮的话，写得工整一点。段落分段要结构合理，语言要自然流畅，切忌字迹潦草、用词不当、结构紊乱等。另外，申论答题不允许使用改正纸或改正液，这是需要考生特别注意的地方，以免被认定为作弊而导致零分。

申论备考对参加国家公务员录用考试成败具有十分重要的作用。因此，提醒各位考生，一定要在把握申论命题规律的基础上，形成科学的备考策略，从而取得理想的考试成绩。

第三节 评分标准

一、内容概括题的评分

（一）评分标准

假如以总分为 20 分的话，概括归纳题的评分标准如下表：

要 求	量分幅度			
	满分	好	中等	差
概括要点准确全面	12	12～9	8～5	4～0
叙述言简意赅，概括性强，有条理	4	4	3～2	1～0
文面整洁，句子顺畅，标点准确，字迹工整，无错别字	2	根据要求酌情给分		
字数符合规定要求	2	超字或少字 10% 以上，酌情扣分		
评分原则： 1. 评分时，只要能概括出主要问题的，即可给分，只要求考者概括的意思相同或相似，不强求文字相同。 2. 每缺一个主要问题扣 4 分；没有紧扣资料，概括欠准确扣 4～5 分；条理不清扣 3～5 分；字数每超过 10 字扣 1 分，累计扣分最多为 3 分。				

（二）标准解读[①]

1. 概括不偏题

这是概括类题型作答的基本要求。一方面，要求概括时不能偏离题目的要求，答题的角度要正确；另一方面，要求概括不能脱离给定材料，要根据给定材料答题。值得注意的是，当前一些考生在作答概括类题型时，并没有完全根据材料来答题，而是根据自己事先准备的材料答题，使得答案偏离给定材料，甚至杂带着自己的主观想法。这就违反了概括类题

[①] 参考了《2010 年公务员考试申论指导：概括归纳题评分标准与作答技巧》[OL]. (2011-05-25). http://WWW.lfz8.net.

目的答题要求,其后果是导致答题偏离中心,或者字数超过规定的要求,容易被扣分。

2. 概括要点要全面

在试卷评判中,概括要点是否齐全是重要的评分依据。因而,概括答题时要尽可能地涵盖涉及问题的所有要点及重点内容,不遗漏要点。为了尽可能地概括全面,考生答题时不仅要概括正面的意见,而且要概括反对或否定的意见,同时,在卷面允许的情况下,尽可能多地把相关要点概括进去。

3. 概括要点要准确

在试卷评判中,不仅有"要点",更要找"准点",这对于应试者提出了较高的要求,即不但要"答对",还要"答准",才有可能得高分。考生在答题时一定要认真审题,正确理解答题的角度、答题重点及核心要素,切不可按照自己的主观想法随意答题。

4. 条理清晰,语言流畅

概括答题要注意条理性,即答题的逻辑要清晰、严密,层次分明。无论概括要求的答题字数是多少,考生都要将概括的内容有条理、有次序地表述出来,同时要注意语言的通畅流利,让人读起来朗朗上口。

5. 简洁规范,概括性强

一方面,概括答题用词要规范,一般提倡多用说明性语言,少用祈使句,不用评论句。用词规范还要求考生在作答时尽量减少口语性语言,尽量使用规范、平实的用词。另一方面,概括答题的用词要简洁,要高度概括,答题时反映材料的文字要既全面又高度浓缩,反映本质,视觉上让阅卷人员一目了然,不能出现表述不清或者啰嗦重复的问题。此外,概括中亦不要描述具体的事件细节和过程,不描述事件的具体时间、地点、人物,在通常情况下也不要出现具体数字,以达到简明扼要的目的。

6. 文面整洁,标点准确,字迹工整,无错别字

这是对于答卷版面上的要求。考生在答卷时要尽量保持版面上的整洁,尽量少删改文字,字体工整美观,避免出现错别字的情况,否则有可能扣分。

7. 字数符合规定要求

考生要严格按照规定的字数答题,多于或少于规定字数的10%都会扣分。为了使自己的答题符合字数要求,减少考试时出现超字数或少字数的情况,考生应该在考前多做练习,使自己对字数多少有一个直观的感觉和经验,考试时才不会有偏差。

二、材料分析题的评分

(一) 评分标准

材料分析题目的评分参考标准(以20分为例)。

要求	量分幅度			
	满分	好	中等	差
分析具体、全面、深刻、辩证	13	13~9	9~6	6~0
有条理,逻辑性强	4	4~3	2	2~0
语句通顺,词汇丰富,文面整洁,字迹端正,无错别字,标点准确	2	根据要求,酌情给分		
字数为300字左右	1	超字或少字10%以上,酌情扣分		

（二）标准解读

从上表可以看出，理解分析类试题的采分点是：

（1）分析全面、深刻、具体、辩证在理解分析类试题中是得分重点，占65%；

（2）答题的条理性、逻辑性也有要求，占20%；

（3）语句通顺、词汇、字迹、字数也是考查的要求，一共占15%。

这同样说明一个问题：只要不胡编乱造，能够踩准整个题的采分点，在规定字数内表述，就能得到高分。

三、贯彻执行题的评分

贯彻执行试题出现较晚、考题不多，还处在发展初期，但2010年、2012年两年"国考"市级考试及部分省考均涉及此类题型，并且考题要求的作答字数相对稳定，都在400字以内，所占分值都是20分，试题一般是公文、方案、书信、讲话稿等应用文体。

（一）评分标准

贯彻执行类题目的评分参考标准（以20分为例）。

要　　求	量分幅度			
	满分	好	中等	差
符合文体，符合格式，符合身份，符合具体环境	6	6～4	4～2	2～0
内容具体，措施建议合理可行，条理清楚	10	10～8	8～4	4～0
语句通顺，用语得体，文面整洁，字迹端正，无错别字，标点准确	3	根据要求，酌情给分		
字数为400字左右	1	超字或少字10%以上，酌情扣分		

（二）标准解读

从上表可以看出，贯彻执行类试题的采分点是：

（1）符合文体，符合格式，符合身份，身份包括自身身份定位和执行相对方定位，在此类试题中得分占30%；

（2）内容上的具体、措施上的可行，以及答题的条理性、逻辑性的要求，是此类题型的得分重点，占50%；

（3）语句通顺、用语得体、文面、字迹、标点也是考查的要求，一共占15%；

（4）字数也是考查的要求，占5%。

从整个题的采分点可以看出，这类试题考生要考虑身份、文体、内容的可行性以及语言、文面等方面。

四、对策制定题的评分

（一）评分标准

提出对策的评分参考标准（以20分为例）。

要　　求	量分幅度			
	满分	好	中等	差
观点明确，内容具体，有针对性	6	6～4	4～2	2～0
方法、措施适宜，有可行性	6	6～4	4～2	2～0
叙述逻辑性强，有条理性	3	3	2	1～0
结构完整，有层次性	2	2	1	0
文面整洁，句子顺畅，标点准确，词汇丰富，字迹端正，无错别字	2	根据要求，酌情给分		
字数为350字左右	1	超字或少字10%以上，酌情扣分		

（二）标准解读

从上表可以看出，对策类试题的采分点是：

（1）针对性最重要，占据大约30%左右的得分。这里的针对性包括两个方面的含义：其一，是指对策方案应该与所给定材料的倾向性相吻合。申论给定的材料都反映了某种社会问题，并设定了解决问题的倾向。应试者所提供的对策方案必须结合给定材料涉及的范围和条件，与这种倾向性相一致。其二，是指对策方案要紧紧围绕前面概括材料所提出的主要问题，切中要害。

（2）可行性也是对策类试题的重要采分点，同样占据30%左右的得分。可行性是指：对策要明确执行主体，即制订出来的方案由谁去执行；对策要明确执行步骤，即制订出来的对策方案怎样执行；对策要明确执行的时效，即制订出来的对策方案何时实施；对策要明确执行的条件，即制订出来的对策方案在什么条件下实施。

（3）逻辑性占据15%左右的得分。逻辑性是指对策结构严谨、逻辑清晰，总括句与阐述句之间、阐述句与阐述句之间要有内在的逻辑联系，各部分之间严密周详，无懈可击。

（4）层次性占据10%左右的得分。层次性是指要按照一定的逻辑结构加工、整理对策。单条对策结构模式：主旨句+具体阐述（主体+手段、内容+客体+目的）；整体对策结构最好采用：对策铺垫（写在对策主体部分之前的话）+对策的展开（具体阐述各种对策的部分），这样层次清楚。

（5）字数、句子顺畅度、词汇丰富度、字迹共占15%。指字数、文面、句子、标点、字迹、错别字都是考查对象。

分析完这些应该明白，只要对策针对性强、可行、有逻辑，就是一个很不错的答案。考生要摒弃一种观念：觉得自己语文不好，就写不好对策。只要认真准备，抓准考试内容的本质就能得高分。

五、论证行文题的评分

（一）评分标准

论证题评分细则（以40分为例）。

档次项目	内容	语言	结构	卷面	分数
一类文	观点鲜明、准确，见解新颖独到，思想深刻，逻辑严谨，充分联系实际和给定资料，论述翔实，分析详细，对策合理且具有较强的可行性，字数符合题目要求。	语言简洁、流畅、得体、规范、生动，运用多种表达方式且运用恰当，无语病。	结构完整，条理清晰，详略得当。	书写规范、工整，格式标准，无错别字，标点正确，卷面整洁、美观。	33～40分
二类文	观点明确、合理，见解比较深刻，符合内在逻辑，能够联系实际和给定资料，论述分析有理有据，对策合理，字数符合题目要求。	语言通畅，运用两种以上表达方式且运用得当，语病较少。	结构完整，条理清楚。	书写规范、工整，格式正确，基本无错别字和标点错误，卷面整洁。	25～32分
三类文	有观点且观点正确，未偏离给定资料主题，有分析，有对策，字数与题目要求相差不超过5%。	语言欠通顺，表达方式运用单一但得当，有明显语病且较多。	文章有题目、有开头、有结尾。	书写可以辨认，文面错误较少。	17～24分
四类文	脱离材料另起炉灶，难以找到文章观点，有观点但无解释、分析，背诵事先预备的范文，大量摘抄原文，字数与题目要求相差超过5%。（凡符合其中任意一项者，均在本等级记分）	语句基本不通，不知所云。	缺少题目或结尾，结构混乱，不分段落或标点。	字迹潦草、难以辨认，卷面修改、涂抹较严重。	16分以下

（二）标准解读

从上表可以看出，论证行文题的采分点是：

（1）内容上：从观点鲜明度、见解新颖度、思想深浅度、逻辑严谨度、是否联系实际和给定资料、是否论证翔实，对策是否合理且具有较强的可行性，字数是否符合题目要求等方面给分。

（2）语言上：从语言是否简洁、流畅、得体、规范、生动，是否能够运用多种表达方式，是否有语病等方面给分。

（3）结构上：从结构是否完整，条理是否清晰，详略是否得当方面酌情给分。

（4）卷面上：从书写是否规范、工整，格式是否标准，是否有错别字，标点是否正确，卷面是否整洁、美观来给分。

思考与练习三

一、思考题

（一）申论命题的原则是什么？

（二）题料选择有何原则？

（三）内容概括题、理解分析题、提出对策题、文章写作题各有哪些类型？

（四）内容概括题、理解分析题、贯彻执行题、提出对策题、文章写作题各有什么作答原则？

二、练习

以2013年"国考"市级试题为例，练习自己的各项答题能力。

（一）如何做好基层文化建设工作，直接关系到中华民族传统文化的继承与弘扬，请你谈谈"给定资料（一）～（三）"对做好这方面工作有哪些启示。(20分)

要求：紧扣"给定资料"，条理清楚。不超过300字。

（二）根据"给定资料（四）～（六）"，请你概括目前汉语生态环境面临的主要问题。(15分)

要求：紧扣"给定资料"，条理清楚，全面、准确。不超过200字。

（三）根据"给定资料（七）"，指出法国在保护本国文化方面有哪些做法值得借鉴。(10分)

要求：条理清楚，全面、准确。不超过300字。

（四）假如你是H县文化局的干部，要在有村官和社区工作人员参加的培训班上做一次关于繁荣和发展社会主义文化的讲座，综合"给定资料（八）"中提供的信息，你认为应该重点讲哪几方面的内容？(20分)

要求：紧扣"给定资料"，分条作答，观点明确，有针对性，不得摘抄原文。不超过300字。

（五）请以"让……大放异彩"为题，写一篇内容充实的文章。(35分)

要求：

1. 用恰当的文字替换"让……大放异彩"中的省略号部分，使之构成一个完整、具体的文章标题。

2. 主题应与"给定资料"相关，但素材不必拘泥于"给定资料"，要结合生活中的具体感受，切忌空谈对策。

3. 观点鲜明，结构完整，语言流畅。

4. 总字数为800～1000字。

第四章 答题技巧

第一节 内容概括

一、认真审题

认真审题，包括认真审读题干和看清作答要求。

（一）认真审读题干

申论各题干的文字都不长，但都必须认真对待，对于其中任何一个提法，乃至每一词、每一字都应当认真审视，决不可马马虎虎，掉以轻心。例如，中央、国家机关2000年和2001年申论试卷的第1题都属于概括题，但两者题干的表述有所不同，前者是"概括出给定资料反映的主要问题"，后者是"有条理地概述这些材料的主要内容"。一个是要求把给定资料所反映的主要问题抓取出来，加以概括；一个是要求把给定资料所反映的主要情况梳理清楚，予以概述。像"概括问题""概述内容"这么一类的提法，一定要区分清楚；否则，答题的指向性就不明确，结果费了半天的事却不符合要求。又例如，中央、国家机关2006年申论试卷的第（一）题题干——假设你是一位新录用的公务员，请用不超过500字的篇幅，概述D部长谈话的主要内容，以供领导审阅。这里的"以供领导审阅"的话，其实是对作答形式的要求，即要求应试者以机关内部呈报材料的形式作答：开头要有称呼——"××领导："；后面要有结尾语——"请审阅。"；最后要有落款——"秘书：××"或"××办公室（科、处）"，以及年、月、日。可是，许多应试者都忽视了"以供领导审阅"的话，回答成"D部长谈话的主要内容如下：……"，这当然在文体形式上不符合要求。

从近年的命题趋势来看，认真阅读题干、领会命题者意图是能否准确解题的关键。但是，目前考前辅导培训惯常使用的方法却是将题干"题型化"，将答题"模式化"，往往忽视题干的具体提法，严重误导了考生，使其迷失了正确的解题方向，结果往往是"下笔千言、离题万里",得分很低。请看2010年中央、国家机关公务员录用考试【市（地）以下综合管理类和行政执法类】申论第（一）题的第一小题：

《渤海碧海行动计划》近期目标难以实现有多方面的原因。请依据"给定资料（一）"分别进行概括。（10分）

要求：准确、全面。不超过200字。

相应的给定资料：

（一）海洋是人类家园的组成部分，为人类社会的发展提供了丰富而宝贵的资源。海洋资源包括旅游、可再生能源、油气、渔业、港口和海水六大类。我国海域内，有海洋生物2万多种，其中，海洋鱼类3000多种。天然气资源量14万亿立方米，滨海砂矿资源储量31亿吨，海洋可再生源理论蕴藏量6.3亿千瓦。海洋石油资源量约240亿吨。

随着工业化、城市化的快速发展和人口数量的增长，全球海洋污染愈益严重。海洋污染的治理难度非常大，特别是像渤海这样的内海。海水封闭性强，自身交换能力差，一旦污染，它的自我更新周期至少需要15年。渤海素有我国"鱼仓""盐仓"和"海洋公园"的美誉，但近30年来污染加剧，情况堪忧。调查显示，1983年渤海鱼类有63种，2004年只有30种，带鱼、鲕鱼、真鲷、银鲳等几乎绝迹。2000年至2007年，渤海发展赤潮灾害87次，累计赤潮面积2.05万平方千米。

2001年，国务院正式批准由国家环保总局、国家海洋局、交通部等有关部门和天津、河北、辽宁、山东四省市联合制订的《渤海碧海行动计划》（以下简称《碧海计划》），旨在促使渤海近岸域海洋环境质量的改善，努力实现海洋生态环境良性循环。《碧海计划》总投资500多亿元，实现项目427个，主要包括城市污水处理、海上污染应急、海岸生态建设、船舶污染治理等内容。实施区域包括天津、河北、辽宁、山东辖区内的13个沿海城市和渤海海域，以每5年为一个阶段实施。近岸海域环境保护拟分阶段推进，分为近期、中期和远期目标。2001年至2005年要实现的近期目标是：渤海海域环境污染得到初步控制，生态破坏的趋势得到初步缓解。

科学调查与监测结果证明，陆源污染对渤海威胁最大，入海河流流域周边的生活污水、工业废水、农药及化肥污染是三大陆源污染源；此外，船舶石油泄漏、海上石油开采和海水养殖中的添加剂也会对海洋造成严重污染。在近期治理阶段，为遏制陆源排污，做了大量工作，但我国四大海区中，渤海沿岸超标排放的入海排污口最多，比例高达90%以上。渤海沿岸有分属在三省一市的13个城市，渔、盐、农、航运、石油、旅游、工业等众多行业在渤海进行经济开发活动，海洋、环保、农业、交通等政府管理的不管治理，管治理的管不了排污。众多主体分享渤海的环境效益与经济效益，这就使渤海成为典型的"公地"，直接影响沿海地方政府治理的积极性，造成治理工作效率低下。《渤海计划》只是一个政策性文件，不具有法律强制性效应，执行过程中，难以借助法律手段实现管理体系、监测体系、投资体系、统计体系、评价体系的对接统一，这也直接影响了治理的效果，有关权威部门发布的2004年渤海环境质量公报显示：污染范围比上年扩大。未达到清洁海域水质标准的面积约2.7万平方千米，较上年面积增加约0.6万平方千米，占渤海总面积的35%。其中，轻度污染、中度污染和严重污染海域面积较上年分别增加了44%、56%和57%，污染程度明显加重。近几年的连续监测结果显示，进入21世纪以后，渤海环境污染仍未得到有效控制，轻度、中度和严重污染海域面积呈上升趋势。显然，《碧海计划》近期目标难以如期实现，但是很多专家也指出，不能否定实施《碧海计划》的积极意义，它毕竟为其后《海渤环境保护总体规划（2008—2020年)》的制定提供了可借鉴的经验教训。

2008年11月，国务院批准了《渤海环境保护总体规划（2008—2020年)》。该规划确定了加强重点环节和关键领域保护与防治，建立渤海污染与生态保护系统，面源点源治防联动，建立陆域污染源控制和综合治理系统，全面实施节水治污战略，建立流域水资源和水环境综合管理与整治系统等五大主要建设任务，体现了渤海环境保护任务的综合性、战略性与长期性。并强调在海洋开发过程中，全面推进节水、节能、节地、节材和综合利用，确保引进项目为低耗、低排放、低污染和高效益的企业和产品，促使海洋环境的可持续利用。

对于这样一道题，很多学生的思维脉络往往十分简单：题目要求做什么？——概括；概括什么？——概括原因；怎么概括？——去材料里找；怎么找？——前面有"因为"等关键字的就是原因。问题恰恰出在这里：应试者最敏感的是题型，而不是题干；并不是按照命题者的意图去找答题要点，而是按照所学的一些"方法""工具"去找，盲目性不可避免。因此，打破模式化思维，重新审视题干的重要性就不言而喻了。

本题的题干是：《渤海碧海行动计划》近期目标难以实现有多方面的原因。请依据"给定资料（一）"分别进行概括。如果按照模式化的解题思路，会过度看重题型，认为这就是一道概括题，从而忽视题干的要求，无视究竟要概括什么，只是简单地把表象型原因理解为"问题的原因"，而把"问题"又模糊地理解为"污染"，最终把题干简单地理解为"概括污染的原因"。结果在具体解题时对相关要点模棱两可、取舍失当。比如，材料中两处画线的句子，究竟是不是这道题的答题要点，就很值得我们剖析。

其实，"原因"是"《渤海碧海行动计划》近期目标难以实现的原因"，要搞清楚这个"原因"，首先必须厘清什么是"《渤海碧海行动计划》近期目标"。材料第三自然段提到：2001年至2005年要实现的近期目标是：渤海海域环境污染得到初步控制，生态破坏的趋势得到初步缓解。因此，这里的"原因"应该理解为"渤海海域环境污染未得到初步控制，生态破坏的趋势未得到缓解"的"原因"。简单地说，并不是概括"污染的原因"，而是概括"污染难以控制和生态破坏的趋势难以缓解的原因"。

再看看两个画线的句子，它们其实都属于导致渤海流域严重污染的原因，而根据材料来看，导致渤海污染状况难以控制和生态破坏的趋势难以缓解的原因大概有这样几个方面：

第一，渤海是内海，封闭性强，海水交换能力差，自我更新周期长（自然原因）。

第二，渤海沿岸超标排污口众多，积重难返（人为原因）。

第三，渤海沿岸行政主体与行业众多，地方政府和职能部门多头管理，难以进行海陆一体化的综合治理（政府客观原因）。

第四，众多主体分享渤海产生的效益，影响了沿海地方政府治理的积极性，治理工作效率低（政府主观原因）。

第五，《渤海计划》是政策性文件，不具有法律强制性，执行过程中难以借助法律手段，治理的效果欠佳（政策原因）。

从以上解题过程来看，考生只有准确领会了命题者的意图，才能有正确、清晰的破题方向和解题思路，才能最终得出准确、全面或较准确、全面的答案。

（二）看清作答要求

如果说，现在的考生在实战中往往忽视题干中的某个或某些重要概念，以致曲解命题者的意图，那么，同样重要的作答"要求"（申论试题的题干之后往往都有这一项）甚至到了"无人问津"的地步。申论的作答要求往往较为具体、细致，从实际情况来看，即使考生明确了破题的方向，找到了答题的要点，但如果不能按照作答要求将这些要点组合成合乎规范的答案，也是难以得到较高分数的。请看下面两道试题：

2011年中央国家机关公务员录用考试【市（地）以下综合管理类和行政执法类】申论第（一）题：

认真阅读"给定资料"，简要回答下面两题。(20分)

"给定资料（一）"和"给定资料（二）"集中反映了进城务工人员随迁子女受教育的诸多问题。请根据这两则资料，对这些问题的具体表现进行概括和归纳。(10分)

要求：准确、全面、有条理。不超过200字。

2010年9月18日十一省份公务员录用联合考试申论第一题：

认真阅读给定资料，简要概括山西省煤炭资源整合过程中出现的几种主要争议。(15分)

要求：简洁，准确。200字以内。

从题型上看，虽然两道题都属于概括题的范畴，但在具体要求上，却有较大差异：第一，范围上的差异：前一道题针对部分材料，即"给定资料（一）、（二）"；后一道题针对全部材料。第二，操作上的差异：前一道题要求"概括和归纳"，后一道题则只要求"概括"。第三，形式上的差异：前一道题要求"准确、全面、有条理"，而后一道题则没有"条理"上的要求。

这里重点讲讲"形式上的差异"。其实"有条理"在申论作答要求中并不少见，但是少有考生认真思考其具体所指。就这两题而言，后一题要求答案以要点形式呈现，而前一道题则要求考生在抓住答题要点的基础上，分层分类进行"归纳"，而这些"层"与"类"之间应该有逻辑上的"并列"或"递进"等关系，故这种"有条理"的要求实质上是对考生逻辑思维缜密性的考查。从教学实践中看，很多考生不能准确理解这种要求，导致给出的答案只是要点的罗列，结果得分较低。

作答要求中关于作答字数的规定也很重要，同样不能忽视。因为该规定其实就是对应试者归纳概括能力和文字表达能力的要求。规定不得超过（不多于），超过（多于）了当然就要扣分；规定不得少于，少了当然也要扣分。不过，"超过"或"少于"的幅度在10%以内的，一般不会扣分。规定在多少字"左右"的，这个"左右"的幅度通常也是10%。突破了10%，特别是"左"突破了10%，也要扣分。

（三）明确概括类型

所谓概括，就是把比较复杂的事物用简明、扼要的语句加以表述，对事物的共同特点加以归结。概括是认识过程，是从具体到抽象的一种表现形式，它是以准确而科学的分析能力为前提和条件的。

概括题型是近年来公务员录用考试申论科目的常考题型，2010年以来，题干的设置更具深意，对考生把握命题意图的要求逐年提升。但是，由于考生的忽视，竟然往往使得"常考题"成为"常错题"。

从以往的申论试题来看，申论所要求的概括大致可分为两种基本类型：概括内容和概括问题。

1. 概括内容

概括内容的题型，主要是测查考生的综合概括能力。它要求考生按照特定的要求，概括出全部材料或部分材料的主要内容。这里所讲的综合概括能力，实际上与阅读理解能力很难截然分开，因为不论是全部材料还是部分材料，要想提炼出其主要内容，都需要考生经历分析、梳理、遴选、归纳、概括的系统化过程，对考生的阅读能力、分析能力、逻辑思维能力要求极高。

1）概括主要内容

请阅读本书附录2006年中央、国家机关公务员录用考试申论第（一）题（见教材第290~296页）。

这一试题与往年相比，给人一种耳目一新的感觉，因为它采用了全新的网络访谈形式，这是以前的申论考试中没有出现过的。同时它的篇幅达到了7000多字，阅读量和写作量也大大增加了。尤其是第一题，它要求考生对D部长的全部谈话进行概括，作答的工作量非常大。

本题的题干是：

假设你是一位新录用的公务员，请用不超过500字的篇幅，概述D部长谈话的主要内容，以供领导审阅。

它要求考生：首先，要进行从考生到公务员的角色转换；其次，要注意控制作答文字的篇幅；再次，要注意作答文字格式的规范和语言的得体，符合机关文稿的写作要求；同时还要注意，既然是要求概括主要内容，那就要分清主次，不能"眉毛胡子一把抓"。概括D部长谈话的主要内容，既要源于谈话内容，又要注意把D部长谈话的内容与主持人和网友的观点区别开来。

下面是一份阅卷评分参考样卷：

近日，就突发公共事件及相关问题，D部长与网友进行了交流，其谈话要点如下：

1. 突发公共事件不是一般的事故，原因可归结为自然和社会两个方面，建立一套应对各种自然、人为的相关事故的程序，可使一般事故通常不会演变为突发公共事件。

2. 当前我国的突发公共事件主要是社会根源性的突发公共事件，建立一整套工作原则、组织体系和协调机制对于应对突发公共事件至关重要；就业是当前面临的最大社会问题，实现充分就业和完善社会保障制度，有利于化解社会风险。

3. "非典"事件说明我国的公共卫生防疫体制有待完善，但事实证明，我国党政统一的领导体制和动员机制非常有效，所以才在较短的时间内实现了对疫情的控制与消除。

4. 一个国家总是要有一定富余财力，才能应对各种突发公共事件，但是国家的强弱不是有效处置突发公共事件的充要条件，动员体制和应急机制也至关重要。

> 5. 为应付和预防各种灾害而付出的物质代价，实质也是一种浪费，只不过这种浪费不是腐败所致，而是自然原因所迫，是可以容忍的。
> 6. 建立突发公共事件的应急预案可保证经济发展的连续性；应对突发公共事件主要是政府的责任，各利益集团在面对突发公共事件时要以大局为重；应对突发公共事件的普及性常识教育是必要的。

这份答卷应该说是基本符合要求的。首先，概括得比较全面，没有遗漏重要信息；其次，概括的内容准确，均是 D 部长谈话的内容，正确反映了 D 部长在与网友交谈时的基本立场和观点；再次，答卷结构采用总分式，并且分条列点地进行了概述，层次较为清晰；最后，答卷的语言较为得体、恰当，篇幅也有效地控制在了 500 字以内。该卷的美中不足就是格式不符合要求，不适宜直接作为供领导审阅的材料。

同一类型的题目还有 2011 年 4 月 24 日十七省份公务员录用联合考试申论试卷：

根据"给定资料"，概括说明人口普查要掌握我国人口哪些方面的基本信息？并分析指出，掌握这些信息对我国经济社会发展的重要意义。(20 分)

要求：准确、全面。不超过 400 字。

这道题的第一问也是要求考生依据全部材料进行概括，概括出人口普查的主要内容（即需掌握的人口方面的基本信息）。与 2006 年试题最大的不同是作答文字不是机关公务公文，故在格式上没有什么要求，只需分点写出信息即可。

2）概括部分内容

请阅读本书附录 2007 年中央、国家机关公务员录用考试申论第（一）题：

根据"给定材料（一）、（二）"的内容，整理一份供有关负责同志参阅的材料。(30 分)

要求：概述全面，观点鲜明，条理清楚，语言流畅。不超过 500 字。

相应的给定资料：

（一）河北省会石家庄市西北的北焦村，是市二环路内 45 个城中村之一，1200 多户、3000 多人，一些外地人在村里租房做生意，多数村民靠收房租生活。

1968 年 2 月，河北省会从保定迁至石家庄，市区迅猛扩张，近郊土地被征用的速度急剧加快，修铁路、盖生活区、建机关、厂矿、医院、学校，都在征地。71 岁的原村支书陈某说，当时土地征用，政府不给钱，但一亩地拨 2～3 个名额给村民，身份由农民转为工人。改革开放以后，国家征地越来越多。省政府的外贸、内贸、轻工业和化工等七个厅局级机关先后来到北焦村扎寨，村中布满机关宿舍，北焦村因此号称七局宿舍。

1975 年，陈某还是生产大队长，他记得 20 世纪 70 年代开始国家征地油料补贴，这些补贴主要归生产大队，用于发展集体企业，村民进企业做工，北焦村靠土地补贴盖起了旅馆、商店，办起了塑料厂、鞋厂等 20 多家企业。

当时国家规定土地按征用前三年平均产值来补偿，补偿分为土地补贴，劳动力补贴和青苗补贴三种。1971 年，1 亩地补贴 240 元；1976 年，每年 1 亩补贴 1000 元。陈某说，补贴增加是因为村民改种粮食为种蔬菜，土地产值增加了。

1986年陈卸任时，北焦村还剩下三四百亩地。之后，北焦村剩余农地陆续征用，目前只有30多亩自留地，供村民种点菜，但多半荒草丛生。

《财经时报》2004年报道，中国过去10年间转让土地达一亿亩。《中国改革》杂志2004年引用一项调查表明，被征用土地的收益分配大致是：地方政府占20%～30%，企业40%～50%，村级组织25%～30%，农民仅占5%～10%。地方政府采取强制性土地征用政策被媒体大力地宣传，在商业利益和政府双重利益的驱动下，城郊农民大量失地，而不法之徒也由此以权力寻租。

从北焦村乘车行驶不到半小时，可到达西营村。西营村处在石家庄市城市地下水源一级保护区内，工厂不让进，企业也不让进。但2002年8月经省里特批河北政法职业学院准备在石家庄市北郊征用土地新建校区。

西营村村委会主任杨某说，当时为了争夺学校进村，其他村都相互压价，贱卖土地。最后，学院倾向于在西营村征地920亩。2003年西营村党支部和村委会决定对学院征地一事进行民意测验，89%的村民同意征地，11%的村民不同意征地。村党支部和村委会据此成立谈判小组，与学院正式谈判。双方达成的结果是：学院为每亩地支付征地补偿费7万元，还有其他补偿。

但在2004年4月一份集体上访的材料上，至少有360多名村民签字画押反对上述征地方案。西营村现有村民2000人左右，反对者占18%以上。按《村委会组织法》的规定，涉及村民利益的重大事项，村委会必须提请村民会议讨论决定，方可办理；有十分之一以上的村民提议，也应当召集村民会议。

该建设被确定为河北省2004年重点建设项目。3月，省国土资源厅和石家庄市政府同意该项目进行工程用地的前期准备工作。但为平整土地，学院和村委会跟村民多次发生冲突。结果是学院派施工人员用履带拖拉机将土地推平，村委会派人把耕地下面用来灌溉的地下水道挖断，致使大部分耕地闲置至今。学院原定2004年9月新生入住新校区，而到了11月，还未破土动工。

眼瞅着十几亩的果树一棵一棵干死，村民高某很心疼。100多亩蔬菜大棚，菜秧都长出一寸了，他们说拆就拆。村民傅某说，一家5口共有5亩地，其中2.7亩被征用。他说，2.7亩地若种小麦和玉米，年收入有两千来元，种蔬菜年收入也有两三千元。5亩地一年收入一万来元，勉强够全家一年的开销。他说，家里的粮食，两个小孩上学，日常花费，都是从地里出，村里的一个企业也没着落。

据村委会主任杨某介绍，到10月，学院仅付款2350万元，只占总额的三分之一多。其中，2000万元平均分给2000多个村民，每人1万元，剩下300万元先由村委会保管。杨说，等省国土厅发布公告，征地款才能全部到账，到账后也将全部分给村民。现在村里欠每个村民2万元。

1998年修订的《土地管理法》规定，征用耕地的补偿费用包括土地的补偿费、安置补助费以及地上附着物和青苗的补偿费。土地补偿费，为该耕地被征用前3年平均年产值的6至十倍。安置补助费，按照需要安置的农业人口数计算，每人的补助标准为该耕地被征用前3年平均年产值的4至6倍。按照这个标准的最高倍数乘以2000元的亩产值，西营村村民每亩地最多获得土地补偿费2万元，安置补偿费1.2万元，总计3.2万元。

《土地管理法》还规定，依照上述规定支付土地补偿费和安置补助费，尚不能使需要安置的农民保持原有生活水平的，经省、自治区、直辖市人民政府批准，可以增加安置补助费。但是，土地补偿费和安置补助费的总和不得超过土地被征用前3年平均产值的30倍，则西营村村民每亩地最多可获得6万元补偿费。

如此计算，政法职业学院向西营村支付征地补偿费每亩7万元，似乎村民已经占了便宜。2003年4月，石家庄市政府公布了市区土地基准地价，将商业用地分为八级，一级每平方米为4723元，折合每亩94万多元；8级每平方米为497元，折合每亩99万多元。这意味着，西营村被征用土地所获得的补偿，比用于商业开发，每亩最低少29万元，最高少87万元。西营村部分村民一直想按照商业用地的市场价出让土地。但政法职业学院建新校区不属于商业用途，村民的愿望在现行法律和法规中找不到依据。事实上，村民没有权利为自己的土地定价。

西营村的情形在中国农村非常普遍。据社科院农村发展研究所提供的数据，从1990年到2002年，全国占用耕地4736万亩用于非农建设，今后每年非农建设用地仍需要250万~300万亩。这些非农建设用地主要集中在城郊农村，那里一般人均耕地不足0.7亩。每占用一亩耕地就会造成14人失去土地，依此推算，13年来至少有6630万农民失去了土地。

专家认为，由于征地补偿标准低，失地农民所获得的补偿不足以创业，政府又没有为他们建立合理的安置和社会保障制度。这些失地农民大都成了无地可种、无正式工作岗位、无社会保障的流民。而中国历史上的社会动荡，流民都成为隐患。

（二）北焦村的土地所剩无几，村办企业在20世纪90年代中期也相继破产。从2000年起，北焦村就陆续有村民上访，开始六七人，到现在已有几百人集体上访，累计上访1000多人次。石家庄长安区南高营镇西古城村，有关部门为搞土地开发，造成380亩耕地、菜地无法耕种，至今垃圾成堆，杂草丛生，已闲置了4年。村民上访无效后，自发组织起来，在耕种地旁搭了间瓦房，日夜轮流看守，反对圈占。

《土地管理法》规定，国家为了公共利益的需要，可以依法对集体土地实行征用。但大量营利性商业项目，都以公共利益的名义强制征用土地，从而引发农民的群体性上访和干群冲突。调查显示，农村土地纠纷已经取代税费争议而成为目前农民维权的焦点，严重影响农村的社会稳定和发展。一家长期研究农村问题的学术机构收集到2004年来发生的130起农村群体性突发事件，其中87起因土地问题引发，造成数百农民受伤，3人死亡。专家认为，土地是农民的生存保障，土地涉及巨额的经济利益，这就决定了土地争议具有对抗性和持久性的特征。

某研究农村经济问题的专家提出，农村城市化进程可以有两种选择：一种是将原有的集体经济组织全部解散，农民以独立的家庭个体进入城市经商、打工，但前提是必须实现公平分配；另一种保留原有的农村社区组织，并对产权制度和组织形成进行彻底改造，以适应城市化的进程。

2004年10月底，国务院下发了《关于深化改革严格土地管理的决定》，强调农用地转用和土地征收的审批权在国务院和省、自治区、直辖市政府，各省、自治区、直辖市政府不得违反法律和行政法规的规定下放土地审批权。该决定对农民最关注的征地补偿作了新承诺：土地补偿费和安置补助费的总和达到法定上限，尚不足以使被征地农民保持原有生活水平的，当地政府可以用国有土地有偿使用收入予以补贴。县级以上政府应当使被征地农民的长远生计有保障。这意味着各级政府要将土地出让金部分转移给被征地的农民。

部分媒体称这个决定是"土地新政"，并给予较高评价。但部分上访农民则有更高的期待。福建厦门市海沧区霞阳村的许某说，村里的3000多亩地都被征光了，他希望中央政府真正给农民土地所有权和使用权。政府要保障农民的经济权利，为农村经济发展服务，不要与农民争利，更不能把农民的土地抢走给开发商，他期望征地制度改革能让农民拿自己的土地直接进入市场交易。有的专家，倾向于根据土地使用性质，把土地转让市场区分为两大类进行交易，以保障农民得到应有的补偿。这位专家还指出，目前存在两级市场，政府对一级市场具有垄断权，土地交易先由国家或集体收回，再进入二级市场交易转让，这导致转让利益分配严重不均。

概括部分内容，通常是指依据部分材料进行梳理和概括。比如本题，与2006年"国考"申论题明显不同，它要求概括的材料篇幅较小，只涉及材料（一）和材料（二）。但这并不意味着此题的难度小，相反，事件、政策、法规和理论观点混杂其中的材料，让人很难把握材料的内在逻辑性。所以，如果考生只会依据材料的组成顺序进行分条列点式的概括，那么就很难达到"观点鲜明，条理清楚"的作答要求。

这两则材料有一个显著特点，即它所反映的问题单一而完整——农村土地征用问题。这就为我们作答本题提供了启示：从该问题的表现、影响、产生的原因和解决的对策这一逻辑关系出发，对材料（一）、（二）进行梳理、归纳和概括。

本题依然有写作情境上的要求，即"供有关负责同志参阅"。这一方面要求考生能够对相关情况作客观、精炼的概述；另一方面要求考生的概括做到宏观性和微观性、点与面的有机结合。请看这一题被评为一类卷的参照样卷：

> 现将我国农村土地征用问题的相关情况整理如下，以供有关负责同志参阅：
> 一、随着我国城市化进程的加快，农村征用土地的相关问题日益凸显。该问题能否妥善解决直接影响到农民生活、农村发展和农业稳定。
> 二、以河北省的两个村为例：（一）北焦村，几乎所有耕地都已被占用，仅余30多亩，但农民获得的补偿费用过低，无法弥补损失。失地农民不断上访。（二）西营村，村委会违反《农村委员会组织法》，贱卖土地，导致补偿费用低且难以及时到位，村民对此极为不满。
> 三、可以看出，改革开放以来，我国在农村土地征用上尚存在较多问题。主要表现为：（一）城郊耕地征用面积过大，造成耕地荒废。（二）政府低价征收、高价出售，从中获利。相关法律规定了补偿制度，但标准过低，又因为没有建立合理的安置和保障制度，失地农民在得到有限的经济补偿后，难以维持生计。有些地方还存在拖欠补偿费问题。（三）土地征用纠纷严重影响了社会稳定和发展。
> 四、我国政府已下发《关于深化改革严格土地管理的决定》，规范审批权，并对补偿作了新的承诺：补偿已达到法定上限仍不足以使被征地农民保持原有生活水平的，政府予以补贴。也有专家建议将土地转让市场区分为两大类进行交易，可以保障农民得到应有补偿。

此卷概述全面，且详略得当、观点鲜明、逻辑清晰、语言流畅，符合作答要求。此卷先概括说明材料涉及的主要问题及其影响，然后再以材料为依据分说各个具体方面，包括实际情况概述、问题表现、相关政策、对策建议等，思路明晰，层次清楚。总体上也符合由现象梳理问题，由问题分析原因，再根据原因提出建议的实际工作思路。

同一类型的题目还有：

2011年9月17日五省份公务员录用联合考试申论试题：

假定给定资料（一）～（六）是你在调查研究中获取的信息，请你依据这些资料归纳出一份情况汇报提纲，以供领导参阅。(20分)

2. 概括问题

概括问题与概括内容不同，它只需要考生给出部分信息点。需要强调的是，这里的"问题"是广义的"问题"：有时候它指的是问题的具体表现（现象）；有时候它指的是问题的本质（定义）；有时候它指的是问题的影响（影响）；有时候它指的是问题产生或严重存在的原因（原因）；有时候它指的是人们对问题的不同看法（观点）。

对此，请阅读本教材附录2009年中央、国家机关公务员录用考试申论第（一）题：

我国改革开放30年，取得了巨大成绩，也面临许多问题。请概述"给定材料"反映的我国当前经济发展要解决的主要问题。(20分)

要求：紧扣给定资料，全面、有条理，不必写成文章。不超过300字。

相应的给定资料：

（一）去年，胡锦涛总书记在中国共产党第十七次全国代表大会上的报告中指出，加快转变经济发展方式，推动产业结构优化升级，这是关系国民经济全局紧迫而重大的战略任务，要坚持走中国特色新型工业化道路，鼓励发展具有国际竞争力的大企业集团。同年5月1日，胡锦涛总书记在郑州煤矿机械集团有限公司考察时，肯定了该集团产品在国内市场、国际市场所取得的成绩，并进一步指出，我们要创品牌，让"郑煤机"的产品具有国际竞争力。

今年9月8日至10日，胡锦涛同志前往河南焦作市农村考察粮食生产，在玉米丰产示范田，询问乡亲们对国家惠农政策有什么要求。一位村民答，希望粮食价格提一点，政府补助多一点。总书记表示一定把这些意见带回去。他指出，发展粮食生产，一靠政策，二靠科技。在温县农科所，总书记勉励科技人员为粮食高产稳产进一步发挥作用。在焦作市隆丰粮食储备有限公司，总书记要求有关部门进一步把储备粮食管好。

9月30日，胡锦涛同志前往安徽考察。在滁州市凤阳县小岗村，他说："我要明确告诉乡亲们，以家庭承包经营为基础、统分结合的双层经营体制是党的农村政策的基石，不仅现有土地承包关系要保持稳定并长久不变，还要赋予农民更加充分而有保障的土地承包经营权。同时，要根据农民的意愿，允许农民以多种形式流转土地承包经营权，发展适度规模经营。"

党的十七届三中全会决议指出，当前国际形势继续发生深刻变化，我国改革发展进入关键阶段，我们要抓住和用好重要战略机遇期，把握农村改革这个重点，在统筹城乡改革上取得重大突破，给农村发展注入新的动力，为整个经济社会发展增添新的活力。

（二）今年10月，记者就广东产业转型问题进行专访，决策专家C先生说，改革开放以来，广东一直是我国经济发展的"排头兵"，它所取得的成绩是激动人心的。去年，广东的GDP达人民币30673亿元，经济总量首次超过台湾地区。这是广东继1998年超过新加坡、2003年超过中国香港之后，又一次超越"亚洲四小龙"，预计2010年到2012年间将超过韩国。这种变化是非常惊人的。一句话，广东的成功也是中国的成功。然而，广东问题也是中国的问题。广东的产业结构有硬伤。这种结构模式支持了过去二三十年广东以及东部沿海经济的快速成长，现在则遇到严峻挑战。在加工制造产业的发展中，过去30年主要是模仿国外早期的某种经济发展模式，"两头在外，中间加工。"比如广东的东莞，一段时间生产了全世界70%的电脑电源线，怎么生产的呢？无非是大量购买原材料，经过一道至数道工序制成零部件，组装成半成品，最后总装为成品卖到海外市场。在严格意义上说，东莞只是一个制造"车间"，而不是"工厂"。因为"工厂"对定价有决定权的会计和设计部门全在国外。结果，同一件衬衣在美国卖近百美元，而我们的出口价仅七八美元。

有关人士告诉记者，现代化重工业的启动将成为广东新一轮经济增长的重要特色，珠三角地区改革将利用湛江、汕头等地缘优势，向南拓展东盟合作，向东搭上台海经济合作快车。正在进行前期工作的湛江钢铁厂一期建设规模为钢产能1000万吨；广州南沙开发区中国船舶工业集团300万吨造船基地也已开工生产。此前广州地区船厂只能制造6万吨的船舶。广东省以轻工业起家，在改革开放初期，重工业增长一直处于较低水平。但近年来重工业投资持续增长，2002年全省重工业比重首次超过了轻工业。

在广东省近期公布的新十大工程规划中，规模庞大的高速轨道交通项目引人注目。湛江、汕头、韶关等相对边远地区与珠三角核心区之间的运输时间，将控制在两小时左右。2010年前后，湛钢到广州市铁路交通用时仅为1个半小时。这些，将珠三角传统的产业链条大大扩大，同时也将减少石油消耗及汽车尾气的排放。

（三）东莞某鞋厂的林老板，2003年来东莞办厂前，在台湾地区打拼了20多年。他说现在很糟，最近赔了几十万元。他已经不再接美国鞋子大卖场和贸易商的订单了，觉得风险太大。他给记者算了一笔账，2007年，受人民币升值、原材料上涨等影响，合计增加的成本超过20%。

"广东山区对我来说太陌生，我没有太大的兴趣内迁，到一个地方又得从头再来，需要很多时间。补给线拉得很长，对我来说将是致命的打击。"林老板这样回应记者提出的是否借这次广东产业转移的机会，内迁到粤西北山区投资的问题。

有朋友劝他将工厂迁移到越南。但林老板看得很清楚："越南劳动力缺乏，税收各方面跟这里差不多。我一些朋友搬到那里，也没好到哪里去，做几年我估计他们也会走。"当记者问林老板，有没有考虑走出低端化生存，增加企业的研发能力，推出高端产品，林老板有点无奈地笑着说："还没有这个能力。"

（四）"13年了，回想起来，当时的决定很正确。"作为香港电子集团董事、总经理徐老板一脸庆幸。他一再跟记者提起依然在东莞等地办厂的朋友们利润空间越来越小的尴尬境遇，庆幸自己提前13年向广东山区罗定市的迁移。

该电子集团1971年成立于香港，是电源供应器制造商。1988年，出于生产成本和人力资源两方面考虑，集团进入深圳宝安区开设工厂。但到1995年，徐老板发现深圳本地可供调配的资源越来越少，生产成本已经很高，于是决定将工厂迁入罗定。

1995年深圳已提出着重培育和引入高科技企业，加工生产型企业受到重视的程度越来越低。而罗定地区的综合生产成本要比珠三角和其他内陆城市低很多。集团迁到罗定后，劳动力成本减少了30%，运输成本只增加了5%，节约了25%的生产成本。另外，集团的产品过去主要是出口，但今年以来内销的部分有所增长。因此，将工厂迁到罗定，实际为这部分内销产品节省了不少物流成本。集团在罗定13年，从1亿元的规模发展到现在的

20亿元，以后还要扩大到40亿元的规模。徐老板到东南亚地区做过详细考察，他认为，不管人力还是其他各方面的资源支持，中国依然是最佳选择。

目前让徐老板最为头疼的是高级技工的缺乏。他建议市政府想办法把在珠三角务工的技术成熟的工人吸引回家乡就业，特别是吸引那些走出去的大学毕业生们回来建设家乡。

（五）无奈东莞在解放初期，属东江行政区管辖，1988年升格为地级市。当时，在成本上升的不断挤压下，香港繁荣了几十年的出口加工业迫切需要转移，一线之隔的广东成为首选。改革开放初期，广东采取简政放权措施，吸引外资的审查权下放给各个地级市，东莞则进一步把招商引资权下放到乡镇。凭借地缘优势、全国各地的廉价劳动力以及外资提供的资金、技术和管理经验，东莞迅速从一个无足轻重的农业县发展成为闻名国际的世界工厂。有个说法令东莞人自得不已，"不管在世界上什么地方下订单，都在东莞制造。"2007年，东莞的GDP达到了创纪录的3151亿元。东莞的经济奇迹，是中国近30年经济奇迹的典型代表。

其实，2004年后，东莞已面临巨大危机。先是"民工荒"，接着是人民币不断升值、出口退税政策调整等因素，增加了加工成本。由于"村自为战"，东莞土地的利用效率越来越低，无法整合，电和水的资源也很紧张，电厂污染也很厉害。在这一系列因素影响下，2007年，东莞出现了让人担忧的企业迁厂或倒闭现象。有关部门估计，倒闭、迁移或不辞而别的企业大概占总数的10%到20%。

种种迹象表明，"东莞模式"已到了不得不改的地步。但如何实现转型，目前还没有明确的路径。低水平的劳动力、旧产业离开东莞，高层次的劳动力、新产业从何而来？

有人认为，外资企业，特别是世界500强企业的技术水平比较高，他们会成为东莞转型的推动者。但也有人尖锐指出，外资企业是逐利而动的，哪里有利可图就到哪里去，不大可能费心费力地参与我们的自主创新。只有培养一批扎根本土的当地企业，才更有可能和本地经济同甘共苦。港资企业没有转型的历史，只会搬迁或倒闭；台资企业的设计、研发都在台湾地区，大陆只是制造部门而已。

某专家认为，东莞为了产业转型不断探索而仍不得其门而入，全国其他地方的"东莞化"却如火如荼地进行。长三角地区被人津津乐道的"昆山模式"，其实和"东莞模式"并无本质差别，只是引进的制造业相对环保、高端而已。其他地方，包括武汉、成都、重庆、天津这些城市的新特区，也不乏类似"东莞化"的克隆者。内地省区提出"欢迎沿海地区产业转移"之类口号，实非明智的选择。

（六）在日本战后经济崛起中，稻盛和夫是一位靠加工制造创业的著名企业家。他1932年出生于鹿儿岛一个贫寒之家，1959年与一批志同道合的年轻人聚集到一起，凭借自己研发的新型精密陶瓷原材料技术，在十几年间，便把一个小规模的工厂发展成一个大型跨国集团公司。

稻盛和夫说，早期，日本制造的产品在欧美市场的评价是：虽然便宜，却质量不好。他认为，没有技术开发上的革新就一定要碰壁，不断学习、创新，掌握世界最好的技术，这是日本经济能够持续发展到现在的关键所在。

1973年和1978年全球范围内出现两次石油危机，日元急剧升值，全面抬高了日本产品的生产成本和出口价格，过去曾以经济实惠驰名世界市场的日本产品，一下子变成了商品世界中的贵族。日本企业如何面对高成本的挑战呢？稻盛和夫说，当时订单减了一半，公司受到毁灭性的打击。他的办法就是跟员工一起共同克服这个难关。为了削减成本，员工们充分发挥智慧和才智，提出了很多改善的建议。当时日本政府曾经有一些支援，但更多的还是取决于企业自身的努力。重要的问题是，企业选择一个什么样的路径实现超越。困难，往往成为产业升级的一个最好的推进器。

（七）生产加工涉及的范围很广，如汽车、仪表、电器、电子、服装、鞋帽，以及医药、食品、粮油等等，几乎涵盖国计民生的各个方面。

有关人士指出，随着外资的进入，跨国公司在我国建立粮食加工企业，粮食流通领域的竞争会愈演愈烈。从一定意义上讲，这也能促进粮食加工业的体制改革，但迫切需要我们加强管理，尽快出台应对措施。在这个问题上，食用油加工业的情况发人深省。

同粮食市场不一样，我国食用油市场是一个开放的市场，许多油品和主要原材料从国外进口。Y集团是国外某大公司在华投资的以粮食加工为主的企业集团，也是国内最大的粮油加工集团，20世纪80年代在深圳蛇口设厂，为中国引进了小包装食用油的概念。此后十几年间，Y集团先后在深圳、青岛、天津、广州、上海、武汉、西安、成都等主要城市投资设厂和开设贸易公司，成为国际知名的粮油加工贸易商，成功塑造出一批著名品牌，为推动中国粮油行业发展作出了贡献。

随着城乡居民生活水平的不断提高，2000年以后，小包装食用油逐渐取代散装食用油成为市场主角，也成为整个食用油市场附加值最高、最赚钱的行业。有数据显示，Y集团国内小包装食用油的市场占有率超过50%。

令人关注的是，Y集团先后在中国累计投资40余家粮油食品以及相关的生产加工企业，经销商超过2000家，遍布全国400个大中城市，构成了在中国庞大的经销网络。有关人士认为，Y集团的利益扩张，使中国的粮油企业失去了一次千载难逢的市场机遇，换来一个无比强大的竞争对手。

（八）当前，粮食问题举世瞩目。联合国秘书长潘基文最近说，全世界新增加了1亿缺粮人口；粮农组织说，37个国家因粮价飙升而导致骚乱；今年4月，世界银行发表报告称，过去3年，国际市场小麦价格上涨181%，食品价格上涨83%。4月19日，全世界最不发达的49个国家发表联合声明，呼吁国际社会共同解决粮食危机。

阿根廷的潘帕斯地区素称世界级粮仓之一，人们一直坚信，那里肥沃的土地和充足的食物都是上帝赐给阿根廷人的礼物。但在现实的冲击面前，阿根廷政府不得不考虑再次提高大豆、玉米、小麦的出口关税。

莫尼克是埃及的一名清洁工，每月工资80美元。"带5美元去市场，只能买到3千克大米，剩不下几个钱，根本买不了其他东西。"莫尼克说，因为有好几个孩子要养活，她家里现在每天只吃一顿饭。

国际粮食市场的这一巨变，让很多大米进口国处境艰难，在菲律宾首都马尼拉市400家国营粮店门口，每天一早就排起等候的长队。由于粮食工作不力，H国总理在一片指责声中黯然下台。

（九）下面是记者就我国粮食问题对国家粮食局领导Z先生的采访摘录。

记者：您能不能介绍一下目前国家粮食库存的情况？

Z先生：这几年粮食供求是基本平衡的，因为连续几年大丰收，所以到年末库存相对稳定。国有粮食的销售，不算2008年的收购，也可销售1年多。

记者：现在有一种声音认为我们的粮库库存有假，您怎么看待这种声音？

Z先生：我们这几年的抽查，包括我们当前掌握的情况，都表明我们的粮食库存量是真实可靠的。

记者：人均耕地面积在减少，您对此怎么看？

Z先生：耕地是在减少，但党和国家对这个事情非常重视，18亿亩耕地的红线是不能破的，这是一个最基本的保证。18亿亩耕地，意味着我们能够保证粮食产量至少在1万亿斤以上，从现在的消费水平看，这能够让我们的粮食供求基本平衡。

记者：2008年大家对粮价问题都非常关心，您觉得粮价什么时候会见底，大概会是一个什么样的价格水平？

Z先生：2008年供求基本平衡，主要粮食品种小麦、稻谷、玉米供大于求。在这种情况下，粮价很难涨得很高，如果说出现了粮价涨得很高的情况，国家也一样有能力采取措施来平抑。我们有足够的库存，使价格保持基本稳定，对此我们很有信心，也请大家放心。但是对于有关部门来说，要解决好粮价问题，归根结底还是要想方设法提高农民种田的积极性。一方面要提高农民种田补贴，另一方面要通过技术手段调控好农业物资的价格。如果这两方面的问题解决好了，粮价问题或许根本算不上一个问题。

（十）据悉，今年我国粮食总产有望超过历史最高水平，实现改革开放以来首次连续5年增产。但某专家认为，我们绝不可高枕无忧。他说，从长期来看，我们必须清醒地意识到，农产品作为发达国家重要的金融工具，将一直被作为掠夺发展中国家的工具使用。伴随着生物能源大面积铺开的农产品价格上涨，就是明显的例子。美国前国务卿基辛格几十年前曾说："如果你控制了石油，你就控制住了所有国家；如果你控制了粮食，你就控制住了所有的人。"转基因产品，是美国控制粮食的手段之一。比如玉米，原产墨西哥，是当地人的主食，美国利用高科技手段研制出的转基因玉米大量进入墨西哥，结果是墨西哥农民必须向美国购买转基因玉米种子，而美国则把自己的转基因技术当成受保护的专利。这是要挟以此为生的其他国家农民的专利。

他认为，国内情况不容乐观。近年随着农资价格大幅上涨，农民的生产成本不断提高，越来越多的农民选择外出打工，致使大面积耕地荒废，我国农民的种粮意愿在下降。政府补贴赶不上化肥、农药等农资上涨的速度，今年，化肥与农药价格等均处于上涨期，即便在政府预算安排"三农"投入5625亿元的前提下，部分双季稻主产区仍有双季稻改种单季稻的趋势。

（十一）今年9月胡锦涛同志前往河南考察后，网上有作者发表了一篇谈粮价的文章。其中提出如下政策建议：

要鼓励粮食生产，基本的政策取向是提高粮价和补贴，降低农资成本。但种粮补贴受制于财政状况，不可能无限扩大。所以，粮价才是粮食政策的关键。对于增加农民收入而言，粮价上涨比增加补贴要实惠有效。按2007年的粮食产量，中央财政1028亿元的种粮补贴摊到每千克上为0.2元。也就是说，粮价每千克再上涨两毛，农民兄弟就能把从中央财政获得的种粮补贴挣回来。这两毛钱的涨幅，按2006年城镇居民人均消费75.92千克粮食来算，人均支出仅增加15.2元。如果每千克涨五毛呢，那么就可以增加农民收入2570亿元，而这换成财政补贴可能需要好几年才能实现。因此，只要粮价上去了，农资价格涨一点没关系，补贴低一点也没关系。

我们现在之所以不敢大幅提高粮价，是担忧粮价上涨影响低收入人群，其实这种担忧是不必要的。因为农民基本上不需要买粮，完全可以种粮来满足自己吃的需要。因此，真正受粮价上涨影响的是城镇居民，尤其是城镇居民中的低收入者。但这种影响完全可以通过补贴来避免，而且这种补贴，要远比种粮补贴少。我们可以测算一下，2006年城镇居民低收入户的人均粮食消费为78千克，按占城镇人口比例20%计，为11541万人。假设粮食价格每千克上涨0.2元，那么低收入人群每人增加粮食消费15.6元，如果这部分钱全部由财政来补贴，仅需18亿元，远远低于1028亿元的种粮补贴。即使财政给所有国人都补贴，上涨0.2元，也仅需支出200亿元，还是要比种粮补贴节约。

粮价上涨的受损者，一是政府。因补贴低收入人群而支付财政资金，但前面算过，规模不大，政府完全可以承受；二是城镇居民中的中、高收入人群。但这部分支出对他们的消费总支出来讲并不大，相信不会产生重大影响。农村支持城市那么多年了，现在确实该城市反哺农村了，提高粮价其实是效应最直接的一个反哺政策。

因此，在当前的政府框架中，提高粮价是关键之策、点睛之笔。

仔细分析就能看出这道题的"问题"有多层含义。这一题的给定资料非常有特点：一是内容新，紧紧扣住党的十七届三中全会会议精神，将"产业结构调整""土地经营权的合理流转"等热点问题融入资料之中。二是结构特点鲜明，采取了总分结构，以胡锦涛同志在党的十七大报告和调研中的有关讲话总领全文［材料（一）］，引出"加快转变经济发展方式，推动产业结构优化升级"这条主线；然后用大量的事实材料阐述了经济发展中两个方面的问题，即工业"产业升级"［材料（二）～（六）］和农业"粮食生产"［材料（七）～（十一）］。

所以，这里的问题有三个层次：第一层次，"经济发展方式亟待转变，产业结构尚不合理"；第二层次，工业"产业升级"和农业"粮食生产"；第三层次，如涉及"粮食生产"的深层次问题——"农民种粮积极性不高"等。

该题的要求是："紧扣给定资料，全面、有条理，不必写成文章。不超过300字。"全面首先指的就是第二层次的两个方面缺一不可；而有条理则是指三个层次之间的逻辑关系。

关于这一问题的概括请看评为12分以下的参照样卷：

> 调整产业结构，推动产业升级，改变高能耗、高污染、低产品附加值、低自主创新能力的粗放型增长方式，实现经济又好又快发展是我国当前面临的主要问题。以"东莞模式"为代表，我国一些地区和行业普遍存在产业结构单一、生产能力落后、自主创新能力薄弱、缺乏自有品牌和核心技术、对外依赖严重问题。这种不合理的结构不仅导致我国长期处在世界产业链的低端，在国际竞争中处于不利地位，而且付出了环境污染、资源消耗的高昂代价，难以支撑持续发展，甚至连保持经济自主权都成问题。因此，必须按照科学发展观要求，着力转变经济增长方式，增强自主创新能力，推动产业优化升级，提高我国产业的核心竞争力，努力实现经济又好又快发展。

从此卷可以看出，该考生具有一定的政策理论水平和文字功底，概述详略得当、语言精练、逻辑清晰、观点突出。遗憾的是，此卷只能得到低分，原因在于前述的三个层次问题，此卷只概述了第一部分和第二部分的一半，粮食生产只字未提，非常令人遗憾。

再请看一份得分较高的样卷：

> 产业结构不尽合理，企业自主创新能力不足，缺乏品牌意识，因此需要转变经济发展方式，推动产业结构优化升级；在"三农"问题方面，表现为受国际粮食危机冲击、农民

种粮积极性下降、农业产业结构不合理、产业化及市场化水平低等，因此要从政策、科技、投入、资源保障等多方面入手，着力提高农业综合生产能力，通过市场、调控、行政等多种方式推动粮食生产，确保我国粮食安全，构建支持促进粮食生产的长效机制。

此卷从表达的准确性和流畅性来看并不如前卷，但却得了较高的分数，原因就在于其全面性和条理性。我们看到，文中既有"产业结构不合理"等第一层次问题，也有"企业"和"三农"两个第二层次问题，更有"农民种粮积极性下降"等第三层次问题。唯一的遗憾是关于工业"产业升级"部分要点概括不全。

同样是"概括问题"，但有的题目中并没有直接出现"问题"二字。比如下面两例：

2008年中央、国家机关公务员录用考试申论第（一）题：

在怒江开发水电资源问题上有重大争议。请根据给定资料（一）～（八），指出争议的焦点是什么，并对主张怒江水电开发和反对怒江水电开发的理由分别加以概述。（20分）

要求：紧扣给定资料，全面、有条理，不必写成文章。不超过300字。

该题需要概述的是"理由"。什么是"理由"？这需要从分析入手去寻找。比如，反对怒江水电开发的人，他们一定是想到了这一工程可能带来的弊端，故持反对意见。所以，这里的"理由"实际上就是水电开发可能会带来的"问题"。

2010年9月18日十一省份公务员录用联合考试申论第一题：

认真阅读给定资料，简要概括山西省煤炭资源整合过程中出现的几种主要争议。（15分）

要求：简洁、准确。200字以内。

这也是一个比较新颖的题目：概括争议。"争议"并不是可以在材料中即见即得的，争议实际上就是对同一问题的不同看法，所以，最终还是落实到对相关问题的概括。本题中"争议"所针对的是"煤炭资源整合过程"中的"问题"。所以概括的对象应该具体为对某一具体问题的不同看法。

二、熟悉题料

（一）阅读题料的意义

申论试题总体上分为三大部分：第一部分叫"注意事项"，给应试者作答提出重要的指导性建议；第二部分叫"给定资料"，称之为"题料"，它是应试者答题的基本依据；第三部分叫"申论要求"，要求应试者在阅读给定资料的基础上完成若干题目。给定资料是答题的依据，因此，阅读资料这个环节是申论考试的基础性环节。这个环节虽然不需要用文字在答卷上直接反映出来，但是，它却是完成答题的前提条件。

例如，2008年"国考"申论第（一）题"并对主张怒江水电开发和反对怒江水电开发的理由分别加以概述"。其对应的材料有这么一段：

著名环保人士B女士根据有关统计数字指出，全国1600万水库移民现在仍有1000万人生活在贫困当中。她说，这1000万贫困移民都没有解决，我们有什么理由说怒江建坝就能改变怒江老百姓的贫困？怒江被人类学家认为是民族的走廊，说明有很多民族，有很多的传统，有各自的生活方式。B女士说，老百姓为什么喜欢在那里生活，为什么政府在沿江给他们盖房子他们不住，而要回到山上去？如果只看到了一个季节的怒江，而且根据几天的考察就认为老百姓不能在那里生活是欠缺考虑的。

很显然，B女士是不支持怒江水电开发的。那么，她的理由是什么呢？材料里有两句话：

第一，"著名环保人士B女士根据有关统计数字指出，全国1600万水库移民现在仍有1000万人生活在贫困当中。她说，这1000万贫困移民都没有解决，我们有什么理由说怒江建坝就能改变怒江老百姓的贫困？"读完这两句话，很多考生得出的结论是B女士不支持怒江水电开发的理由是"移民问题难以解决"。但这个结论错了，错就错在对这第二句话的阅读理解上。这第二句话是其中的重点，它是个反问句，表示加强肯定。所以该句对应的反对理由应该是"不能改变怒江老百姓的贫困"，而"移民问题"只是一个例证而已。

第二，"怒江被人类学家认为是民族的走廊，说明有很多民族，有很多的传统，有各自的生活方式。B女士说，老百姓为什么喜欢在那里生活，为什么政府在沿江给他们盖房子他们不住，而要回到山上去？"很多考生认为这里讲的是"民族问题"，但这一具有代表性的答案其实并不准确。因为B女士在这里强调的是"回到山上去"，即"移民回流"问题。而移民回流问题与"民族生活习惯"有关，更与"生活贫困"有关。

可见，不阅读资料或者没有读懂资料，就无法按照要求对资料进行概括、分析或说明，自然也就无法正确地答题了。阅读材料的重要意义可见一斑。

我们知道，平时的阅读，读的基本上是完整的文章，而申论考试要求应试者阅读的给定资料，却大都不是完整的文章，既无大标题，更无小标题，而且其排列乍一看还比较混乱，逻辑关系梳理起来相当困难。申论考试的时间有限，150分钟的时间可以有40分钟用来阅读。阅读重要，如何在有限的时间内高效阅读就更重要了。比如2006"国考"申论的给定资料，是开放式的网络交谈的记录稿，未经过文字疏通。全文近50个自然段，逾8000字，大部分考生都很难在规定的时间内读完，更勿论完全读懂了。究其原因，还是考生阅读理解的水平不够高。

再如2007年、2009年的"国考"试卷中，给定资料都采用了两部分的并列结构，如果不能明晰这一点，后面的解题过程就可能会有很大的困难。

（二）阅读题料的方法

前面提到，申论考试的时间有限，只有150分钟，要阅读5000字以上的材料，还要形成2000字左右的答案，成功的关键就在于合理、高效的阅读。

问到阅读材料的方法，很多考生回答说，最常用的方式就是"单刀切入法"：拿到试卷，逐段逐行逐字地阅读，遇到一些重要的语句就加以标注；用时大约40分钟甚至更长，把全文过一遍，然后开始做题。考生的态度不可谓不认真，阅读也不可谓不仔细、不充分，但是实际效果如何呢？大部分考生会有这样的感觉：真正到做题的时候，往往发现之前阅读的效果并不好，头脑近乎一片空白。

问题出在哪里呢？用一句诗来回答，就是"不识庐山真面目，只缘身在此山中"。申论材料的特点是篇幅长，信息量大，内在逻辑结构不明显，语言一般是公文话语。这样的材料考生平时很少接触。因此，在方向和目的不明确的情况下，想用40分钟的时间把相关信息点一网打尽，难度可想而知。刚开始阅读的时候，精力是高度集中的，但随着时间的推移，注意力会逐渐分散，开始走马观花了。所以效率会越来越低，往往看了后面，忘了前面。从另一个角度来看，这种阅读方式长于对信息点的捕获，却短于对全篇的结构和内在关系进行梳理，这样极易导致在利用信息点的时候出现偏差，以偏概全，或张冠李戴。同时也不利于发现材料反映的核心问题。

较好的阅读方式是分阶段阅读。申论试卷的"注意事项"中的确要求用"40分钟阅读材料"、"110分钟作答"，但并没有要求也不可能要求一定要把时间分为"阅读"和"做题"两段。所以我们不妨把两者有机结合。具体操作如下：

1. 略读

首先，用5分钟左右的时间，通览申论要求（即题目）。在这个过程中，要注意题干中的两个方面的信息：一是题目所针对的给定资料，看其针对是全部资料还是部分资料。例如，2007年"国考"申论第（一）题和第（二）题"根据'给定材料（一）、（二）'的内容，整理一份供有关负责同志参阅的材料"和"请结合'给定材料（三）～（七）'，谈谈对'持续土地利用管理'应从哪些方面评价"，就非常明显地提示考生资料（一）～（二）和（三）～（七）是两个独立的部分，它们之间的关系是并列关系。因此，可以把它们分开来阅读。二是关键性词语。例如，"请结合'给定材料（三）～（七）'，谈谈对'持续土地利用管理'应从哪些方面评价"，这就等于告诉考生给定资料（三）～（七）反映的就是"土地的可持续利用"这个主题。

然后，用20分钟左右的时间快速浏览全文［先浏览资料（一）～（二），再浏览资料（三）～（七）］，了解每段的段落大意，并看清段与段之间的内在逻辑关系，进而掌握各部分资料的内在结构和它所反映的核心问题。常见的结构大概有两种：① 横向结构，如2007年"国考"申论材料的并列结构和2009年"国考"申论材料的总分结构。② 纵向结构，如2008年"国考"申论材料的"提出问题，分析问题，解决问题"的结构。近年来申论试卷的材料结构比较固定，大体上都是多事件并列的一种横向结构。明确材料的结构对于快速阅读理解和全面、准确、有条理地进行概括、归纳都具有极大意义。另外，在整个阅读过程中，还要特别关注一些政策性段落和领导人讲话，因为它们往往是对核心问题的揭示。

2. 精读

阅读的最终目的是为了解题，所以严格来说，阅读和解题并不能截然分开。因此，阅读的第二个阶段——精读应该结合做题来进行。只有在题目要求的指引下，对材料的阅读和处理才会更有针对性，效率也才会更高。

关于精读的读法，当前依然有很多陈旧的观点。例如：

精读第一遍，主要查找第一道题（多为概括内容要点）的素材和线索。这就是"关键词提示法"。这种方法的主要内容，是在精读时，注意一些敏感的词汇的提示，如"状况""情况""态势""特点""实质""前景""据某媒体报道""某领导指出""据数字显示"等。这些词汇后面紧接着的内容，即是对词汇内容的展开和说明，即我们所要找到的对资料要点的表述。

精读第二遍，主要查找资料提出的主要问题或某个具体问题产生的原因方面的线索。在查找时，重点放在"主要问题"产生的原因还是"具体问题"产生的原因，应视试题要求而定。在阅读时，要注意"原因""直接原因""根本原因"等关键词，这些词后面的内容，一般即是"原因"的内容所在。

精读第三遍，主要查找资料中解决主要问题所提出的有关对策的线索。这些"对策"的内容，一般集中在某一段落中阐述，在其他段落中有零星内容。在查找"对策"时，要注意"措施""办法""做法""方针政策""必须……""要……""将……"等词汇后面的内容，这些内容可能就是对"对策"具体内容的证明。

按"要点""原因""对策"顺序先后，分别对这三方面提炼出的素材和线索进行归类和梳理，使之条理化；然后，在此基础上，分别对以上三方面的内容，加以联想和发挥，以补充资料给定素材内容的不足。其实，"要点""原因""对策"三方面的内容，即是试题的主要要求："要点"往往是第一题的要求；"原因"是第二题的内容（现在经常单独出题考查"原因"）；而第三题的文章写作，往往离不开"原因"和"对策"两个重要内容。就目前考试情况来说，不论试题如何出，其答案往往离不开"要点""原因""对策"这三大方面。——摘自某培训机构的网站

这其实不是在"读"，而是在机械地"筛"，不论资料讲的是什么，只凭符号化的所谓"关键字"进行挑选，实际上还是胡子眉毛一把抓的盲目做法。在学习了这种方法后，考生很难再去独立思考题干的针对性问题，通常都是直接把这些要点罗列成所谓答案。不作梳理、取舍，反而自我安慰"要全面"，"采点给分，多写不要紧"。

其实，现在的申论给定资料中，这些所谓"关键词"越来越少，这种皇帝新衣般的思维方式非常值得考生们警惕。

究竟什么是精读？其实可以这样理解：按照破解题目所获得的"方向"，逐字逐句地阅读和梳理材料，发现答题必备的素材并形成相关要点，以备后期整理形成合乎要求的答案。

还是以2010年中央、国家机关公务员录用考试【市（地）以下综合管理类和行政执法类】申论第（一）题为例。第一步是明确方向。经过分析，我们了解到题目要求概括"污染难以控制"的原因。是什么导致污染难以控制呢？无非两个方面：客观原因和主观原因。不论是哪个方面，这些因素一定具有它的负面性。第二步是审视材料，确定范围。概括的范围是给定资料（一），共有五个自然段。其中，第一自然段讲海洋资源分类及渤海概况；第三自然段引述《渤海碧海行动计划》；第五自然段引述《渤海环境保护总体规划（2008—2020年)》，都是客观陈述，并无任何负面因素。因此，我们可以将范围进一步缩小至二、四两个自然段。第三步是字斟句酌。对于这两个自然段中所有负面的评价性语句以及结论性语句进行分析、判断，找出那些与题目要求匹配的素材。第四步是按照题目要求组织答案。

申论阅读是带有极强目的性的阅读，是为解题服务的。所以，不论是略读还是精读，都应该围绕题目要求来进行。不应该把阅读和答题割裂开来，这样也可以避免重复阅读。

三、内容概括的思维方式

概括材料就是在阅读材料的基础上，对材料中的相关信息进行总结，掌握材料所反映的主旨，然后根据题目要求对相应问题作出解答。要顺利完成这个过程，需要对以下几种思维方式进行灵活运用。

（一）从具体到抽象

所谓从具体到抽象，就是从事物的具体表象出发，经过分析和研究，形成抽象的概念和范畴的思维方法。申论考试给出的一系列材料，反映了一种或几种社会现象或社会问题。考生对这些纷繁复杂的现象或问题进行归类并揭示其实质，这就是从具体到抽象的过

程。只有这样，才能在考试中抓准主旨，分析得透彻，表述得准确。

请看2010年中央、国家机关公务员录用考试（市地以下综合管理类和行政执法类）申论第（一）题的第2题：

"给定资料（三）"中环保专家认为"兵库县堪称'环保错位'的典型"。请结合资料内容，对"环保错位"的实质进行阐释。（10分）

相应的给定资料：

兵库县是日本重要的工业区和港口区，沿海岸线的许多地区工厂林立，许多海岸都被砌成了高大笔直的混凝土大坝，而这些工厂所在的陆地，很多都是填海形成的。20世纪中期，日本经济高速发展，人口迅速增加，国土面积狭小的日本开始规划填海造地。从1945年到1975年，日本政府总计填海造地11.8万公顷（相当于两个新加坡的面积）；并统一进行工业布局，将炼油、石化化工、钢铁和造船等资源消耗型企业配置于东京湾以南的沿太平洋带状工业地带上，使原料码头与产品码头成为工厂的一部分，减少中转运输费用。日本有关专家指出，港口与工业区紧密结合在一起的布局不仅使能源消耗量大的钢铁、水泥、制铝、发电和汽车业等成本下降，促进了这些行业以及造船、机械和建筑等工业部门的发展，而且使以石油为原料的石油冶炼、石油化学、合成纤维、塑料制品和化学肥料等工业飞速发展。据统计，占日本国土总面积31%的临海地带，汇集了全国52%的人口和58%的工业产值。

在获得巨大收益的同时，大肆填海造地发展工业经济，也给日本带了巨大的后遗症。首先，最明显的问题就是海洋污染，很多靠近陆地的水域里已经没有生物活动。整个日本的近海海域经历了20世纪六七十年代的严重工业污染，尽管后来政府立法要求工厂和城市限制排污，情况得到了一些缓解，但要恢复到以前的情况非常困难。由于工厂和城市长期排放污染物，海底大量滋生细菌，导致赤潮频发。其次，使滩涂减少了约3.9万公顷，后来每年仍然以约2000公顷的速度消失。过度的填海还导致日本一些港外航道的水流明显减慢，天然湿地减少，海岸线上的生物多样性迅速下降，由于海水自净能力减弱，水质日益恶化。因此，日本政府现在又不得不投入巨资，希望能够恢复生态环境，国家为此设立了专门的"再生补助项目"基金，并且引导地方政府、居民、企业、民间组织等社会各界积极参与改变和修复被破坏的海洋环境。例如，20世纪80年代，地处神户地区的日本钢铁公司搬走后，兵库县大型钢铁厂变成了一块综合性绿地。在治理工作中，兵库县政府还鼓励大家在自己的家周围和工厂区种植植物，所有费用都由政府提供，并且在树木种植之后政府还提供三分之一的管理经费给一些民间公益组织进行维护和管理。当地官员表示："我们计划用100年来彻底改变和恢复这一地区的生态环境。"难怪环保专家这样说："兵库县堪称'环保错位'的典型"。现在，日本的各种海洋环保研究机构正在不断进行各种试验，希望能够找到恢复海洋生态环境的更好的方法，这些实验包括人造海滩及人造海岸、人造海洋植物生存带等等。经过把各种技术组合起来进行实验，各种小鱼、小虾、贝壳和海洋微生物已经出现在人造海滩、海岸周围，显示着环境的改善。日本专家介绍说："我们已经感受到这项工作的难度，这是一项非常漫长的工作，而且所需要的资金和技术投入非常巨大。"关于恢复海洋环境的工作思路，日本专家表示："必须充分考虑自然和人类的和谐，恢复生物多样性的生态环境。"

从材料中兵库县经济发展—环境污染—艰难治理环境的轨迹，结合大量具体材料，总结出"环保错位"的实质是牺牲环境发展经济，而后花费更大的代价去治理环境。这就是一个从具体到抽象的过程。

（二）从现象到本质

所谓从现象到本质，就是从社会问题的具体表象出发，经过探究，触及其根本特征的思维方法。本质是事物的根本特征，是同类现象中一般的或共同的东西；现象是事物本质的外部表现，是局部的、个别的。因此，本质比现象深刻、单纯，现象则比本质丰富、生动。不同的现象可以具有共同的本质，同一本质可以表现为千差万别的现象。梳理这些现象、触及问题本质是最终解决问题的关键所在。

请看2009年中央、国家机关公务员录用考试申论第（二）题的第1题：

对"给定资料（三）"中林老板的心态进行分析，并指出他的心态所反映的本质问题。（8分）

要求：观点鲜明，分析恰当。不超过200字。

相应的给定资料：

东莞某鞋厂的林老板，2003年来东莞办厂前，在台湾地区打拼了20多年。他说现在很糟，最近赔了几十万元。他已经不再接美国鞋子大卖场和贸易商的订单了，觉得风险太大。他给记者算了一笔账，2007年，受人民币升值、原材料上涨等影响，合计增加的成本超过20%。

"广东山区对我来说太陌生，我没有太大的兴趣内迁，到一个地方又得从头再来，需要很多时间。补给线拉得很长，对我来说将是致命的打击。"林老板这样回应记者提出的是否借这次广东产业转移的机会，内迁到粤北山区投资的问题。

有朋友劝他将工厂迁移到越南。但林老板看得很清楚："越南劳动力缺乏，税收各方面跟这里差不多。我一些朋友搬到那里，也没好到哪里去，做几年我估计他们也会走。"当记者问林老板，有没有考虑走出低端化生存，增加企业的研发能力，推出高端产品，林老板有点无奈地笑着说："还没有这个能力。"

这是一个典型的从现象到本质的概括题，看似简单，其实难度不小。考生首先要对林老板的心态（现象）进行分析，指出林老板在面临经营困难的情况下，既不愿抓住广东产业转移的机会进行迁移，重新投资生产，也不考虑增强企业自主创新能力，提高产品档次，说明他既没有敢冒风险的创业意识，也没有自主创新能力。然后指出，这一心态反映了我国中小企业经营者普遍存在的创新意识和创新能力缺乏问题。正是这一问题影响了我国企业核心竞争力的提高。一个企业家只有迎难而上，勇于创新，敢于二次创业，才能化危为机、超越自我，从低谷走向更高层次的高峰。

（三）从结果推原因

客观世界到处都存在着引起与被引起的普遍关系，唯物辩证法把这种引起与被引起的关系，称为因果关系或因果联系。其中，引起某种现象的现象叫作原因，而被某种现象所引起的现象叫作结果。人们在把握了确定的因果关系后，既可以由原因推断和预见其结果，也可以从结果推导出其原因。

上文所引 2010 年中央、国家机关公务员录用考试【市(地)以下综合管理类和行政执法类】申论第（一）题就是从结果推原因的题目。结果是《渤海碧海行动计划》近期目标难以实现，亦即渤海海域环境污染难以得到初步控制，生态破坏的趋势难以得到缓解。考生只有认准了结果，才能推导、归纳出真正的原因。作答这种题目需要考生注意的是，一个结果可能由许多种原因造成，作答时应当把各种原因都罗列出来，再分析每种原因的概率，然后根据题目的要求把全部原因或主要(或根本)原因写出来。

（四）从相同寻不同（同中寻异）

从相同寻不同是比较思维法，就是从具有同一性的事物中寻找其差异。同中求异是一种发散思维，有利于人们获取全面的信息，从而得出更有深度也更有说服力的结论。

请看 2010 年中央、国家机关公务员录用考试申论（省级以上综合管理类）第（二）题：

依据给定资料，谈谈你从下面一段文字中得到哪些启示。（20分）

荷兰的"围海造田"与我国的"围湖造田"有着相似的初衷，而"退耕还海"与"退耕还湖"都反映了人类可贵的自省；还应该注意到，荷兰人的"退耕还海"虽然只涉及 3 平方公里的海域，但留给人们的思考却是很宝贵的。

要求：分析全面，条理清晰。不超过 300 字。

相应的给定资料：

2009 年 10 月，荷兰内阁批准一项"退耕还海"方案，位于荷兰南部西斯海尔德水道两岸的部分堤坝被推倒，一片围海造田得来的 3 平方千米"开拓地"将再次被海水淹没，恢复为可供鸟类栖息的湿地。这项"退耕还海"计划是对西斯海尔德水道疏浚工程的"补偿"。西斯海尔德水道位于荷兰南部，是比利时重要港口安特卫普港的出海通道，由于湾长水浅，进出安特卫普港的大型油轮只能在海水涨潮时通过西斯海尔德水道，据称，因此每年给安特卫普港造成损失 7000 万欧元。疏浚西斯海尔德水道对于荷兰、比利时两国无疑都具有重要的经济意义。但是，要疏浚水道，必然拓宽水岸，岸边的湿地面积就会受到侵占。在环保组织看来，西斯海尔德水道两岸的湿地，首先是候鸟们在北非与西伯利亚之间迁徙的落脚点、中转站，其次才是可供人类利用的水道。为了人类的利益侵占候鸟栖息的湿地，实属不义之举。环保组织锲而不舍的抗争，促使荷兰政府作出决定，让几十户农民迁出 100 多年前围海造田得来的家园，以供候鸟们栖息，以此换取环保组织对水道疏浚工程的支持。

经过 700 多年的与海奋斗，荷兰人不仅用堤坝为自己营造出一个安全的家园，围海造田的面积更是占到荷兰国土面积的五分之一。这样一个在与环境不懈战斗中立足的国家，如今却要为候鸟让出部分家园，应当说，这样的抉择是值得称赞的。其实，类似围海造田这样的词汇，中国人并不陌生。自上世纪 50 年代以来，在"向湖泊要良田"的思想指导下，经过几十年的围湖造田运动，我国鄱阳湖和洞庭湖两大淡水湖面积均大幅缩小。到上世纪末，两湖面积比上世纪 40 年代末分别减少了 1400 平方千米和 1700 平方千米，减少比例分别为 26% 和 40%。1998 年肆虐整个长江流域的洪水，以一种惩罚性的方式，向围湖造田发出了最后的控诉。按照国家部署，1999 年，有关省市开始实行大规模的"退耕还湖"，至 2001 年，"退耕还湖"已使昔日中国第一大淡水湖鄱阳湖水面面积增加了 1000

多平方千米,大大提高了蓄水抗洪能力。据称,鄱阳湖水面面积因此大致恢复到了1949年的水平。荷兰的"围海造田"与我国的"围湖造田"有着相似的初衷,而"退耕还海"与"退耕还湖"都反映了人类可贵的自省。还应注意到,荷兰人的"退耕还海"虽然只涉及3平方千米的海域,但留给人们的思考却是很宝贵的。

这是一个典型的同中求异的题目。所谓同,即荷兰的"围海造田"与我国的"围湖造田"有着相似的初衷,而"退耕还海"与"退耕还湖"都反映了人类可贵的自省;所谓异,即荷兰人的"退耕还海"虽然只涉及3平方千米的海域,但留给人们的思考却更为宝贵。荷兰人的退耕还海是未雨绸缪,而我们的退耕还湖却是亡羊补牢。

(五)从不同找相同(异中求同)

异中求同则是一种聚合思维,是指把同问题相关的所有信息聚合起来,朝着一个方向得出一个正确答案的思维。求异思维可以让人对问题有新颖、独到的认识,而求同思维则有助于人获得对问题的正确而深刻的看法。在申论材料中,某些相异资料只是表现形式存在差异,而在本质上却具有相同属性。所以,在相异资料中寻找资料间的共同点,往往就是挖掘其本质相同点。

请看2011年中央、国家机关公务员录用考试[省级以上(含副省级)综合管理类]申论第(二)题:

"给定资料(三)"介绍了密西西比河、亚马逊河、尼罗河等流域出现的生态危机以及各国政府的治理举措。请对这些材料进行归纳,并说明我国治理黄河可以从中受到哪些启示。(20分)

要求:内容具体,表述清晰。不超过300字。

相应的给定资料:

长期以来,美国对密西西比河的开发活动主要是防洪和扩大航运,这两项耗费了巨大的财力、物力和人力资源,但水质问题却是影响着密西西比河全流域"健康"的一个关键性问题。美国地表水排放有毒废水量最大的有15个州,其中5个州分布在密西西比河沿岸。这里很多河段都达不到美国政府1972年颁布的《清洁水法》中有关适于鱼类生存和人们游泳方面的水质标准。调查表明,排入上密西西比河的许多化学物质来自农业生产过程中被污染的废水。虽然美国政府对密西西比河的治理十分重视,建设了大量工程,但计划中的工程仅完成60%左右,实际还只能勉强防御一般性大洪水。航运一直是上密西西比河重要的商业活动。明尼苏达州到密苏里州之间的河段建造了27座船闸和大坝,虽然极大地改善了航运条件,但很少考虑到这些大坝对整个生态系统的负面影响,航运与其他活动的相容性仍是密西西比河管理的一个重要课题。泥沙淤积是上密西西比河的主要环境问题,过量泥沙使水生植物的光透射性减少,并淤填在上密西西比河的回水区。上密西西比河的渠化、一系列船闸、大坝以及通航水库也形成了一个拦截冲刷泥沙的系统。湿地减少也是密西西比河流域各州的一个关键性问题。上密西西比河至今仍没有全面规划,近年才采取整体考虑的方式研究航运与环境的关系,但尚未根本解决整个上游流域的综合治理,发生严重水灾的可能依然存在。

科学家警告说,森林砍伐已经使亚马逊河众多支流的水文状况发生了巨大变化,干流受到影响只是一个时间问题。目前亚马逊河的7000条支流正逐渐干涸，另外肥料和农药也对这些支流的生态状况造成了很大影响。近年来，亚马逊地区的森林砍伐速度较以前加快，一些森林开垦为养牛场，还有很多林区则开垦成农田，进行大规模的粮食作物和经济作物种植。大豆的种植面积很大，而大豆如要在赤道地区生长则需要大量的肥料和浓度很高的农药，势必引发水质污染。为使亚马逊河免遭干涸的命运，巴西政府制定的一项法律规定，禁止农民砍伐沿河岸50米以内的森林；另一项法律则规定，只能伐20%的森林，其他80%的森林可以根据政府批准的林业管理规划有选择性地进行砍伐。但是，在这个面积超过整个欧洲的亚马逊地区，上述法律以及其他环境法规常常受到漠视。

埃及地处北非，是严重干旱缺水的国家，工农业及生活用水全靠尼罗河。曼扎拉湖位于尼罗河三角洲的北端，是一个长60千米、宽40千米的长方形湖泊，它对尼罗河的"健康"起到至关重要的作用。每年埃及各地的工业、农业和生活污水几乎都通过5条水渠流入湖中。20世纪90年代以前，因为人口激增，工业和农业及生活废水大幅增加，加上没有进行有效的治理，导致曼扎拉湖水质急剧恶化，湖里鱼类几乎绝迹，鸟类也大量减少，生态环境受到严重破坏。面对严峻的现实，埃及政府对这里的生态环境进行了全面评估并得出了这样的认识：消除曼扎拉湖的污染，改善曼扎拉湖的水质，不仅对提高湖区周边人民群众的生活水平有重要意义，而且对整个埃及也具有重要的示范作用。曼扎拉湖治污工程于1992年开始实施，人工湿地的工程包括扬水站、污水沉降池、污水处理池、幼鱼池和养鱼场等，2001年工程全部完工。经过人工湿地处理后的污水已经基本消除了其中的污染物质，如富氧物质的70%、总浮游物的80%、氮磷总量的50%和粪便的98%都已不复存在。记者在参观这一人工湿地工程时看到，污水源源不断地流入第一、第二和第三沉降池，经过多次过滤和清污处理之后再引入幼鱼池，鱼池里的水清澈透明，鱼儿在池中悠闲地游动。经过鱼池流入曼扎拉湖的已处理过的水便不会再污染湖水。如今，这里的生态又恢复了勃勃生机。

这是一道概括、归纳能力要求较高的试题。按照题目要求，需要从三个方面来归纳：① 三个河流流域出现的生态危机，② 各国政府的治理举措，③ 对我国治理黄河的启示。回答第三个问题的过程是典型的"异中求同"的过程。三个国家的生态危机具体表现不尽相同，但其背后原因都是发展中人类活动的影响；三个国家的治理措施各不相同，但都能给我国治理黄河以深刻的启示。

四、内容概括方法

概括的方法很多，但从以往的申论真题来看，作答申论的概括题，主要可采用删繁就简法、综合分类法和寻根问底法。

（一）删繁就简法

所谓删繁就简法，换个角度说，也可以叫保留重要词句法，就是删掉材料中的细枝末节，如具体、细致的叙述和描写，保留下主干和重要词句（核心概念和反映中心思想和主要观点的语句），然后对保留下来的主干和重要词句进行概括，形成既忠实于给定材料又符合题目要求的答案。

请看2005年中央、国家机关公务员录用考试申论第（二）题：

根据给定资料，概述我国近来农村扶贫开发工作的基本方针政策。概述文字要简明扼要，不超过200字。

相应的给定资料：

要集中力量继续重点帮助贫困群众发展有特色的种养业项目。依靠科技进步，优化品种，提高质量，增加效益。以有利于改善生态环境为原则，加强生态环境的保护和建设，实现可持续发展。以市场为导向，选准产品和项目，搞好信息服务、技术服务、销售服务。积极推进农业产业化经营。按照产业化发展方向和要求，对具有资源优势和市场需求的农产品生产进行连片规划建设，形成有特色的区域性主导产业。引导和鼓励具有市场开拓能力的大中型农产品加工企业到贫困地区建立原料生产基地，为贫困农户提供产前、产中、产后系列化服务，形成贸工农一体化、产供销一条龙的产业化经营。增加财政扶贫资金和扶贫贷款。改善贫困地区的基本生产、生活条件。以贫困乡、村为单位，加强基本农田、基础设施、环境改造和公共服务设施建设。到2010年，在国家重点扶持的贫困区域内，基本解决人畜饮水困难，做到绝大多数行政村通电、通路、通邮、通电话、通广播电视；做到大多数贫困乡有卫生院、贫困村有卫生室，基本控制影响贫困地区群众生活、生产的主要地方病。

要鼓励多种所有制经济组织参与扶贫开发。除了政府动用资源进行扶贫外，国家将进一步动员社会各界参与扶贫，增加社会扶贫的资源。根据扶贫开发规划，继续做好东部沿海发达地区对口帮扶西部贫困地区的东西部扶贫协作工作，进一步扩大协作规模，增强帮扶力度。鼓励农民发展生态农业、环保农业。转变贫困地区群众的生育观念，积极倡导贫困地区的农民实行计划生育，把扶贫开发与计划生育结合起来。要开展扶贫领域的国际交流与合作。在扶贫领域，世界银行与中国的合作最早，投入规模最大。世界银行与中国目前已经开展的西南、秦巴、西部三期扶贫贷款项目，援助总规模达6.1亿美元，覆盖9个省区、91个贫困县、800多贫困人口。一些国家、国际组织和非政府组织也与中国在扶贫领域开展了广泛的合作。联合国开发计划署在中国开展了一些扶贫开发和研究项目。欧盟、英国政府、荷兰政府、日本政府、德国技术合作公司、亚洲开发银行、福特基金会等也都在中国开展了扶贫开发项目，并取得了很好的成效。

按照上文所说保留重要语句的方法，考生在阅读给定资料时，就可以忽略引申阐述和具体证明的资料，直接从其给定资料中划出重要语句（带下划线的语句），再通过对这些重要词句的整理、提炼，就可以得到如下答案：

（1）以市场为导向，大力发展有特色的种养业项目。

（2）按照产业化发展方向和要求，积极推进农业产业化经营。对具有资源优势和市场需求的农产品生产，进行连片规划建设，形成有特色的区域性主导产业。

（3）增加财政扶贫资金和扶贫贷款，加强基本农田、基础设施、环境改造和公共服务设施建设，改善贫困地区的基本生产生活条件。

（4）鼓励多种所有制经济组织参与扶贫开发，继续做好东西部扶贫协作工作，开展扶贫领域的国际交流与合作。

（二）综合分类法

综合分类法要求考生对给定材料进行多层次的综合和分门别类的归纳，然后在此基础上进行答题。一般来说，采用这种方法要分步骤进行：

第一步，概括每个自然段（如对应的资料仅一自然段，可分层概括）或几个自然段的内容。为了节省时间，可按照阅读的顺序，首先在各段（层）旁边标出"现象""问题""原因""影响""对策"等字眼，然而再进行进一步细化的标注，如××问题、××原因等，同时进行初步的提炼、归纳。

第二步，合并、归类、排列性质一致或特点相似的材料，剔除那些与作答问题无关或关联不大的材料。一般来说，可按照问题表现、问题原因、问题对策三大类对材料进行划分；也可按照横向、纵向的分类方法进行划分。如，横向方面的分类：积极方面和消极方面，正面和负面，成绩和问题，问题的原因（政治原因、经济原因、社会原因、文化原因）；纵向方面的分类：问题的表现，问题的原因，问题解决的措施。

第三步，在第二步理清逻辑的基础上，总结成文。

以上文所引 2006 年中央、国家机关公务员录用考试申论第（一）题为例，该题需要作答的问题是概括 D 部长谈话的主要内容。如何概括给定材料中 D 部长的谈话要点呢？可采取如下步骤进行概括：

第一步，阅读给定材料，一边阅读一边概括相关段落的内容。可在给定材料旁边标出"问题""原因""危害""已做的工作""措施"等字眼。

第二步，在对各段落进行初步概括的基础上，剔除无关要素，合并同类项，那么相关要点就一目了然了。

问题：当前突发公共事件及其引发的问题十分严重，也已引起了民众对突发事件问题的关注。而突发性公共事件就是由于缺乏必要的防治机制而产生的危害社会公共安全事件。

原因：引发突发性公共事件的原因包括自然灾害的暴发、社会矛盾的激化、敌对势力的影响。而突发性公共事件又可分为两类：一类是随着社会经济的发展带来的事件，如征地引起的集体诉讼和上访等；另一类是由一些突发的自然灾害如台风、海啸等造成的事件。

已做努力：目前国务院及相关部门，以及各省市都编制了相应的应急预案，全国性应急预案的框架体系已基本形成。

措施：面对突发性公共事件，政府应该发挥主导作用，承担主要责任。政府要建立一整套处理事件的工作原则、组织体系和协调机制，这是解决问题的关键。对于由社会根源引发的事件，关键在于协调各方面的利益，完善有关法律、法规。

第三步，根据上述要点，撰写出符合要求的答案。

（三）连续追问法

连续追问的方法是透过现象寻求本质的方法，它要求考生能够通过阅读表面化的材料，把握隐藏在这些表面材料背后的本质机理，这对考生的抽象思维和分析能力具有很高要求。

请看 2000 年中央、国家机关公务员录用考试申论第（一）题：

请用不超过 150 字的篇幅，概括出给定资料所反映的主要问题。

带着这个问题阅读给定材料，可以通过概括各自然段材料的主要内容，得出材料里面反映

的主要问题是:

印刷厂与附近居民发生纠纷,引发官司。

那么,是什么原因引发这个问题呢?通过阅读材料可以得知其直接原因:印刷厂为提高经济效益引进先进设备,产生严重噪声污染,殃及周边居民,并致一人患病,引发官司。

再深入追究造成上述问题的原因,从给定材料中可以得知其间接原因:企业的噪音处理设施不合格;企业的管理层一味追求企业发展,对噪音污染不够重视;环保部门对企业的环境污染管理不够及时和完善。

而引起上述问题的根本原因则是:印刷厂设在小区内,并与居民H的住宅毗邻。

再考察引起这个问题的更深层次的原因,则可知为:城市规划不合理。

综合以上连续追问的结果,解答出该题的参考答案可为:

> 该材料通过印刷厂与附近居民发生的纠纷反映了现代城市高速发展过程中经常遇到的问题:城市规划不合理,给城市人的工作和生活带来了许多不利影响,特别是一些地方的工厂与民居区毗邻,引发噪声污染,严重干扰居民生活。随着城市化进程加快、居民法律意识增强和社会环保日趋迫切,由城市布局不合理所引起的社会矛盾不断激化,并成为当前城市建设的重要议题。

五、内容概括要求

(一) 字数要求

申论的概括题对作答字数都有明确要求,而且都是要求"不超过""不多于",如"不超过500字""不超过200字"等。这实际上是对考生归纳、概括能力和文字表达能力的要求。规定"不超过",超过了自然要扣分,但超过的幅度在10%以内的,一般不会扣分。

申论的答题纸是方格纸,且每隔若干行还标有字数提示,如200字、400字、600字等。故考生不必通过数字数去统计字数,同时也不必担心空格、标点符号算不算字数问题,因为阅卷者只关注你的总字数到没到规定的一行,并不会也不可能去关注文字之间的空格以及标点符号。

就字数的要求来看,近年来,也有一些地方公务员录用考试的申论题目在字数要求上有新变化,对字数已并无明确要求。如:2009年安徽省公务员录用考试申论第一题——根据【给定资料一】,假定你是人大代表赵××,在提交的议案中需陈述整治凤山路的理由。请用简洁的短语(如:① ××问题),概括出无证摊贩导致凤山路"脏乱差"具体表现的六个方面问题(可以不分先后,也不必展开陈述,6分)。这个概括题并没有字数的具体要求,但"简洁的短语""不必展开陈述",其实就是对字数的要求。既然是用简洁的短语概括,恐怕每条至多只能写10个字左右,因此,全文不宜超出60字。

(二) 概括要求

1. 客观

所谓客观,首先是指概括必须完全依据给定资料进行,既不能在给定资料的基础上,凭自己的主观认识进行不必要的拓展、发挥，更不能抛开给定资料，完全凭自己的主观认识进行编写。当然，完全依据给定资料的意思并不是完全照搬照抄资料，而只是说所作的概括都必须能在资料中找到直接的依据。其次是指不要把自己对问题的感情、态度反映到归纳、概括之中。这就决定了归纳、概括的语言一定是中性的，不能带有强烈的感情色彩。

以下是对"某地频繁出现'豆腐渣工程'的主要原因"的概括：

【作答一】

承建单位丧尽天良、泯灭人性，置人民的生命安全于不顾，违规投标，擅自修改设计图，偷工减料、以次充好，随意缩短工期，降低工程质量标准。

【作答二】

出现"豆腐渣工程"的主要原因包括：在工程招投标阶段，存在违规招投标现象，对承建单位的资质审核不严，使缺乏资质的单位承接工程项目；工程设计不合理，或违反设计程序规定擅自修改设计图，修改不当造成隐患；在施工过程中偷工减料、以次充好，随意缩短工期，擅改施工顺序，降低工程质量标准；部分质量监督人员受利益驱使玩忽职守，把关不严。

两份考卷孰优孰劣，不难判断。作答二的归纳非常客观，没有掺杂自己的感情色彩；作答一中"丧尽天良、泯灭人性"这样的词语虽然充分表达了考生对建造"豆腐渣工程"之人的愤怒之情，但却偏离了"客观"的宗旨，不像概括，而像自己感情的发泄。

2. 全面

全面是针对申论题目要求和给定资料两方面而言的。首先是针对题目要求而言的，指的是题目要求内的全面。例如"对主张怒江水电开发和反对怒江水电开发的理由分别加以概述"，因此，作答时就既要概括出主张开发的理由，也要概括出反对开发的理由；同时，无论是概括主张的理由还是概括反对的理由，都不能丢三落四，要面面俱到、悉数写出。其次是针对给定资料而言的，指的是只要是资料里有的，就都要予以概括，不能遗漏任何一点；否则，肯定称不上全面，必然要失分。

3. 准确

所谓准确，除了要求其表述完全符合给定资料的原意外，还要求其表述具有严密的逻辑性，部分与部分之间或点与点之间，在同一个逻辑层次上，不存在互相交叉重叠、包含被包含的关系。例如，上文提到的安徽省2009年申论试卷的第1题——根据【给定资料一】……请用简洁的短语（如：① ××问题），概括出无证摊贩导致凤山路"脏乱差"具体表现的六个方面问题，其标准答案应当是：① 环境卫生差问题；② 噪音扰民问题；③ 阻碍交通问题；④ 火灾隐患问题；⑤ 食品和餐具不卫生问题；⑥ 社会治安混乱问题。但是，有的考生却写了如下六点：① 环境污染问题；② 火灾隐患问题；③ 卫生健康问题；④ 阻碍交通问题；⑤ 治安问题；⑥ 市容问题。显而易见，这六点中除了"卫生健康"和"市容问题"这两点的含义很不明确而外，"市容问题"还包含了"环境污染问题"。有的考生回答如下：① 挤占道路，影响车辆和行人通行；② 倾倒垃圾污水，污染环境；③ 制造噪音，干扰居民生活；④ 食品卫生安全存在严重隐患；⑤ 争抢摊位，威胁社会治安问题；⑥ 损害消费者和居民利益。很显然，第⑥点和前五点不在同一个逻辑层次上，它基本上可以包含前五点。另外，准确还包括遣词造句方面的准确，要求语句不能有毛病、令人不解或误解。

4. 有条理（逻辑性）

有条理，即在概括的过程中能把握主次、辨识因果，从表达目的出发，安排段落、句序，使段落之间、语句之间都具有严密的逻辑关系。要达到这一要求并不容易，往往不能完全依据要点在资料中出现的先后顺序加以排列，而必须采用科学的逻辑分类方法，按照一定的标准和范围把要点划分成不同的类别，或分解成不同但又相关联的层次，然后逐一进行阐述。

比如上文解析过的2010年国家公务员录用考试［市（地）以下综合管理类和行政执法类］申论第（一）题：《渤海碧海行动计划》近期目标难以实现有多方面的原因。请依据"给定资料（一）"分别进行概括。这一题的标准答案应当为：

（1）渤海是内海，封闭性强，海水交换能力差，自我更新周期长（自然原因）。

（2）渤海沿岸超标排污口众多，积重难返（人为原因）。

（3）渤海沿岸行政主体和行业众多；地方政府和职能部门多头管理，难以进行海陆一体化的综合治理（政府客观原因）。

（4）众多主体分享渤海产生的效益，影响了沿海地方政府治理的积极性，治理工作效率低（政府主观原因）。

（5）《渤海计划》是政策性文件，不具有法律强制性，执行过程中难以借助法律手段，治理的效果欠佳（政策原因）。

我们看到五个原因分属五个方面，自然——人为、客观——主观、政策——实际，条理十分清晰。

5. 简洁

所谓简洁，就是要求行文开门见山、直截了当。概括问题的，给定资料反映了什么问题，就用"该资料反映了"开头，直接写出什么问题；概括主要内容的，给定资料的主要内容是什么，就用"该资料的主要内容是"开头，直接写出其内容。不要拐弯抹角、节外生枝。概述内容时，不必特别突出给定资料所反映的问题；概括问题时，不必涉及解决问题的对策，一般也不要涉及问题产生或严重存在的原因。假如问题非常单纯，用很少的字数就可以说清楚，而且给定资料又较多地揭示了问题产生或严重存在的原因，当然应该按照由"原因"到"问题"的顺序进行概括。

六、内容概括形式

（一）常式

概括的常见形式就是要点集合式，即从给定资料中把需要概括的对象的各要点挑出来，加以整理后集中编排在一起。这种整理工作，有的较为复杂，需要按照一定的逻辑分层、分类，而不能仅仅按照要点在资料中出现的先后顺序排列；有的相对简单一些，按照要点在资料中出现的先后顺序编排出来就行了。例如，2010年中央、国家机关公务员录用考试［市（地）以下综合管理类和行政执法类］申论第（一）题答案的整理工作就比较复杂，而2005年中央、国家机关公务员录用考试申论第（二）题答案的整理工作相对而言就要简单一些。

（二）变式

2007年以后，申论命题在概括的形式上发生了一些变化，题干要求对给定资料表述的现象作出概括，这种概括有的采用定义说明，有的采用诠释说明。关于这两种概括形式请参看教材第 45~49 页上的相关内容。

第二节　材料论述

所谓论述，是指分析与阐释。材料论述，是指在一定框架内对相关材料进行梳理和分析、阐释，形成观点或得出结论，然后按照具体要求将这些观点和结论准确地表达出来。无须多言，分析能力在材料论述中至关重要。但是，再好的想法如果不能完整、准确地表达出来也是徒劳，所以还是要论、述俱佳。

分析能力和阐释能力的考查是贯穿于材料阅读和题目解答的全过程的。可以说，申论考试"处处要分析，题题要阐释"。比如，第一节中提到的偏重于概括的题型，题干和要求的阅读都需要"分析"；第三节中写到的侧重于解决问题的题型，对问题的界定和分析是解决问题的前提；而第四节中所讲的论证则更需要总体的思考和架构以及细致、准确的表述。

因此，本节谈分析和阐释，并不是要和其他部分的内容割裂开来，而是以颇具显性的几类题型，相对集中地介绍申论考试中的这一必备考查要素。

一、常见题型

论述类题型在各级公务员录用考试中出现频率较高，已经基本上成为必考题型。分值在 10 分至 20 分之间，权重也较高。由于题型设置较为多样化，界限又不够明显，较难准确分类。为了便于读者掌握，权且作以下划分。

（一）阐释类

所谓阐释类分析，主要是基于某一概念、观点或现象的分析叙述类题型，常常以谈谈"理解""判断""见解""认识"或阐释"本质""实质"的形式出现。其分析对象较为明确、具体。分析过程可谓"由小及大"。具体来看，又大体可以分为"阐释型分析""申发型分析"。

1. 阐释型分析

阐释型分析，主要是就某一概念、观点或现象的内涵以及相关外延作客观陈述和解释、说明。例如，2010 年"国考"市地以下综合管理和行政执法类第（二）题：

"给定资料（三）"中环保专家认为"兵库县堪称'环保错位'的典型"。请结合资料内容，对"环保错位"的实质进行阐释。（10 分）

要求：准确、简明。不超过 150 字。

此题要求对兵库县的具体做法进行整合，由个别到一般地阐释环保错位的实质。

再例如，2012 年"国考"市地以下综合管理和行政执法类第（一）题第 1 小题：

根据"给定材料（二）"，对专家们所说的"技防""人防"加以解释。（10 分）

要求：精确、全面、简明。不超过 150 字。

此题要求考生结合材料对两个概念进行阐释，并对其外延（范围、特点等）进行阐释。

2. 申发型分析

申发型分析则更侧重于对问题的本质进行探究和讨论，偏重主观的理解和发散，即所谓"透过现象看本质"。

例如，2009年"国考"申论第（二）大题第1小题：

对"给定材料（三）"中林老板的心态进行分析，并指出他的心态所反映的本质问题。（20分）

要求：观点明确，分析恰当。不超过200字。

此题的关键在于对"心态"所反映的"本质"的理解。所谓本质，可以理解为更深层次的问题，这可能是一个面上的问题，是一种社会大背景。这就要求考生不能只盯着"林老板"看，而需要广阔的发散思维。

再例如，2011年"国考"省级以上综合管理类第（一）题：

"给定资料（四）"写道："黄河健康生命的主要表现形式就是'三善'：即'善淤、善决、善徙'，这是一个为几千年历史所反复证明的基本事实。"请结合对这句的理解，谈谈对黄河自身规律的认识。（10分）

要求：简明、完整。不超过200字。

此题要求考生准确阐释"黄河自身规律"的实质，这一实质完全是客观的，但是"谈谈对其的认识"则是主观的，需要考生作适当的发散。

（二）启示类

所谓启示类分析、论述，主要是对某些既有的思路和做法进行分析、论述。既然是"启示"，就有主体和客体。所以启示类问题的分析，不仅要分析主体的相关思路和做法，形成规律性认识，还需要分析客体的实际情况，以形成一种对应关系。具体来看，大体可分为两种类型：经验类与教训类。

例如，2008年"国考"申论第（二）题"请根据给定资料（九）、（十），分析这两个资料对搞好水电开发提供了哪些重要启示"。

其中材料（九）提供的就是"教训类"启示：

漫湾水电站开发中的第一期工程。现在国家财政每年可从漫湾电厂获得1亿多元，其中，云南省财政获得5000多万元，所涉及的4县获得5000多万元。漫湾电厂和云南省电力公司共获得1.2亿多元。漫湾电站对国家的贡献是巨大的，但对移民的扶持显得十分微弱。漫湾电站实际移民7260人，移民经费实际支出5500万元，其前期补偿严重不足，人均不到8000元，远远不能满足实际需要。据调查，在库区淹没前，漫湾地区移民人均纯收入曾高出全省平均值11.2%，1997年库区淹没后，这些移民人均纯收入仅为全省平均值的46.7%，收入大幅下降。

田坝村距离漫湾电站大坝800米，漫湾大坝截流，村庄被淹，村民们不得不东一家西一家地撤至群山众壑之间。有的村民说："以前在河边的土地灌溉很方便，而现在山上的土地没有水，种不了粮食，要抽水上山就必须买设备、付电费，可是我们哪里有钱呢？"由于无工可做、无地可耕，一些人只能翻山越岭、背井离乡去打工，有的人只能依靠拣电厂的垃圾为生。

漫湾水电站规划在计划经济时期，修建在计划经济向市场经济转轨时期，运行在市场经济时期。漫湾电站的周边地区，类似田坝村的例子还有很多，他们的困难悬在空中，反映、上访多次都得不到解决。

漫湾水电站建成后出现的许多问题，超出了工程建设者的预料。移民普遍搬到了山上，开垦土地，砍伐树木，导致环境退化，水土流失加剧，滑坡与泥石流等灾害频发。在1993年蓄水后的很短时间内，就发生了100多处山体滑坡，财政拮据的当地政府找电厂交涉，电厂认为这是后期滑坡，自己没有责任。

材料（十）提供的就是"经验类"启示：

田纳西河位于美国东南部，是密西西比河的二级支流，流域面积10.5万平方千米，干流主长约1050千米，地跨弗吉尼亚、密西西比、田纳西和肯塔基等7个州。在20世纪20—30年代，该地区经济落后，工业基础薄弱，由于森林被破坏，水土流失严重，洪水泛滥成灾，加之交通闭塞、水运不通，环境恶化，疾病流行，文化落后，成了美国最贫困的地区之一。1933年，该流域人均收入不足全国平均水平的一半。

在第二次世界大战期间，美国国会立法，成立田纳西流域管理局（Tenressee Valley Authority，通称TVA），开始了规模宏大的田纳西流域治理工程，从在田纳西流域建设水电设施开始，到40年代末，TVA成为全国最大的电力供应站。目前，TVA电力经营年收入达57亿美元。TVA通过植树造林等措施，保持水土，改善生态环境，控制洪水泛滥，扩大灌溉面积，通过航道建设，形成了1000多千米的水运通航能力。1945年以来，水道吸引了30多亿美元的私人投资，加速了地区工业的发展。河流两岸的工厂为当地居民直接提供了44000多个就业机会以及更多的服务机会。

经过40多年的规划和建设，田纳西流域的自然资源得到了综合和合理的开发，区域经济得以振兴。到1977年，全流域平均国民收入比1933年增加了34倍。可以说，正是从水电工程建设开始，TVA改变了田纳西人的生活，把一个贫穷的田纳西，建设成了以工业为主、全面发展的现代化的田纳西。水电工程带动了田纳西流域农、林、渔、煤矿、旅游等行业全面发展，彻底改变了这里的贫困、落后面貌，使其成为经济充满活力的地区之一。

我们发现，田纳西流域的"综合治理与开发""立法保护""成立管理机构"等都是很好的"经验类启示"。

同样的，我们看到2011年"国考"省级以上综合管理类申论第（二）题也是既有经验类启示，又有教训类启示：

给定资料（三）（请参看教材第149～150页上的"相应的给定资料"）介绍了密西西比河、亚马逊河、尼罗河等流域出现的生态危机以及各国政府的治理举措。请对这些资料进行归纳，并说明我国治理黄河可以从中受到哪些启示。(20分)

要求：内容具体，表述清晰。不超过300字。

我们看到，在这样的材料里，既有治理各个大河流域方面的成功经验，如"立法控制""对生态环境进行了全面评估"；也有惨痛的教训，如"执法不严带来的'法律以及其他环境法规常常受到漠视'""未能整体考虑治理与发展的关系"等。

启示类的题目在近年中央、国家机关公务员录用考试申论科目中经常出现，基本上是必考题。类似题型还有：

2010年"国考"省级以上综合管理类申论试卷第（二）题：

依据给定资料，谈谈你从下面一段文字中得到哪些启示。（20分）

荷兰的"围海造田"与我国的"围湖造田"有着相似的初衷，而"退耕还海"与"退耕还湖"都反映了人类可贵的自省；还应该注意到，荷兰人的"退耕还海"虽然只涉及3平方千米的海域，但留给人们的思考却是很宝贵的。

要求：分析全面，条理清晰。不超过300字。

2013年"国考"省级以上综合管理类申论试卷第（二）题：

我国有不少地区在保护和发展具有地方特色的文化方面都取得了一些成功的经验。如果你是某市负责地方文化保护工作的人员，请认真阅读"给定资料3"，概括从中可以获得哪些启示。

2013年"国考"市地级以下综合管理类和行政执法类申论试卷第（一）、（三）两题：

如何做好基层文化建设工作，直接关系到中华民族传统文化的继承与弘扬。请你谈谈"给定资料（一）~（三）"对做好这方面工作有哪些启示。

根据"给定资料（七）"，指出法国在保护本国文化方面有哪些做法可资借鉴。

二、作答技巧

材料论述型申论试题的解题技巧不多，主要还是倚重考生的思维能力和文字表达能力，如果一定要谈"技巧"的话，大体上应该是"从材料里来，高于材料，回到题目中去"。所以我们在这里讲四点，也是解答这一类申论题的四个基本要求：明确题目要求，依据给定资料，运用发散思维，符合对应逻辑。

（一）明确题目要求

在申论考试中，明确题目要求，或者说揣摩、明白命题者的意图，从而得到解题的方向并确保答案的规范性是考生制胜的关键。所以，我们还要在这里单列一点谈"审题"。

以阐释型题目来看，考生在审题过程中必须明确所要阐释的对象及其准确范畴，切不可粗枝大叶、草率行事。

我们以2010年"国考"市地级以下综合管理和行政执法类申论试卷第（二）题为例：

"给定资料（三）（见教材第146页）"中环保专家认为"兵库县堪称'环保错位'的典型"。请结合资料内容，对"环保错位"的实质进行阐释。（10分）

要求：准确、简明。不超过150字。

阅读后我们发现，材料就兵库县"经济发展—环境污染—艰难治理"的发展线条进行了细致的阐释和评价。素材丰富，令很多寄希望于"抄材料"的考生"眼前一亮"。有些人在勾勾画画之后整理出以下答案（来源自某培训机构网站，未作文字梳理）：

"环保错位"的问题：先污染后治理。其实质是发展的观念存在问题，没有认识到经济发展和环境保护需要统筹兼顾，不能单打一。

兵库县在早期片面追求经济发展、填海造地，而忽略了对海洋环境的保护，造成巨大的海洋污染和海洋生物的灭绝。之后，为改变和修复海洋生态环境，日本又采取了多种措施，如加强立法，增加投资，设立专项基金，引导地方、居民、企业、民间组织等社会各界积极参与其中。

令人遗憾的是，这样"伪权威"的答案竟然充斥着网络和书籍，被广泛转载和采纳，且被相当数量的考生奉为"标准"。

让我们再回过头来认真审视题目中的这样一句话：

"兵库县堪称'环保错位'的典型。"请结合资料内容，对"环保错位"的实质进行阐释。

很明确的是，兵库县是"环保错位"的典型，它具有代表意义，但是，它只是一个个案。而命题者主要是要求考生阐释"环保错位"的实质，是要找出这一问题的诸多外在表现的"共性"。如果用前者代替后者，可谓"挂一漏万""以偏概全"。

换句话说，这道题的答案中压根就不应出现"兵库县"，甚至不能出现"海洋"！因为"环保错位"的现象涉及面太广，类似于围湖造田——治理蓝藻、伐木垦荒——治理水土流失等，所有这些未系统考虑经济发展和生态环保的协调统一，从而带来环境破坏，再耗费巨大资源进行整治的做法都是"环保错位"。

因此，这道题的解答应该有个"从具体到一般"的过程，应该是建立在"兵库现象"之上的一种提炼与升华。所有依据"兵库现象"直接答题的做法都是不符合题目要求的。

让我们再看一个审题不清的案例：

2009年"国考"申论第二大题第一小题：

对"给定材料（三）"中林老板的心态进行分析，并指出他的心态所反映的本质问题。（20分）

要求：观点明确，分析恰当。不超过200字。

我们看到某培训机构网站上给出这样的答案（未作文字梳理）：

林老板的心态反映了一部分企业主故步自封，缺乏冒险精神和创新意识以应对危机、促进企业长远发展，这种心态首先必须纠正。在林老板的背后，是众多中小企业缺乏自主创新能力，停留在模仿复制、初级加工的模式，抗风险能力薄弱。政府要通过政策扶持、引导企业转型升级，鼓励企业加强自主创新，企业自身也要转变心态，努力转危为机，使危机成为自身转型突破的机遇。

从题干要求上看，这道题要求"心态分析"和"指出本质"，并没有让考生回答"纠正这种心态的必要性"以及"企业该怎么做"。也就是说回答的应该是"问题及其实质是什么"而不是"应该解决什么问题"。所以上述答案是违背题意的。

近年来，在考生卷面上，这种不符合题目要求的作答比比皆是。究其原因，是因为很多考生受到了误导。

例如，有一种流行的观点认为，申论是解决九个字的问题，即解决"是什么、为什么、怎么办"的问题。就整个申论的作答而言,这种观点也许没有错。但是,很多培训讲师则机械地要求考生:每道题都要写"对策"。其依据是"采点给分"、"保险"。这就是一种不负责任的误导了。我们任何人都不应该曲解这样一个严肃的命题和考试。其实,给出基本符合题意的答案应该是命题者对考生的最低要求了。

(二) 依据给定材料

对材料进行论述,其"本"当然在材料。根据题目要求驾驭材料,对材料进行认真的分析或归纳,让材料为我所用,才能得出相对客观、准确的答案。下面以2012"国考"(地市级以下) 申论第一大题第1小题为例加以说明:

根据"给定材料(二)",对专家们所说的"技防""人防"加以解释。(10分)
要求:精确、全面、简明。不超过150字。

相应的给定资料:

如果地铁站台或者行驶中的地铁列车失火了,大量乘客如何有效疏散?如果12级台风登陆上海,那些高层建筑上的玻璃幕墙顶得住吗?……这一个个"如果",都是上海某大学防灾救灾研究所的一个个科研课题。

上海某记者报道:最近在全市开展的"我为城市安全献一计"活动,引起研究所专家们的密切关注。一方面,他们为市民居安思危意识的增强和诸多防灾好点子欣喜;另一方面,专家们很想提醒市民:"防灾不能只考虑技术手段——给城市打造'金刚罩',更得在'人防'上多下工夫。而恰恰在这方面,我们大有改进和提升的空间。"

"城市公共交通若都能配备全程监控,运行的安全系数就更高了";"上海越江隧道已经有十多条针对可能遭遇淹水事故的危险,不妨装上安全阀门,需要时可用来挡水";"预防高楼玻璃幕墙掉落,应该对建筑作整体风洞试验"……这些意在为城市套上一个水火不侵"金刚罩"的设想很有道理,提出这些建议的专家中不乏院士。

"但我们不得不面对现实:一座城市不可能为了防范一些小概率的灾害事故,不计代价地增添防灾设施。"该研究所专门研究城市地下建筑安全与灾害应对的H博士,对地铁渗水和隧道渗水实地考察过多次,他对于一些学者提出为越江隧道增设"挡水阀门"的建议,并不完全认同。他说:"据我了解,国内有个别隧道安装过这样的阀门,但常年用不上;后来有一次搞演习时决定用一下,却发现阀门由于年久失修,机械失灵,根本没法动。"

H博士想用这个事例说明两个道理:第一,为了小概率事故而砸重金设防,心理安慰作用远远大于实际作用,要不要这么做,应全面考量;第二,如果装备上了,那么怎样保养维护、工作人员能不能熟练操作,都是必须重视的"人防"环节,否则,当有朝一日预想中的特大灾害真的发生,"金刚罩"极有可能派不上用场。

"防灾设施从理论上说总是不足的,因为它们应对的往往是适当程度的、发生概率较高的灾害事故。"研究火灾防范的C研究员力挺H博士的观点。这位研究员对轨道交通实地考察过多次,他关注的焦点是地铁站台和车厢里的消防设施。他注意到,站台和车厢里的屏幕会经常播放视频,告诉市民一旦发生火灾险情如何紧急疏散,强调必须做到的一些要领。

当被问到"地铁里有没有专门的消防逃生通道"的问题时,C研究员回答:上海地铁的逃生通道其实就是我们平时上上下下的那些楼梯，并没有其他的特殊通道。他说：一旦有险情发生，要减少人员伤亡，最关键的是工作人员能否在最短时间内有序地疏散人群，为此，工作人员需要定期演练。我们现在似乎更看重灭火器数量够不够、是不是放在容易找到的地方，但险情出现时现场肯定很乱，工作人员能不能及时、顺利地拿到灭火器？会不会熟练使用？这些都是必须予以重视的问题。或许有乘客就在灭火器旁边，但又有几个人会用？

"老实说，怎么用灭火器，我还真不知道。"说这话的是另一位年轻的研究员Y博士。防灾专家也不会用灭火器？她坦率承认，并随即以此为例指出了城市公众教育的许多薄弱环节。

"无论社区里的大爷大妈，还是写字楼里的白领，防灾知识都是从小册子、展板、讲座或者网络上看来的，所知有限，甚至可以说，即使认为不少人一无所知，也并不为过。而且就算有人并非一无所知，也未必有用，因为没有转化为能力。"Y博士说，汶川大地震、上海"11·15"特别重大火灾事故发生后，很多单位都搞过安全演练，可很大程度上是"演戏"。大楼里有消防箱，如何打开？消防箱里有灭火器，如何操作？应急避难场所在哪里，怎样利用？这些关键的内容，演练过吗？再说，演练一次肯定不行，就算学到点东西，很快便会淡忘，必须定期训练。日本人应付地震有一套，那是在定期、再三的演练中练出来的。

在这些专家看来，"人防"的漏洞和缺陷远比"技防"不足更可怕。

专门研究风灾防控的Y博士曾多次去浦东陆家嘴，这一地区有几十栋玻璃幕墙大楼，且不止一次发生过玻璃掉落事故。这些玻璃幕墙建筑能不能抵抗12级以上大风，这正是她的科研课题。她告诉记者，大风通常被认为是玻璃幕墙掉落的"元凶"，但实际上，在建筑工作安装玻璃时可能就已经埋下了隐患。

"在安装时，把螺丝拧得过松固然不行，但过紧也会使玻璃幕墙受力失衡，从而出现细小的裂缝。"她说，如果把大楼玻璃幕墙的掉落视做对城市安全的一种威胁，那么减少威胁的关键同样在"人防"。如果在定期清洗幕墙的同时，增加一道"体检"关，绝大多数玻璃掉落事故就可以避免。

很多考生把这一道题的要求理解为"给出定义"，也给出了相应的答案，如"技防就是运用技术手段对灾害进行防范"。但是，事实上，这种理解是不准确的。因为它忽视了重要的题干要求"专家们所说的"。所以这道题的答案并不是简单地给出定义，而是基于材料的论述。换句话说，这里的"人防""技防"并不是考生认为的"人防""技防"，而是基于材料中专家观点的阐释。

依据给定材料来看，材料中涉及的专家观点有：

（1）"防灾不能只考虑技术手段——给城市打造'金刚罩'，更得在'人防'上多下工夫，而恰恰在这方面，我们大有改进和提升的空间。"

（2）"但我们不得不面对现实：一座城市不可能为了防范一些小概率的灾害事故，不计代价地增添防灾设施。"

（3）"据我了解，国内有个别隧道安装过这样的阀门，但可以想象，常年用不上；后来有一次搞演习时决定用一下，却发现阀门由于年久失修，机械失灵，根本没法动。"

（4）第一，为了小概率事故而砸重金设防，心理安慰作用远远大于实际作用，要不这么做，应全面考量；第二，如果装备上了，则怎样保养维护，工作人员能不能熟练操作，都是必须重视的"人防"环节，否则，当有朝一日预想中的特大灾害真的发生，"金刚罩"极有可能派不上用场。

（5）"防灾设施，从理论上说总是不足的，因为它们应对的往往是适当程度的、发生概率较高的灾害事故。"

（6）他说：一旦有险情发生，要减少人员伤亡，最关键的是工作人员能否在最短时间内有序地疏散人群，工作人员需要定期演练。

（7）她坦率承认，并随即以此为例指出了城市公众教育的许多薄弱环节。

（8）在这些专家看来，"人防"的漏洞和缺陷，远比"技防"不足更可怕。

（9）她说，如果把大楼玻璃幕墙的掉落视作对城市安全的一种威胁，那么减少威胁的关键同样在"人防"。

经过这样的梳理，我们清晰地发现，"专家们所说的技防、人防"不仅包括其内涵，还包括范围、特点、有效性和两者之间的关系等多方面的信息。所以这道题的正确解答必须依据材料进行要点整合。

这一题给出的阅卷参考答案是：

> "技防"即通过完善技术手段，建立防灾设施以应对适当程度、概率较高的灾害事故。它是不足的和滞后的，需要"人防"作为补充。"人防"即通过强化防灾意识，提升防灾技能，并完善相关养护程序来应对灾害，其防范范围更广，具有前瞻性。"技防"和"人防"应相辅相成。较之"技防"，"人防"目前有更大的提升空间。

再例如，2012年"国考"（地市级以下）申论第一大题第2小题：

根据"给定资料（三）"，谈谈"现代城市运行中的脆弱性"在S市特别重大火灾中的具体表现。（10分）

要求：准确、全面、简明。不超过150字。

相应的给定资料：

2010年，S市一公寓大楼失火，造成一百多人死伤，这起特别重大的火灾事故，凸显了现代城市运行中的脆弱性。

"脆弱性"是吉尔伯特·怀特在20世纪70年代首次提出的概念，之后被广泛应用于灾害学、生态学、金融学、社会学和经济学等许多方面，大大扩展了"脆弱性"的内涵。

现代城市不仅是政治、经济和文化中心，而且是人口、财富和各项社会活动高度密集的地方，但同时也是各类风险和突发事件最密集的地区。一旦发生突发事件，后果往往是灾难性的，社会影响很恶劣。从这个角度来看，城市运行中的脆弱性，可以理解为城市生活运行中受到外部致灾因素影响的可能性和敏感性，它涉及外部致灾因素影响的程度，涉及相关防范系统对致灾因素的抵抗力以及对这种系统抗逆力的某种衡量。

调查报告显示，S市特别重大火灾较典型地反映了现代城市运行中的脆弱性问题。此次火灾是大楼维修时由无证的电焊工违章作业所产生的火花引燃了不能阻燃的"安全网"，然后蔓延到大楼易燃的装修材料，从而酿成大祸。该大楼维修工程存在层层分包和转包等违法、违规问题，加上日常管理缺乏有效的规范化监督，致使维修施工过程中存在管理松懈、秩序混乱及安全措施不到位的情况，结果超出了建筑工程系统脆弱性的承受度，由量变转变成质变，脆弱性演变成严重的危机，最后导致此次惨剧。

火灾发生后，尽管S市启用了现代化的警用直升飞机进行紧急救援，但在如此严重的高楼火灾面前，无法有效发挥高空消防灭火和救援的功能。同时，部分常规的消防云梯及消防设施难以满足高层建筑灭火的需要，影响了救援的速度和效率。

"自救优于互救，互救优于公救"早已是降低灾害损失的经验之谈，但部分市民依然习惯于等待以政府为主导的公共救援，而这类救援往往因为需要一定时间、不够及时而影响救援效果。S市火灾不同程度地反映出市民自救、应急疏散能力的明显不足，部分居民耽误了宝贵的逃生时间。事后发现，连居住在二楼的有些居民都没有及时撤离而窒息在家中浴室里，令人痛惜。

S市火灾发生前，政府主管部门对建筑工程监督不到位，民众的力量又没有被动员，致使工程的建设监督事实上处于真空状态，为火灾发生埋下了隐患。火灾发生后，由于市民市场保险意识不强，火灾给市民带来的生命和财产损失，部分由政府买单，而社会主体、市场主体功能没有得到有效发挥，加重了政府的负担。

在现代城市工程建设规划设计中，由于片面追求建设速度或追求经济效益，对工程未来可能存在的意外事故考虑不足，或者相关投入不足，致使工程的安全设施从规划到设计都存在严重缺陷或不到位问题。就S市火灾而言，高楼部分消防设施配备缺乏，管理措施不到位；楼与楼间距较小，道路狭窄。这些导致火灾发生后，因安全通道狭窄、物理空间有限，部分消防救援设备难以到达现场或难以发挥有效作用，严重影响了救援效果。

S市火灾充分说明，如果对于城市运行中可能存在的突发事件预测和准备不足，必将使现代化城市运行中的风险难以及时、快速、准确、有效地得到识别、防范和控制，结果便是重大灾难。

下面这是一位考生答题得分较低的文字表述，我们在网上和某些热销的图书上可以看到这样有代表性的答案（以下内容来源自某培训机构辅导用书，未作文字梳理）

> 第一，"安全网"不能阻燃，施工过程中管理松懈、秩序混乱、安全措施不到位。
> 第二，在严重的火灾面前，无法有效发挥现代化警用直升机的紧急救援作用。
> 第三，市民应急知识缺乏，自救、应急疏散能力不足。
> 第四，政府没有动员民众，工程建设监督缺失。
> 第五，高楼缺乏消防设施，管理不到位，楼间距小严重影响救援效果。

很显然，这个答案看起来是"依据材料"的。但是，这样的答案却是内容残缺、条理混乱的，在实际阅卷中恐怕还得不到1/3的分数。这是为什么呢？关键就在于其对特定表述"脆弱性"的理解上并未"依据材料"。给出这种解答的人对"脆弱性"的理解是先入为主的、经验主义的，大意就是"不堪一击"，也就是说"城市在灾难面前不堪一击"。所以，其对材料的理解也就变得狭隘了。

其实，给定材料对"脆弱性"是有其特定表述的，即"城市运行中的脆弱性，可以理解为城市生活运行中受到外部致灾因素影响的可能性和敏感性，它涉及外部致灾因素影响的程度，涉及相关防范系统对致灾因素的抵抗力以及对这种系统抗逆力的某种衡量。"因此，这里的所谓"脆弱性"至少有三个方面的标准：第一，涉及外部致灾因素影响的程度;第二,涉及相关防范系统对致灾因素的抵抗力;第三,涉及对这种系统抗逆力的某种衡量。

分析到这一步,问题已经基本清晰了。脆弱性的具体表现要从上述三个方面进行梳理,而不是简单的要点罗列了。实际上,上述答案对第三方面"涉及对这种系统抗逆力的某种衡量"是缺失的。同时,逻辑上也是非常混乱的,比如其第一点"'安全网'不能阻燃,施工过程中管理松懈、秩序混乱、安全措施不到位"。这里面既涵盖"抵抗力"的内容,又涉及"致灾因素"的内容,杂糅不清,不符合题干"条理清楚"的要求。

可见,所谓"依据材料",并不仅仅是选择答题素材时"依据材料",更应该是在理解和把握题意时即对准材料,根据材料作深入思考。

(三)运用发散思维

所谓发散思维,是指从一个目标出发,沿着各种不同的途径去思考,探求多种答案的思维。发散思维的主要功能就是为随后的收敛思维提供尽可能多的解决问题的方案。这些方案不可能每一个都十分正确、有价值,但它们为形成最佳方案提供了保证。

如前述,申论中的材料论述类题型,其答案要素基本上都集中在给定材料中,但是,如何取舍材料?哪些材料可用?这些材料怎么用?如何安排?这就需要我们找寻各种可能,形成若干种答案。这一步骤就是发散思维。当然,在这之后,还需要收敛思维,确定最终的正确答案。

例如,2009年"国考"申论第二大题第一小题:

对"给定材料(三)"中林老板的心态进行分析,并指出他的心态所反映的本质问题。(20分)

要求:观点明确,分析恰当。不超过200字。

给定资料:

东莞某鞋厂的林老板,2003年来东莞办厂前,在台湾地区打拼了二十多年。他说现在很糟,最近赔了几十万元。他已经不再接美国鞋子大卖场和贸易商的订单了,觉得风险太大。他给记者算了一笔账,2007年,受人民币升值、原材料上涨等影响,合计增加的成本超过20%。"广东山区对我来说太陌生,我没有太大的兴趣内迁,到一个地方又得从头再来,需要很多时间。补给线拉得很长,对我来说将是致命的打击。"林老板这样回应记者提出的是否借这次广东产业转移的机会,内迁到粤北山区投资的问题。有朋友劝他将工厂迁移到越南。但林老板看得很清楚:"越南劳动力缺乏,税收各方面跟这里差不多。我一些朋友搬到那里,也没好到哪里去,做几年我估计他们也会走。"当记者问林老板,有没有考虑走出低端化生存,增加企业的研发能力,推出高端产品,林老板有点无奈地笑着说:"还没有这个能力。"

此题的关键在于对"心态"所反映的"本质"的理解。所谓本质,可以理解为更深层次的问题,是一种社会大背景。这就要求考生不能只盯着"林老板"看了,而需要广阔的发散思维。

细看题目,要求有两个:"心态分析"和"指出本质"。第一个问题的解答,主要是依据材料,"心态"有其外在表现,如:

1. "他已经不再接美国鞋子大卖场和贸易商的订单了,觉得风险太大。"
2. "广东山区对我来说太陌生,我没有太大的兴趣内迁,到一个地方又得从头再来,需要很多时间。补给线拉得很长,对我来说将是致命的打击。"
3. "越南劳动力缺乏,税收各方面跟这里差不多。我一些朋友搬到那里,也没好到哪里去,做几年我估计他们也会走。"
4. 当记者问林老板,有没有考虑走出低端化生存,增加企业的研发能力,推出高端产品,林老板有点无奈地笑着说:"还没有这个能力。"

从以上四个方面来看,首先,林老板"接单子"——做鞋,说明他是一个加工制造业背景的企业主。不接单子是因为"风险大",这里的"风险"是什么呢?结合上下文来看,应该是"民工荒"、制造业缺乏劳动力、生产将停滞。其次,内迁到"山区",很明显是找寻新的"廉价劳动力",但是他"没有太大的兴趣"。再次,外迁到"越南",找寻翻身的可能,在他看来,结果"差不多"。最后,记者开出"走出低端化生存"的良方,他称"没有这个能力"。

综上所述,林老板的心态很不好,很"消极",甚至"绝望",有听天由命的心理。思考到这一步,其实并不困难,很多考生都能实现。但是,遗憾的是,下一步"指出本质问题"却成了诸多考生的"滑铁卢",大部分考生的答案都集中于"缺乏动力、魄力""没有实力"等林老板自身因素(内部因素)。很显然,这就犯了就事论事的错误,说明考生的发散思维能力不够。其实,分析深层次的问题,或者说原因,至少有两个方向:内部和外部。因此,这里至少有两种"可能的答案"。

那么,外部因素是什么呢?"发散"地看,对于一个企业的发展而言,政府的政策导向、市场环境的变化、产业链的断裂都可能是其外部制约因素。

我们仔细梳理上下文,发现给定资料(一)、(二)、(四)实际上都对本题作答有用处,它们在"外部因素"上给出了解答。

给定资料(一):

去年,胡锦涛总书记在中国共产党第十七次全国代表大会上的报告中指出,加快转变经济发展方式,推动产业结构优化升级,这是关系国民经济全局紧迫而重大的战略任务,要坚持走中国特色新型工业化道路,鼓励发展具有国际竞争力的大企业集团。同年5月1日,胡锦涛总书记在郑州煤矿机械集团有限公司考察时,肯定了该集团产品在国内市场、国际市场所取得的成绩,并进一步指出,我们要创品牌,让郑州煤机公司的产品具有国际竞争力。

给定资料(二):

有关人士告诉记者,现代化重工业的启动将成为广东新一轮经济增长的重要特色,珠三角地区改革将利用湛江、汕头等地缘优势,向南拓展东盟合作,向东搭上台海经济合作快车。

给定资料(四):

其实2004年后,东莞已面临巨大危机。先是"民工荒",接着是人民币不断升值、出口退税政策调整等因素,增加了加工成本。由于村自为战,东莞土地的利用效率越来越低,却无法整合,电和水的资源也很紧张,电厂污染也很厉害。在这一系列因素影响下,2007年,东莞出现了让人担忧的企业迁厂或倒闭现场。有关估计,倒闭、迁移或不辞而别的企业大概占总数的10%到20%。种种迹象表明,"东莞模式"已到了不得不改的地步。但如何实现转型,目前还没有明确的路径。低水平的劳动力、旧产业离开东莞,高层次的劳动力、新产业从何而来?

给定资料(一)提及国家政策导向"推动产业结构优化升级,这是关系国民经济全局紧迫而重大的战略任务,要坚持走中国特色新型工业化道路,鼓励发展具有国际竞争力的大企业集团";给定资料(二)提及地方发展趋势"现代化重工业的启动将成为广东新一轮经济增长的重要特色";给定资料(四)提及各种困境"先是'民工荒',接着是人民币不断升值、出口退税政策调整等因素,增加了加工成本。由于村自为战,东莞土地的利用效率越来越低,却无法整合,电和水的资源也很紧张,电厂污染也很厉害"。

所以林老板"消极悲观"心态的背后是产业结构优化升级大背景下的"中小企业转型难"。具体指向两个方面:外部面临诸多困境,如政策导向优势不再、资源成为掣肘等;内部因素有企业家缺乏创新的能力和魄力、信心不足等。

发散思维对于解决申论中的实际问题意义重大,但是必须明确的是,这种发散还是应该限制在题干的要求范围之内。

(四)符合对应逻辑

前述"明确题目要求""依据给定资料""运用发散思维"是切准答题内容的基本要求,而符合对应逻辑则是更高的要求。简言之,就是要求考生对来源自材料的第一手素材和题干要求作出准确的对应,方便取舍;或者说就是在答案中对主体和客体作出更加明确的对应,避免错位。

以启示型题目为例,考生在审题过程中则必须明确提供"启示"的主体和受到"启示"的客体之间的对应关系,否则就会千篇一律、盲目应对。

例如,2013年"国考"市地级以下综合管理类和行政执法类申论试卷第(一)题:

如何做好基层文化建设工作,直接关系到中华民族传统文化的继承与弘扬。请你谈谈"给定资料(一)～(三)"对做好这方面工作有哪些启示。

相应的给定资料:

(一)退休职工满师傅是回民,家住北城。他每周都要去一次改建后的牛街,先是转着古老而年轻的清真寺漫步一遭,然后再到"牛街清真食品超市"采购,那儿的牛羊肉都是按穆斯林规矩宰杀出来的"。满师傅赞不绝口,"牛肉炖着吃可以挑'肋条'、'腰窝',酱着吃有'腱子',切好片的'肥牛儿'小包装,红里透白勾人馋虫;涮羊肉讲究'三叉'、'黄瓜条',那儿的货又多又新鲜。"牛街给满师傅家节假日三代人聚餐带来了方便和欢愉。

有千年历史的北京市南城牛街地区是北京最大的穆斯林聚居区,目前,这里仅回族居民就有1万多人。改建前,街巷狭窄,市政基础设施落后,低矮破旧的危房连街成片,人均住房面积只有5.1平方米。1997年,牛街地区危改工程启动,这是北京市政府在全市最先实施的危改面积最大、拆迁户数最多、少数民族比例最高的危改小区。2004年两期工程胜利完成。

迁入新居的老住户居住条件得到了极大改善。穆斯林们最满意的是新房里有了浴室，每天进寺礼拜前可在家中沐浴。改建后的牛街，具有浓郁的民族风情：住宅楼无论高矮均采用穆斯林习用的黄色加绿边装饰。始建于公元996年的辽代千年古寺——牛街清真寺周围环境也焕然一新。寺院周围出现了万米绿地，原来门前8米宽的道路拓宽到40多米，门前那座历史悠久的"大影壁"，整修后巧妙地横亘在主辅路之间的绿化隔离带上，既保持了清真寺建筑布局的完整性，更成为一道独特的景观。全长670多米的街道两侧分布着商用房，经营民族服饰、工艺品、清真副食，多家回民老字号餐馆和小吃店里的正宗清真菜肴、各种地道的牛街小吃令人怀旧，吸引着京城、外埠乃至海外的穆斯林食客。晚上处处灯火辉煌，流光溢彩，牛街老住户白奶奶说："如今在咱牛街走走，跟上长安街差不多。"

牛街街道工委干部告诉采访记者，牛街不仅是"民生一条街"，也是"民族文化一条街"。通过利用现有条件和历史文物资源，修缮了牛街礼拜寺，扩建了回民幼儿园、回民小学，改造了民族敬老院，设立回民殡葬处、社会保障事务所和社区卫生站等服务场所，社区数字化管理系统日趋完善。牛街还是白猿通臂拳的诞生地，而今在小区里经常能看见白猿通臂拳第六代传人钟教练指导孩子们习武练拳的场景；因其具备"历史性"和"传承性"等申报非物质文化遗产的条件，目前有关部门已将白猿通臂拳列入区级非物质文化遗产推荐项目，这也是让牛街人足以自豪的事儿。

（二）某报报道了乡村放映员王其璋的事迹：他从1976年参加工作至今，用一台放映机、一张大银幕，为家乡61个村庄的农民送去欢声笑语，累计行程达25万余千米，放映电影近万场。

王其璋高中毕业时面临两个择业选择：当中学老师或者乡村电影放映员。从小爱看电影的他毫不犹豫地选择了后者。那时候，农村几乎没有什么文化生活，乡亲们看场电影就像过年一样，一个村庄放电影，附近村庄的群众也都会早早赶过来占座位，银幕两面的空地上围得满满当当，还有人爬到了房顶和树上。然而，到了80年代后期，随着生活水平的提高，电视在农村越来越普及，农村电影放映跌进了低谷，但为了心爱的电影，也为了那些喜欢看电影的乡亲们，王其璋最终还是坚持了下来。

说起放电影，给老王印象最深的还是帮助村民学习农业科技的事。姜家庄村有100多亩果园，品种老化，坐果率低。村支书找到王其璋，请他去放点苹果管理的影片。接到委托后，老王精挑细选了《苹果树的修剪》《果树嫁接》等十几部科教影片为果农们放映，结果果园当年便获得了大丰收。到了秋天，王其璋再到这个村放电影的时候，果农们一下子把他围了起来，纷纷拿来大个儿的苹果让他吃。他们说："老王，尝尝这苹果甜不甜？这里面可有你的功劳啊！"看到乡亲们发自内心的笑容，王其璋有说不出的高兴。

和尚庄村有养猪的传统，但前几年村民不懂防疫，小猪长到五六十斤常常病死，损失很大。王其璋就找来20多部生猪养殖方面的影片，连续给村民们放了一星期；还自己掏钱买资料赠送，把兽医站的技术员请来讲课示范，帮助村民掌握养猪技术。现在，这个不到200户的村庄已经发展养殖户120多个，每户年收入4万多元。因为这事，王其璋在这个村里的威信很高，每次去，村民都拉着老王去参观他们的养殖场，争着请他吃饭。乡亲们都说："老王可不光是电影放映员，他都成了我们的科技顾问了！"

（三）菜市文化管理部门召开了一个座谈会，与会者交流农村和社区基层文化建设的心得，提出相关意见和建议。以下是几位与会者的发言摘要：

A（大学生村官）：要提高乡亲们的文化素质，培养积极向上的村风、民风，我觉得鼓励他们把花在打牌、闲聊上的时间用在读书上很重要，也很有效。我到村里以后积极地提议和向上争取，创办了全县第一家"农家书屋"。我帮助购买图书、筹集资金、添置设施，动员群众参加读书活动，有空还给他们上课，有时还请农业大学老师、农科院技术员来开讲座。现在，农家书屋已经成为我们村的一大亮点，省市县领导多次来视察和调研。如今村民们有空就到书屋来看看书，读读报。打牌的少了，闲聊的少了，文化生活丰富多了。

B（大学生村官）：我们村本来就有一个文化站，里面也有不少图书，但是利用率不高，钥匙别在村支书的腰里，哪个农民提出要看书什么的，村支书就去开门。没有人提，那个门就天天锁着。我去了以后，主动向村支书提出保管钥匙，将文化站重新布置了一下，办了墙报宣传栏，里面摆上茶水，添加了不少新书，制定了文化站管理制度，按时开放，按章管理。现在，我们那个文化站天天村民络绎不绝，有时候里面坐不下，有人就捧着书坐到门外的空地上看。

C（社区工作者）：社区街道文化站的建设是一个重要问题，也是难题。我们那里文化站备有不少图书，但没什么人来读。我做过调查，我们街道很多人平时没事，要么凑一桌人打麻将，打扑克，要么守在家里看电视，不愿与人交往。不过，我发现早晚在小区里散步、锻炼身体、跳舞的人倒不少。我就动了脑筋，在小区的路边、健身场地旁边，竖起很多宣传栏，里面内容定期更换。除了宣传国家大事，介绍社区里的好人好事，普及防火防盗、卫生常识，还用来传播一些传统文化，比如《弟子规》《论语》《二十四孝》等，配上漫画和导读文字，人们散步和锻炼的时候顺便就可看到，慢慢引起了他们读书的兴趣，现在到文化站来读书的人越来越多。

给定资料（一）～（三）列举了三个典型事例：① 牛街的变迁，② 老王放电影，③ 基层文化工作座谈会。

长期以来，社会上对申论答题的"应试型思考"越来越走向极端，影响了相当一批缺乏独立思考和判断的考生。按照这些极端的"应试技巧"，这道题的答题思路是：① 找出各地的具体做法，② 文字整理，③ 罗列成要点式的答案。

如：（以下内容来源自某培训机构网站，未作文字梳理）

1. 因地制宜，充分尊重少数民族的风俗习惯，建设符合其民族文化的相关硬件设施，保护其民族文化及信仰；
2. 完善社区数字管理系统，倡导建设民族文化街，保护民族文化传承；
3. 重视基层文化建设，对于具备条件的项目申报非物质文化遗产，增强民族自信心和自豪感；
4. 提高基层文化工作者的思想、文化水平和专业素质，鼓励文化水平高的大学生到基层参与文化的普及和建设工作，多方式传递农业科技，满足群众需求；
5. 调动资源，大力建设"农家书屋"、文化站等基础文化设施，提高群众文化素质；
6. 建立、健全制度，提高文化站、书屋等的利用率，开展群众喜闻乐见的文化活动。

这是一个典型的"应试型"答案，也是一个"忽视题干"要求的典型。其失败的主要原因就是未能明确提供"启示"的主体和受到"启示"的客体之间的对应关系。

所谓"启示",就是启发指示、使人有所领悟。仅从这个角度来看,上述这些要点是不是"启示",是不是"给定材料"给出的"启示"呢?答案是肯定的。但是,能不能上升为对"搞好基层文化建设工作"的"启示"呢?答案却又是否定的。

换言之,如果这道题的所谓"启示"是对"基层文化站建设"的"启示",或者是对"非物质文化遗产保护"的"启示",上述来自某机构的答案还略微沾边。但题目是要求总结对"搞好基层文化建设工作"的"启示"。很明显,这里受到"启示"的客体不同,"启示"的层面也就不同了。

客观地看,"文化站建设""非物质文化遗产保护"只是"基层文化建设工作"的组成部分。该答案写的是局部工作成果对整体工作的启示,故这种启示只是具体做法上的,而不是总体思路上的,算不上真正的"启示"。从实际工作中看,并不是所有基层文化工作都和文化站或者非物质文化遗产有关,如果只从这两个方面谈做法上的经验,恐怕不能对较广范围的基层文化工作产生有价值的"启示"。

那么,这里的"启示"究竟应该是什么层面的呢?我们试述一例。

给定资料(二)谈到:

某报报道了乡村放映员王其伟的事迹:他从1976年参加工作至今,用一台放映机、一张大银幕为家乡61个村庄的农民送去欢声笑语。累计行程达25万千米,放映电影近万场。

王其伟高中毕业时面临两个择业选择:当中学老师或者乡村电影放映员,从小爱看电影的他毫不犹豫地选择了后者。那时候,农村几乎没有什么文化生活,乡亲们看场电影就像过年一样,一个村庄放电影,附近村庄的群众也都会早早赶过来占座位,银幕两面的空地上围得满满当当,还有人爬到了房顶和树上。然而,到了80年代后期,随着生活水平的提高,电视在农村越来越普及,农村电影放映走进了低谷,但为了心爱的电影,也为了那些喜欢看电影的乡亲们,王其伟最终还是坚持了下来。

说起放电影,给老王的印象最深的还是帮助村民学习农业科技的事。姜家村有100多亩果园,品种老化,坐果率低。村支书找到王琦纬,请他去放点苹果管理的影片,接到委托后,老王精挑细选了《苹果树的修剪》《果树嫁接》等十几部科教影片为果农们放映。结果果园当年便获得了大丰收。到了秋天,王其伟再到这个村放电影的时候,果农们一下子把他围了起来,纷纷拿来大个的苹果让他吃。他们说:"老王尝尝这苹果甜不甜?这里面可有你的功劳啊!"看到乡亲们发自内心的笑容,王其伟有说不出的高兴。

和尚庄村有养猪的传统,但前几年村民不懂防疫,猪长到五六十斤常常病死,损失很大,王琪玮就找来20多部生猪养殖方面的影片,连续给村民放了一星期;还自己掏钱买资料赠送,把兽医站的技术员请来讲课示范,帮助村民掌握养猪技术。现在,这个不到200户的村庄已经发展养殖户120多个,每户年收入4万多元。因为这事,王奇伟在这个村里的威信很高,每次去,村民都拉着老王去参观他们的养殖场,争着请他吃饭,乡亲们都说:"老王可不光是电影放映员,他都成我们的科技顾问了!"

给定资料(二)是上述培训机构的"六点启示"并未直接涉及的,究其原因,是给出解答的人未能深刻领会这一具体案例的"启示"。的确,如果就事论事地看,露天电影这种案例太特殊了,实在难以找到"启示",难怪被解答的人"有意无意"地回避掉了。

放映露天电影，我们可以把它看作一种乡村生活形式，但在这里，结合上下文，我们似乎更应该把它看作一种开展"基层文化工作"的渠道或者方式。所以，材料重点不在于探讨如何保护露天电影，而是在启发读者：为什么在传媒发展日新月异的今天，这种相对落后的"渠道"却保存至今，还愈发得"不可或缺"呢？

认真梳理材料后我们发现，其原因在于，老王改变了放映内容，不再是那些传统的故事片，而是贴近农民生产实际的农业科技影片。思考到这一层面，"启示"跃然眼前：基层文化建设主要不是搞阳春白雪，其内容要紧密联系实际，符合群众需求，对生产、生活提供智力支持。

还要注意的一点是，该题题干要求是"谈谈"启示，而不是"概括"启示。所以要点式的罗列答案明显不合题意。作答时在给出启示之后，还应当适当谈谈启示从何而来。因此，我们可以在写出启示后适当阐述论证以扩充答案。如在"基层文化建设要紧密联系实际，符合群众需求，为生产生活提供智力支持"后面，加上"王琪伟的事迹说明渠道的现代化和方式的创新的确对基层文化建设起到较大作用，但实际上，内容上的选择同样重要"来支撑观点。

综上所述，谈启示固然要梳理具体做法的规律性，但更要注重这种规律性与受启示客体的匹配度。这样的答案才更有针对性、更有逻辑。

再例如，2011年"国考"省级以上综合管理类申论试卷第（二）题：

给定资料（三）介绍了密西西比河、亚马逊河、尼罗河等流域出现的生态危机以及各国政府的治理举措。请对这些资料进行归纳，并说明我国治理黄河可以从中受到哪些启示。（20分）

这里的"启示"是对我国治理黄河的启示，而不是对我国环境保护的启示。客体非常具体，就是"治理黄河"。相应地，这里的"启示"也就可以非常具体，如"通过加强立法并严格执法来强化黄河上游的水土保持和中下游的排污控制"等。

本节就申论考试的重要测查要素——分析论证给予了系统介绍。其实，就对应题型的处理来说，无论是对题干的理解，还是对材料的梳理，都是对考生思维逻辑的检验。

明确题目要求、依据给定资料、运用发散思维、符合对应逻辑是解决这一类题型的四个基本要求，需要结合真题进行反复的揣摩和感知。唯有真正掌握这些要求，才能以不变应万变。

第三节 对策制定

一、对策的含义

制定对策是申论考试中一个承上启下的关键环节，是指应试者在对给定资料整理归纳、概括总结的基础上，依据个人的知识、阅历、见解，针对给定材料所反映的现实矛盾与主要问题，有的放矢地提出相应的意见、建议、措施、方案等，这些意见、建议、措施、方案统称为申论对策。

这一部分考核的核心是考查应试者解决实际问题的能力，包括对相关政策、对策的贯彻执行力。

二、对策制定原则

(一) 虚拟身份的假定性

众所周知,"虚拟身份"的设定与体现是申论考试成功的前提。应试者在制定对策时,一定要有清晰的"角色扮演"意识——以政府公务员的虚拟身份为解决相关问题出谋划策。这一特定的虚拟身份是由申论考试的宗旨和性质决定的,即申论考试是为国家机关选拔人才。实际上,申论考试的进程可以视为政府工作人员处理公务的一次模拟或预演。因此,应试者在制定对策时,势必要站在公务员的角度,来观察问题、思考问题、分析问题、处理问题,制定的对策要充分地体现出政府的立场与工作方法。

具体来说,公务员这一虚拟身份又主要可分为如下三类角色:行政领导人、行政执行者、调研员。作为行政领导人,比如某一行政主管部门的负责人,发言、讲话时要格外注意分寸,体现出相应的理论水平和政策高度。行政执行者是负责具体事务的行政人员,以这一类虚拟身份制定对策,就要力求务实、具体而微,尤须注重方案的可操作性。至于政府调研员,因其身份相对自由灵活,发言空间更大,其所给出的调研报告也相应要求具备完整性、系统性和层次感。

例如,2012年"国考"申论(副省级)第(三)题:"'给定材料(一)'反映的问题需要妥善处理,假定你是市政府职能部门的工作人员,领导安排你处理此事,请你提出解决问题的具体措施。(20分)"这里的"市政府职能部门的工作人员"可以是工商、质监、农委或公安等相关职能部门的工作人员,须从他所属的部门制定对策,可以全面谈,也可以抓住某一个方面谈。总之,只有定位准确,恰如其分,所制定的对策才不至于越权、越级或错位,才可能真正具备针对性与可操作性,确保"在其位,谋其政"。

(二) 执行主体的"归口性"

执行主体的"归口性"也是保证对策切实有效的重要前提与原则之一。这里所谓的"归口"主体,指的是直接解决问题的政府部门或职能机构。从字面意义来说,"归",指专任、专属;"口",指渠道、路径。在行政事务中,归口管理指按照国家赋予的相关权利和所应承担的相关责任依法行政,按特定的管理渠道实施管理,各就其位、各司其职、各负其责,不失位、不错位、不越位。比如说:工商、税务不可混为一谈,公、检、法、司也不能混为一谈,对于所出现的问题,该归哪个部门管就由哪个部门管。归口得当,责任明确,落实到合适的部门与人,才能保证相关问题得到及时、有效的处理和落实。

例如,上述2012年国家公务员录用考试申论(省部级)第(三)题中,执行主体的归口就相当明确——市政府职能部门[具体如该题给定材料(一)中所指出的工商、质监、农委、公安等部门]。

(三) 解决问题的针对性

顾名思义,"对策"一词本身就暗含了针对性的要求。应试者在制定对策时,必须牢记这一点:对策是针对给定材料中的问题而制定的策略。问题是申论考试的基础、根据,是一切对策方案的由头、源头。没有问题,就无所谓解决问题,也就不会有任何决策活动。只有找准了标靶,才能有的放矢,而不是胡乱放箭;只有找对了症结,才能对症下药,而不是乱开药方。同样的道理,只有明确了问题所在,具体问题具体分析,制定的对策才会满足要求,切实可行,这就是解决问题的针对性原则。

具体来说，决策的这种针对性包括两方面的含义：其一，对策要与给定材料的倾向性相一致，并符合要求；其二，对策要抓住给定材料所反映的主要问题，并切中要害。例如2013年中央、国家机关公务员录用考试申论（地市级）第（四）题，不仅要求以H县文化局干部的虚拟身份做一次讲座，答题要求也清晰明确："要求：紧扣'给定资料'，分条作答，观点明确，有针对性，不得摘抄原文。不超过300字。"在这里，命题者对应试者的虚拟身份以及讲座对象都作了明确限定，且要求"观点（对策）明确，有针对性"。应试者在组织作答时就必须立足材料，并"紧扣"材料，切忌脱离给定资料所反映的实际情况、具体问题，坐而论道，或王顾左右而言他。

另外，对于有些应试者而言，还须处理好针对性原则与"万能对策"相协调的问题。所谓"万能对策"，指的是一些申论专家为应试者总结出的一种对策模板，此种模板最大特点就是"万能"，也就是几乎可以套用在所有对策题目中。平心而论，这种套路是有一定用处的，尤其是对于那些初学者或心理素质不太强的应试者而言，它较容易上手，记熟了以后再下笔，心头不怵，因而是有帮助的；但其弊端也较为明显，就是缺乏针对性，千篇一律，易流于泛泛而论。建议应试者最好只是把模板当作一种参考思路，在此基础上，力争做到"一把钥匙开一把锁""一个萝卜顶一个坑"，这样就可以扬长避短、实用稳妥。

（四）符合主客观条件的可行性

应试者的公务员身份虽为虚拟，但在此虚拟身份下制定的对策却不能不是务实的，必须具备符合主、客观条件的可行性。如果提出的对策方案在现实中不具备实施的主、客观条件，就会沦为一纸空文，失去存在的现实意义。对策的可行性，简单来说就是指对策可执行，并行之有效。具体地说，可行性又包括以下三方面：其一，政治可行性，即对策在政治上须符合国家大政方针；其二，法律可行性，即对策不能违法、违规；其三，经济可行性，即对策还要考虑到执行的经济成本，考虑到投入和产出的比例。

例如，2012年国家公务员录用考试申论（地市级）第（三）题："'给定材料（四）'反映了T市市民出行中存在的许多问题，假定你是市交管局聘请的观察员，请就这些问题提出解决建议，呈送市政有关部门参考。"此题答题要求的第二条特别强调"所提建议具体简明、有针对性、切实可行"。有鉴于此，观察员针对市民出行主要问题所提的建设性意见，就必须是在市政有关部门的职权范围之内，能够合法、经济、及时、有效而具体地展开，如此才算"切实可行"。在这里，答题者首先应该拟定多种备选方案，接着要对这些备选方案进行可行性的评估，最后再在具备可行性的多种备选方案中选出最优方案来。经过科学、合理的选择、论证，对策的可行性原则才有保证。反之则不然，例如2005年的"国考"申论试题涉及"扶贫主管部门"、"各级纪检部门"，如果考生不大了解或没有充分注意到上述党政机关、管理部门的相关工作性质、职权范围，所提出的政策就很难具备符合主、客观条件的可行性。

（五）付诸实施的可操作性

对策的"可操作性"是其可行性的基础和保障。简而言之，对策的"可操作性"，即对策要具体。详而析之，它又包含三个基本要素：一是要对问题"归口"、对执行主体"归口"，明确能够直接解决问题的政府部门或职能机构；二是要有解决问题的具体办法、程序、步骤；三是要考虑到解决问题的必备条件。

同样以 2012 年国家公务员录用考试申论（地市级）第（三）题为例。针对市民出行中的主要问题，诸如：公交线路及其站点设置不科学，公交线路及站点重叠严重，易导致拥堵；有些公交线路往返行程不一致；轨道交通车站和居民小区间缺少公共交通方式；行人到街道对面换乘公交因缺少行人通道而严重不便；等等。有应试者以调研员身份向市交管部门建言献策如下：第一，对市区道路、交通状况作科学调研，为综合治理提供依据；第二，优化公交线路、站点，重叠者可考虑合并，人少者可考虑移除，拥堵路段的公交线路可考虑重设；第三，酌情统一往返行程不一致的公交线路；第四，在主要的街道对面换乘站点建人行天桥，方便行人到对面换乘公交车；第六，做好上述工作的配套工作，如通过大众传媒做好宣传、公示工作，相关变动情况及时向市民广而告之等。类似上述这样立足于实际问题的对策，言之成理，持之有故，具体而微，具备可操作性，避免了"假大空"。

（六）解决当下问题的时效性

对策的时效性，是指制定的对策能及时解决现实问题。对策的时效性首先是由命题取材决定的，质而言之，是由申论考试的特殊性决定的，是由公务员的职责和应具备的能力素质决定的。也因此，申论命题时，一般不选过时的材料，也不选想象或虚构的材料，而必须、必然会选择那些当前普遍存在的、群众反响强烈的热点问题作为给定材料，以测试应试者解决现实问题、应对当下疑难的能力。例如，以 2003—2013 年这 10 年间的申论"国考"题来看，2003 年考查的是有关安全生产与伤亡事故问题，2004 年考查的是汽车工业发展与城市交通拥堵问题，2005 年考查的是三农问题，2006 年考查的是突发公共事件问题，2007 年考查的是耕地保护问题，2008 年考查的是水电开发与环境协调发展问题，2009 年考查的是产业转型、升级及粮食安全问题，2010 年考查的是海洋保护与开发问题，2011 年省部级试卷考查的是黄河精神及农村教育与文化问题，地市级试卷考查的是农民工子女的教育问题，2012 年省部级试卷考查的是公共安全及社会道德问题，地市级试卷考查的是安全文化教育问题，2013 年省部级试卷考查的是非物质文化遗产保护问题，地市级试卷考查的是民族文化保护问题。不难看出，上述 10 年申论考查点均为当年热点话题，像 2013 年的材料中还出现了 2012 年年末中国作家莫言获得诺贝尔文学奖的信息，选材及其所反映问题的时效性显而易见。相应地，对策的时效性也便是题中应有之义。

（七）制定对策的合法性

对策的合法性之重要不言而喻，因为就算不是公务员身份，解决问题的时候也必须合法、守规。以公务员身份制定的对策，理所当然应遵从国家的法律、法规、大政方针，否则，不但解决不了问题，还会带来严重的负面影响。这里需要特别注意的是，有的考生制定的对策合情合理，但不合法。例如，针对 2012 年"国考"申论（副省级）第（三）题："'给定材料（一）'反映的问题需要妥善处理，假定你是市政府职能部门的工作人员，领导安排你处理此事，请你提出解决问题的具体措施。（20 分）"如果考生所提的对策，违反了《食品安全法》《食品监督法》等法律的规定，或者有悖于工商、质监、农委或公安等单位的权责，简言之，所提对策不合法，那么这样的对策就算是合情合理的，也是不可取的。

三、对策表述模式

（一）没有文体要求的表述模式

应试者针对给定材料所反映的主要问题，立足于对答题要求的准确把握，站在政府管理部门或职能单位的角度，就事论事地构思出一套切实可行的对策后，一般可采取如下两种表述模式来表述：

（1）事由+具体对策（观念+制度+具体举措）

（2）事由+具体对策（管理部门+管理方法+管理措施+管理对象+管理目标）

例如，中共中央政治局常委、国务院总理李克强在中国环境与发展国际合作委员会2012年年会开幕式上的讲话《建设一个生态文明的现代化中国》中，针对如何建设生态文明的现代化中国的重大命题，提出重点需要从以下几方面加大努力（可以视为"对策"）：

一是转型发展。发展应是可持续发展、科学发展，要走生态文明的现代化道路。只有把发展建立在资源可接续、环境可承载的基础之上，才能过好今天、不忧明天，在转型中实现国家的永续发展。

二是惠及民生。人民希望安居、乐业、增收，也希望天蓝、地绿、水净。作为政府，有责任调动各方面力量加大污染防治力度，不欠新账、多还旧账，在充分提供物质产品、文化产品的同时，更多提供生态产品。

三是拓展市场。生态产业是挖掘不尽的宝藏。我们需要巩固农业、做强制造业、做大服务业，形成发展新优势；也需要大力发展循环经济、节能环保产业、绿色低碳产业，抢占经济新高地。

四是深化改革。节能环保是生产、生活方式的深刻变革，需要加快价格、财税、金融、行政管理以及企业等改革，使改革这个最大"红利"更多地体现在生态文明建设上，体现在科学发展、转型发展上。

五是加强合作。我们将把生态环保作为对外开放的重要领域，继续加强同其他国家、国际组织的环境合作，引进并吸收先进理念、治理技术、管理模式和有益经验。

像这样的对策表述思路，非常值得应试者借鉴：它观点明确，条理清晰，富于层次感、逻辑性，提炼出的主旨句尤为简洁有力，高度概括的六字句后紧接着具体的阐述，可谓详略得当、主次分明。在申论考试作答时，如能使用这样的表述模式，会令阅卷者对你所表述的对策核心内容一目了然、印象深刻。

（二）有文体要求的表述模式（倡议书、书信等）

这种对策表述模式在近几年公务员录用考试中较为常见，就实质内容来看，这类对策表述模式和上一类并无多少区别，但因受到文体的限制，还要考虑到特殊文体的具体体式要求，乃至包括要符合不同文体的特殊语气要求等。

四、对策表述语言

从本质上来说，申论对策写作是一种公务性话语写作，一般要求，语言应准确精当、简明扼要、平实质朴，戒除一切空话、套话、大话。申论对策的表述语言充分体现出以下两个特点：

1. 有依据

要针对相关问题一一作答，时间、地点、人员、范围、性质、程度等数据项目，必须表达明确，做到语出有据，且符合虚拟身份，庄重得体。

2. 有条理

在作具体表述时，不可东拉西扯，而要条理清晰，理据协调，语句、语段、语篇的结构安排均能体现出合理、恰当的逻辑关系。

请看下面一位考生的对策答卷：

> 针对相关问题，拟订方案如下：第一，政府尽快制定针对目前相关问题解决办法的条例，健全法律规范，并确保强制执行；第二，明确政府机构职能，加快推进机构改革的力度，明确划分政府机构职能；第三，提高办事效率，说办就办，马上就办，办就办好；第四，树立改革的长期性的信心，要求宣传部门做好宣传，得到人民的理解和支持；第五，法院内部要提高执法力度；第六，国有企业自身在布局上进行调整，要与环境保护相协调。

这份答卷，乍看起来条分缕析，头头是道，但是细读之后就会发现，这份对策根本没有什么实质性的内容，只不过是空喊口号，铺陈一些毫无可行性、可操作性的空话，冗长空洞，是申论考试中必须摒弃的八股式语言。要解决此类问题，首先，要认真对待语言学习的问题，在平时的工作和学习中多做训练，语言表达能力就会逐步得到提高；其次，要想使语言表达不流于空泛，必须力求言之有物，有的放矢，具体问题具体分析。

五、对策的"万能八条"

申论对策的"万能八条"是众多专家研究后得出的共识，特在此作一简要介绍。

（1）健全法规，完善制度。主要包括决策制度、分工制度、规则制度、奖惩机制等。

（2）领导重视，提高认识。实行一把手负责制，建立和完善引咎辞职制度，建立并健全领导问责制度等。

（3）组织协调，形成机制。包括科学决策机制、预防和应急机制、组织协调机制、信息反馈机制、监督机制等。

（4）增加投入，依靠科技。增加财政投入，加大扶持力度，依靠科技创新，解决相关问题。

（5）开展培训，提升素质。通过开展相关方面的培训，提高有关人员的意识、能力、素质。

（6）积极宣传，营造氛围。通过电视、网络、手机、报纸、电台等新老媒介，采取各种形式进行宣传，提高舆论关注度，凝聚共识，在全社会营造良好氛围。

（7）加强监督，全面落实。这方面又包括：走群众路线，加强社会监督，设立举报热线或举报信箱；加强媒体监督，对一切违法、违规行为，勇于揭丑、揭短；加强上级监督；建立严格、系统、完善的考评指标体系，加大治理、整顿力度，违法必究，执法必严。

（8）总结借鉴，扬长补短。既要总结自身工作的经验、教训，也要借鉴国内外的各种先进经验。

需要强调指出的是，应试者答题时，千万不可照搬照抄上述"万能八条"，而一定要活学活用，善作变通，结合具体问题作具体分析，提出具有针对性的对策，把"万能八条"的精髓（思路）体现在答案中即可，换言之，"万能八条"要变身为具有针对性的八条措施，而不是千篇一律的泛泛之论。另外，可能并非上述八条对策都能够用到，这时能用则用，如不合适，也没有必要面面俱到。

例如，2010年国家公务员录用考试申论（地市级）第（二）题："针对W市在进一步建设宜居城市过程中存在的具体问题，参考给定资料，提出解决这些问题的具体建议。"（20分）

结合给定资料，活用"万能八条"，针对W市在进一步建设宜居城市过程中存在的转移污染以及片面发展经济等问题，就可以提出以下对策建议：

第一，加强科学规划，完善决策制度。妥善召开专家论证会和社会民众座谈会，听取各界意见，制定科学、合理的进一步发展规划。

第二，坚持以人为本，提高责任意识。在改善城市宜居环境、开展城市规划整治的同时，充分考虑受影响的居民的利益及其生命、财产的安全，以人为本，完善政策，保障他们的长远生计。

第三，树立科学发展观，建立环保绩效考核制度。兼顾经济发展与环境保护，改变目前以片面发展经济为主的发展模式。变简单的产业迁移为综合的产业整合，避免迁移带来新的污染。

第四，增加治污投入，开展专项整治。对于远郊污染进行专项治理，清理由于转移搬迁而带来的垃圾及受到污染的海水。

第五，加大监管力度，严控排污规格。严格审批开发项目，确保投资项目不影响环境及社会良性发展。对开发项目进行严格审批，确保项目开发不会对环境造成超出标准的不良影响。

第六，加强宣传教育，增强环保意识。通过电视、网络、手机、报纸、电台等媒介，采取各种形式，在全市上下大力普及科学发展观，凝聚环保共识。

第七，引进国内外先进技术和经验，及时治理远遥村的环境污染问题，避免先污染后治理的老路。

第四节 论证行文

申论试卷中的"论证题"是申论考试最重要的题型。从历年国家、省级公务员录用考试情况来看，申论试卷的最后一题都是"论证题"，要求写作的字数一般在 800～1200 字之间。其分值在"国考"初期为 50 分，后来申论试题发生了变化，题型越来越多样化了，但论证题的分值仍是各类题型中最高的，100 分的试卷"论证题"的分数几乎占了"半壁江山"。可见，"论证题"是申论考试拉开成绩差距的关键题型，甚至可以说，申论的真正较量就在于"论证题"的较量。

对于申论的论证，人们的理解实际上有广狭二义。

广义的论证，是指申论考试要求考生站在特定的立场（通常是模拟公务员身份），以给定材料为主，结合社会现象提取论据、发表看法、阐释观点的过程，一般采用议论文的形式。要求考生通过对所提供材料的阅读、分析，抓住材料所反映的主要问题，在限定的字数范围内提出论点加以论证或提出对策或展开评论等。

狭义的论证则专指议论文中的"议论三要素"之一，即运用论据证明论点的过程和方法。

本节主要讨论广义的论证。广义论证的作用主要有三点：

一是用来寻找、检验和确证作者认识的结果，为此全文必须提出明确的论点；二是用来说服别人（阅卷老师）接受这个认识结果，为此作者必须重视炼意选材、谋篇用技、遣词造句；三是用来展现作者的理性，理性主要指的是一个人的思辨和推理能力。申论的论证不能满足于用几句结论性的语言或抽象的原则道理去代替对具体事物的分析和论证，也不能停留在赘述故事或者列出种种现象来取代理性的分析。

为了写出满意的"论证题",我们有必要对论证的类型有所了解。

一、论证的类型

要写出一篇高质量的论证文章,文体的选择是至关重要的。自国家开考申论以来,申论论证题一直是"议论文"为主,但近年来对文体的要求明显日趋多样化了。如何才能写出一篇符合题干要求的申论文章呢?我们将十多年来的申论考题中有关对论证的文体要求作一梳理、分类,供考生根据考试要求参考、选用。

(一) 申论论证的文体分类

1. 从有无题目的角度划分

1) 命题作文

自从国家开始对公务员选拔进行申论考试以来,无论是"国考"还是省市级考试,试卷中论证题都出现过命题作文的形式,例如,2013年的"国考"(副省级以上)试卷就要求考生参考给定资料,以"岁月失语,唯石能言"为题,写一篇文章。对命题作文的写作尤其需要动用我们中学时代所学的有关作文审题的知识,同时还要注意体现申论论证文在文体上倾向议论文,立意、行文必须紧扣给定材料的特点。

2) 非命题作文

自从国家选拔公务员开考申论以来,无论是"国考"还是省市级考试,试卷中的论证题都出现过非命题作文的形式,例如,2012年的"国考"试卷(省级以上)第(四)大题就是这样,其论证题提示:"给定资料中讲述了农妇刘女士和李老太太家人之间发生的一段感人故事,请你以这个故事为话题,自拟题目,写一篇文章"。非命题作文的写作从标题的拟制到内容重点的确定都给考生留下了自由的空间,但并不是说可以无视题干的要求、不顾论证题作文写作在文体上的倾向。申论论证的非命题作文与高考非命题作文(如话题作文)最大的区别在于,高考作文立意可以多元,可以抛开命题者提供的材料,而申论论证非命题作文则不允许,其立意、选材甚至表达都必须严格按照题干的要求才行。

2. 从有无文体要求的角度划分

自国家选拔公务员开考申论以来,早期论证题对文体的要求一般都是写议论文,但有时也对议论文类所包含的具体文种作出暗示性要求,如2001年"国考"论证题"3. 根据上述材料,自选某一角度,自拟题目,写一篇1000字左右的文章。要求:联系实际,观点明确,条理清楚,语言流畅"。联系试卷所给资料,根据这样的题干要求,考生应该明白实际上要求你在政论文和策论文上作出选择。

近年来则逐渐倾向于明确规定写成何种文体,当然有时这种要求也不是十分明确,例如,2012年"国考"地市级作文就没有明确规定,试卷"(四)、'给定资料(五)'画线部分写道:'无论我们认为自己已变得多么高明和安全,自然灾害与人为灾难始终是我们生命的一部分。'请结合你对这句话的思考,联系自己的经验或感受,自拟题目,写一篇文章(40分)"。看了"给定资料(五)"画线部分之后,我们实际上很难明确究竟该写成何种文体,你可以在政论、评论甚至策论中作出自己的选择。

1) 无文体要求的议论文

对十多年来的"国考""省考"试题进行分析,我们看到,无论"国考"还是"省考",试题常见的文体要求都是写一篇议论文,题干中通常是这样的表达:"根据给定材料写一篇议论文,标题自拟,中心明确,论述深刻,有说服力。"写这样的议论文,考生既要注意调动中学学到的议论文知识，又要在立意、用材上注意题干要求，充分体现申论议论文立意上的一元化、用材上要求明确的特点。

2）有文体要求的议论文

对十多年来的"国考""省考"试题进行梳理、分析，我们也看到，试卷中明确要求写成何种文体的也不在少数。有时，试卷中虽未明确要求写成何种文体，但通过对题干的分析还是可以看出，对文体的要求实际上是暗含其中的。例如，2001年、2002年两年的"国考"试题，分析论证题的题干我们就可以看出写成策论文为佳。而2011年安徽A卷："近期，《××日报》拟开辟'进一步密切联系群众，着力提高党的凝聚力战斗力'专版。为此，该报邀请部分党员干部撰写文章，并附参考资料（题本中的给定资料）。根据领导要求，请你结合参考资料，以'权为民所用'为主题，写一篇800～1000字的议论文。要求：① 自拟标题；② 观点正确，理论和实践相结合论述深刻，有说服力；③ 层次清晰，结构紧凑，语言流畅。不得照搬资料，不能写成对策建议性文章。"很显然，这是要求写政论文的。

需要指出的是，申论论证题若对文体有明确要求，常见有两种情形：一是要求写成某种应用文体。例如，2004年中央机关、国家公务员录用考试申论试卷第（二）题："假设给定资料中有关我国城市交通拥堵的问题在你市都存在，你作为市交通主管部门的负责人，请根据给定资料，写一份《关于我市交通拥堵情况报告》（50分）"。二是写成议论文中的某一类型。例如，2005年的"国考"申论论证题就明确要求写成评论文。申论议论文常见的有三种类型：政论文、策论文和评论文。要求写成某一类型的议论文又有多种情形：有的明确要求写成某种文体；有的不是明确提出，但分析题干后可以看出必须写成某种文体；有的给考生留下了一定的选择空间（但考生必须选择、确定），允许考生在符合要求的条件下选择自己擅长的文体类型。

3. 从议论文内容侧重点不同的角度划分

1）政论文

政论文是政治性论文的简称，是从公众的角度分析和阐述当前重大事件或社会问题的议论文。政论重点是分析原因、目的、必要性和迫切性等问题。

政论文是议论文的一个分支，论点必须从政治的角度来提炼。政治的最大特点是公共性，简单地说就是站在公众的立场，而不是个人或者某个利益集团的立场来写文章。政论文的论据必须要有说服力，要用无可置疑的道理或事实作依据。申论政论文主要使用的是题料中所给的材料，论证必须完全符合题干要求，必须符合辩证逻辑，体现公务管理文书的文风。

分析这些年来"国考""省考"的申论试卷，我们可以得出这样的认识：凡是试卷要求考生必须站在公众的角度和政治的立场，分析和阐述当前重大事件或社会问题，并且必须使用题料中所给的材料，但并不要求提出具体的解决问题的对策与措施的，就应该写成政论文。例如，2010年上半年北京市公务员录用考试申论试卷第4题：请围绕"健康是关系国家强盛、社会和谐、人民幸福的大问题"写一篇议论文。（40分）要求：① 根据给定材料，结合实际，自选角度，自拟题目。② 结构完整，语言流畅。字数控制在800～1000字。

【例文】

国民健康是国家的宝贵财富①
——谈国民健康的重要性及其保障

国民健康是国家的宝贵财富,是任何一个国家的政府都不可忽略的大问题。随着经济的快速发展,人民生活水平的提高,我国国民健康水平有了显著提升。与此同时,在环境污染、工作压力、缺乏锻炼等因素的影响下,我国的国民健康仍然存在一些问题。环境公害、亚健康、营养过剩或不良等潜在威胁制约了我国国民健康水平的提升空间,必须予以高度重视。

国民健康问题关系着我国国家强盛。人是生产力所有要素中最重要的一种,人力资源是国家经济发展的重要推动力。中华民族的伟大复兴需要每一个人的努力奋斗才能实现。政府加大对国民健康事业的投入,不仅是为人民群众提供服务,也是对国家财富的投资,更是使国家经济和社会实现可持续发展的根本保证。想实现国家富强、民族振兴,就必须提升国民健康水平。

国民健康问题关系着我国社会和谐。国民健康与经济增长息息相关,但经济增长并不必然带来国民的健康,不科学的发展方式反而会对群众健康造成影响。一些地方政府为招商引资,不顾国家环保法律和人民健康,引发了严重的环境问题,不仅没有使经济社会得到和谐发展,还会使干群关系紧张、群众恐慌、对政府不满,严重者甚至会引发群体性事件,严重影响社会稳定、和谐。

国民健康问题关系着我国人民幸福。国民健康是国家的宝贵财富,而健康是一个人最重要的财富,失去了健康,也就没有任何幸福可言。现代社会生活节奏过快,尤其是都市里的白领们工作压力非常大,常常忽视了锻炼,亚健康状态普遍存在。另外,因为生活水平的提高而造成的肥胖、营养过剩等"富贵病"也屡见不鲜。这些不健康的生活方式极大地威胁着人们的身体健康,一些悲剧就是平时不注意身体健康日积月累而酿成的,这不仅是个人的悲剧,也是家庭的悲剧。因此,幸福感的提升必须建立在提高群众的健康水平之上。

健康是管理的结果,既包括政府对公共健康的管理,也包括个人对自身健康的管理。从政府角度而言,应该加强规划,加大财政预算支出,为国民健康水平的提升创造条件,包括定期举行全民体质检测,对公共体育设施的规划、建设、使用、服务、保护,对全民健身提供指导等,多措并举,提升国民健康水平。

国民健康应该是评价社会发展进步的综合指标中最重要的指标,也是政府执政为民和社会和谐、可持续发展的一个基本参数,关系到我国国家强盛、社会和谐和人民幸福,各级政府必须以高度负责的态度,提升国民健康水平,实现国民健康水平的飞跃,实现中华民族的伟大复兴!

评点

全文共六个自然段,可分为三大层次:第一自然段和第六自然段分别构成一个层次,其余四个段落构成一个层次。

---

① 国民健康是国家的宝贵财富[EB/OL].(2014-02-09)[2015-07-14].申论答题技巧,申论范文.http://www.gwyzk.com.

文章开篇就直接地进入论题，明确提出全文的中心论点：国民健康是国家的宝贵财富，是任何一个国家的政府都不可忽略的大问题。文章在主体部分从多个角度对国民健康的重要意义进行了阐述：国民健康问题"关系着我国国家强盛"；"关系着我国社会和谐"；"关系着我国人民幸福"。并论证了国民健康与政府管理的关系，对政府管理如何提高国民健康水平提出了建议。在文章结尾部分又对国民健康的重要意义作了进一步的提升。全文观点明确，联系实际，分析具体，条理清楚，语言流畅。既符合题干的要求，也体现了政论文的特点。

2）策论文

在申论考试题型中，有一种题型要求考生针对问题提出"对策"，它与我们这里所说的论证题型中的策论文不是一回事。论证中的策论型文章，是指针对材料中的问题提出具体解决措施、阐述可行性对策的论证文。从文章的内容来看，申论所称的"策论型"文章接近于古代政论文体中的"对策文"（这是以皇帝为对象的，就国家政治事务中的某一实际问题陈述见解、提出谋略和对策性建议的文章体裁）。其基本套路是：篇首提出问题；然后就问题的各个方面展开分析；主体部分是阐述解决问题的办法、措施等，一般比较具体。可以看出，由论述引入对策的"策"这种议论文体，是从古代绵延至今一直都在使用的，其撰述内容、基本结构与当今的申论"对策建议""策论型"文章本质上是相通的，形式上也有近似性。可以认为，符合兼有问题分析、理论阐述与主要阐述对策措施的文章，即为策论文。

策论文的基本特点是策论结合，重在对策，以策为主，以论为辅。对策的呈现方式有多种，可以平铺直叙对策，也可以寓策于论，在对策框架内装入论述内容。表达上是陈述、说明与议论相互兼容，夹叙夹议，以对策的充分铺陈与表达、彻底解决问题为目的。

策论文在题干部分往往直接提出解决所给材料反映问题的对策，并明确要求考生写成策论文。解题要求中常出现"措施全面、针对性强，具有可操作性"这样的话语。凡申论考试题目中出现"就如何解决……问题"这样的字眼或者题目要求中出现"对策合理，可操作性强"这样字眼的，都必须写成策论文。

例如，2008年广东省公务员录用考试申论试题三：

根据所给全部材料（仅限所给材料），以"提高社会救助水平的对策"为题，写一篇800字左右的策论型文章。要求：结构完整，措施全面、可行、操作性强，条理清晰，行文流畅。（50分）

【例文】

提高社会救助水平的对策①

2008年春节，一场大雪使大半个中国遭受严重的冰冻灾害，加上春运高峰，给灾区群众生产、生活带来了很多困难，对经济社会发展产生了严重的影响。在党中央领导下，各地政府迅速启动社会救助应急措施，积极调配国家资源，使灾害损失降到了最低程度。然而，在抗灾过程中，社会救助也暴露出来很多弱点和不足：社会救助的主管单位不明确，灾害信息无法及时公布，社会救助方法争议大，义工专业水平低，社会组织零散，救助资金的来源渠道单一，等等。

---

① 提高社会救助水平的对策［EB/OL］.（2011-09-22）［2013-08-27］.组工人事，红辣椒论坛，红网论坛. http://www.rednet.cn..

这些弱点和不足反映出我国社会救助还处在较低的水平，究其原因是群众救助意识低下、缺乏有效的救助制度与机制以及社会基础设施抗灾能力脆弱。随着全球气候异常加剧，自然灾害频发，加上我国还有几千万贫困人口和残疾人急需救助，如何提高社会救助水平，建设一个完善而有效社会救助体系已成为构建和谐社会、落实科学发展观的重要课题。

一、以提高群众的救助意识为基础，提高社会救助水平。在学校、社区及企事业单位，做好灾害自救和互助的教育工作，让全体公民都知道如何应对灾害，减轻政府抗灾的负担；定期组织专家小组讲解抗灾知识，利用各大媒体和网络，做好应急救助、捐赠、义工等知识的宣传工作，让公民了解如何去捐赠、申请做义工，避免在抗灾救助过程中发生不必要的误会；设立救助咨询服务站，建立热线电话服务，运用网络手段，扩大政府与民众的沟通渠道，形成双向互动机制。

二、以建立联动机制和信息发布机制为关键，提高社会救助水平。明确社会救助的主管单位，并以主管单位为主导，社会组织为辅助，明确职责分工，运用社会工作的方法，有效组织社会各方力量；简化手续，降低要求，明确免税政策，去行政色彩，建立完善的监督体系，使民间募捐的资金有效进入社会救助，扩大救助资金的来源；建立信息发布网站，利用广播、电视及时发布信息，让公众了解社会需求，有效地形成信息发布机制。

三、以健全救助制度、完善相应的基础设施为保障，提高社会救助水平。社会救助制度是作为保障困难群体基本生活的社会保障制度，因而必须：明确救助的对象和范围，包括贫困人口、残疾人、灾区群众；制定相应的法律、法规，使社会救助走向法制化；加大社会工作培训的投入力度，提高社会工作从业人员的专业水平，常设危机应对人才库；同时，改善电煤等管理机制，加强防寒意识，增加电煤库存量，整改各大电煤供应系统，从而提高其抗灾能力。

社会救助水平反映一个国家应对突发性公共事件能力。提高社会救助水平不仅是困难群众的福音，更是经济社会持续快速健康发展的重要保障。为此，我们必须以人为本，提高救助意识，建立相应机制，健全制度和完善基础设施，确实提高社会救助水平，真正构建一个能抵御灾害、困难群众有保障的和谐社会。

评点

例文兼有问题分析、理论阐述与对策措施三方面的内容，但重点只是提出对策。以社会问题的处理和宏观决策为核心，通过一半以上的篇幅着重提出了如何提高社会救助水平的对策措施。从结构上看，本文可分为四大部分：第一段为第一部分，用 2008 年南方大雪暴露出的社会救助上出现的问题为话题，以此开篇；第二段为第二部分，对造成社会救助水平低下的原因进行了分析；第三段至第五段为第三部分，为文章之核心部分，提出了三条提高社会救助水平的具体对策；末段为第四部分，对全文内容作出总结。

由上面两篇例文的内容我们还可以看出：政论型文章并非不可谈对策；对策型的文章也不仅仅只是提出对策。将申论论证分成这么两大类型只是相对而言，考生应该知道这种区分只是意在提醒大家写作时要有所侧重而已。

3) 评论文

评论文就是对一段论证作出评论的议论文。评论文也是申论考试中较常见的一种文体类型，评论文与政论文根本区别是，前者高度重视评析而后者重视的是论证。评论文在表现形态上也以议论为主要表达方式，要求必须紧扣评论对象展开分析、评论，且要具有相对完整的篇章结构，是一种在一定条件下符合机关公文规范的议论文体裁。评论文语言表达上的特点主要有两点：一是论辩性；二是条理性。

考生面对考题究竟何时选择评论文体，主要由两个方面来决定：其一是试卷明确要求写成评论文；其二是考生根据题干要求，觉得自己展开分析、评论有话可说。

例如，2005年的"国考"申论试卷答题要求：

（2）请以"评解决我国农村农民问题的两种思路"为题，写一篇800～1000字的文章。要求观点明确，分析具体，条理清楚，语言流畅。（满分35分）

【例文】

既要"引进来"，也要"走出去"
——评解决我国农村农民问题的两种思路[①]

改革开放以来，我国的经济处于飞速发展的阶段，国民收入大幅增加，人民群众的生活水平有了很大的提高。但在这段时期中，我国经济建设的重点集中在城市，却相对忽视了农村的发展。而如今国家的发展已到了一个新的高度，农村问题尤其是农民增收困难的问题已经成为一个很重要的发展课题摆在了我们面前。对于如何解决我国农村农民问题，现在主要有两种思路：一是加快农村自身发展；二是鼓励农民外出就业，利用城市发展来解决农村问题。究竟哪种思路更符合我们国家的利益呢？

对此，笔者认为，应该辩证看待这个问题。首先，我们要看到，从于长远来说，加快农村自身发展才是最好的思路。因为从哲学的观点来看，"农村自身发展"是内因，而"利用城市发展来解决农村问题"是外因。从内因着手才能从根本上解决农民增收困难的问题。但是其次，从目前来说，城市的经济实力相对于农村要雄厚许多，利用城市的经济优势来带动农村的发展，其实对农村是很有利的，因为相对独立地去加快"农村自身发展"，结合城市的优势可以大大加快农村自身发展的速度，缩短发展的过程。从这个角度来看，城市的带动作用作为外部因素，也不可忽视。因此，笔者认为，对于我国农村农民问题的解决思路应该是既要"引进来"，也要"走出去"。即两种思路应该结合起来，发挥两种思路各自的优势，避免两种思路所存在的各种局限性。

让我们先谈"引进来"这个思路吧。首先，就是要把城市的资金引入农村，加快农村基础设施的建设。这里笔者要强调一点，引进投资不能以牺牲环境为代价、掠夺资源为目的。而目前的矛盾是农村最吸引投资者的就是丰富的资源和廉价的劳动力，但我们从长远的角度来看，却不能允许投资者进行掠夺式的投资，然而没有巨大利润吸引，又很难有大量的投资。笔者认为，这是"引进来"这种思路其中的一个局限性。其次，是引入城市的技术，但关键是农村的人口素质相对城市要低许多，普及技术的难度要大于城市，这是另一个局限性。最后，是引入城市的先进理念，尤其是管理理念，但农村数千年的传统理念

[①] 申论要求及参考答案[EB/OL].（2007-01-11）[2013-08-27]. 新浪教育,新浪考试. http://www.sina.com.cn.

一定会与新的理念产生冲突,这个过程能成为一个平稳的过渡期吗?这就是第三个局限性。

再谈"走出去"这个思路。首先,城市能容纳那么多的外来人口吗?教育、住房、社会保障等一系列问题很快就会摆在我们面前。其次,农民出去了还会回来吗,是让出去的农民成为城市人口,还是用户籍制度"强迫"其回归?这又是个两难的抉择。最后,在城市快速发展的过程中,进城的农民要扮演什么角色?基础的纯劳动力工作吗?这样的话,农民进城只能获得资金,很难在技术和理念上大幅提高,这又违背了我们的想法,我们要农民获得的不仅仅是资金而已,而是能带给农民和农村更大价值的技术和理念。但显然,"走出去"这个思路很难做到,因为没有给农民一个缓冲的空间,把未经培训的农民与城市的固有劳动者直接放在一起竞争。当然,农民就很难获得高技术含量的工作岗位,那么从事基础的纯劳动力工作似乎就变成没有选择的选择。让农民"走出去",如果只能获得很少的一点东西,甚至只局限于"给家里寄点钱",但留给城市的教育、住房、社会保障等问题又是如此多的话,我们是否要重新审视这种思路呢?

综上所述,笔者认为,两种思路的优势是明显的,"引进来"有利于农村的长远发展,"走出去"更加符合现在的国情。但两种思路的局限性又是如此不可忽视。因此,对两种思路进行统筹兼顾、取长补短,才是解决这一问题的出路所在。

评点

例文共分五个自然段。开头一段在略作铺垫之后自然地亮出评论对象——解决我国农村农民问题的两种思路。紧接着第二段就对两种思路从哲学的内外因关系的角度进行了分析,并得出明确的结论:我国农村农民问题的解决思路应该是既要"引进来",也要"走出去",即两种思路应该结合起来,发挥两种思路各自的优势,避免两种思路所存在的各种局限性。例文的第三段,对于"引进来"的思路,作者从它自身存在的三个局限性作了细致的分析和评论。例文第四段对于"走出去"这个思路,作者也从三个方面进行了分析,尤其是对第三方面:"进城的农民要扮演什么角色"的问题,进行了深入、具体的辩证的分析、评论。最后(也就是文章的第五自然段)作者在总结前文分析的基础之上推出全文的中心论点:对两种思路进行统筹兼顾、取长补短,才是解决农村农民问题的出路所在。

例文在表达上也非常突出地展现了评论文论辩性、条理性的特点。

(二)文体类型选择原则

多年以来,申论论证的题型发生了很大变化,就题干中是否有要求文体而言,有的是"显豁型"的,有的是"隐藏型"的。对"显豁型"的我们只要遵循要求就可以了,但对"隐藏性"的或者要求并不确定的该怎么办呢,究竟选择哪种类型会更有利呢?我们认为:选择哪种文体进行写作要综合考虑多方面的因素。这里我们提出选择文体类型的三条原则供大家参考:第一,题目原则;第二,大纲原则;第三,自身能力原则。

1. 题目原则

题目原则,就是要根据试卷具体的题目设置来决定文章的类型。"国考"申论考试中,这些年来有很多考题虽然题目没有明确地提出要写成什么样类型的论证文章,但是通过审阅题干还是可以发现其所具有的文体倾向的。例如,2010年"国考"申论试题[市(地)以下综合管理类和行政执法类]最后一题的题目设置是:参考给定资料,围绕"海洋的保护与开发",自选角度,自拟题目,写一篇文章。既然是围绕"海洋的保护与开发"作答，侧重于如何统筹海洋的保护与开发是比较有利和符合考生们的思维习惯的。也就是说，考生们如果在大作文中侧重写对策，写海洋的保护与开发的具体措施和方法是符合题意的。而2005年"国考"申论试题中，让考生们以"评解决我国农村农民问题的两种思路"为题，写一篇文章。针对这个题目设置，考生们可以很容易地判断出，应该选择评论文类型。

2. 大纲原则

如果题目原则还不能帮助考生明确究竟选择何种文体类型，我们又将如何办呢？这就要用我们的第二个原则——大纲原则了。以2010年江苏公务员录用申论考试大纲为例，大纲提出主要考察考生四个方面的能力：阅读理解能力、贯彻执行能力、解决问题能力和文字表达能力。特别是"解决问题能力"要求考生能够运用自身已有的知识经验，对具体问题作出正确的分析、判断，提出切实可行的措施或办法。所以，面对考试卷中的论证题，文体选择策论文就更符合大纲的要求。当我们不能合理地选择哪种文体时，不妨停下笔来，想想申论考试大纲的要求，或许，将会出现"山重水复疑无路，柳暗花明又一村"的惊喜。顺便说一句，这也是提醒考生：要注意研究当年的考试大纲！

3. 自身能力原则

如果通过题目和考试大纲都无法判断试题对文体类型的要求，也就是说题目原则、大纲原则都不起作用的时候，考生们该如何抉择呢？这就要用我们的第三个原则——自身能力原则了。准备参加申论考试的考生们都应该知道，申论考试主要考查我们的四大能力：阅读理解能力、分析问题能力、提出和解决问题的能力和文字表达能力。而我们一般写文章的思路也是"提出问题、分析问题、解决问题"。那么，各位考生们就可以根据自己的情况和四大能力的掌握水平进行文体类型的选择。例如，2008年陕西公务员录用申论考试的材料主旨是破除潜规则的问题，你可以写成政论文，侧重探究潜规则蔓延的深层次原因以及危害，也可以写成策论文，侧重破除潜规则的具体措施和对策。总之，考生们可以根据个人能力灵活处理。

综上所述，考生对即将写作的申论文章类型的选择和确定非常重要，考生要善于发现隐藏在题目文字中的关于类型的种种暗示，然后根据选择题型的基本原则进行判断后，再构思并规范成文。这样做，必将让你的申论文章写作过程更为顺畅。

二、论证的思维模式

要想在申论论证的考试中制胜，完全依赖什么"申论万能宝典"之类是很不靠谱的，正如专家所言，"万能"绝不在于"宝典"中的"万能框架""万能八条""万能句式"和"万能理论"给大家提供了"万能"答案，而在于思维模式的科学以及与其相应的文字表达。

要想在申论论证的考试中制胜，就必须从思维的高度上把握申论论证。从本质上说，申论论证考查的是考生的思维方式和建立在这种思维方式基础上的文字表达。"思维"是思维主体处理信息及意识的活动，"模式"其实就是解决某一类问题的方法论。把解决申论论证问题的方法归纳到理论的高度，就是申论论证的"思维模式"。考生必须掌握申论论证的科学的思维模式。

思维模式有好差之分，有科学与不科学之别。最先进的思维模式是什么？按照法国现代著名作家、存在主义哲学家萨特的说法,马克思主义是当代唯一不可超越的哲学。① 把马克思主义看问题的观念和思维方法有机结合起来就构成了申论写作的思维模式。

(一) 思维理念

1. 实践的观点

申论论证应遵循实践第一的理念。不仅思维内容具有强烈的实践性,而且思维的规则也必须接受实践的制约。实践的观点要求考生必须重视观察与体验,坚信实践出真知。

申论论证必须遵循实践的理念,申论考查的是考生驾驭理论、立足实际的实践式思维,绝不是不着边际、空发议论的宣泄式、空想式思维。在申论考试中实践的理念主要用来指导考生对材料的选取与使用、提出行之有效的对策。考生只有依靠实践才能形成解决问题的能力与经验。

实践的观点要求申论的考生要能"顶天立地",即"理论顶天,实践立地"。所谓"理论顶天",就是要求考生必须掌握正确、科学的理论,并能将之运用于实际;所谓"实践立地",就是要求考生在为论证选材时,必须充分认识到材料是第一性的,无论是选用试卷提供的资料,还是联系实际或结合自己切身体验的材料,都必须坚持选材真实确凿的原则。只有这样的材料才能保证文章立意的正确。在人类的思维中,存有"概括性误区",面对无限纷繁的现象,我们总想用几个概念将其概括起来。这样做的优点是,通过举一反三,可大大提高认识问题的效率,但危险在于,如果这几个概念有错误,就很可能将我们带入危险境地,提倡思维运用坚持实践的观点无疑是规避这层风险的利器。

"实践立地"就是要求考生在提出对策时必须充分考虑它在实践上的可行性、可操作性。考生必须认识到:是实践的丰富性决定了申论考试试题内容的复杂性;实践需求的紧迫性决定了每年各层级公务员录用申论考试中命题的热点、焦点。申论考查的是考生驾驭理论、立足实际的实践式思维,尤其是那些对策性论证文,考生所提对策如果不符合实际,不具有可操作性,肯定不符合评分标准。对策性论证文必须以考生的实践性思维为支撑,所以为了防止因考生个人实践内容不同而可能带来的不公正,申论考试试卷中总是努力予以弥补。

例如,2011年广东公务员录用考试申论试题:"(三) 请针对材料所反映的问题 (仅限所给的材料),以'加强我国职业病防治工作'为题,写一篇800字左右的策论文章。(50分) 要求:结构完整、条理清晰、行文流畅、措施全面、针对性强、具有可操作性。"此题要求考生提出防治职业病的对策,这个对策当然不能脱离中国的国情,也不能脱离考生了解的实情,它必须具备三要素:针对性、可行性、合法性。由于职业病防治的问题比较专业,一般考生肯定缺少实践机会,所以题干明确提出考生只要针对所给的材料。如果不是实践性观点所需,题干中就不会有这样明确的限定。事实上,很多对策型试题,由于对策所需的知识、能力具有公共性、常识性,题干就不会作这样的限定。

科学、合理的思维模式是建立在对材料中特定事实的客观、全面和系统地把握之上的。离开了特定事实,离开了材料,一切都是空中楼阁。重视材料的积累、选择和使用,就是坚持申论实践的观点的具体表现。

我们必须承认:实践的观点是我们解答申论论证题根本不能忘记的、必须运用的思维

---

① 萨特. 辩证理性批判·原序 [M]. 徐懋庸,译. 北京:商务印书馆,1963:2.

理念之一。

2. 辩证的观点

辩证的观点，就是认为世间万物之间是互相联系、互相影响的，观察问题和分析问题时，要以全面的动态发展的眼光来看待。在思维中坚持辩证的观点就会形成辩证思维；对立统一思维法、质量互变思维法和否定之否定思维法是辩证思维基本的思维方法；归纳与演绎、分析与综合、抽象与具体、逻辑与历史的统一也是辩证思维常用的思维方法。申论的论证必须坚持辩证的观点，因为只有运用辩证的观点，才能避免使用教条式思维。从某种意义上说，申论考查的重点是考生的思维品质，尤其是要考查考生全面、灵活、辩证的思维能力。

辩证的观点坚持以变化发展的视角认识事物，通常被认为是与逻辑思维相对立。在逻辑思维中，事物一般是"非此即彼""非真即假"，而辩证的观点则认为，事物可以在同一时间里"亦此亦彼""亦真亦假"而无碍思维活动的正常进行。辩证的观点应当成为申论论证形成中心思想的指导理念，尤其是写像《网络与社会生活》《论发展经济与环境保护》《药物管理与人民健康》这样一类申论作文题，题目所涉及的两种或两种以上的事物之间都具有辩证的关系。只有按照辩证的观点去思考，才能形成比较深刻的见解；否则，就会出现认识上的表面性、片面性。

辩证的观点要求观察问题和分析问题时，以动态发展的眼光来看待问题。辩证思维是唯物辩证法在思维中的运用，唯物辩证法的观点、范畴、规律完全适用于辩证思维。辩证思维是客观辩证法在思维中的反映，联系、发展的观点也是辩证思维的基本观点。对立统一规律、质量互变规律和否定之否定规律是唯物辩证法的基本规律，也是辩证思维的基本规律。辩证法是联系和发展的科学，其精髓是具体问题具体分析。

申论论证写作如果能坚持辩证的观点，考生就一定会知道：申论考试绝没有现成的答案可循，绝不能撇开材料自由发挥，绝不能片面、僵化地对待特定事实；一定要坚持全面地概括材料的内容，多角度、多层次地分析原因和评价问题。这样，就会根据问题的特殊性，灵活地提出解决问题的对策，尤其不会把"万能八条"当成不变的教条和现成的答案。

辩证的观点是公务员必须掌握的思维指导理念，因此，每一个有志于成为国家公务员的申论考生都必须予以高度的重视。在平时的写作训练中，面对试卷中各种性质的资料时，必须牢固树立全局观念，正确处理好全局与局部的关系；必须坚持从实际出发，全面、客观地看问题。绝不能从一个极端跳到另一个极端；必须着眼未来，把眼前利益与长远利益结合起来。既要立足现实，又要顾及未来。

有必要提醒考生注意的是：申论写作需要对自己的观点进行论证，就是要以理服人，那么，论证过程中，也就需要运用到逻辑推理的方法。要从具体材料上升为理性的认识，形成文章的中心思想。从形式逻辑思维来说，在对材料进行分析、综合的过程中，只有掌握了逻辑推理的思维规律，才能够做到正确运用归纳、概括和演绎的方法。从某种意义上来说，申论的论证须臾也不能离开逻辑思维。我们这里虽然高度强调辩证的观点对于申论论证的指导作用，但丝毫也没有要否定逻辑思维在论证中所起作用的意思。可以肯定地说：在申论论证的写作中，只要我们坚持辩证的观点，辩证思维与逻辑思维才会形成合力。

（二）思维方法：具体—抽象—具体

申论论证必须坚持"具体—抽象—具体"的思维方法。这是马克思在《〈政治经济学批判〉导言》中提倡的思维方法。用图表示就是：

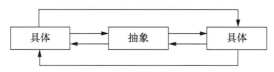

"具体—抽象—具体",其中,第一个"具体"是题料——考卷提供的现象。而"抽象"是指理论概括,概括形成论证的中心论点。第二个"具体"是理论的具体,就是对第一个"具体"理论的具体阐述。

1. 从具体到抽象

即从个别的、特殊的事实出发,得出相关事物的一般性结论的思维方法。考生要从命题者所提供的具体事实和自己所掌握的具体事实材料中找到事物的一般本质或规律,从而形成文章的中心思想。

申论论证常用的思维方法之一是归纳法。之所以这样说,乃是因为申论的论证题常常都是要考生完成对材料中所隐含的特定事实的表现、原因和对策的归纳、概括和梳理。甚至论证的标题都需要考生对所给资料进行归纳、提炼才能够拟出。这启发我们,申论考试要从宏观上把握材料的内在逻辑,善于从具体的材料中归纳出抽象的观点。也就是说我们的论证必须要用从具体到抽象的方法。

考生对于归纳思维方法的培养可以在实际生活中随时随地进行。比如,看到有人在公共场所吞云吐雾,有人随地吐痰,有人在火车上旁若无人地大声喧哗,任意抢占别人的座位……考生应该能将这些现象归纳到一起,上升抽象为这样的认识:部分公民的素质有待提高。做申论模拟试卷时,看到房屋拆迁、土地被征等资料能上升到城建;汽车堵塞能上升到城市交通;污染治理能上升到环保;治安混乱能上升到维稳;下岗分流能上升到社会就业、民生问题;盗版书籍能上升到知识产权保护;偷税、漏税能上升到社会分配;户籍问题能上升到城镇化建设;农民工进城能上升到三农问题;高技术、新材料、新工艺发明专利应用能上升到创新型社会;能源资源短缺、浪费现象能上升到节约型社会;土地、农民、农村、农业同时出现能上升到新农村建设;衣食住行、物价、教育、就业同时出现能上升到民生问题;贫富、阶层、收入差距、劳资纠纷同时出现能上升为和谐社会建设;污染、治理、人口、能源、城乡建设都可上升到科学发展观;谣言风传、仇官仇富、群体性事件都能上升到社会心态;等等。

总之,注意时时处处做归纳思维方法的训练,也就是在学习、运用从具体到抽象的方法。当我们面对试卷给定的丰富、复杂的材料时,就再不会心慌意乱了。

有必要提醒考生注意的是:人们的认识运动总是从认识具体的个别事物开始,从具体中抽象出一般,因此,归纳法是人们广泛使用的基本的思维方法。但是,归纳是以直观的感性经验为基础,因而,它不能揭露事物的深刻的本质和规律;归纳只能根据已经把握的一部分事物的某些属性进行归纳,无法穷尽同类事物的全部属性,因而作出的结论不是完全可靠的,带有很大的或然性,也可能会出现与客观事实相矛盾的情况。归纳时以个别代替一般、以局部代替整体、以特殊代替普遍,使中心论点出现片面性是运用归纳思维时常见的毛病。因此,对那些主张申论论证只要依赖归纳思维方法就能彻底解决问题的说法,我们还是要保持清醒的头脑。一定要认真地研究每一个具体事实,并合理地抽取这类事物共同的属性或特征,"抽象"的结果既要接受第一个"具体"的验证,又要上升到第二个"具体"的层次。如果"抽象"的结论经不起推敲,不具有广泛的代表性(即

"理论具体"),这样的思维方法就不可用。这是运用由具体到抽象的思维方法形成中心思想时必须注意的一个问题。

2. 从抽象到具体

科学的申论论证思维模式必须运用的思维方法是由具体到抽象、再由抽象到具体三者之间循环往复的思维方法。运用由抽象到具体的方法,就会形成规律性思维。规律性思维信奉的理念是:事物的发展变化有其规律性,分析和解决问题必须透视其本质、把握其规律。规律性思维常用的思维方法有发散性思维方法、逆向思维方法、辩证思维方法、比较思维方法和分析与综合思维方法等,当然必不可少的是"从抽象到具体"的方法。

申论的论证需要的主要是规律性思维,而不是经验性思维。为什么阿基米德在洗澡时能发现浮力定律,而曹冲在"称象"时没有,这就是规律性思维和经验式思维的区别。善于思考的智者总是能透过事物的现象发现其背后的本质和规律,并且根据规律揭示事物未来的发展方向。而经验主义者的眼光总是面向历史的,只能死记硬背过去的教条,不能从历史特殊性中发现未来的普遍性。申论考察的重点不是经验性的知识,而是公务员解决社会具体问题的规律性和普遍性思维。社会问题和社会实践的千差万别决定了其解决方案的各不相同,但是解决问题的思维程序和思维方式(如"万能八条")却是万变不离其宗的。因此,我们切不可把普遍性、规律性的抽象思维与特殊性、经验性的具体答案混为一谈。规律性指的是不以人的意志为转移的客观世界的规则。规律性思维指的就是遵循客观世界的规则,透过现象发现其背后的本质和规律,并且根据规律揭示事物未来的发展方向的思维方式。换句话说就是考生必须明白:对具体(题料、个人掌握的材料等)必须进行加工——即抽象,抽象的结果还必须进一步推进,即找出规律(也就是第二个"具体")。找到了理论的具体(规律)还得接受第一个"具体"的检验、修正。比如,策论文主要是表述对策的,对策是指导具体工作的,不符合规律就会给工作带来失误,对策是依据主、客观条件制定的,违背了主、客观条件所提对策就会出错。大量考生撰写的策论文,凡对策正确、合理的,都能看到考生良好的思维模式的影响;凡对策有误、欠妥的,都可以隐约地看到考生思维方法上的问题。

申论考生应该认识到客观规律性是事物内部所固有的、本质的、稳定的联系,它的存在和作用不以人的主观意志为转移。譬如在论证题的考试中,时常会要求我们对原因展开综合分析,而"最基本的框架是五大维度,即思想认识层面(如领导不够重视、群众认识不足等)、法律法规层面(如有关法律法规不完善)、制度规章层面(如管理体制不健全等)、监管执行层面(如监管缺失等)和后勤保障层面(如财政投入不足等)。五大维度实际上从各个角度为分析问题产生的原因提供了基本思路。这时考生就应该想到:五大维度体现了申论的全面性思维。[①]"而这也就是申论论证思维方法上的由抽象到具体的体现。

在人类的不同活动领域,人们有着一些共同的思维方式,遵循一些共同的思维规律。这是我们要求申论论证必须用从具体到抽象再到具体的思维方法来应对的理由。但是,不同的活动领域,由于有着各自相对比较特殊的活动对象、活动方式和活动目的,因而,也就具有相对不同的思考方式,一定领域问题的解决需要有特殊思维理念和思维方式。但申论考试特别是申论的论证题,考查的是写作者对社会运动的规律性认识,所以要求考生必

---

① 詹珩. 关于申论思维方式的培养[EB/OL]. (2010-08-06-15:22)[2014-07-10]. 教育频道. http://www.people.com.cn.

须学会运用具有规律性的思维方法——"具体—抽象—具体"的思维方法。

善于思考的智者总是能透过事物的现象发现其背后的本质和规律，并进而形成规律性思维，从而根据规律揭示事物未来的发展方向。多年来无数优秀的申论论证文无不证明了这一点。申论考查的重点不是经验性的知识，而是公务员解决社会具体问题的规律性和普遍性思维。社会问题和社会实践的千差万别决定了其解决方案的各不相同，但是解决问题的思维程序和思维方式总是具有规律性的。所以，注重培养和训练我们的规律性思维就是保证考试过关的需要，更是能够胜任公务员工作的需要。

总而言之，申论考试的制胜之道在于形成申论的基本思维模式，这种思维模式不是一蹴而就的，需要长期积累。在基本的思维模式没有形成之前，可以借助于一些思维方法和答题技巧，但方法和技巧毕竟是以思维能力为基础的。因此，想在申论考试中胜出就应该从平时培养申论的基本思维模式入手，掌握应对一切变化的最根本的武器。

从理论上说，每个人的思维模式只有一个，即他自己独有的"思维理念加思维方法"。理念有一两个，在这种理念观下，有多种方法。思维模式过多反而可能导致思维混乱。

三、论证的立意和角度

"文以意为先"，申论论证的立意，就是确立文章的中心论点或主旨。论证立意的原则是联系实际——联系试卷给定的资料、社会现实以及考生自己的工作、生活、思想实际，从而提炼出文章的基本观点或见解。立意与角度选择的关系十分密切，选择什么样的写作角度，直接影响着文章立意的质量，所以考生绝不能对立意的角度掉以轻心。

（一）论证的立意

1. 对立意的基本要求

1）针对性

首先，针对性强调的是要针对题干要求和所给题料的内涵提炼主题，绝不能偏离考试题目和所给材料，天马行空地去追求立意的新颖。

其次，申论论证最忌立论浮泛空洞，所谓针对性，则指的是立论要能在紧密围绕题干和给定资料的前提之下，注意针砭时弊，针对不良社会风气和倾向性矛盾，针对偏颇乃至错误思想，运用正面引导和批评、论辩的方式对症下药，以促使矛盾转化，帮助人们提高思想认识，产生积极的社会效应。反之，无的放矢，就事论事，无病呻吟，隔靴搔痒，或者只是简单地摘抄一些给定的资料，这样的文字毋宁说是做文字游戏，只会浪费阅卷老师的时间甚至引起其反感，自然也就失去了自身的价值。

申论论证的立意是否有的放矢、具有针对性，很大程度上影响着文章的价值和功能。怎样才能增强立论的针对性呢？这就要求作者增强思想理论意识和政治责任感；要求作者重视理论和政策学习，全面和深刻领会中央精神；要求作者注重体察民情，把握群众的思想脉搏；还要求作者热诚关注当前的社会思想动态、宣传动态和舆论导向，善于在政治与业务、理论与实践、宏观与微观的结合上进行联想和思考。

2）新颖性

从人们的阅读心理而言，立论不仅要具有明确的针对性和正确的导向性，而且要具有新颖性，文章被阅读后要能给人们新的养料、新的收获和思想启迪，才能获得阅卷老师的青睐。而这也正是申论论证文的难点所在，立意的新颖同看问题的角度有直接关系，这个问题我们将在"论证的角度"里加以陈述。

2. 立意的基本方法
1）深挖给定资料的本质

在申论论证中，要使文章的立意正确、深刻，就必须学会透过现象看本质。在立意时，尽可能地拓展思路，从多方面对给定材料进行分析，从分析中找出题本所给材料的内在联系，把握其共性，从而抓住主要矛盾，开掘出最有价值、最有本质意义的东西。一般来说，申论论证的立意必须符合行政工作或事业单位工作的理念和办事规律，凡能揭示给定材料本质的立意，也都是能够揭示行政工作基本理念和办事规律的立意。

给定材料往往是描述现象的，而客观事物是错综复杂的，现象是事物的本质在各方面外在的表现，本质则是通过无数现象从不同的方面表现出来的。本质往往会被一些表面现象所掩盖，所以写作者必须深挖事物的本质，才能保证立意正确。

面对试卷提供的同样材料，写作者可从不同的层面、不同的角度，立不同的"意"。那么，立什么样的"意"，才称得上正确、深刻呢？这就要看这些"意"中，哪一种最符合行政工作或事业单位的工作思路和办事规律，最能反映事物的本质。

2）揭示问题产生的原因

任何事物的产生、发展和消亡，都要受其特定的条件（原因）支配。事物发展变化的根本原因在于事物内部的矛盾性。因果关系是客观事物发展的根本关系。事物发展的一定原因，必然会产生某种特定的结果，而某种特定的结果的产生，必然基于一定的原因。因此，在写作时，必须能够由果溯因，即学会揭示问题产生的原因，才能使文章的立意深刻、透彻。例如，2011年度国家公务员录用考试申论［市（地）以下综合管理类和行政执法类职位］论证作答文本《愿君莫做"摇摆人" 愿君惜取同源血》一文，作者就首先指出："城市与农村、城市人与农村人的身份认同危机和文化断裂，是当代中国社会的一个突出问题。"接着便分析了问题产生的原因：城乡"摇摆人"是伴随我国城市化进程、在人口流动中出现的一个特殊现象，像农民工，像毕业后在城市工作的农村青年，由于户籍壁垒、经济实力、地域文化的隔膜等因素，陷于"农村回不去、城市融不入"的尴尬境地。揭示了问题产生的原因，自然就为解决无根化危机、消除"摇摆人"现象、提出具体对策做好了准备。

3）选择新颖的角度

所谓"新"，就是不落俗套。我们说，对同一个问题和事物，从不同的角度去阐述，见解也就不同。有些文章，写出来一看面孔就很熟，似乎在哪儿见过，这除了材料陈旧之外，主要是写作角度不新，无法议论出新意来。必须明白，只有从新的角度观察事物，才能发现事物的新的特点，从新的角度分析事物，才能获得对事理的新的认识。例如2013年北京公务员录用考试申论题"4. 根据给定材料，结合实际，围绕'科学管理与文明出行'做题，自拟题目，撰写一篇议论文。（40分）要求：观点明确，内容充实，结构完整，语言流畅，字数控制在1000～1200字。"根据题干的要求，考生论证的角度可以有很多种，比如：如何加强科学管理、如何文明出行以及如何处理好科学管理与文明出行之间的关系等。有考生以"加强科学管理 保障文明出行"[①]为题，分别从"制度设计，严格执行，加强问责"的角度展开论述，所提意见不仅对解决"黄金周"出行拥堵的问题有实用价值，且角度也相对较新颖，避免了泛泛而论。

---

① 加强科学管理 保障文明出行［EB/OL］.（2013-11-07）［2015-07-16］.红网论坛,红辣椒论坛,爱晚论坛.http://www.rednet.cn.

申论论证立意要新颖，除了要善于在社会生活和改革实践中寻找新的由头性事实之外，适当地变换立论的角度，努力选取新的立论角度，也会给人新鲜的感觉。写作者如果能使论题从广度和深度上逐步展开，自然就会获得新颖的立意。

（二）论证的角度

1. 论证角度的含义

所谓论证的角度，即论述和证明论点的出发点、着眼点。很多申论论证文虽然规定了议论的"范围"，但并没有规定写作的角度。如果角度抓得好，文章一起笔便引人入胜，就能显示出对所议论事物的不同一般的见解。申论试卷中所列的材料往往提供了多种写作角度，打开思路之后，也就要选择自己认为最佳的写作角度入议。申论论证文必须是代国家或单位立言，无论是政论文、评论文提出的主旨还是策论文提出的对策都不能从自我出发、站在自我的立场发声。那么，怎样才能选择出最佳的写作角度呢？关键是：选择能深刻揭示题意、有社会价值、符合党和国家政治需要、能给人以启迪并且自己有真切体会的写作角度。所谓"自己有真切体会"，就是选择的写作角度一定是自己有话可说、有理可论的，不能感到陌生，甚至心中无数、言不由衷。

2. 选择角度的方法

1）选择小角度

论证角度的大与小是相对而言的。仍以 2013 年北京公务员录用考试申论题"4"为例，A 考生针对黄金周出行拥堵的问题，从科学管理交通在现代社会的重要意义的角度展开论述；B 考生针对节假日出行拥堵问题，提出政府应从事前、事中、事后三个方面采取措施。不难看出，A 的立论角度太大，很难谈深谈透，且难以提出切实可行的办法措施；相较而言，B 的开口角度就比较小、比较具体，因此，也就能够较具体地提出一些解决拥堵问题的措施和办法。

我们强调了论证角度越小越好，就是防止全面出击、笼统地泛泛而谈，因为那样就谈不出深度和具体观点。立论角度的大小与文章主题的大小不是成正比的，文章主题当以重大、深刻为好。立论开口小并不一定影响主题的大小。大主题，可以在开头背景概括、中间意义分析、结尾总结升华的时候点一下，总体上符合题意和材料思想，这就可以保证具体的论述角度和分论点不会游离于大主题之外。而立意开口小则全篇文意就容易集中，论证也会更深刻、有力。

2）选择易写的角度

易写的角度指的是立意选材不褊狭、容易驾驭。考生要尽量从材料中发现论点，这样既符合紧扣材料的要求，又可以有更多的参考资料。

例如，2002 年"国考"申论题"3. 就所提出的对策建议进行论证，既可全面论证，也可就某一方面重点论证。要求：自拟标题，字数 800 左右（40 分）"。A 考生以"政府与企业合作建设网络"[①] 为题，不仅很好地利用了试卷提供的资料，而且论证的角度很容易展开；而 B 考生则以"建设稳定安全正常的网络社会"[②] 为题，相对而言，B 所选的角度就要难写一些了，因为要建设稳定安全正常的网络社会，不仅需要政府与企业合作，而

---

① 2002年"国考"申论真题及答案解析[EB/OL].（2013-04-08）[2015-07-16].公务员考试,资格考试/认证,教育专区,百度文库.http://www.baidu.com.

② 同上。

且必须了解影响网络社会稳定、安全、正常的因素,尤其是网络技术的因素。非计算机及网络方面的专才谈论这样的课题无疑是有困难的。所以这样的角度是不易写的。

有的考生选取的角度虽小,但过于标新立异,立论的角度很少有人涉足,或是需要较深的专业知识才能很好地论述,这就给申论写作制造了不必要的麻烦。以征地主题为例,有考生提出的总论点是:论征地问题产生的根源。给定材料基本没有涉及征地问题产生根源的内容,而且这一论点涉及一些历史遗留问题,没有经过长时间的深入研究是很难有定论的,这样的角度太偏且太难,没有抓住材料核心问题。因此,这里有必要提醒考生注意:申论文章写作一定要选择自己能够把握的、感觉容易写的角度,这样才能适应考场作文的需要。

需要特别提醒考生注意的是:申论文章的立意,要把大主题与小角度统一起来。既不要因片面地强调小角度,剑走偏锋,从而把思路限制得过小过窄,结果反而难写出到位的内容;也不要全面出击,笼统地泛泛而谈,那样也谈不出深度和具体观点。

四、论证的方法

申论论证的方法其实是不胜枚举的,孤立地看也很难说谁优谁劣。正确的态度应该是根据试卷所给材料、考生个人的喜好以及具体方法运用的熟练程度等几方面的综合权衡来选定。下面,就对申论论证中常见常用的论证方法作简要的介绍:

(一) 据事说理法

"据事说理法",也就是人们常说的摆事实、讲道理,也叫"例证说理法",这是申论论证中常用的一种说理方法。所据之"事"可以是客观事实、统计数字、实验结果,甚至是图像、照片等。从事与理的关系而言,事实正是说理的依托、由头或论据,说理则是由事实的现象和感觉到本质、理性的开掘、分析、推理、引申和发挥。这种说理方法的好处在于,理从事出,虚实结合,使论证文章增添理论色彩,避免空泛议论或就事论事。实践表明,事实和道理的有机结合,正是写作申论和增强申论说服力的一项基本原则、要求和方法。大凡两者结合得好,就有说服力;反之,两者结合不好甚至割裂开来,那就势必削弱以致丧失说服力。

这种方法由于运用的是以客观事实证明论点,因此具有较强的说服力。以《官员究竟应当敬畏什么?》[1] 一文为例,文章的中心论点是:官员应当对法律敬畏,对民意敬畏,对责任敬畏。作者首先摆出事实:痴迷于求神拜佛等迷信活动的官员大多有贪污、受贿、渎职等不正之嫌,这些人将迷信作为自己的"护官符"。接着进一步分析指出,在腐败阴影下形形色色的官员迷信现象基本上属于一种颇为典型的"腐败后遗症"。因此,作者认为,要消除陈腐观念,官员要"诚信",不要"迷信"。衡量现代官员诚信与否的重要标准,就是是否敬畏法律、敬畏民意、敬畏责任,而不是敬畏什么鬼神和"风水"。

全文寓观点于事实的介绍与分析的字里行间,读来令人觉得既贴切、自然,又鞭辟入里。

正是由于文章恰当地运用了"据事说理法",将具体的事实和抽象的议论按逻辑的次序,通过夹叙夹议的表达方式将事与理有机地联系起来,不仅让读者获知结论、了解众多的信息,还便于让读者明白结论是怎样引发出来的,又是怎样逐步深化的。作者在叙事基础上生发议论,又在议论之中穿插叙事,阐明道理时有充足的依据,切实体现了材料与观点的结合、感性与理性认识的统一,也切实地展示了"据事说理法"的妙用。

---

[1] 刘武俊. 官员究竟应当敬畏什么?[J]. 决策探索(上半月) 2010 (03): 13.

（二）引证说理法

所谓引证说理，是指运用已被实践证明的科学原理、定义、定律、众所周知的常理以及名人名言作为论据证明论点正确性的方法。请看《"三不写"改文风转作风正党风》中的一段文字：

> 毛泽东同志指出："学风和文风也都是党的作风，都是党风。"党风决定着文风，文风体现出党风。一切不良文风都是不符合党的性质、宗旨的，都是同党肩负的历史使命相背离的。大力纠正不良文风，积极倡导优良文风，让务实的文风成为优良党风的体现，让优良的党风引领我们在实践行动中取得更大的成绩。①

这篇文章引用毛泽东同志的名言："学风和文风也都是党的作风，都是党风。"恰到好处地证明了文章的论点：改进文风、会风要与提高学习能力和党性修养结合起来、同改进干部工作作风结合起来、同改进党风结合起来。这样的引证当然能给人以深刻的启迪。引证说理法通常只运用于文章的局部，不像据事说理法既可用于全文也可用于局部。

（三）比较说理法

比较是认识和说明事物的有效方法。比较说理，就是通过两种或两种以上事物的比较分析来论证论点，就是运用马克思列宁主义的辩证分析方法，从事物的普遍联系、发展变化和对立统一中去正确理解和揭示事物本质的一种说理论述方法。

比较说理的具体方法有纵横比较、对照比较和同类比较等。

1. 纵横比较

纵横比较法就是纵横联系和比较的分析方法，也就是从时间和空间上历史、全面地认识客观现实、发现客观事物内部联系的科学的分析方法。这种具体分析的科学方法，也就是毛泽东于1942年在延安整风运动中提出的"古今中外"法，他还将这一方法具体运用于他的政论写作的实践中。为了提出和论述一个见解、一个论断，他常常从事物的历史发展过程、事物之间的相互关系、事物的内在基本特征和事物的当前具体情况来论证，从而指明问题的性质、给予解决的办法。

所谓纵向比较法，即以事物发展的不同历史阶段的联系作比较，从而揭示事物所处的历史地位以及它的本质意义和发展趋势。

横向比较法，即以此事物与彼事物、个别事物与一般事物之间的比较。它是识别是非优劣、论证论点和揭示或分析现实事物之间的矛盾的一种有效的说理方法。

比如，《牢牢把握发展实体经济这一坚实基础》②，在运用横向比较说理方法方面可谓颇具特色。文章首先指出，中央经济工作会议提出，明年和今后一个时期，要牢牢把握发展实体经济这一坚实基础。然后对实体经济与虚拟经济进行了横向比较。最后得出文章的结论：发展实体经济，要让各类市场要素，特别是人才和资金更多地向实体领域聚集；要营造鼓励脚踏实地、勤劳创业、实业致富的社会氛围；要和调整结构紧密结合起来。

在实践中，横向比较有时也和纵向比较相互结合起来运用，从而收到相辅而行、相得

---

① 江小雨."三不写"改文风转作风正党风[EB/OL].（2013-11-26）[2015-07-16].网友原创,文明评论.http://www.wenming.

② 《人民日报》评论员.牢牢把握发展实体经济这一坚实基础［N］.人民日报,2011-12-19.

益彰的效果，因此，考生在具体写作当中应注意加以运用。

2. 对照比较法

对照比较法也是申论论证写作中常用的行之有效的说理方法。恰当地运用它，有助于揭露矛盾，褒贬事物，明辨是非，开掘事理。

具体操作时，可将相反、相对的两种事物、两种人物、两种见解、两种做法或同一客观事物的相反、相对的两个方面放在一起进行论述，以形成是非得失的对照或高低优劣的反衬，进而在相互联系和比较中展开由表及里、有破有立的分析说理。它的优势和效能突出表现在显示赞誉价值，强化针砭效应，明辨是非利弊，增强说理论述的鲜明效应上。

对比说理的方法，在一定意义上说，正是显示是非曲直的"鉴别剂"。高尚与卑鄙、勇敢与怯懦、正义与邪恶、为公与自私，孰美孰丑，在对照之中泾渭分明。为此，在赞誉先进或者针砭时弊时，倘若有意识地运用对比说理方法，就会有助于显示赞誉价值或者强化针砭效能，就会有助于明辨是非利弊，增强说理论述的鲜明效应，就会有助于人们的认识达到由事物的表层深入到本质，由感性认识升华到理性认识的更高境界。

3. 同类比较

同类比较和对比同属行之有效的说理论述的方法。不过，两者所要达到的目标和效能却有所不同。

同类比较，就是将有相似特点的事物放在一起比较，从而将它们的共同的实质突出而又机智地显示出来。如果说对比旨在将性质各异的客体放在一起对照，以形成是非得失的鲜明反差，侧重于求异，那么，同类比较则是重在对形式各异、性质类似的事物间的有机联系和分析比较，以显示其相似之处，侧重于求同。

同类比较是一种促进人们积极思维、迅速作出判断的说理方法。用于论辩中则是一种有效的揭露方法。它把两个形式不同但本质有相似之点的对象恰当地加以联系比较和分析推理，便于引起人们的联想和推断，从而认识其本质。

当然，同类比较评析的效应，不仅突出表现在揭示事物的实质上，而且还表现于发挥激励与鼓动效能上。

（四）论辩说理法

论辩说理就是通过论辩和批驳，在辨明是非的基础上讲述道理的一种说理方法。写批驳性的评论文章，自然要展开论辩。即使写正面立论性的评论也往往离不开论辩。正如毛泽东所说："既有问题，你总得赞成一方面，反对另一方面，你就得把问题提出来。"[①] 这就是说，为了树立正确的观点，在其分析、论证的过程中，就得澄清与之有关的模糊观点，纠正与之有关的片面认识，批驳与之有关的错误见解。再说，就评论写作本身的规律来看，也需要论辩。文章有了对立面，自然就有思想交锋，就要面对面地展开论辩和商榷，就要从正面提出充分的理由和论据，论述也就能从事物的矛盾中层层展开，步步深入，有起有伏，善破善立，从而增强评论的思想性和鲜明性。

1. 如何论辩说理

1）进行思想交锋

进行思想交锋，在具体操作时，不外乎下面三种方法：

---

① 毛泽东. 反对党八股 [G] //新华通讯社. 毛泽东论新闻宣传. 北京：新华出版社，2000：88.

一是通篇围绕一个思想靶子进行全面的说理交锋。

二是在文章的必要处，为了强调某一论点，有意识地用泛指和设问的方式亮出一个思想靶子，由正面论述转入思想交锋，通过说理交锋得出正确结论。

三是全文连续陈疑设靶，又连连交锋，进而体现释疑解惑、澄清是非的效果。这种边破边立、又破又立多回合地进行思想交锋，犹如波澜起伏，一波刚平，一波又起，在起伏破立之间澄清了种种片面认识，正确的思想和态度也就在交锋中树立起来了。

2）辨正的方法

对片面的或偏颇的观点进行质疑、商榷并提出不同的观点与之论辩交锋，旨在辨别是非曲直、纠正谬误之见，这种论辩方法称为辨正。对待偏颇或错误的见解采取辨正的方法，心平气和地开展论辩，往往容易被人们所接受。

3）批驳的方法

批驳指的是通过正面提出理由或根据辩论和批驳进而否定对方的错误见解。行之有效的批驳，不是简单地否定对方的荒谬之见，更不是靠强词夺理、扣帽打棍来压倒对方，而是力求破立结合、以理服人，做到在巧驳谬论中机智说理。

2. 论辩的基本原则和要求

一要摆事实，讲道理，以理服人；二要区分矛盾的性质，区别对待；三要划清政策界限，防止"左"的（或右的）错误思想的影响；四要原则的坚定性和策略的灵活性相结合。

（五）分析说理法

分析说理，是指通过对有关问题所包含的事理进行分析，并揭示其内在联系，从而使论点得到证明和深化的方法。这种论证方法具有较强的理论性。以《实现政府三大转变 着力提升政府公信力——从"被××"的流行到"给力"的大热》[①]为例，文章首先指出："如何拯救政府公信力，已成为世界性课题。'被就业''被小康''被高速'等被字句的出现，以一种更加强烈的方式，表达着民众对政府的数据或说辞的怀疑与不信任。"接着分析了"被××"和"给力"这两个近两年大热的网络用语产生的社会原因：反映出社会公众的一种期待和诉求；同时又揭示出一种民主的觉醒：由被动到主动，由民众的消极抵抗到寻求政府的积极解决。正是因为有了对其产生原因的分析，作者便能巧妙而又自然地得出各级政府要提高公信力，必须进行"三大转变"的结论。

由于文章对论点所包含的事理进行了细致的分析，并揭示其内在联系，因而不仅使论点得到证明和深化，而且让文章提出的解决问题的对策也显得合理、有力。

（六）数据说理法

数据是一种确凿有力、能体现事实总和的论据。在评论的说理论证过程中，恰当地运用数据以印证或引发论点，能帮助我们避免和克服空泛无力的说教，有助于增强文章持论的鲜明性和说服力。

当然，有了数据，只是具备了写作评论的一种物质基础，更为重要的是善于运用数据

---

① 这篇文章是许多公务员录用考试辅导网站提供的范文，是被粘贴的两篇文章，其中一篇为《着力提升政府公信力》，另一篇为《如何有效提升政府公信力》，这两篇文章均发表在新华网上。见新华网"发展论坛"，"旗子论坛"。http://forum.news.cn。

巧妙地进行算账示理，使乏味的数据变成有味的东西，让抽象的道理显得生动、形象。

那么，究竟怎样运用数据来进行算账示理呢？

算账示理的方法是多样的，在实际操作中行之有效的方法不外乎统计算账、推演算账和折合算账等，可按实际需要灵活选用，使论证缜密有力，让抽象道理生动、引人。

1. 统计

请看《良好的生态是最大的财富》中的一段文字：

把"生态"作为特色，并放在"经济"之前，体现的是一种新型财富观。曾经，我们将大自然的馈赠视作理所当然，却忽略了生态环境本身的价值。1997年，一个由13位生态学家、经济学家和地理学家组成的研究小组对生态系统的一系列功能作出了价值评估，得出的结论是：自然提供的服务和经济价值总计约为每年33万亿美元！这一数字，几乎与全球每年的总产值相当。从这个角度来看，所谓"先污染、后治理"的发展方式，即使在经济上也是得不偿失的。[①]

文中有了"33万亿"这样的统计数字及其对比，不仅让读者认识更深刻，给人的震撼力也更强烈，论证也更有说服力。

2. 推演

这是一种通过推理和引申演算进行算账示理的论证方法。

例如，要说明节约用电的意义，如果只是一味讲人所共知的常理往往难以引人警觉；如果善于运用知识性材料或运用数据加以算账分析，效果就不一样了。

推演、算账，有助于克服空泛议论；由小见大，使人对微不足道的小事产生大吃一惊的感觉，进而从思想上引起重视，增强了说服力。

3. 折合

所谓折合算账，就是把一个事物的量用另一个事物的量来表示，旨在将抽象的数字折合成有形的、人们比较熟悉的东西，从而缩小数字与读者的距离。一个看来绝对值很小的东西，或者看来枯燥乏味的数字，通过折合推算的说理分析，就能化虚为实、化常为奇，进而使读者消释麻木的心理，而从思想上引起重视和警觉。

例如，一位参加申论"国考"的考生在论述要节约用电和重视环保的论点时就使用这样一组数据：

每节约1度电，就相应节约了0.4千克标准煤、4升净水，同时，节约1度电就等于减少0.272千克碳粉尘、0.997千克二氧化碳、0.03千克二氧化硫、0.015千克氮氧化物等污染物。在我们抱怨空气质量越来越差时候，是不是能从家电节能开始做起呢。

显然，这种折合对比既形象、生动，又增强了说理的知识性。

（七）类比说理法

类比说理是运用类比推理来证明论点正确性的一种方法，是指两类事物一系列属性相同，并且已知一类事物还具有另一个属性，从而推出另一类事物也具有这一属性的推理。

---

① 范正伟. 良好的生态是最大的财富［N］. 恩施日报，2010-04-09（05）.

此外，专家们推荐的具体方法也值得我们认真学习、借鉴，比如下面三种方法：

第一种是分论点下的"正起反转法"。运用逻辑方法表现，就是在对分论点进行说明、阐释之后，用文章"正起法"层层递进。比如："要加强领导干部政治理论学习"，我们把它当作分论点，那么就要先对领导干部加强政治理论学习的重要性进行说明、阐释，在此基础上，再从作用的角度，以正起方式，进行表述。即：加强领导干部学习可增强和丰富领导干部的理论修养，更好地指导工作；加强领导干部的政治理论学习，可提高领导干部的决策水准，提升领导艺术。依次可以排比句式运用三次，再反转之后扣到分论点。这样在分论点下，就会有表达空间，考生学会此方法，就可摆脱面对分论点无话可说的窘境。

第二种是分论点下的"反起正转法"。就是在论述"领导干部加强政治理论学习"的重要性，进行说明、阐释基础上，正面表达后使用连接词马上进行反转，以反起承接继续论述。如：如果领导干部忽略政治理论学习，就会思想僵化，知识浅薄、匮乏，就不能胜任本职工作；如果领导干部不注重理论学习，长此以往，就会对党的现行方针、政策执行不到位，影响到领导干部执行政策的水平。还可采取递进方式表述下去，之后再正起与反起合并进行综合论述，得出结论，明确领导干部必须要加强政治理论学习的重要性。

第三种是分论点下可单一运用"正起法"。如，河北省2010年申论题，在文章中就可运用具体事例进行归纳概括，完全都是从正面进行论述："西柏坡以红为主，带动相关产业共同发展。""西柏坡以红为主，转变经济运行方式，调整产业结构。"诸如此类推导论述下去，这要根据具体材料而定，不需反转的就没有必要硬性运用"反转法"。[①]

现在，有相当多的考生往往面对试卷觉得无从下笔，造成这种局面的原因可能有很多方面，其中，对论证方法的掌握不够，往往是常见的原因之一。因此，我们在这里要对广大考生大喊一声：重视论证方法！自觉训练，熟练掌握几种常见常用的论证方法！这是提高你的论证能力的重要途径！

五、论证的结构

结构是一篇文章的骨架，只有结构安排得恰当，文章才能有序、完整。许多考生因为对安排论证结构的经验不足，对于怎样开头、怎样展开、怎样过渡、怎样结尾，心里一点数都没有，所以对写文章有恐惧心理，拿起笔来就发愁。其实，申论论证在结构上是有一定规范的。多年以来，考生该怎样写、阅卷老师该怎样看，已经形成了一种大家默认的行文规则。考生只要按照相对固定的申论论证结构去写就可以了，既不需要别出心裁，更不允许随意安排。

作为一种考试形式，申论论证与我们平时写文章有明显不同。在考场上，考生不可能有时间推敲、修改，几乎是拿笔就写、一气呵成才能完成。所以，最后完成的答卷有一些"草稿"的意味，不可能做到十分精细。但正因为是"草稿"，容不得人多想，才更能显示出一个人的政策水准、思维水平、分析概括能力和文字表达能力。如果考生在平时没有养成良好的申论写作习惯，在考试时特别紧张的情况下，就很容易手忙脚乱，忽视一些重

[①] 京佳教育. 2014年国家公务员考试备考：论证方法[EB/OL]. (2013-10-04)[2015-07-17]. 真题资料, 申论, 申论技巧. http://www.jingjia.org.

要的大的结构环节。而申论阅卷的批改量大、流水作业的特点又决定了阅卷老师将必然特别注意这些结构环节。因而申论结构上的得失常常决定了考生的成绩高低或考试成败。因此，对结构相对固定的申论论证，考生虽不需要煞费苦心去设计，但也不能掉以轻心、随意应付。

申论论证在题干上对文体有的没有要求，有的有要求，有要求的又分为写成申论的某种文体或写成某种公文等，下面对其作简要介绍。

（一）没有文体要求的论证结构

没有文体要求的论证模式主要指的是"三段论"模式。

多年来，许多申论辅导专家都在倡导一种"申论三段论"结构，即全文主要由"提出问题、分析问题、解决问题"的三段构成，或者是："提出问题、分析和解决问题、总结论述"三段论。

【例文】

怎样应对发展中的民营企业[①]

在第二届浙江·中国民营企业峰会上揭晓的 2004 中国民营企业竞争力 50 强榜单上，我省有 26 家企业榜上有名。其中前 10 名中，我省更是占据着 7 个席位；占浙江省 GDP 的 71%、就业的 90%、税收的 60% 源于民营经济。这一组数据表明，浙江的民营企业发展势头强劲，已成为浙江经济迅速发展的一个新的增长点。

但同时，我们又发现，在这一组令人欣喜的数据背后，民营企业并不像人们想象的那样发展得特别顺畅，其在发展过程中遇到很多阻力，能挺的民营企业走过来了，脱颖而出，而大部分民营企业相当弱小，蜷缩在一角。在这里，我们不禁要问，民营企业到底遇上了哪些阻力？

从大的方面来讲，我们可以从三个方面来分析：

其一，人才的缺乏。人才在企业中发挥的作用力不可言喻。一个点子的产生，一个项目的洽谈、磋商，乃至一个企业内部的管理，一名资质平庸者与一名真才实干者作出来的效益是完全不同的。但现在的现状是，民营企业因大多从家庭作坊、社队企业发展而来，固有的家族观念使民营企业的管理层大多也是从家庭成员中产生，这自然弥补不了外来人才的先进意识和先进理念。同样道理，人才在民营企业难以受到重用，故而转投其他行业，久而久之，形成了连锁反应，民营企业只是人才短暂的避风港而已。

其二，民营企业的融资力量薄弱。我们看到国有企业由于政府的扶持，常常能够得到银行的长期贷款。而民营企业，虽然发展颇具特色，但对那些中小企业来说，如果想获得发展急需的资金困难就来了。商业银行要严格的贷款审批，政府的听之任之态度，使得大多数民营企业主难以得到银行贷款支持，即使走关系拉上了贷款，也是还贷期限紧、贷款数目少，这给民营企业的发展又套上了一道绳索。

其三，政府对民营企业的限制过多。政府往往重视工程大、项目多的外资经济、国有经济，但对民营企业包括行业的选择进入、民间资本的进入、民营企业的上市等诸方面进行限制，致使民营企业与其他外资企业、国有企业相较，发展待遇上差了许多。

[①] 怎样应对发展中的民营企业[EB/OL].（2010-11-17）[2013-08-22].（编者有修改）公务员考试，资格考试/认证，教育专区，百度文库. http://www.baidu.com.

民营企业在发展上的这些制约性因素将导致民营企业虽然能在21世纪的今天发展势头尚好，但在今后要保持，就需要我们积极应对其发展中的问题。

首先，民营企业也应建立现代企业制度，国家通过科学论证的以"产权明晰、权责明确、政企分开、管理科学"为主要特色的现代企业制度，符合社会主义市场经济发展的需要，民营企业也应予以借鉴并采用，尤其在企业的体制和管理方式上注意纠正其与生俱来的局限。

其次，民营企业也应实施人才强企战略。从企业自身来讲，为人才创造良好的工资福利待遇是前提，让人才能在民营企业中运用自己的聪明才智有发展空间是根本；从外部环境来讲，政府应在人才引进、人才安置、人才培养等方面上真正给予人才有吸引力的优惠政策。

最后，政府应从解决民营企业行业发展上制定全面的措施。政府应逐步放开民营企业的行业进入制度，使民营企业能更多地进入一些垄断性行业；在融资成本上，给民营企业扶持，以较低的贷款利率获取资金；对那些争取发行上市的大型民营企业，在核定相关情况后，给予其必要的支持。在其他方面，积极扶持大力发展行业协会和商会等非政府组织，加强自律管理。

民营企业的发展壮大，作为浙江省的一个新增长点，我们的政府应从打造"有为"政府着手，从各方面予以积极引导，使这辆高速列车越开越快。

评点

这是一篇比较典型的三段论式结构的文章。全文由提出问题、分析问题与解决问题这三个基本的部分构成。具体说，文章首先在第1与第2两个自然段中提出给定资料所反映的一个主要问题，即我省"民营企业发展势头强劲，已经成为浙江经济迅速发展的一个新的增长点"，但是，我省"民营企业并不像人们想象的那样发展特别顺畅，其在自身发展的过程中遇到了很多阻力，能挺民营企业走过来了，脱颖而出，而大部分民营企业相当弱小，蜷缩在一角"。这些就是提出问题。

接下来在第3—第5三个自然段中分别分析了阻力的根源，即"人才的缺乏""融资力量薄弱"以及"政府对民营企业的过多限制性政策"。这些当然就是分析问题。

最后在第7—第9三个自然段中提出了消除阻力的对策，即"建立现代企业制度""实施人才强企战略"以及"政府应从解决民营企业行业发展"等方面"全面制定措施。"这些显然是解决问题。

细致分析全文，我们看到：其一，文章不但结构完整，而且思路清晰；其二，无论是分析阻力的根源还是提出消除阻力的对策，都没有或者仅偏于企业一面或者仅偏于政府一面，而是两面兼具，这就显出思维的全面性；其三，文章在第2自然段末"在这里，我们不禁要问，民营企业到底遇上了哪些阻力"这一句话，把文章的写作从提出问题的第一部分很自然地过渡到分析问题的第二部分，同时又专门用第6自然段作为分析问题的第二部分与解决问题的第三部分的过渡。此外，文章还特地用短小的第10自然段来作为全文的收尾。凡此，均使文章做到了首尾呼应、一气贯通。

这种"三段论"无疑有其合理性——至少它具有强烈的内在逻辑性。但是如果每次作文都严格按照这样的三个部分去写，往往也会遇到不容易操作的问题。比如面对试卷上丰富复杂的给定材料许多考生就会有疑问：提出怎样的问题？论点放在哪里？是放在原因分析之后还是原因分析之前？对策放在哪里？等等。的确，这种申论三段论结构，其最大的问题就是过于粗糙,针对特定的考试材料有时让人很难抓住要领,不知如何操作。所以,考生应该将这种基本结构模式的掌握看作必备技能,但绝不是安排论证结构的万能模式。

(二) 有文体要求的论证结构

1. 三种论证文体的结构

1) 政论文结构

政论型文章是"务虚"的文章,是从国家的高度讲道理的文章。其写作是把材料中的现象或问题上升到政治问题的高度进行论述;重点结合材料论述重要性、迫切性、必要性或可能性;从大处着眼,立论宏观,观点具有全局性。

政论文一般包括标题与正文两部分。

(1) 标题常见形式。

① 标题里带有《论……》《谈……》的字样。

② 标题明确或大致揭示文章主题。例如,《学网·知网·用网》《命脉》。

(2) 正文格式。

开头往往是概述给定的材料,提出要论述或解决的问题的重要性;接着往往以几个自然段分别展开分论点,或阐述各分论点内涵或论述问题的危害性;最后全文结尾往往是概括文意,或进一步阐述要解决的问题的迫切性和可能性等。

例如,2008年度陕西省公务员录用考试申论试卷第(三)题:就给定资料6、13、17所反映的社会问题,自拟题目,写一篇议论文(50分)。答题要求:① 论题不可脱离资料6、13、17所反映的主要问题。② 观点明确,联系实际,条理清楚,语言流畅。③ 不得照搬给定的资料。④ 字数800~1000字。

【例文】

破除"潜规则"刻不容缓①

当前在不少地方、行业、部门和人际交往中,一些人遇事不是按法律法规、规章制度办,总是在这些显规则之外寻求"潜规则"。诸如,进药得"回扣"、审批得"红包"、贷款得"分成"等。"潜规则"的蔓延,危害了社会机体的健康,损害了广大人民群众的利益。因此,贯彻落实科学发展观,破除"潜规则"势在必行,刻不容缓,意义深远。

"潜规则"是建立社会主义市场经济体制的"大敌"。社会主义市场经济最重要的"品质",是讲诚信、公平、秩序和法治。由于"潜规则"的存在,从事商品经营活动或服务的个别市场主体,不是把主要精力放在如何提高商品或服务的质量上,而是"走捷径",通过金钱或提供其他利益的方式,打通关节,从而使自己的利益通过非正常的渠道得到实现。这不仅践踏了社会主义市场经济诚信、公平、法治的"品质",更为严重的是破坏了社会主义市场经济正常交易的秩序,阻碍了社会主义市场经济的建立和发展。合理的竞争能较准确地反映出市场的基本情况,企业将根据市场提供的"信息"进行相应的生产,并通过公平竞争,实现资源配置的合理化,达到优胜劣汰的目的。但由于"潜规则"的存在,不仅不能使市场准确地发出"信号",而且经常"反映"出一些"假象",使得企业无法根据市场的"晴雨表"作出科学的分析和判断,这势必扰乱正

---

① 公务员考试申论写作:策论文与政论文的区别及范文[EB/OL].(2010-07-28)[2013-08-22].新闻中心,中国新闻.http://www.dayoo.com.

常的生产秩序，阻碍生产发展。可以这样讲，不从根本上破除"潜规则"，成熟的社会主义市场经济体制就很难建立起来。

"潜规则"是诱发权钱交易、滋生腐败的温床。"潜规则"的一方如果是不法经营者，另一方往往是政府工作人员或其他从事公务的人员。"潜规则"的通常模式是：公权力与不法经营者相互勾结，公权力"寻租"，不法经营者"买租"，二者臭味相投，一拍即合，利益均沾，但牺牲的往往是国家和集体的利益。这也是被实践所证明了的，在我们查处的许多领导干部违纪违法和经济犯罪案件中，很多涉案人都与"潜规则"脱不了干系。原本公平、公开、公正的市场经营活动，由于"潜规则"的存在，使得企业经营人员、采购人员、供销人员、公关人员，以及部分党政机关工作人员，利用工作和职务上的便利，"官商勾结"，假公济私，不惜一切手段，不计一切后果，唯利是图，暗箱操作，搞不正当交易，得实惠、捞好处，使公平有序的市场竞争，变为行贿受贿、人情世故和关系网的恶性较量。如此，势必滋生腐败歪风。

"潜规则"败坏了社会道德，毒化社会风气。"潜规则"为法律所不容，自然为道德所不允。在"潜规则"的作用下，在市场上博弈的不是质量、效率、技术和服务，而是看"规则"运用得如何。如此，导致的将是：物价虚高，老百姓的切身利益受损；假冒伪劣商品盛行，消费者受害；少数人因得利一夜暴富，贫富差距加大，人们仇富、仇官；等等。上述现象的存在，不仅败坏了社会道德，也将使公平、正义在现实生活中无法得到保障和实现。长此以往，人们必将对道德评判标准发生颠覆，对公平价值理念的认识发生错位，歪风邪气将盛行于社会。"潜规则"不除，不仅社会难得和谐，社会稳定的大局恐怕也难以保障。

破除"潜规则"，刻不容缓！2006年1月6日，胡锦涛总书记在中央纪委第六次全会上指出："要认真开展治理商业贿赂专项工作，坚决纠正不正当交易行为，依法查处商业贿赂案件。"这是向"潜规则"吹响的开战号角，我们各级党政机关和领导干部，一定要从讲政治、讲大局的高度，提高认识，统一思想，切实采取行动，展开一场围剿"潜规则"的攻坚战。

评点

文章标题直接揭示全文中心论点。

正文可分三个层次：第一自然段是第一个层次。概述潜规则的主要表现及其危害，然后指出破除潜规则的重要意义。接着用三个自然段具体分析了潜规则存在的危害性：它是建立社会主义市场经济体制的"大敌"；是诱发权钱交易、滋生腐败的温床；它败坏了社会道德，毒化社会风气。这是全文的第二个层次。最后一个自然段是第三个层次。呼应开头段，进一步强调中心论点：破除"潜规则"，刻不容缓。从某种意义上来说，这篇文章也提出了破除潜规则的对策（文章最后一段），但这与对策文的写法是不一样的。如果是一篇谈如破除潜规则的对策文，文章就必须提出具体的方案和措施，而作为一篇政论文作者就无须谈得过于实在、具体了。

2）策论文结构

策论型文章是"务实"的文章，是针对材料中的问题，提出具体解决措施，阐述对策可行的论证。

策论文也由标题和正文两部分组成。

（1）策论文标题常见形式。

① 单行标题：一般是揭示对象或范围，或表明主要论点，如《实现"节能减排"的对策》。

② 双行标题：一般是正标题揭示对象或提示讨论的范围或领域，副标题提出论点，或反之也行。如《整体化——解决海洋问题的新思路》。

（2）正文格式。

① 开头部分：是第一个层次，140字左右，要求短、评、快（一般为四句话）。其中包括：A. 交代问题（现象）；B. 问题的现状；C. 由坏的现象推出的后果（可能造成的严重不良后果）；D. 提出论点。

② 主体部分：常常是由第二、三、四……自然段，分别提出具体对策措施。一般都是：结论＋原因＋步骤。

③ 结尾部分：总束全文，言简意赅。

【例文】

加强药品使用的监测工作[①]

曾经是抗感冒良药的"康泰克"，如今让人为之害上一场"大感冒"。含PPA的药品对人有害的消息传出，此药品犹如过街老鼠，人人喊打：政府禁止，公司撤药，患者拒服，各部门也采取了相应措施。但有人指出：PPA对人不利，药厂早知却不公开，试问公众健康权利谁来保障？社会呼吁加强药品使用的监测工作。

俗话说：得啥别得病。但人吃五谷杂粮，谁能不生病？所以，就医就成为人民群众生活中的一件大事，药品也成为一个巨大而稳定的市场。对这一关系着人们切身生活的大事，我们党，我们政府应该给予足够的重视，做好药品使用的监测工作。

古诗云：春江水暖鸭先知。那么药品存在不良反应谁来先知呢？谁有义务、有责任把好监测这一关呢？建立完善的医药监测机制，成立专门化、专业化的监测机构，加强对药品使用的监测工作是很重要的。

加强药品使用的监测工作，要不断提高监测的能力。在我国，由于经费的问题不可能很好地开展这项工作，但我们要本着为人民负责的态度做好这项工作。开源节流，专款专用，不断充实监测机构的硬件与软件，提高监测能力。

加强药品使用的监测工作，要重视对厂商的监测。在PPA事件中，有些厂商在撤出含PPA药品的同时就推出了替代品，有人指出，大量厂商早知PPA有害。假如我们在含PPA药品未进入市场或进行审批生产时就予以查实、禁止，那么PPA事件就会成为无源头之污水、无根本之恶行，又何须事到临头再铲刀竿呢？

加强药品使用的监测工作，还要同当前的医疗体制改革紧密结合起来。在厂商、监测机构、医院与患者之间建立起一种良性的竞争，监测就医与经营机制，真正地为人民，为群众办实事。

总而言之，各级政府，各级医疗机构，各药品监测部门要从讲政治的高度，本着为人民群众的健康负责的态度，做好药品使用的监测工作，不断健全、完善医疗监测机制，来促进医疗体制改革。

[①] 加强药品使用的监测工作［M］//赵同勤，魏鲁宁，戴晓东，等，编著. 申论，北京：中国广播电视出版社，2007：266-267.

评点

标题直接揭示全文的中心论点。文章主体部分可分为三个层次：第一层开头部分（三个自然段），主要是交代问题，提出自己的观点；第二层对策部分（四、五、六三个自然段），分别提出了三个方面的具体对策：要不断提高监测的能力，要加强对厂商的监测工作，要同当前的医疗体制改革紧密结合起来。第三层是结尾部分（最后一个自然段）收束全文，从促进医疗体制改革的高度进一步强调全文的中心论点。

3）评论文结构

评论文可分为立论性评论和驳论性评论。考生写出的评论文章，可以是立论性的，也可以是驳论性的，采用哪种类型写作评论，主要取决于考试要求和考生的写作习惯。

评论文也由标题和正文两部分组成。

(1) 标题常见形式。

① 单行标题：一般是揭示评论对象或范围，或表明主要论点。如《评解决我国农村农民问题的两种思路》。

② 双行标题：一般是正标题揭示观点，副标题亮明靶子，如《既要"引进来"，也要"走出去"——评解决我国农村农民问题的两种思路》

(2) 正文所写部分。

① 从所给资料引出话题（或谈成绩及重要性，或谈问题及解决问题的必要性、紧迫性）；② 或围绕评论中心论点评述几个方面的问题（注意不要平铺直叙）；或阐述各方面道理，将笔墨集中于问题的要害（注意突出问题本质）；③ 适当运用驳论；④ 提出对策，具体问题具体分析；⑤ 结尾进行总结，要注意提升高度。

其中①是提出问题，②、③是分析问题，④、⑤是解决问题。

【例文】

合法未必合理，合理未必合法
——关于北京市城市摊贩管理的思考①

"禁摊"可以说是我们国家在城市化进程中所出现的一个"特殊现象"。其实，从我国小摊贩的历史来看，从遥远的古代开始，小摊贩提供的服务就已经是城市功能的重要组成部分。它不仅解决了部分低收入群体的生计问题，也为市民生活提供了方便，降低了市民的生活成本。但与此同时，我们不得不承认，城市中的小摊贩常常也为我们带来脏、乱、差的城市环境。而在北京市区，为了市容整洁，我们的城市的管理者制定了"禁摊"政策。对于目前北京市城市摊贩管理问题，似乎城管、市民和小摊贩都"有话要说"。

站在城管和部分支持"禁摊"市民的角度来看，在"禁摊"时理直气壮、雷厉风行的"严厉打击"，实际上应该是城管的"合法"行为，应该一概支持。诚然，法律赋予了城管有"严厉禁摊"的"权力"，同时也指定了城管有维护好市容、市貌的"义务"。从这个角度来看，似乎一切无可厚非。但戴斌老师不禁要问："合法的行为一定合理吗？"问题的关键是，法律赋予了城市管理者"整治城市环境"的权力，可以说去"做""整治城市环境"这个事情是完全对的，因为其是"合法的"。但如何去"整治城市环境"，

---

① 戴斌. 2007年北京公务员考试申论范文及背景材料[EB/OL]. (2007-06-19)[2015-07-18]. 新浪考试, 资格考试. http://www.sina.com.cn.

其中的"整治方式"就是一个"合理性"的问题。如果在做一件"合法的"的事情时不考虑其行为方式的"合理性",那么执法效果必然"大打折扣"。

站在小摊贩和部分不支持"禁摊"市民的角度,"不禁摊"似乎才是一件"合理的"事情。诚然,从哲学的角度来看,任何存在的事物都有其合理性。马路摊点之所以能在城管的严打之下存在了这么多年,一方面是因为广大市民日常生活的需要;另一方面,经营马路摊点为城市下岗失业人员及进城务工者提供了大量就业岗位,也是城市低收入者的主要生活来源。在供需双方之间强大的力量之下,"禁摊"的"不合理性"似乎"表露无遗"。但戴斌老师还要问:"合理的行为一定合法吗?"答案是否定的。马路摊点带来了一系列问题,如占道经营,妨碍交通;产品质量不过关导致消费者权益被侵犯、污染环境及影响周边居民的正常生活。这些都是法律"不可容忍"的行为。如果在做一件"合理的"的事情时不考虑其行为方式的"合法性",那么必然是无法"实施"和"被广泛接受"的。

那么,在北京市城市摊贩管理过程中,如何才能做到既"合法"又"合理"呢?笔者认为,首先,我们的政府可以考虑在"不影响交通、不影响市容、方便群众生活"的前提下,对部分小巷摊区进行统一规划定位,统一经营设施,统一经营时间,统一垃圾收运,就近引导零散。其次,引导流动摊点进入合法摆摊区域进行合法经营。再次,为了避免影响周边市民的日常生活,在市区部分路段划出特定区域后,要经过周边市民同意后,方可设置一些便民类摊点。最后,我们还可以另外向小摊贩免费发放经营许可证和占道许可证,使其纳入工商和规划部门的管制范围,对马路摊点不再一律封杀。政府有关部门只要对"摊贩"进行合理的引导和规范,相信一定可以很好地解决这一问题。

评点

标题采用双行的形式,正题揭示主要论点,副题点明评论的对象。

文章正文由四个自然段构成,可分为三个层次。第一个层次即文章的第一自然段,揭示评论对象:北京市城市摊贩管理问题。第二个层次即文章中的第二、三自然段,主要对评论对象进行分析评论,是从"事物的正反两个方面"分别论述的,有两个大的"分述点":一个是"站在城管和部分支持'禁摊'市民的角度";另一个是"站在小摊贩和部分不支持'禁摊'市民的角度"。比较明确地把支持"禁摊"与"合法性"相联系,从"合法未必合理"的角度"铺开"以作一定的分析评论;而把不支持"禁摊"与"合理性"相联系,从"合理未必合法"的角度"铺开",以作一定的分析评论。第三个层次即文章的第四自然段,提出解决问题的四个具体对策。

2. 应用文论证结构

在申论考试中,申论论证题还有要求以应用文的形式撰写的。这种论证,考题中给定,或由考生自拟一种"虚拟身份",然后写出某种应用文性质的文章,常见的有意见、请示、报告、讲话稿或书信等。关于这些文体的结构请参见第二章考前准备第二节有关申论写作的文体常识,这里不再赘述。

六、论证的语言

刘勰在《文心雕龙·议对》中说:"对策揄扬(称扬,指宣扬),大(广泛)明治道。使事深于政术,理密于时务,酌三五(三皇五帝)以熔世,而非迂缓之高谈;驭权变以拯俗，而非刻薄之伪论；风恢恢（状宏大）而能远，流洋洋（状美感）而不溢。王庭之美对也。"① 这就是说，"策论"要求所论的事理能反映出对政治的深刻理解，要紧密联系时下重要的事务；要考虑时代的发展，熔铸出合于当世的见解，而不是脱离时代的高谈阔论；要通权达变来克服世俗的不良风气，而不是发表刻薄的伪谬之论；文辞要有气势，像吹得很远的劲风，像流淌的江河，但又毫不过分。这与申论写作对语言的要求完全是一致的，申论论证的语言就该如此！

申论语言属于公务性话语，运用论证语言的根本理念是不要创新而要规范。选词上：少用口语词，尽量选用书面语词，其中包括专业术语；一般不用描绘性词语；造句上：恰到好处地使用整句，其中包括排比句、对偶句，恰当地选用文言词语和文言句式；语体上：体现一种庄重、典雅、大气的风格。

概而言之，论证的语言具有准确、简要、庄重和平实四大特点。

（一）申论论证语言的特点

1. 准确性

1）在词义和判断上，要保持确定性

申论论证语言的主要成分以概念和判断为主，而概念和判断的确定性则决定着表达语言的准确性。

概念必须有确定的界限，判断必须有确定的对象，这是申论论证语言的确定性所要求的，否则就会减弱论证与说服的效果。在词汇的选择上，申论论证应该尽可能使用确定性概念，而少使用形容或转喻性词汇，因为申论论证主要依靠概念—判断—推理这样的逻辑方法。确定性的概念反映事物的本质，可以作为判断与推理的基础，而形容和转喻则难以作为判断和推理的基础。

当然，形容和转喻的词汇在阅读感觉上确实要好看一些，一篇论证如果满纸都是抽象的概念，很可能就会给人一种干枯、沉重的印象，对于阅卷人来说感觉也不会太好。但尽管如此，考生仍然要从量和质两个方面控制形容和转喻的词汇。量的控制，即形容和转喻的词汇不要太多，不能让它们成为构成全篇词汇的主体，否则虽然"好看"，却会淹没理性的表达；质的控制，即不要用形容与转喻来代替论证和判断。较多的比喻成分可能会方便阅读理解，但却会削弱阅读者通过理性把握事物本质的能力。

2）在选词上要确保词义单一，不能引起歧义，要注意区分词义的细微差别

词义所指的范围，有大小的不同，也有所指对象的不同，论证的选词一定要保证词义的单一。歧义，是指在一定的语言环境中，同样一句话既可以这样理解，又可以那样理解，语义表达不明确。申论论证的选词如果不能保证词义单一，不仅判断无法保证准确，而且全文的中心论点都可能会受到影响。

要区分词义细微的差别，就要进行词义辨析。辨析可从词语的核心义、词语的色彩义和词语搭配三个方面着手。

3）在造句上，要合乎语法和逻辑

申论论证的句子应该有正确而又确定的语法关系。造成论证语言歧义除了选词上的原因，更多时候则是因为造句上的问题。申论论证的句子表达的事物之间的关系应该是确定

---

① 刘勰. 文心雕龙·议对 [M] //周振甫. 文心雕龙注释. 北京：人民文学出版社，1981：267.

的，而不应该是含糊的、可能发生歧义的，因此它应该有正确的、确定的语法关系。我们在生活中的语言表达，许多都是语法关系不确定的，对于它们的理解，有赖于具体的语境。申论涉及的是公共空间，议论的是公共话题，往往没有生活中那样特定语境的支持，如果语法关系不确定、不清楚，就容易引起歧义，影响表达的效果。句子有正确而又确定的语法关系，也才会体现申论论证用语庄重、富有逻辑的特点。申论考试必须用语规范、措辞严谨、风格庄重，代官方立言，必须符合机关惯用语，符合政府公文的特殊要求。句子有正确而又确定的语法关系才会体现出申论文章的逻辑合理，句与句、词与词之间的紧密联系，才可能具有井然有序的语言特点。

4）恰当运用长句

汉语的句子有长有短，表达的意思有繁有简，适用的范围也有所不同。一般来说，口头交际多用短句，书面语言则常用长句，申论论证语言属于书面语言，恰当运用长句是保证论证语言具有准确性特点的手段之一。这里我们强调的是恰当运用长句，因为申论论证文毕竟不是学术论文，长句子虽然表意严谨、缜密，但太多了也会给人沉闷甚至是艰涩的感觉。

2. 简要性

1）精心熔炼词语

论证的文本一般要求在800～1000字左右，而论证涉及的内容一般都是理论和社会热点问题，这就必然要求论证文本是一个信息密度较高、语言"凝练"的文本。当然这也与它的论证性、表达语言的抽象度较高有关。但是，语言究竟凝练到什么程度？是不是信息密度越高越好？这就不仅要考虑表达一方，还要考虑到文本字数的规定、阅卷老师的阅读感受等因素了。如果一味求简，以致文意表达都不够明白，那当然就不好了。如何通过精心熔炼词语来实现论证语言的简要呢？

（1）减字缩词。

减字缩词的方式不止一种，如："亚太经济合作组织"减缩为"亚太经合组织"。这是一种既不影响表意精准又能减少用字的好方法。人们在口语中大量采用这种方法来交谈，由于有着特定的交流语境，所以减字缩词基本不影响信息交流。在论证文中采用减字缩词的方法来节省文字，需要注意的是、尽量做到能让读者耳熟能详，"减"与"缩"要符合约定俗成。

（2）使用熟语。

熟语指常用的固定短语，如："反腐倡廉""忠于职守""廉洁奉公""玩忽职守"等。熟语是习用的词的固定组合，语义结合紧密、语音和谐，是语言中独立运用的词汇单位，它包括成语、谚语、歇后语和惯用语等。熟语一般具有两个特点：结构上的稳定性、意义上的整体性。注意使用熟语能使申论论证语言高度凝练而又畅达。

2）恰当运用文言词语

一般来说，采用书面语言，多用单音节词汇和推论性语言，恰当选用文言词语，都对论证语言的"凝练""简要"有极好的作用。值得注意的是，适当地运用文言词语虽然会增加理解的难度，但对于增强说服效果却是十分明显的，特别是涉及对论点的表达更是如此，对于增强读者印象更是已为传播研究所证实。恰当地运用文言词语也是公文语言运用的要求之一，申论论证能如此也是应该的。

3）句式简洁、畅达

畅达，指语言连贯性强，意思表达得非常明白。要使语言表达流畅，就要熟悉对象；就要循序渐进，按一定的步骤，按客观事物本身的程序、规律，一句接一句地去说去写；就要注意前后呼应；就要注意句子与句子之间的关系合乎逻辑。畅达是文章通顺的关键。在有限的字数要求下，既要表达凝练，又要注意语言的畅达。文章语言运用要符合现代语法规范，句子、修辞要自然、合理，同时还要让语句具有节奏性，朗朗上口。

申论论证与新闻评论最为接近，将两者作一简单比较，会帮助我们更好地理解申论论证语言的简洁、畅达的特点。两者在语言上的追求各有鲜明的特色：申论论证的语言讲求表达的效用，而新闻评论的语言讲求表达的效率。因此，申论论证的语言特别重视表达的准确性；新闻评论的语言特别重视表达的时效性。

论证语言的准确性首先体现在论点表达的准确上，包括：概念、论断、提法和分寸的准确；论据、引语的准确；语法、逻辑的准确。考生遣词造句要尽可能完整、准确地阐明党和政府的方针、政策和法规，尽可能准确地表现出论证对象自身存在的特点和内在联系。

新闻评论的语言为了体现追求效率，特别强调表达语言的易读、易于迅速理解，因此，它使用的字、词不能太生僻、拗口，句子结构不应过于复杂，而应该强调短促有力、朗朗上口。

大多数申论专家和辅导教材都倡导论证要尽量使用具体的词汇而避免抽象词汇，因为后者会造成理解的困难。但是，我们也应该明白，语言的抽象度是思考的必然代价，申论论证在整体上抽象度肯定是较高的，而新闻评论则是尽可能选择那些抽象度较低，更具体、更能直接与物象建立起联系的概念，以提高新闻评论的可读性。

3. 庄重性

1）尽量不用描绘性词语

描绘性词语能增强表达的生动性，因此，最为文学作品的写作所青睐，但在篇幅有限的论证文本中，如果使用较多则会影响文本的语体，造成所用语体不合适，即语言风格不合申论论证文体的要求。所谓语体，是指语言在不同题材的文章中长期形成的体式特征。语体与语言既有联系，又有区别。语体要遵循一般语言的语法规则和逻辑规律，采用相同的修辞手段等，但语体在遣词造句的方式方面，在与文章体裁的关系方面，又有着明显的不同。就申论而言，申论考试的论证题，往往要求考生就给定材料所反映的主要问题，自拟题目进行论述，实际上就是要求考生写一篇议论文，再说具体一些就是要求写一篇政论文、策论文或者评论文。而有的考生却总是不按要求去写，或抛开材料，写成了随笔，文不合体；或不谈主要问题，而是就一个非常次要的问题大写特写，这不仅仅是语言问题，也与考生的语言水平有直接相关。要求考生通过系统的学习语体知识进而提高语体能力，显然不够现实，但提醒考生注意通过多读政论文、公文类文章，通过"语感"去提高自己的语体水平，应该是切实可行的途径。

2）尽量不用口语

口语即口头交谈时使用的语言，口语总是随时间和地方的不同而灵活变化，语言结构相对散乱，如果没有确定的语言环境就会导致理解的歧义或费解。而申论论证作者总是面对公众话题，难有确定语境，所以应尽量不用口语，才能有效保证语言表达在内容和风格上的得体。

3) 多用整句

整句指一对或一组结构相似的句子，对偶句、排比句就是这种句子。整句具有形式整齐、音韵和谐、节奏协调、气势贯通的特点。整句能够加强语势、强调语义，表达丰富的感情，能给读者以深刻、鲜明的印象。在申论论证文中注意多用这样的句子显然能够更好地体现庄重性的特点。

4. 平实性

平实性，是指申论论证语言一般不带强烈的感情色彩，多为抽象、理性的语言。由于申论论证与杂文十分相近，所以关于申论论证语言的平实性特点，通过它与杂文语言的比较可以看得更清楚。

我们先来看一篇杂文的精彩片段：

《杂文报》曾发表过一篇颇具幽默感的文章——《有感于巴西对中国官员说"不"》。文章说，巴西的伊泰普水电站是世界上最大的水电站，又是著名的风景区，世界各地来考察、旅游的人络绎不绝。如今巴西政府唯独对中国作出限制，一年最多只能来四批中国的官方代表团。原因是近年来那个水电站已经接待了近百个中国官方代表团，其中真正懂技术，或者能促进双方经济技术使用的人数极少。文章就此评论道：

巴西人的脾气也古怪，中国官员掏自己的国库，不远万里飞到那儿去，想看看水电站，他们居然反感，竟然限制。若是颠倒一下，换了咱们，恨不得天天接待他们才好。只要他们愿意来，玩得开心，我们什么都能做到。挂彩旗，刷标语，泼水扫街，警车开道，茅台酒宴，乃至让小学生停课列队欢迎，这些都是我们的拿手好戏。风景区接待了多少外国官方代表团，那是政绩呀！至少，可以向老百姓张扬，"提高了我们在世界上的知名度"。

……公费旅游这个词，不知巴西有没有？人家作出这个限制，目的不在帮助中国禁止公费旅游……公款出国旅游，是中国官员腐败的一面，已引起国内人民的反对，也引起了外国人的讨厌。就算是巴西歧视中国官员吧，那也是歪打正着。

这篇文章的论述，道出了广大群众的心声，似乎巴西人替中国老百姓出了一口气。反语讽刺，幽默风趣，作者以轻松的笔调痛斥了那种久治不愈的腐败现象，让人读着畅快。

再来看一篇申论文章：

正心诚意而后可为天下师[①]

公务员是政府形象的代表者，是国家与社会事务的管理者，理应成为社会的表率。然而，现实中由于权力制约和自律的双双缺失，公务员滥权侵权、失职渎职和遇事推卸责任的情况十分普遍，已成为令百姓深为不满的严重问题，发展下去后果堪忧。

广州市国土局简文豪局长主动接待来访群众，并就本部门工作人员失职与服务不周问题向群众深深鞠躬致歉，与有些部门领导的麻木不仁形成了鲜明对照，显得弥足珍贵。其实，政府的权力来自人民，"政权民授"的事实与"立党为公、执政为民"的宗旨，包含着政府对人民的承诺：一切为了人民利益，一切对人民负责。正确履行职责，在出现失误

---

① 周楠. 正心诚意而后可为天下师 [EB/OL]. (2014-12-11) [2015-07-04]. 评论. http://www.qianlong.com.

时检讨和承认错误，并向人民道歉，本来就是政府应当承担的道义责任。政府在行使权力的同时，必须严格遵守承诺，履行责任，接受人民的监督。只有这样，权力才不会偏离正确的方向，各项施政目标才能顺利实现，也才能提高政府自身的公信力，不断取得人民的信任。

在我国古代良好的政治传统中，有"欲治其国者，必先修其身、正其心、诚其意"的训诲。执政者要达到天下大治，必须完善自身的政治道德，尽好应尽的责任，垂范于公众。因此，必须加强公务员的政治思想和职业道德教育，强化为国家、人民利益服务的责任意识，从思想根源上，端端正正地行使权力，实现人民群众的期待。这是服务政府和责任政府建设的内在推动力量，也是消除职务犯罪及腐败现象、促进社会风气好转的根本前提。

在责任意识唤醒与强化的同时，不能仅仅依靠政府部门的自觉，必须完善行政权力的监督约束机制，督促政府履行责任，保证权力规范运行。为此，必须深入推进服务政府、责任政府、法治政府和廉洁政府建设，当务之急是完善行政责任体系和行政问责制度。要制定具体可行的办法、措施、制度，确保有责必问、有错必究、错而必改、改而见效。对属于政府部门及其工作人员失职造成严重后果的事件，要认真检讨责任，进行问责追究，并公开向公众道歉，把政府为民用权的诚意体现到实处。要完善政务公开制度，清理规范行政权力和行政执法行为，建立并向社会公开"权力清单"，提高政府工作透明度，全面引入对政府的人大监督、司法监督、群众监督、社会监督、舆论监督，促进政府决策和施政行为的科学化、规范化。同时，一刻也不能放松党风廉政建设。要健全预防和惩治腐败的法治、制度体系，坚持从严治官，严厉打击职务犯罪活动，使犯罪分子受到应有的处罚，为公务员队伍、为社会树立正确的示范。

将思想道德教育与制度建设相结合，通过政府自身建设的完善，"正心诚意而后可为天下师"的古训一定能够实现，政府和公务员也一定会更加赢得人民的信任。

这篇文章整体来看不乏妙言隽语，如："执政者要达到天下大治，必须完善自身的政治道德，尽好应尽的责任，垂范于公众。""在责任意识唤醒与强化的同时，不能仅仅依靠政府部门的自觉，必须完善行政权力的监督约束机制，督促政府履行责任，保证权力规范运行。""要完善政务公开制度，清理规范行政权力和行政执法行为，建立并向社会公开'权力清单'，提高政府工作透明度，全面引入对政府的人大监督、司法监督、群众监督、社会监督、舆论监督，促进政府决策和施政行为的科学化、规范化"等。

把它与上面的杂文放在一起，我们就不难看出两种文体表达上的差异：

与杂文相比，申论论证的语言表达应实话实说，应取"直笔"，而不是"曲笔"。对于申论论证来说，如果考生能够用明确的、毫不含糊的，乃至"一语说破"的语言，会让阅卷老师觉得文章具有更大的感染力和冲击力。如果考生总是"正话反说"，讽刺挖苦，甚至让人阅读时以"反"为"正"，误解了作者的观点立场，那就更是弄巧成拙了。这也就是说，申论论证语言的平实性特点主要体现在"直"与"实"上。

（二）提高论证语言水平的主要途径

1. 确立严谨的思维体系、明晰目的值以及提高行文规范度

首先，应该认清的是，语言只是一种思维工具和交际工具，是思维的载体及外在表现形式。所有的语言形成的最初都是源于思维，思维是思维主体处理信息及意识的活动，通过不同的载体向外界传达着某种信息，而语言作为符号系统，是进行思维和传递信息的一

个非常重要的工具。具体到申论，语言仍是通过文字形式来展现的，文字是语言的视觉形式，因此仍需要从思维入手，明确目的值，提高规范度，才能真正从根本上解决申论的语言问题。

构建严谨的申论思维体系是破解申论语言困境的关键。所谓申论思维体系，通俗地说就是学会如何去思考问题。通常思维方式有两种：一种是资源型，另一种是目标型。而对于申论科目考试而言，主要体现在目标型，即被告之完成所要达到的标准、为之做出某些具体的行为。所以，在回答申论题目的过程中，需要重视的是为了完成题干所要求的目标，应该以一种什么样的方式去达到，即对待该问题是如何思考的。例如，2011年"国考"（省部级）申论试题："给定资料（五）"介绍了汉代王景治理黄河的思路和做法。请概括王景治河后黄河安澜800年的主要原因。从材料中的"以上所述主要是从治黄工程的角度看问题，但据黄河水文、植保专家的研究，王景治河至隋代的500多年间，为黄河史上又一阶段"这一句话可以得出，对于黄河安澜800年的原因，命题者是从治黄工程和黄河水文、植保两个角度去阐释的，而两个角度正是我们所说的思维体系，即对问题的思考方式。而这一点已经在申论科目考查中经常得以体现，尤其是"国考"和联考最为典型。

明晰目的值是破解申论语言困境的又一重要手段。许多考生在作答申论题目时都会觉得基本方向和架构是存在了，但是仍然需要大量的语言表达才能完成，也会因此初步感触到申论的难易之一在于材料中有效信息的显性程度，都期望能通过阅读直接找到答案，当然这样的情况是存在的，但会越来越少。当材料中可以提供用来解题的要素越来越少的时候，更多的时候需要自己来行文，那么这些语言的来源又要依赖什么？这就是明晰目的值最大的意义。所谓目的值，就是你在思维体系之下的各个环节上需要写到什么程度、达到什么样的目的。例如，2009年"国考"申论试题：给定资料（十一）提出了解决我国粮食问题的对策，认为提高粮食价格是关键之策，不必担忧对低收入人群的影响。他的这种观点有没有道理，为什么？请谈谈你的见解。在分析环节中，明确目的值是为了分析出其观点是具有合理性和不合理性两面，因此，在分析合理性时只要达到阐释清"提高粮价的确有利于解决粮食问题"即可。如此，在思维体系的支撑、目的值的指引下，语言自然会推理出来，如粮食的价格问题关系整个国民，粮食价格的上涨确实能增加农民收入、提高种粮积极性和土地利用效率，很大程度上保障粮食的产量，从而缓解粮食紧张问题。

提高行文规范度是破解申论语言困境的又一重要手段。具备严谨的申论思维体系，同时也明确所要达到和完成的目的值，这些都是解决语言困境的宏观性工程，即知道写什么、写到什么程度。这时就需要最后一步，将这些已确立的目标用规范的语言表达出来，当然积累一定的知识储备是必要的，而在申论写作学习过程中，会因为其独特性而体会到申论独有的语言方式，即与其考察的方向相关的语言。例如，申论通常提供某一个或几个社会问题或现象，而往往在阐释一个问题或现象的时候，又都是按照围绕问题的表现、影响、原因、对策等来进行的。因此，在语言储备方面，尽可能地拓宽语言的来源，涉猎更多的领域，比如政治、经济、文化、社会、生态等，但重点积累和运用与社会问题的几个要素相关的语言即可。建议广大考生多阅读政府工作报告、国家有关的规划等文件，因为一方面这些报告、规划等涉及社会经济发展过程中的所有命题，比较契合申论考察的方向和特点；另一方面其语言表达是出自政府之手，为最规范的标准。

综上所述，申论的语言问题的确使很多考生在面对公务员录用笔试时陷入了困境，但是应该坚信，所有的诉求都是存在可表达和缓解的渠道，对于申论学习过程中的语言难题，通过写什么、写到什么程度、怎么写的环节予以解决，即确立严谨的思维体系、明晰目的值以及提高行文规范度，从而在申论科目的考试中思如泉涌，得心应手。

2. 学习、借鉴别人创造的提高语言表达效果的好方法

比如新东方刘源创造的"运用中心词语的巧妙变换"形成思路和主题的方法，就值得我们认真学习、借鉴。这里所讲的"词语变换"包括三个步骤：一是开动脑筋，扩展词义，从其在词典上的最原始的定义，到内涵、外延；二是铺展思路，列词语表，特别是与主题有关的重要词语；三是推敲、斟酌有用的词语，找到激活思想的关键性词语，形成文章主题。其具体方法如下：

1）抓住中心字词推衍，赋予全新含义

汉语词汇历史悠久，含义相对固定，尤其是常用词语很难引起特别的关注。在申论论证构思中，可以采取抓住常用词语的某一字词，给予全新演绎，作出独特解释的方式，以阐发自己的思想，达到熟悉中见新颖、平淡中现独特的表达效果。例如，《管理重在"理"》紧紧抓住管理的"理"字，首先指出"严格管理，不但要管得住，而且要管得好。如何才能管得住、管得好？重要的是要讲'理'。从这个意义上说，管理重在'理'"。然后论述人的活动的特殊性，要管得在理、合理、有理，从"理"上管、根上治的道理。接下来分几个层次分析管理重在"理"：首先是管之有理、合理；其次是管中说理、明理；再次是对管理工作要梳理、整理，以求研究升华，"理"清情况，"理"顺思路，"理"出规律，把管理工作做好。文章以"理"为核心构思文章，将与"理"有关的词语汇聚头脑中，说理透彻，思路新奇，实用性强，很有特色。另一种推衍更加独特，它利用汉语字词分开组合后语义多变的特点，抛开固定含义，而赋予某字新的内涵。如某省长讲话说，干部一要干活，二要干净。他说，干部干活是勤政，干净是廉政。只有勤政，老百姓才能得到实惠；只有廉政，干部才能在人民群众的心目中树立威信。这种说法令人耳目一新，主要是以"干"字为核心抓住"干部"一词的实质，在市场经济条件下特别具有针对性。

2）引爆中心词语，找出闪光思想

这种方法以某一词语为核心，将与其相关的同义词、近义词、同音词、近音词，以及一切以某字为词根构成的词语全面引爆，四处开花，在丰富的词语中寻找与自己写作目的相应的思想火花。如有一个单位开会宣布一位同志的任职，这位被任职的同志讲了三点："对一个干部的任命，需要经过长期的考验，深入的考察，慎重的研究，是不容易的。但要得到'认同'——让上级特别是让群众公认你是这个岗位上的最佳人选，就更不容易了。'任命'和'认同'之间有一段距离。要缩短这个距离，需要忘我工作，长期努力。""任命是一种信任，更是一种责任。能不能对得起这种信任，履行好这种责任，重要的是时间和实践的检验。""任命是一种机遇。有才能的人，不在少数；而有幸在这个岗位上工作的，很少。对党的重托，当倍加珍惜，以自己全部的忠诚、热忱为党工作，为人民服务。"一个就职演讲重在表态，应该怎样说、说什么、说多少，是很有技巧可讲的。这位新任职的领导没有得意，没有陶醉，有的是应当有的清醒。他的思想性主要表现在用语恰当，对比性强，"任命"与"认同"、"信任"与"责任"、"机遇"与"珍惜"等，从不同角度回答了应该怎样做的问题，无论对上对下都能得到较好的反响。

3）抓住对立性核心概念，直面现实，解决问题

申论文写作的关键是解决问题，而不是玩弄文字游戏。但如果没有深厚的文字基础，也不能达到解决问题的根本目的。因此，将上级领导的指示方针具体化，将本单位的做法个性化，将宣传教育形象化，都离不开一种两两相对、辩证分析的语言表达形式。如一篇《给群众一个明白，还干部一个清白》的文章，总结农村村务公开、民主管理的经验，题目把党的十五大报告中"实行政务和财务公开，让群众参与讨论和决定基层公共事务和公益事业，对干部实行民主监督"，"是社会主义民主最广泛的实践"等语形象化、具体化。文章分析说，"明白"是群众路线的具体体现，"给群众一个明白"是密切党群关系、干群关系的"鱼水工程"；"明白"是干部清廉的有效途径，"给群众一个明白"是领导干部防微杜渐的"阳光行动"；"明白"是稳定和发展的重要保障，"给群众一个明白"又是一个打开农村基层工作的"金钥匙"。文章还指出，明白是清白的前提，没有群众的明白，很难有干部的清白；清白又是明白的基础，腐败的干部是不会心甘情愿让群众明白的。

类似的文章较多，单从标题上就可以看出来，如《重大轻小要不得》《送温暖不如送"饭碗"》《把口号变成行动》《言义也言利》《融智比融资更紧要》《奖与讲》《要武装，不要"包装"——学风问题系列谈之三》等。

除上述几种词语变换激活思想的方法外，常用的还有"颠倒法"与"换位法"。"颠倒法"即同一词语变换语序，从中引出观点，如《科教兴国与国兴科教》《"结合抓"与"抓结合"——精神文明建设思想方法系列谈之一》等。"换位法"是打破思维定势，将某一词语或说法换成自己的东西。如海尔集团总裁张瑞敏在2001年4月24日某企业家活动日上的发言《要与狼共舞，你就必须成为狼》，提出一个全新的观点："面对经济全球一体化，每个企业怎么想？我认为，就是必须成为狼，与狼共舞。既然要与狼共舞，你就必须成为狼，否则，把自己摆在羊的位置上，结果只有被吃掉，如果把自己变成狼，还可以拼搏一番。"虽然不无偏激，但足以促人深思。①

3. 根据需要，恰当运用修辞技巧

申论论证适当运用些修辞技巧，是非常必要的。试想一下阅卷老师如果整天看的都是那些僵硬、干涩的文字，那是肯定会厌倦的。如果考生在遣词造句时能够恰当运用些修辞技巧，考试成绩一定会有提高。具体来说，申论论证可以运用的修辞技巧很多，比如以下几种就比较常用：

一是排比法，运用此法不仅能够强化说理言事的效果，同时也增强了文章的气势。

二是比喻法，运用此法不仅能形象、具体地揭示事物现象，而且会极大增强文章的感染力。

三是设问法，运用此法既有利于上下文的衔接，使行文自然流畅，又有利于激发读者的阅读兴趣。

四是反问法，运用此法能使表达语气比陈述句更为肯定、更为强烈、更富有力量。

五是综合运用各种修辞手法。

修辞手法是申论写作中常用的。我们在申论写作中可以单独使用，也可以综合使

---

① 刘源. 公务员申论：论述论证中的词语变换[EB/OL]. (2010-06-01) [2015-07-19]. 英语学习. 合同谈判. http://www.Koolearn.com.

用。如果能综合使用各种修辞手法，就能取得更好的表达效果。例如，某公安机关进行处级干部竞争上岗申论考试，一位同志针对资料中反映的极少数民警对待人民群众冷、横、蛮、硬等问题，写了一篇题为《既要热情服务，又要严格执法》的申论文章，文中写道：

  "热情服务，严格执法"，是×××同志为济南交警的题词。×××同志的题词闪烁着"三个代表"重要思想的光辉，既是对济南交警全心全意为人民服务的业绩的充分肯定，又是对全国民警提出的新的要求和希望。全体民警在精神上受到了巨大的鼓舞，同时也更加明确了今后的工作目标和方向。

  ……只有这样，人民警察才会不辜负党和人民的期望，才会树立自己良好的形象，才会为党和政府增添光彩，才会为国家和社会作出应有的贡献。人民警察如果不热情为人民服务，那么就背离了全心全意为人民服务的宗旨，资料中反映极少数民警对待人民群众冷、横、蛮、硬，耍特权，摆威风，群众意见很大。难道他们的这种行为不是违背了全心全意为人民服务的宗旨吗？不是玷污了人民警察的光荣称号吗？

  ……人民警察在执法的过程中，如果不严格执法，甚至徇私枉法，那就会损害法律的尊严，导致社会的不公正性；如果人民群众认为社会存在着不公性，那就会对社会失去信心；如果人民群众对社会失去信心，就会造成社会的动荡不安。因此，严格执法不仅仅涉及人民警察的自身形象问题，更关系到社会安定团结的大问题。所以绝不能小看这个问题。我们必须抱着对党和人民、社会的高度责任感严格执法，绝不能以情代法、贪赃枉法，一定要担当社会主义法制的忠诚卫士，才能无愧于人民警察的光荣称号。

  ……

文中运用引证法引出了×××同志关于"热情服务，严格执法"的题词，运用了反问法指出民警中存在的问题，运用了排比法论述了热情服务的重大意义，又运用了顶针法阐述贪赃枉法的危害性。①

思考与练习四

一、内容概括练习

（一）根据下列材料，试分别解释"存量土地"和"地荒"的含义。每个解释控制在 100 字以内。

  现实的土地供应中到底存在不存在"地荒"？某专家的回答是否定的。他认为，在城市特别是大型城市，仍要提供土地，支持中小户型、中低价位商品住房的建设用地需求，要严格控制大户型和低密度的住房建设，坚决停止别墅建设。

  记者了解到，"长三角"地区的用地虽然非常紧张，但是仍然有很大的潜力。这种潜力主要来自城乡之间的统筹，来自土地的再利用和再调整。通过存量土地的调整和再调整，旧城和旧村，老工业区和老企业改造，可以在已有土地中腾出新的用地空间，能在不占或少占耕地，控制新增建设用地总量的前提下，实现经济和社会持续、健康发展。

  据悉，近几年来，我国房地产业用地占到了全国供地总量的 30% 左右。一边是建设用

---

① 郭其智. 公文与申论写作教程 [M]. 合肥：合肥工业大学出版社，2008：315.

地的追加，一边是开发商叫喊"地荒"。问题在哪里？闲置问题实在是"地荒"的一个顽疾。

2001年以来，江苏省苏州市区依法取消了184个项目，收回土地达66760亩。仅2005年，苏州市盘活存量土地2505宗，占建设用地面积的35.7%。

一位业内人士说，大量的土地闲置，主要是因为一些地方不按经济规律办事，盲目铺摊子、上项目、大面积占用土地。同时土地管理措施不力，为一些地方变相非法批地、盲目征用或出让土地带来了可乘之机。当然，城乡规划之中的粗放用地也"消耗了"大量建设用地指标。

按照国家关于城市规划建设用地的最高定额，一般城市人均用地面积最高标准是100平方米，首都和特区城市最高是120平方米。但有关部门统计显示，我国664个城市中，城镇居民人均用地已达到133平方米，而世界上发达国家人均城市用地是82.4平方米，发展中国家人均城市用地是83.3平方米。

有关部门负责人认为，必须严格控制建设用地的规模，今后土地利用必须保证60%以下是存量土地。据了解，60%的提法是新的表述，之前的表述是要求地方充分利用现有建设用地，不占或少占农用地，而没有量化指标。

（二）请依据2006年中央、国家机关公务员录用考试申论试题的给定资料，对"突发性公共事件"给出明确定义。要求：准确、简明。不超过100字。

（三）请仔细阅读2009年中央、国家机关公务员录用考试申论试卷给定资料（二）～（六），整理一份供有关负责同志参阅的材料。

要求：概述全面，观点鲜明，条理清楚，语言流畅。不超过400字。

（四）请依据给定资料，概述我国醉驾现象屡禁不止的主要原因。

要求：概述准确，语言简练。字数不超过200字。

给定资料：

1. 2008年，我国道路交通事故死亡人数为73484人，平均每小时就有8人丧命，从1998年开始，每年死于交通事故的行人超过2万人，约占总交通事故死亡人数的30%，而在城市，行人死亡的比例高达50%左右。一些斑马线甚至变成了"死亡线"：2009年5月12日，杭州市一辆在市区道路上狂飙的三菱跑车撞飞一位正在过斑马线的浙江大学毕业生谭×；7月30日凌晨，兰州市一辆飞驰的黑色桑塔纳将下班回家途中正穿行斑马线的曹×撞飞后逃逸；8月15日，福州市一辆黑色轿车撞伤走在斑马线上的一男一女，事发后，肇事者的朋友竟称："没事，这是小事情，无非给伤者一个补偿，能了就OK了嘛。"

2. 2008年我国因酒后驾驶就导致18374人死亡，76230人受伤，直接财产损失2.5025亿元。北京市交通管理局最近发布的数量显示，在全市有人员死亡的交通事故中，酒后驾车所占比例高达17.3%，其中醉酒驾车共导致86人死亡。此外，本年一次死亡3人以上的重特大交通事故达11起，其中，醉酒驾车高达5起，酒后驾车为1起。酒后驾车已成为仅次于大货车的重特大事故发生的主要诱因。

3. 兰州一位白发苍苍的古稀老人，在其所住小区门前的斑马线上，手持砖块，在不到4小时之内怒砸14辆闯红灯的违章车。此事引起近八成的网友支持。支持者认为：虽然老人的行为从法律角度来看是不合法的，但在道德层面上却是合情合理的。其实，近年来兰州市交警部门对维护斑马线的安全也做了不少工作，但仍难让市民满意。"大张旗鼓的整治行动大都一阵风，没有建立长效机制。"家住兰州的一位市民说。

4. 交通电子监控设备只能拍到违章车辆，不能清晰显示驾驶员相貌，一些违章驾驶员就出钱请有驾驶证却没有车或很少开车的人代为扣分。这些"代扣族"也没有损失，因为交通安全违法行为累积记分制度的记分周期为1年，共计12分，一年违章记分不满12分，第二年则自动归零，驾驶证可继续使用。《中国青年报》社会调查中心对3061人进行的调查显示，72.9%的人表示身边存在交通违章代扣分现象；67%的人指出，代扣分现象的存在会纵容驾驶员无视交通法规，为交通安全埋下隐患；59.4%的人认为，该现象会助长"拿钱消灾"的社会风气。

5. 我国2004年5月1日颁布、实施的《道路交通安全法》第91条对饮酒驾车、醉酒驾车的违法行为及其法律责任进行了明文规定。然而，近年来各地酒后驾驶导致的交通事故越来越多，引发社会舆论强烈关注。为此，公安部决定自2009年8月15日起，在全国开展为期两个月的专项行动，严厉整治酒后驾驶的交通违法行为。公安部强调，对酒后驾驶的处罚实行"四个一律"：对酒后驾驶机动车的，一律暂扣驾驶证3个月；对醉酒驾驶机动车的，一律拘留15日，暂扣驾驶证6个月；对一年内两次醉酒驾驶的，一律吊销驾驶证，两年内不得重新取得驾驶证，属营运驾驶员的，5年内不得驾驶营运车辆；法律、法规规定有罚款处罚的，一律从重处罚。从8月15日到9月16日，一个月内，全国共查处酒后驾驶违法行为65397起。其中，醉酒驾驶10711起，分别比去年同期上升了86%和91%；因酒后驾驶发生的交通事故仍达到320起，死亡118人。

有专家指出，一些地方的交通管理部门查处酒后驾驶具有集中性、阶段性、运动性特点，因此，有的驾驶员就能通过关系了解到哪天查、在哪查，以逃避酒后驾车检查；即使有的"不幸"被"抓个正着"，也能想方设法通过找人说情来减轻或规避处罚。这种"打游击"的查处方式不可能杜绝酒后驾车的现象。

6. 2008年10月25日晚，济南市一位行人翻越护栏过马路时，遭到多辆汽车碾压，当场死亡。2009年7月12日海口市一名女大学生因为翻越护栏横穿六个车道，被交警拦下告知翻越护栏横穿马路属于交通违法需要接受处罚后，与交警发生口角，辱骂交警，抢夺交警摄像机准备砸在地上，同时还招来3名朋友与警方对峙，造成该路段严重堵塞。按照有关规定，交警对阻碍执行公务的行为作出了行政拘留5天的处罚并予执行。这是海南首个因为横穿马路被拘留的行人。

7. 2006年6月5日，北京历史上最大规模的公众参与公益环保活动——"为了首都多一个蓝天，每月少开一天车"活动启动，包括车友、学校、社区、企业、媒体还有环保部门参加，30万市民不开车，以绿色方式出行。2007年9月17日以"绿色出行、绿色交通、绿色奥运"为主题的首届北京市"公共交通周"及"无车日"活动启动。2008年6月23日北京市政府发布"致首都市民的一封信"，倡导并恳请市民积极选择"绿色出行"方式，践行"绿色奥运"承诺，以及"单双号"、"每周少开一天车"等交通限行措施的实施，都得到了广大市民的大力支持和响应。

北京市还广泛开展道路交通安全宣传教育系列活动，以便提高广大市民的交通安全法制意识和交通文明意识。例如：每年的交通安全宣传日，数万名首都交警、志愿者等走上街头，在全市各区县的数百个宣传站，向群众宣传普及交通安全知识；交通部门开展征集"温馨交通安全提示语"活动，激发群众参与交通管理的主动性；制发《小学生道路交通安全教育读本》，科学规范小学交通安全教育；等等。

8. 在挪威，任何驾驶员开车，被发现血液中酒精含量超过0.05%，一律关3个星期禁闭，初犯吊销驾照1年，5年内重犯者永远吊销驾照；在日本，驾驶员血液中酒精浓度超过0.05%时要判2年以下劳役，罚款5万日元，吊销驾驶执照，同时追究为饮酒驾驶员提供车辆的人、同乘者和供酒者的责任；在美国，酒后驾驶属于刑事犯罪，按照大多数州的法律，成年人体内酒精浓度超过0.08%，可以将其当场逮捕，轻则会被暂扣驾照和处以罚款，重则会被投入监狱和永久注销驾照；在法国，对酒后驾车要根据情节处以135～750欧元的罚款，驾照被扣6分，如分数全被扣除，将取缔驾照且6个月后重考，如醉酒驾车，将面临2～4年牢狱之灾和4500～9000欧元的罚款。

在我国，驾驶员血液中的酒精含量大于或者等于0.2%、小于0.8%，属于酒后驾车，可处暂扣1个月以上3个月以下机动车驾驶证，并处200元以上500元以下罚款；酒精含量大于或者等于0.8%属于醉酒驾车，可处15日以下拘留和暂扣3个月以上6个月以下机动车驾驶证，并处500元以上2000元以下罚款。相对上述国家，我国对酒后驾车的处罚要宽松一些。

9. 中国酒文化可追溯数千年，本来有"斗酒诗百篇"的意蕴，却渐渐演变成劝酒、拼酒的不良酒风。现在酒桌上谈生意、联络感情流行的是："感情浅，舔一舔；感情深，一口闷；感情铁，喝出血""会喝一两的喝二两，这样的朋友够豪爽！会喝二两的喝半斤，这样的同志够贴心！会喝半斤的喝一斤，这样的哥们最放心！""酒品如人品，不喝就是看不起人"。在这样的酒文化氛围下，酒后驾驶的"马路杀手"也就出现了，所以，要防止酒后驾车，必须根除酒文化。

（五）指出第四题给定材料中涉及酒后驾车的哪个观点是不对的，为什么？

要求：分析准确、合理，语言简练。字数不超过200字。

（六）依据给定材料，谈谈你对"大面积对化石能源实施价格补贴显然是不适宜的"这句话的理解。

要求：准确、全面、简洁。不超过150字。

给定资料：

在中国，因人类活动而影响到气候变化的第一因素是煤炭的采掘和在发电、取暖中的使用，我国大气中所排放的二氧化碳80%都来自燃煤。我国的煤炭、石油等能源消耗全世界第一，建材消耗全世界第一，石油进口全世界第二。我国单位GDP能耗是发达国家的8到10倍，每年新增碳排放量为全世界第一。中国社科院10月份正式发布的《应对气候变化报告（2009）》绿皮书指出："如果中国不改变85%的燃煤结构，不改变传统工业生产和消费方式，环境严峻期将提前来到，并会带来严重社会问题。"

工业是我国能源消费最大的用户，比例达75%左右，发电、冶金、建材、化工等几大高耗能行业又占工业能源消费总量约70%左右。长期以来，在政府的管制下，我国能源价格一直偏低，不能充分反映资源稀缺程度、市场供求关系和环境损害成本，更是加剧了能源的过度需求和消费。由于价格倒挂，在国际油价持续高涨时，国家财政对油企予以了补贴。根据公开的数据，2006年和2007年中石化公司全年得到财政补贴分别为50亿元和49亿元；2008年第一季度增加到74亿元，4月份又获得补贴71亿元。

国务院11月25日召开常务会议，决定到2020年中国单位国内生产总值二氧化碳排放量比2005年下降40%～45%，作为约束性指标纳入国民经济和社会发展中长期规划，并制定相应的国内统计、监测、考核办法。会议亦强调，中国人口众多，经济发展水平比较低,经济结构性矛盾仍然突出,能源结构以煤为主,能源需求还将继续增长,控制温室气体排放面临巨大压力和特殊困难。清华大学教授齐晔指出,将应对气候变化纳入经济社会发展规划是一项实质性改变,"过去,中国视气候变化为全球问题;现在,气候变化已成为国内发展重点考虑的问题之一。"

截至2009年上半年,我国"十一五"以来单位GDP能耗已累计下降13%,预计下降20%的总体目标到2010年底有望实现。完成这一目标,意味着中国将节约标煤6.2亿吨,减少二氧化碳排放15亿吨。20%的任务完成之后我们该做什么?北京循环经济促进会会长吴季松教授说:"节能减排的最终目的是低碳经济。通俗地说,节能就是少碳,减排就是少排,低碳经济是它的一个效果。低碳经济社会离人类是一个相当远的目标。"

据了解,近期公布的《2050年中国能源和碳排放报告》和正在制定我国"十二五"能源规划,将指明我国新能源和碳排放发展的前景,包括太阳能、风能、核能、生物质能等清洁能源、可再生能源。根据摩根斯坦利预测,中国潜在的节能市场规模有8000亿美元,这将是一个巨大的新兴市场,用清洁能源以及相关产业替代化石能源以及相关产业来提振经济,前景非常乐观。当然,与传统能源相比,清洁能源的发电成本较高,还需要有各种措施鼓励新能源的开发和消费。

针对低碳经济的试点工程,国家发改委正在组织专家研究,准备制定《关于低碳经济发展的指导意见》。厦门大学中国能源经济研究中心主任林伯强表示,中国发展低碳经济,除了出台相关政策,更重要的应该是加快结构调整,大力推进资源和能源价格形成机制改革。从当前形势和长远来看,大面积对化石能源实施价格补贴显然是不适宜的。

(七)"给定资料"介绍了密西西比河、亚马逊河、尼罗河等流域出现的生态危机以及各国政府的治理举措。请对这些材料进行归纳,并说明我国治理黄河可以从中受到哪些启示。

给定资料:

长期以来,美国对密西西比河的开发活动主要是防洪和扩大航运,这两项耗费了巨大的财力、物力和人力资源,但水质问题却是影响着密西西比河全流域"健康"的一个关键性问题。美国地表水排放有毒废水量最大的有15个州,其中5个州分布在密西西比河沿岸。这里很多河段都达不到美国政府1972年颁布的《清洁水法》中有关适于鱼类生存和人们游泳方面的水质标准。调查表明,排入上密西西比河的许多化学物质来自农业生产过程中被污染的废水。虽然美国政府对密西西比河的治理十分重视,建设了大量工程,但计划中的工程仅完成60%左右,实际还只能勉强防御一般性大洪水。航运一直是上密西西比河重要的商业活动。明尼苏达州到密苏里州之间的河段建造了27座船闸和大坝,虽然极大地改善了航运条件,但很少考虑到这些大坝对整个生态系统的负面影响,航运与其他活动的相容性仍是密西西比河管理的一个重要课题。泥沙淤积是上密西西比河的主要环境问题,过量泥沙使水生植物的光透射性减少,并淤填在上密西西比河的回水区。上密西西比河的渠化、一系列船闸、大坝以及通航水库也形成了一个拦截冲刷泥沙的系统。湿地减少也是密西西比河流域各州的一个关键性问题。上密西西比河至今仍没有全面规划,近年才采取整体考虑的方式研究航运与环境的关系,但尚未根本解决整个上游流域的综合治理,发生严重水灾的可能依然存在。

科学家警告说,森林砍伐已经使亚马逊河众多支流的水文状况发生了巨大变化,干流受到影响只是一个时间问题。目前亚马逊河的7000条支流正逐渐干涸，另外肥料和农药也对这些支流的生态状况造成了很大影响。近年来，亚马逊地区的森林砍伐速度较以前加快，一些森林开垦为养牛场，还有很多林区则开垦成农田，进行大规模的粮食作物和经济作物种植。大豆的种植面积很大，而大豆如要在赤道地区生长则需要大量的肥料和浓度很高的农药，势必引发水质污染。为使亚马逊河免遭干涸的命运，巴西政府制定的一项法律规定，禁止农民砍伐沿河岸50米以内的森林；另一项法律则规定，只能伐20%的森林，其他80%的森林可以根据政府批准的林业管理规划有选择性地进行砍伐。但是，在这个面积超过整个欧洲的亚马逊地区，上述法律以及其他环境法规常常受到漠视。

埃及地处北非，是严重干旱缺水的国家，工农业及生活用水全靠尼罗河。曼扎拉湖位于尼罗河三角洲的北端，是一个长60千米，宽40千米的长方形湖泊，它对尼罗河的"健康"起到至关重要的作用。每年埃及各地的工业、农业和生活污水几乎都通过5条水渠流入湖中。上个世纪90年代以前，因为人口激增，工业和农业及生活废水大幅增加，加上没有进行有效的治理，导致曼扎拉湖水质急剧恶化，湖里鱼类几乎绝迹，鸟类也大量减少，生态环境受到严重破坏。面对严峻的现实，埃及政府对这里的生态环境进行了全面评估并得出了这样的认识：消除曼扎拉湖的污染，改善曼扎拉湖的水质，不仅对提高湖区周边人民群众的生活水平有重要意义，而且对整个埃及也具有重要的示范作用。曼扎拉湖治污工程于1992年开始实施，人工湿地的工程包括扬水站、污水沉降池、污水处理池、幼鱼池和养鱼场等，2001年工程全部完工。经过人工湿地处理后的污水已经基本消除了其中的污染物质，如富氧物质的70%、总浮游物的80%、氮磷总量的50%和粪便的98%都已不复存在。记者在参观这一人工湿地工程时看到，污水源源不断地流入第一、第二和第三沉降池，经过多次过滤和清污处理之后再引入幼鱼池，鱼池里的水清澈透明，鱼儿在池中悠闲地游动。经过鱼池流入曼扎拉湖的已处理过的水便不会再污染湖水。如今，这里的生态又恢复了勃勃生机。

要求：内容具体，表述清晰。不超过300字。

二、材料论述练习

（一）思考题

请谈谈阐释类材料论述题和启示类材料论述题的区别。

（二）练习题

1. 请阅读给定资料，全面、有条理地分析、梳理出宜居城市建设过程中存在的问题。（不超过300字）

给定资料：

1996年联合国第二次人居大会提出了"宜居城市"的概念。在现代化城市建设中，首先要考虑经济、文化、社会环境、自然环境的协调发展，只有这样，才能打造良好的人居环境，进而满足居民物质和精神生活的需求，使城市成为适宜所有居民工作、生活和居住的家园。

扼守渤海海口的W市曾被联合国有关机构授予"宜居城市"称号。W市为了进一步建设"宜居城市"，准备扩大城市的"宜居"范围，决定把污染海水的养殖业逐步取消或迁出市区，此项计划已进入实施阶段。如W市城区东侧的海湾，以前有成片的养殖区，自从开发附近岛屿为旅游风景区，先前的海水养殖逐渐外迁到了70千米以外的外海。最近，W市又着手将污染环境的渔港码头搬迁到郊区。渔港码头搬迁后的新址在市区最北端的远遥村。记者看到，村边到处都是生活垃圾和建筑垃圾，刚刚下过大雨，污水冲刷着垃圾堆，向大海直扑下来，沙滩脏得没处下脚，海水散发出扑鼻的恶臭，新码头的修建已经动工，眼下正在用建筑垃圾填海，渔港码头搬迁到这里，引起了当地村民的不满。村民们说，它们会转移污染，会把这里的海水弄脏，村子弄脏，村里的小渔船也将没有生存空间。另外，远遥村的村民们还养着几千亩扇贝，等渔港搬来后，这项生产也难以为继了。W市对海岸环境的整治，是从"景观治理"的角度来搞的，而市区的渔村，没有主打的旅游项目，常年以传统的渔业、海水养殖业为经济支柱。"远遥村的人也是W市人呀，他们什么时候也能过上'宜居'的日子？"

W市所辖的银滩自然环境优美，在2002年11月被国家旅游局批准为4A级旅游区。银滩开发初期的定位是建一个旅游区，后来外省某大油田在此处投资4亿元买地盖房，准备将4000户油田职工家属搬迁过来。紧跟着，又有几家石油化企业出来开发房地产，盖楼卖给自己的职工，相关石油、石化产业也准备搬迁过来。大喜过望的W市提出口号："把银滩打造成不出石油的石油城！"据称，如果这些油田所开发的楼盘全部售出，可以安置60万人，现在整个银滩开发区大约只有2万居民。银滩管委会宣传科科长告诉记者："某大油田投资5亿元，正在银滩以北建一个工业园，已经奠基了。"

W市今后怎样发展、怎样建设"宜居城市"引起社会的极大关注。很多市民认为，这里的城市建设年年上项目，名气越来越大，收入肯定越来越多，前景应该看好。一位出租车司机说，十年前W市还破破烂烂的，现在真像个大城市了，来这儿旅游的人很多了，钱也好赚了。记者问他："你们就不担心人多了，这里就不再清静了吗？"这位司机说："挣不到钱，怎么生活，光清静有啥用？"

2. 根据给定资料，请你分析张悟本事件折射出哪些现实问题？
要求：问题全面、明确，分析恰当、透彻，表述简洁、明了。不超过250字。
给定材料：

1）2011年5月28日，温家宝总理在中国科协第八次全国代表大会上强调，解放思想、实事求是、崇尚理性、勇于探索、追求真理，这是科学技术与生俱来的禀性，也是科学精神的实质。科技不仅是知识和技能，更是一种文化、一种精神。一个具有科学精神的民族，才是真正有生机、有希望的民族。要努力提高全民族科学素质，要大力加强科学普及工作，传播科学思想，弘扬科学精神。他希望广大科技工作者要抓住机遇，顽强拼搏，为我国科技发展和现代化建设作出更大贡献。

2）2011年1月26日，由我国热心科普事业的两院院士和科学专家学者共同评出的2010年全国十大科普事件在京揭晓，"张悟本事件"上榜。张悟本本为纺织厂下岗职工，由于有人"包装""炒作"，其出版的《把吃出来的病吃回去》销售火爆，而被称为"养生食疗专家"。2010年2月湖南卫视《百科全说》为他做了专题节目后，其知名度更是迅速蹿升。2010年5月有媒体报道其学历有造假嫌疑，他大讲特讲"绿豆煮水喝能治近视、糖尿病、高血压，还能治肿瘤"，"长条茄子可以吸油、降血脂，还能治肿瘤"，此种食疗理念也遭到质疑。5月26日，张悟本煞有介事地在北京召开新闻发布会回应媒体质疑。但不久，经媒体和相关单位调查证实，张悟本所称出生于中医世家，父亲张宝杨是党和国家领导人的保健医生，他曾就读于北京医科大学临床医学系、北京师范大学中医药专业，担任中华中医药学会健康分会理事、中国中医科学院中医药科技合作中心研究员,并是卫生部首批营养专家,等等,均系子虚乌有。

就是这样一位伪专家,用他的伪科学,把"悟本堂"变成了一些人心目中的神仙台,找他看病的人趋之若鹜。据《成都商报》报道,有人因按张悟本的方子喝绿豆汤导致胃病、痛经。还有网友发帖称,他花2000元找张悟本看病,开的方子是绿豆汤和冬瓜汁,用了不但没有好的效果,倒添了不少毛病。

张悟本的神医骗局被拆穿,其"行医"场所悟本堂也很快被拆除,一个靠着绿豆汤、白萝卜、长茄子"理论"忽悠民众的假专家,终于无法再混迹江湖了。包括张悟本在内,一些所谓"神医""养生明星"的发迹,固然与其本人骗术高超、媒体包装炒作推波助澜,以及政府部门监管不力有关。但是,他们之所以能受到群众如此的追捧,是因为从另一侧面反映了群众对普及养生保健知识的需求。随着生活水平的提高,人们对健康养生方面的信息越来越关注。我们周围有许多货真价实的医学专家,他们在理论素养、临床经验方面都有上乘水准,也出了不少论著。但是,他们往往忙于教学、诊疗、写论文、做研究,活动范围仅限于学术圈,没有将学术知识转化为群众需要的、通俗易懂的养生常识,或者说这种转化的力度还不够。所以,假神医才占有了市场。

浙江的姚某曾经是张悟本的粉丝,作为一个平民,他曾被张悟本的理论深深吸引,他曾试着生吃冬瓜汁,晚上不吃荤,还动员别人也跟着做,"我现在为自己的无知愚昧感到惭愧"。不过,他又继续发问:"张悟本出事了,每个人都恨不得踏上一脚,但他走红时,那些高贵的脚在哪里呢?"如果专家和有关部门能更早、更及时地戳穿张悟本"假神医真骗子"的嘴脸,那么受蒙骗的公众应该会少得多,中国科普研究所专家H表示:"科学界若不能及时、有效地发出自己的声音,理性引导公众,一方面很容易造成谣言四布、恐慌蔓延的恶性后果,也会造成科学家公信力的丧失。"

3)2010年11月25日,中国科协召开新闻发布会,对第八次中国公民科学素养调查结果进行公布。调查结果显示,2010年,我国具备基本科学素养的公民比例为3.27%,相当于日本(1991年为3%)、加拿大(1989年为4%)和欧盟(1992年为5%)等主要发达国家和地区在20世纪80年代末的水平。

公民的科学素养水平从三个方面进行测度:公民了解必要的科学知识,掌握基本的科学方法,崇尚科学精神的程度。一个被调查者只有同时通过以上三个方面的测度,才被认定为具备基本的科学素养。

在三个测量维度中,"公民了解必要的科学知识"与国外的差距较大。以国际通用的科学知识测试题的平均正确率来看,2008年美国的水平为64%,2010年中国的水平仅为41%。在"掌握基本的科学方法"上,我国公民的科学素养提升缓慢。而对于"崇尚科学精神的程度"这个维度,国际上没有统一的题目和标准可供对比。

随着人们对自身健康的日渐关注,近年来"养生热"持续升温,已成为巨大产业。《中国青年报》社会调查中心联合北京益派市场咨询公司进行的一项调查显示(2704人参与),82.9%的人明确表示自己需要养生。调查中,40.8%的人表示自己的养生知识主要来源于"专家",来源于网络、电视等大众媒体的人更是超过半数。

一直以来国家都很重视科学,科学几乎成了最终的价值判断标准。如果说某事科学,就意味着一路顺风、绝对正确而且靠谱,反之,就是垃圾,但奇怪的是,到今天,一些民众不仅没有具备起码的日常科学理性,连常识都没有。科学常识,早就被丢在十万八千里之外，不信科学，信邪说，越邪越信，一些缺乏科学修养和理性判断的媒体工作者热衷于用"神秘现象""一夜成名"等传奇性、娱乐性的"新闻"吸引公众眼球。从无中生有的"水变油"，到夸大其辞的"基因皇后"；从肆意炒作的"纳米"，到遍地开花的"国内首创""国际一流"，这类与科学精神相悖的不正常现象，都曾被新闻媒体，包括在全国具有相当权威性和影响力的媒体"充分肯定"，大唱赞歌。正如萨根在《魔鬼出没的世界》中所指出的："落后的科学普及所放弃的发展空间，很快就会被伪科学所占领。"

3. 给定资料中下划线句子提到"遭遇着一个两难境地"，请根据资料对此进行分析。
要求：1）指出其中矛盾并作简要分析。
2）分析透彻，层次清晰，表述简洁。总字数不超过300字。

给定材料：

从2003年开始，"电荒"一直是浙江经济发展的"附骨之刺"。当时浙江成为全国拉闸限电范围最大、缺电最严重的省份，企业发展遭受严重损失。到2006年，"电荒"终于开始缓解。但此时中央又出台严格措施，要求节能降耗，定下的目标是到"十一五"末节能降耗达到20%，这比浙江省自己规划的15%的目标高出了5个百分点。为进一步控制温室气体排放，国家2020年碳排放新目标的确定，将使浙江的减排形势更为严峻。

浙江是一个资源匮乏的省份，人均资源占有量远低于全国人均水平，能源资源供应外向依存度逐年扩大，环境容量几乎饱和。从近期来看，浙江省能源产出不可能有改观，但能源消费增长的势头却十分强劲。根据浙江省"十一五"规划纲要，以9%～11%的经济增长速度计算，按照目前的能耗水平，到2010年浙江能源需求将达到1.85亿吨至2亿吨标准煤。

据测算，如果我国服务业占GDP比重提高1%，工业比重下降1%，单位GDP能耗可相应降低约1%；如果工业中的高技术产业比重提高1%，而高耗能行业比重相应下降1%，单位GDP能耗可相应降低1.3%。2008年，浙江第一产业万元增加值能耗0.35吨标准煤；第二产业万元增加值能耗1.09吨标准煤；工业万元增加值能耗1.18吨标准煤；第三产业万元增加值能耗0.27吨标准煤。在浙江全社会能源消费总量中，第二产业高居75%，能耗较低的第三产业和高技术产业比重还不够大。2008年，全省第三产业比重为41%，同比仅提高0.3个百分点，距"十一五"规划确定的45%的目标还有很大差距。

在12月初结束的中央经济工作会议上，"调整结构"成为会议的一个重要基调。浙商研究会执行会长对浙江企业表示出担忧，浙江主要以中小企业为主，且相当部分集中在劳动密集型、物质资源消耗型产业，结构调整对中小企业意味着更大的压力。"今天的主题就是'保'，先让你活下来再说，但明年的要求变了，结构调整就意味着优胜劣汰，意味着会死掉一批企业。"在节能减排中，由于受金融危机的严重影响，中小民营企业效益回落将带来工作动力和资金的不足。

低碳经济已被抬上了桌面，节能减排已经不是体现一个企业素质的行为，而将变成企业生存的必要条件。浙商研究会执行会长说："市场不可能被摁下暂停键等着你调整，2010年企业将真正进入弯道，速度会降低，但一切为下一条直道加速而准备。经过2009年一年的发展，相信政府在政策上也会更加稳定，只追求速度的机会时代已经过去。"

为积极应对国际金融危机，从2008年下半年开始，中央和浙江各级政府都出台了扩大投资的政策措施，将直接拉动钢铁、建材、有色等高耗能产业的增长。同时，随着浙江工业化进程加快，工业新增用能也呈现出较快增长势头。2009年以来，浙江一批临港石化、钢铁、造纸等高耗能项目陆续建成投产；浙江宁波镇海炼化年产100万吨乙烯项目进入试车阶段，新增用能25万吨标煤（全面投产预计新增用能320万吨标准煤）；北仑2台100万机组和乐清2台60万机组投运，电厂自身新增用能约21万吨标煤；舟山和邦化学2008年年底投产，新增用能22万吨标煤……今后三年，全省还将有冶金、化工、建材三大行业19个项目投产，预计将新增用能720万吨标准煤。

从国际经验来看，在快速工业化阶段，重化工业会出现快速增长的势头，经济重型化程度加强。早在金融危机之前，浙江部分地方就出现以轻工业向重化工业转型的愿望和趋势。如以轻工业立身的温州，在2005年年初通过了《温州市石油化工产业发展及总体布局规划》，提出建设"石化基地"的方案，试图使石化产业成为温州"重型化"的支柱产业。

浙江社科院专家指出，从先行工业化国家的发展历程来看，经济增长（人均国内生产总值）与能源消费（人均能源消费）之间存在着明显的正相关关系。在工业化加速发展时期，能源消费快速增长，污染物的排放量大。2008年浙江省人均GDP超过了6000美元，浙江开始步入工业化后期或工业化发达阶段，最近几年来，人均能源消费年增长率均在10%左右，人均能源消费水平已远高于全国平均水平。过去30多年我们取得了极大的发展，可我们消耗了多大的代价才换来这些发展。<u>当前，我们已实实在在地遭遇着一个两难境地</u>。

4. "给定资料"里说"连健康都算不上"指的是什么问题？问题存在的原因是什么？
要求：全面、准确，有条理。不超过100字。

给定资料：

某市居民对几年前的一场暴雨记忆犹新。那天是周六，市民们如往常的周末一样逛街、聚会、休闲。张艺谋大片《十面埋伏》的首映式正在这天举行，大批倒票的"黄牛"憋足了劲要大赚一笔。然而，突如其来的一场暴雨让所有在外边的人狼狈不堪。那天下午16时左右，天空突然电闪雷鸣，顷刻之间降下瓢泼大雨，不到两个小时的降雨让全市交通陷入瘫痪，立交桥下积水深达2米，公交车、小汽车变成了船。类似的事件，在全国很多城市都曾出现过。市政建设与城市改造不同步的现象至今依然是个不小的问题。有专家表示，以应有功能来衡量，我国大多数城市的市政公用事业连"健康"都算不上。

截至2009年4月，中央的4万亿元投资已经带动了地方30多万亿元的投资。从4万亿到30多万亿，这些保经济增长的投资都流向了哪些领域？资料显示，铁路、公路、航空、能源等基础设施以及医疗、住房保障等民生工程都是投资的主要流向。例如某市新增投资60亿元，主要用于轨道交通、中小企业和农业，其中20亿元用于高铁的征地拆迁。某省拨付90亿元资金，主要用于保障性住房、农村民生和基础设施、重大基础设施建设等。某省组织了3300亿元投资，主要投向千亿基础网络工程、千亿产业提升工程和千亿惠民工程。其中惠民工程主要指配备教育、医疗、文化、体育等基本服务设施。但有专家指出，各地似乎都缺少了对城市公用事业的关注，而中国仍处在市政设施相对不足且市政设施需求迅速增长的阶段。尽管投资中有用于城市公用事业的部分，但比例很小、规模不大，尚不足以体现城市公用事业对经济增长的重要拉动作用。这位长期研究城市公用事业的专家说，城市公用事业具有先导性、基础性、公益性，需要得到更多关注。市政公用事业包括城市供水、集中供热、垃圾处理、市政道桥、公共交通、园林绿化、污水处理、管道燃气八个方面的市政设施建设。在城市基础设施中，城市公用事业是重要的组成部分，也是国民经济中的重要一环。改革开放初期，讲招商引资、发展经济，讲得比较多的是改善投资环境，路桥、通讯、水、电、气、热等设施有了，投资者就愿意去投资，没有就没有人愿意去投资。市政公用事业对经济发展具有先导、基础的作用。作为城市社会经济活动载体的城市基础设施建设，日益受到人们的重视。建设并管理好城市市政公用设施，引导人们自觉爱护、维护这些设施，对促进城市经济稳定、健康发展，对城市功能、质量的提高和城市现代化建设具有特别重要的意义。

5. 我国有不少地区在保护和发展具有地方特色的文化方面都取得了一些成功的经验。如果你是某市负责地方文化保护工作的人员，请认真阅读"给定材料"，概括从中可以获得哪些启示。

要求：全面、准确、简明。不超过150字。

给定资料：

时间到这里仿佛变慢了。秋天早晨的菊儿胡同刚睡醒，一进一进的院子走入，粗斜的老树仍在，院子中央整齐地码了几十盆花草。有人趿拉着拖鞋走出屋，揉着眼睛背着手浇花。两位老人坐在墙根下晒太阳。站在胡同里，市声邈远，只觉几千年几百年的日子就这么悠悠地过了下来，这里依然是风雨不动的世上人家。

这就是诗意栖居的代表作——"菊儿胡同"，是吴良镛在北京四合院基础上设计出的现代民居。1987年，菊儿胡同还是积水、漏雨、杂乱无章的地方，早年建造的四合院已成了破旧拥挤的大杂院，吴良镛受邀设计改造。他的"有机更新"理论认为，住房是城市的细胞。新建房应自觉地顺应城市的传统肌理，于是有了"类四合院"，既保留了天井、院中的老树，又能容纳更多住户。房屋为白墙黛瓦，错落别致。吴良镛非常留意娱目之景：在坡顶修建楼阁和平台，可远眺景山、北海、白塔；在院中配置不同姿态的树种，使院落小景丰富有变；甚至楼阁的高度不一，增加建筑群轮廓线的变化，屋顶亦因此有了韵律美。如今住在高层小区里的北京人，是无法享受到郁达夫笔下"故都的秋"了。菊儿胡同里的人却仍可坐拥旧时的景色："早晨起来，泡一碗浓茶，向院子一坐，你也能看到很高很高的碧绿的天色，听得到青天下驯鸽的飞声。"

"我并不是要所有的房子都盖成菊儿胡同，而只是探索了一条传统建筑改造的路子。"2012年10月16日上午，在北京"2012年中国建筑学会年会"的开幕式上，这位中国两院院士、国家最高科学技术奖获得者作了题为《人居环境与审美文化》的主题报告，讨论如何将"艺文"融入人居环境。

游客张女士说，来豫园本来只是随便逛逛，听导游讲解之后才发现好些建筑都有故事有门道。站在豫园九曲桥上，还可以看到远处的东方明珠、环球金融中心等建筑，景观确实不错。

豫园旅游区是上海老城厢的发源地，近年来逐步形成了以豫园、城隍庙、上海老街等为中心的旅游风景区，九曲桥、湖心亭尤其享有盛名。民俗工艺小商品、上海及全国特色小吃、上海本土文化及民间文化在此得到重生与发展，成为市民节庆庙会地。豫园作为留存完好的江南古典园林，被誉为"东南名园冠"。豫园商城于上世纪90年代初经过大规模扩建，成为规模宏伟的仿明清商业建筑群，既有历史渊源，又有民族风格，豫园被塑造成一个文化综合体。为了再现民俗风情，豫园商城推出了"豫园中国节"的概念。正月有新春民俗艺术灯会，三月有中华美食节，四五月是春季庙会和茶文化节，夏季有少数民族风情节，秋季有庙会和赏菊啖蟹节，冬季有冬至膏方节等。尤其是元宵灯会在春节期间的上海最有人气，充分显示了民俗文化强大的生命力，并因此成为上海的一项非物质文化遗产。

中国历史文化名镇枫泾镇，素有"芙蓉镇"的美誉。这里文化资源丰富，有保存完好的明清建筑；有古老、质朴的蓝印花布、色彩鲜艳的刺绣；有式样各异的花灯、编织、剪纸、泥塑；有粗犷洒脱的灶壁画，特别是享誉国内外的金山农民画；有久负盛名的枫泾四宝：丁蹄、状元糕、五香豆腐干、枫泾黄酒；还有许多蕴藏在民间的传奇故事，喜闻乐见的体育项目。所有这些家乡民间文化原有的特色，为枫泾古镇增添了无穷的魅力。

人们用"枫泾寻画"四个字概括古镇的魅力，可谓一语双关，既有诗情画意，又留有悬念，充分表达了枫泾古镇美丽如画的景色，又告诉人们枫泾拥有深刻的历史文化沉淀。枫泾留下的是历史的原貌，是原来真实的景，不增加什么新东西，在保护过程中原样原修，保留原材料、原工艺、原样式、原来的风貌，从而保留了一种难能可贵的原真性。

同时枫泾不是保留一座桥、一块碑、一个房子、一座店铺，而是一条街、一道河、一个古镇的整体保留。这里的水墙门，如同周庄的前街后河、乌镇的水格房，现在已经不多见了。它与枫泾古镇引人入胜的桥、房、街、廊，相得益彰，构成的是浑然的一个整体。

三、对策制定练习

（一）2011年国家公务员录用考试申论（地市级）第（三）题：

假定你是一名派到农村的支教人员，请根据"给定资料"简要分析希望小学遭废弃的原因，并提出解决希望小学遭废弃问题的具体建议，供上级有关部门参考。（20分）

要求：1. 对原因的分析准确、全面；不超过100字；2. 所提建议具体、有针对性、切实可行；不超过300字；3. 条理清楚，表达简明。

（二）网上下载2013年安徽省公务员录用考试申论试题（A类），做第三题：

假设某市总工会领导阅读了"给定资料7"后，拟在全市制造企业中开展"蓝领创新"活动，请以"××市总工会"的名义，代写一份倡议书。（20分）

要求：定位准确，内容全面，语言生动，具有号召力。400~450字。

四、论证行文练习

（一）下面是申论习作中的两段文字，在表达方面存在明显的问题，请修改。

1. 经济全球化有百弊而无一利，比如去年借助外部强劲东风，生产一度如穿云燕子，飞向百尺竿头。曾几何时，今春以来，又像高山飞瀑一落千丈。

2. 提起农业、农村和农民问题，人们就会头皮发麻，寝食难安。其实近几年来，党的政策好，农村开了花、结了果。农业生产上去了，农民的生活也是芝麻开花节节高。别的不用说，就看看农民的新房连成了片也就清楚了。有的高堂大屋，有的楼上楼下，简直是开天辟地从没有过的事。生产大发展，生活大提高，干吗不把自己原来的"土窝"改变成"金窝"呢？农村旧貌换新颜，农业发展已找到突破口……

（二）"给定资料"中提到，某网站曾组织网民进行了一场讨论。请你根据"给定资料"，反驳"网民A"的观点。

要求：1. 观点明确，分析透彻，论据真实；
　　　2. 语言流畅，层次分明，有说服力；
　　　3. 不超过400字。

给定资料:

不久前,中央美院油画系研修班第一届部分同学在一家报纸发表声明,称2010年6月,某拍卖行以7280万元高价拍出的徐悲鸿油画《人体蒋碧薇女士》系他们1983年的临摹习作。商人谢某自行伪造"金缕玉衣",出钱请出国内五位鉴定专家为其鉴定。在收取了不菲的评估费后,专家用了不到一个小时的时间就联合签署了一份估价24亿元人民币的鉴定报告。谢某由此向银行骗贷5个亿。近年来,随着民主政治的进步、互联网的普及,网民意愿更加畅通的表达,每个公民都有自由言说的空间。从"天价烟局长"周某的落马,再到敦煌撒泼的新疆生产建设兵团某团副团长夫妇的被免职,等等,一系列的案例,说明网民意愿、网友监督,在国家民主政治的进程中,作用越来越大。但著名文化学者、某大学Z教授认为,媒体和网络是一把双刃剑,本应站在客观、公正的立场,去引导社会舆论,但有时部分媒体和网络却在没核实、没法甄别真伪、不明真相的情况下,充当了造谣者的"帮凶"。2011年3月,一位母亲为获捐款,抱着患眼癌的女儿跪地前行,这是职业网络推手精心策划、炒作的"母亲跪爬求助"事件。推手已向"跪爬母亲"致歉,"跪爬母亲"也向社会道歉,表示愿将得到的20余万捐款退回。对于此事,人们看法不一,有的人觉得利用谎言炒作、募捐不道德,有的人认为救命远比道德更重要……央视某主持人说,网络推手出于善意目的制造"缺德炒作",对社会诚信造成的损害是不可估量的。

某网站针对所谓"社会道德危机",曾组织网民在网上进行讨论。

网民A认为:道德失范的根源应归咎于市场经济的快速发展。市场经济与生俱来的盲目性、自发性、趋利性、等价交换性等致命弱点,必然导致拜金主义和极端主义的滋长、蔓延和泛滥,引发社会秩序混乱、道德沦丧、诚信缺失。

网民B认为:市场经济大潮的冲击和物欲主义的侵蚀,使不少人越来越远离向内心的叩问,在不少人身上理想、信仰的感召力在减弱。人们应当重拾信仰,让信仰不再缺失。

(三) 论证作文题

1. 给定资料:

1) 与公务员工资连年提高形成对照的是,一个企业职工工资条例呼喊了多年却难以出台。"事业单位"在利益上的强化,正在制造社会的裂痕,削弱整个社会的创业精神。因此,决策部门不仅应该清理"事业单位"中的种种乱象,更要下决心改变政府利用决策权自肥的制度路径,降低包括政府机构在内的"事业单位"在就业上的吸引力,很显然,这有待于更深入的体制改革。

2) 党中央、国务院高度重视事业单位的改革发展。党的十六大提出,按照政事分开的原则,改革事业单位管理体制。党的十七大强调加快推进事业单位分类改革。党的十七届二中全会要求按照政事分开、事企分开、管办分离的原则,对现有事业单位分三类进行改革。党的十七届五中全会提出,加快社会事业体制改革,积极、稳妥推进科技、教育、文化、卫生、体育等事业单位分类改革。在新的历史起点上加快推进事业单位改革,是中央立足当前、着眼长远作出的重大决策部署,充分体现了改革开放和社会主义现代化建设事业的新形势、新任务、新要求。

3) 就内部的动力来说,因为事业单位60%以上都是从事专业技术的人员,应该说专业技术人员都受到了良好的高等教育,而且长期从事自己热爱的专业技术工作,所以他们都希望自己的职业有很好的发展,对社会作出贡献,得到社会和政府的承认。所以,在这方面,要想得到认可,就希望有一个很好的体制、机制,不能够干好干坏一个样,至少能体现出自己的价值。广大事业单位的知识分子和专业技术人员都希望能够通过自己的劳动体现出更多为社会服务的价值，这就是内在动力。

4）在现代社会的组成结构中，按这个"单位"是否从事经营行为来分成"企业单位"和"事业单位"，这本来是合理的。比如，政府部门自身不从事经营活动，其公务活动还会产生费用，因此其存续必须由财政拨款来维持。"事业单位"在社会组成结构中本应占较低比例，可我们除了承担行政职能的政府部门外，大量从事生产经营活动和社会公益服务的机构都被划入"事业单位"，导致"事业单位"从业人员队伍庞大，政府财政开支也居高不下。

5）加强政府自身建设、构建服务型政府的内在压力，要求加快推进事业单位改革。党的十七大明确提出建设服务型政府的要求。党的十七届二中全会进一步提出，到2020年建立起比较完善的中国特色社会主义行政管理体制，通过改革，实现政府职能向创造良好发展环境、提供优质公共服务、维护社会公平正义的根本转变，实现政府组织机构及人员编制向科学化、规范化、法制化的根本转变，实现行政运行机制和政府管理方式向规范有序、公开透明、便民高效的根本转变，建设人民满意的政府。事业单位是政府履行职能的重要支撑，是政府提供公共服务的主要载体，事业单位改革与政府职能转变相互交织、相辅相成。推进事业单位改革，有助于进一步理顺政府与事业单位之间的关系，把政府不该管、管不好的事情交给事业单位，加快政府职能转变的步伐；有助于更加明确地定位事业单位的功能，强化公益属性，在完善公共服务方面发挥更大作用，进而更好地实现政府的公共服务目标。

6）从20世纪80年代开始，我国的经济体制改革将企业驱赶到市场上，让它们在自主经营的同时自负盈亏。但与此同时，我国却开始形成"事业单位"的体制，"事业单位"越来越成为人们选择就业时的优先目标。除了工作较为稳定外，其职工退休后的社保待遇明显超过"企业单位"的职工。

两种"单位"出现的这种分野，是在最近一二十年里逐渐形成的。与"企业单位"在市场经济的大风大浪中载沉载浮形成鲜明对照的是，"事业单位"正在逐步成为中国社会中"旱涝保收"的一个领域，以政府机构为代表的"事业单位"的大锅饭也越来越坚固了。

这在很大程度上是权力自肥导致的，政府将分配的权力向自身倾斜，公务员不断地加工资，其福利待遇也不断提高，以至于每年参与公务员招考的大学毕业生如过江之鲫。由于"事业单位"在职工收入、养老等方面确立了相对于"企业单位"的优势，因此，越来越多的机构正在努力挤进"事业单位"的队伍，使"事业单位"形成尾大不掉之势。其实，除政府部门外，一些原先由政府财政拨款养活的非政府机构虽然被划入"事业单位"，却只能维持最基本的生存条件。

7）"负责的对象不明确，管制它的对象也不明确，乱用、挥霍公共资源，乱象百出"——事业单位管理体制不顺、运行机制不畅，是制约社会事业健康发展和公益服务有效提供的关键所在。

8）现在北京市准备对"事业单位"进行清理，但只要权力自肥的这套机制没有被触动，这种改革充其量只是让一部分已经边缘化的"事业单位"陷入更加边缘化的困境，而政府机关依然可以安心享受"事业单位"种种桌面上或桌子底下的利益。多年以来，政府在不断强化对经济运行的掌控权的同时，也在不断强化对自我利益的保护，对"企业单位"职工个人利益的保护也日趋虚化。

9）分类推进事业单位改革，是深入贯彻、落实科学发展观、构建社会主义和谐社会的客观需要，是加快转变经济发展方式、促进经济更好、更快发展的内在要求，是推进政府职能转变、建设服务型政府的重要举措，对加快推进现代化建设、不断完善改革总体布局具有重要意义。

明晰事业单位的性质和定位，是事业单位改革的首要任务和前提条件。专家们呼吁，国家应尽快将监督管理类和经营服务类机构从事业单位分离，恢复事业单位本来的非营利性、公益性社会属性。中国人事科学研究院副研究员余仲华就认为，事业单位改革可以取消事业单位的称呼，建立统一的非营利性组织，这样有利于给民办非企业组织以平等待遇，但要先制定《非营利性组织法》。

10）据透露，目前中央对改革是坚定不移的，接下来的操作路径就是事业单位养老、工伤、医疗全部社会化，改革过程采取"新人有新办法、中人有中办法、老人有老办法"的方式，对应不同的制度安排。中国人事科学院院长吴江也表示，在改革路径设计上，不能简单化，既不能把事业单位全部推向社会，让他们自己养活自己，也不能回归到公务员队伍，而是走一条既要使他们很好地提供公共服务，又要使他们积极性调动起来的中间路径。

11）2000年《深化干部人事制度改革纲要》颁布实施以来，干部人事制度改革在许多方面都取得了重大进展。针对改革过程中出现的种种问题，应从以下几个方面来完善事业单位人事制度：（1）继续推行以聘用制和岗位管理制为重点的事业单位用人制度。将固定化的用人制度转变为契约化的用人制度，努力实现人事制度由传统的身份管理向岗位管理转变，积极促进市场机制在事业单位人才资源配置方面发挥基础性作用。深化以聘用制度和岗位管理制为重点的事业单位用人制度，是从根本上改变事业单位机构臃肿、人浮于事、缺乏生机与活力局面的重要手段之一。（2）建立、健全符合事业单位特点的人事监督制度和宏观管理制度。加强对事业单位人事工作的监督和宏观管理，一方面可以保证事业单位在国家法律、法规所规定的范围内行使用人自主权；另一方面也可以保障单位和职工的合法权利，便于事业单位职工参与民主管理和监督。（3）完善事业单位人事制度改革的配套政策与措施。任何组织都是由具有规律化的交互作用或相互依赖的要素组成的有机整体，只有系统诸要素相互关联和分工合作，才能达成组织的整体目标。因此，事业单位人事制度的改革离不开相关配套措施的支持。第一，通过渐进方式使事业单位劳动力队伍趋向合理化；第二，注重事业单位人事制度单项环节改革间的协同推进；第三，建立、健全事业单位人事法律、法规体系；第四，优化事业单位人事制度改革的心理环境。

2. 作答要求：
1）根据所给全部材料，以"谈事业单位改革的目的与对策"为题，写一篇1200字左右的策论型文章。
要求：结构完整，措施全面、可行、操作性强，条理清晰，行文流畅。（40分）
2）结合给定资料，以"对事业单位改革方法的思考"为题，联系实际，写一篇文章。（40分）
要求：中心明确，联系实际恰当，内容充实；语言通畅，条理清楚，结构完整；1200字左右。

第五章 申论文本选析

　　申论考试在不断变化着，一味追逐热点并不能解决申论写作的实际问题，学习写作的关键还是写作思维的养成。良好写作思维的养成需要通过一段时间有意识的训练，其中，还要将申论试题的解答还原为申论考试中几个必不可少的环节去完成。

　　首先，阅读理解给定材料是申论考试的基础环节。应试者应读懂读通全部给定资料，把握资料所反映的事件的性质，准确地概括出给定材料所反映的主要问题，因此，切不可草草而过，不求甚解。

　　其次，概括材料主题是最关键的环节。只有概括出正确的资料主题，才能根据所概括的内容提出对策和可行性方案，或有针对地论证文章的主题，这些都是文章据以分析和展开的基础。如果在概括主题或材料的主要内容方面出错，那么整个申论写作的结果是可想而知的。

　　再次，提出对策是申论考试的重要环节。上两个环节能够很好完成，并不代表这个环节就能手到擒来，因为对策的提出是考查应试者的政治素养和理论水平，要求考生根据各自的知识、阅历，对所给问题和材料发表见解，提出切实可行的对策和方案。考生一定要注意平时的理论修养的积累和联系实际情况解决实际问题的能力，对策的提出既要有一定的理论高度，又要有一定的现实针对性和可行性。

　　最后，进行论证是申论考试的综合环节。进行论证是考生在深入思考的基础上，全面综合运用自己的归纳分析能力、提出和解决问题的能力以及逻辑说理能力，针对资料中的主要问题，全面阐明、论证自己对给定材料所反映问题的基本看法以及解决问题的方案。

　　可以说，要想写好申论，写作者不仅要具备良好的政治素养和理论水平，更重要的是要将这两者与具体的考试材料内容相结合，通过对不同材料的具体分析，用答案和文章形式展现出自己所具备的良好的政治素质和业务素质。这既是申论考试出题者的目的所在，也是应试者在考试过程中应注意的重中之重。因此，整个考试过程考生要做到成竹在胸、运筹帷幄，申论写作更应做到主题鲜明、重点突出、层次清晰、详略得当、表述流畅，只有这样，才能在考试中取得理想的成绩。

第一节 内容概括文本评析

内容概括是历年来申论考试的一种基本题型。近几年申论这一题型虽在一些小的方面出现变动，如从单纯概括主要问题转向概括主要内容，从问题综述转向观点综述和情况反映。即使有一些创新题型出现，但也是万变不离其宗，都是围绕着内容和主旨从各个层面来谈问题。同时，内容概括在申论考试中是个重要的承上启下的环节。一方面，它是对应试者阅读材料的一个总结；另一方面，又是应试者据以提出对策和方案以及展开论述的基础。只有概括出正确的材料内容和主题，才能有针对性地对后面申论问题——解答。否则，若材料的内容和主题概括不够准确或全面，将使下一程序无以为继。

因此，准确地概括出材料的内容和主题应先做到以下几个方面：

把握阅读材料与内容概括之间的关系。申论试卷给定的材料具有全面性、具体性、特殊性等特点，因此，阅读之前一定要有问题意识和材料整体观。要带着一个具体问题进入到材料的阅读中去，只有这样才能透过材料纷繁复杂的表象抓住材料潜在的脉络。这种阅读的问题意识包含两个方面的内容：一是要有抽象的材料问题意识，即材料中所反映特定事实的表现、原因和对策是什么；二是要有具体的问题意识，即材料之下具体的题目要求是什么。

如2011年"国考"市地以下的考查题的主题，特定事实为涉农教育。其宏观方面考查科学发展观的文化方面的问题，而具体主题为农村文化或乡村文化，在微观案例又主要谈流动人口的教育问题，即涉农教育问题。试题中给定的材料一共有七个部分，前面六个材料都是讲外出务工人员随迁子女的教育问题和农村留守农民子女的教育问题，材料七谈论的是看起来和前面材料没有关系的乡村文化问题。在题干部分的要求中，先是要求应试者"参考给定材料"，后面的要求却又说"不拘泥于给定材料"，这就意味着命题者希望应试者能够写出一些有文化内涵和思想深度的文章来。因此我们思考问题不能从微观问题出发，即不能仅仅着眼于流动人口的教育问题去思考，而是把流动人口的教育问题纳入乡村文化或农村文化的发展现状存在的问题中去思考，抓住农村文化或乡村文化发展的"全面、协调"特别是"可持续"发展等问题的真正意义，对材料中提到的文化"失根"现象作出正确的判断和解释。只有这样，才能审准题目、抓住机会。

对所有材料进行分门别类。申论给定的材料具有普遍性，大部分资料围绕某一社会热点问题摘录而成，要想提出有针对性和可行性的解决问题的方案，就必须对各项给定资料的含义、性质、价值进行系统的综合分析，既要分清主要问题和次要问题，相关联问题和无关联的问题，又要分清有价值问题和无价值问题、可解决问题和不可解决问题，只有具备了综合分析能力才能准确地把握事物内在的必然联系。如2008年北京市公务员录用考试中材料一共有16个部分（近些年来各省市考试和"国考"中材料量都有大幅提高，这在阅读和提炼材料上也加大了难度），其中材料1、2、3、4、8、9、10、15、16为一些理论性、事实性材料或兼具理论和事实两个方面内容的材料，而材料5、6、7、11、12、13、14都是一些干扰性材料，它们或是与四道申论题关系不大，或是一些分散应试者注意力的迷惑性材料。遇到这样的情况，一旦发现其与申论的核心要求无关，应快速浏览，不必注目过多。

这一步整理在整个内容概括环节中非常重要。对整个材料要按照问题表现、问题原因、问题对策三大类将材料进行划分。正是通过这一环节，我们不仅整理了自己的思路，也对材料有了一个总体的把握。一般材料的分类原则按纵横两方面来分，首先从积极方面和消极方面、正面和反面、成绩和问题以及问题的原因（如政治原因、经济原因、社会原因、文化原因）等对材料进行横向分类，然后按问题的表现、原因和措施等方面对材料进行纵向分类。材料经过这样多层次的分门别类，题干和问题的具体内容就比较清晰，且也容易让人在作答过程中抓住主要材料参看。

准确概述材料的内容。就内容概括这一类型申论问题的具体作答，写作者应能抓住材料中的主要事实和主要观点之外，还要能够准确理解材料所反映的主要内容，全面分析问题涉及的各个方面。综合起来必须把握三点：一是基本事实清楚（大量细节需删除），概括的时候对材料的处理要得当，要能提取材料中的有效信息，并不是照抄原材料；二是给定材料所反映的问题概括全面（不需展开分析），在具体概括的时候要选择一个具有概括性的论点，而不是事无巨细地做完全式的材料摘抄工作。这种主要信息既是考试中的采分点，也是对决策很有价值的事实信息，包括特定事实的表现、原因和对策。这类信息的写作要注意这样的问题：所写作的内容应该是事实性内容。写作时既不可以是空洞的描述性的内容，也不是过于具体的细节描述；三是对给定材料所反映的问题作简单评析，概括的内容要能忠实地传达材料中所提出来的观点和意见，即使是对材料中所反映的问题作简单评析，也要符合材料原文的精神，而不要自己主观臆断地生搬硬造。

一、归纳类型文本

（一）优秀文本赏析

【内容归纳文本1】

2001年中央、国家机关公务员录用考试申论试题：

有条理地概述这些材料的主要内容，字数不超过200字。（20分）

考生作答文本：

> 美国一个研究小组证实含PPA的药物容易引发脑中风，认为应禁止使用，美国食品和药物管理局接受了这一建议。美国药品经销公司纷纷把相关药品撤下货架。PPA问题一时成为全球热点，有些国家对此很重视，反应理智，有的国家出现一定的恐慌。我国反应强烈，不少人产生迷惑。国家药品监督管理发出暂停使用和销售含PPA药品的通知，专家作出一些针对性的说明、解释。

【评析】

材料主要内容的概括既要注意审题全面，更要注意概括全面，这样所概括的内容才能源于材料更高于材料。同时，所概括的内容、观点要鲜明、准确，语言更要精简，还要分析所概括的材料是社会问题还是社会现象。很明显，本题是一个社会问题的材料概括，据此我们应该理解其答题思路是概述这一问题的事件发展的先后顺序，一般分为四个阶段：即发生—发展—高潮—结局。此答案很能反映概括材料内容这一典型题目的作答要求和准则。

【内容归纳文本2】

2004年中央、国家机关公务员录用考试申论试题：

认真阅读给定资料，概述"我国汽车工业的现状和发展的趋势"。（50分）

考生作答文本：

我国汽车工业的现状和发展趋势

深入考察我国汽车工业的现状，展望我国汽车工业的发展趋势，我们有喜亦有忧。

首先，汽车制造为主的交通运输设备制造业已成为名副其实的"领头雁"。据悉，去年8月份交通运输设备制造行业对工业增长的贡献率首次跃至40个工业行业之首。以汽车制造业为主的交通运输设备制造业取代电子信息通信业，已经做起了"排头兵"。

其次，汽车个人消费潜能巨大。目前，中国公民持币现象严重，汽车消费尚不活跃，但这种消费的巨大潜能将随着汽车工业的发展、生活环境的改善、人们观念的更新而逐渐释放出来。以富裕阶层为中心，私人购买和使用的第三层次的消费市场发展较快，并将成为吸纳汽车增长量的主体。

然而，我们在看到汽车工业优势的同时，也要分析其发展中的不足。作为世界上最大潜在市场的中国，目前还没有一个与汽车工业相匹配的大规模汽车工业集团，这严重影响了我国汽车工业企业的国际竞争力。可喜的是，我们的政府已认识这一关键的问题，并致力于汽车工业的战略重组，优化资源配置，培育出两三家主业突出、核心竞争力强、拥有自主知识产权、具有较强国际竞争力的大型企业集团。

我国"入世"后，轿车产业面临巨大挑战：缺乏完整的轿车开发能力和自主品牌，零部件制造体系薄弱，汽车产业服务体系十分落后。这要求我们必须加大调控力度，开放市场。一方面，汽车产业还需加强管理、降低成本，尤其是优化资源的配置；另一方面，政府应该积极完善市场，适度鼓励百姓的汽车消费，清理和减少不合理的税费。

另外，交通设施薄弱有待进一步改善。道路交通跟不上汽车需求的发展，反过来在一定程度上影响汽车工业的发展。如果"汽车没有行人快"的状况普遍存在，并可能长期存在的话，那么花钱买"阔气"的人就会相应地减少，汽车消费将会受到抑制。

总之，"入世"后，我们拥有的发展机遇和面临的挑战同时并存，我们必须看清现状，把握时代的脉搏，采取切实可行的措施，去发展我国的汽车工业，追赶世界先进水平。

【评析】

2004年"国考"第一题的内容是概述"我国汽车工业的现状和发展趋势"，其虽然是以一篇小文章的形式出现，但写作内容的关键仍是概括材料内容，即概括特定的事实是什么，之后接着分述特定事实的细节信息，包括特定事实的现状、原因、影响以及后果。本答题的内容正是遵循这一答题"万能"原则，回答的是我国汽车工业这一特定事实的"现状和趋势"。考生作答的内容符合准确的要求，即从机遇（成绩）和挑战（问题）两个方面作答，其内容源于材料且有一定高度概括的信息量，概括得思维清晰，且运用了一些中性和白描的语言，没有做过多的发挥和引申，突出答案内容的客观、准确，这些都是很好的作答方式。

【内容归纳文本3】

2005年中央、国家机关公务员录用考试申论试题：

根据给定资料，概述我国近年来农村扶贫开发工作的基本方针政策。概述文字要简明扼要。不超过200字。（25分）

考生作答文本：

> （1）大力加强分散性小农经济在市场经济中的竞争力，深化农村经济的市场化程度，如发展有特色的种养业项目，积极推进农业产业化经营。
> （2）改善贫困地区的基本生产、生活条件，加强贫困地区公共服务设施建设。
> （3）鼓励多种所有制经济组织参与扶贫开发，与国际上开展扶贫领域的交往与合作，与世界银行开展扶贫贷款项目。
> （4）提出"劳务经济"概念，加快农村剩余劳动力转移的步伐，加快农村人口的城市化过程。

【评析】

这份答案，考生通过对材料中的相关信息加以整合，比如用"大力加强分散性小农经济在市场中的竞争力"一句，来简化给定材料一大段的叙述，符合申论考试的概述的要求，同时，信息本身的表述包含观点内容，并非常敏锐地道出了材料中存在问题的关键。这体现了考生有较高的提炼观点的能力和高度的概述能力。但（1）、（2）、（3）、（4）式的分点作答，不符合内容概括的形式要求，具体概括时用分号即可。

【内容归纳文本4】

2005年中央、国家机关公务员录用考试申论试题：

给定资料罗列了解决我国农村农民问题的多种意见。其中反映了两种不同思路。请对这两种思路分别加以简述。简述文字要简明扼要。不超过150字。（20分）

考生作答文本：

> 我国农村与农民问题的思路之一是着眼自身建设，通过扶贫计划、多种经营等措施帮助农村加快自身发展，努力建设"小城镇"。
> 第二种思路是鼓励农民外出就业，利用城市力量解决农村人口就业问题，加快农业人口的城市化进程，统筹城乡经济发展。

【评析】

这是很不错的答卷，考生能够运用一定的抽象分析能力，抓住了材料所反映的问题的实质，通过对材料中相关信息的整合，而非对材料原文的照抄或摘抄，给出一份很凝练的答卷。在回答这一类型问题时，照抄或摘抄最大的问题是答案和题干之间的联系不够紧密，且句子与句子之间的连贯性不够，所以建议考生一定要用自己的语言将材料中的关键信息提取出来。

【内容归纳文本5】

2008年安徽省公务员录用考试申论试题：

请用不超过200字的篇幅，概括给定资料所反映的主要现象。要求：概括全面、准确，语言顺畅。（20分）

考生作答文本：

> 手机短信的发送量随着我国手机拥有率的提高而持续攀升。手机短信承载了情感和文化的传播，深刻影响乃至改变了人，已成为一种文化现象。但由于未进行有效监管和引导，

"黄段子""黑段子"和"灰段子"泛滥,严重污染了群众的精神世界,在社会上造成了不良的影响。对此,各地文化部门积极开展"红段子"或其他活动,弘扬内容健康向上、形式生动活泼、效果催人奋进的短信。营造健康向上、有利于人心向善的短信文化空间。

【评析】

本题是概括主要现象,即特定事实是什么及其表现。关键是以上问题的答案完全要从给定材料中概括,不能自由发挥、任意引申。该考生的作答表述简明,逻辑清晰,语言非常流畅。属于优秀答卷。

【内容归纳文本6】

2008年中央、国家机关公务员录用考试申论试题:

在怒江开发水电资源问题上有重大争议。请根据给定材料(一)~(八)指出争议的焦点是什么,并对主张怒江水电开发和反对怒江水电开发的理由分别加以概述。

考生作答文本:

> 当前,在国家是否开发怒江水电资源的问题上存在重大争议。双方争议的焦点是:怒江水电开发究竟能不能做到经济发展与生态保护协调同步。
>
> 主张怒江水电开发的理由是:怒江地区资源匮乏,是全国最贫困的地区,生存条件十分恶劣。虽然水电开发不是解决当地群众贫困和经济发展的唯一途径,但却是一条可实现的重要途径。怒江水电站可以使电力成为地方新兴的支柱产业,由此带来的社会经济效益将远远超过电力行业本身,有利于解决老百姓的生活问题;怒江水电开发装机容量大,投资小,回报高,可以获得资金进行生态移民,保护环境,符合循环经济的要求;从国际形势来看,怒江水电开发具有战略意义。
>
> 反对怒江水电开发的理由是:修建水电站与提高怒江老百姓的生活之间没有因果关系。全国现有水库移民的贫困说明,怒江建坝不能解决贫困,反而会破坏那里的民族传统和生活方式;移民问题不容易解决;不反复论证的贸然开发会带来难以解决的泥沙问题、水污染问题;不开发怒江,可以使自然遗产得到保护,也可以作为江河生态的参照系,为国家进行环境影响战略评价提供依据;由于怒江独特的自然景观和民俗文化,开发旅游资源可以成为怒江新的经济增长点。

【评析】

解答本题要明确什么是争论的"焦点"。所谓焦点,就是问题的关键或争论的集中点。明确了概括的范围、目的和要求,在阅读给定资料(一)~(八)时,要特别注意与怒江开发水电资源争议有关的信息,留意主张怒江水电开发和反对怒江水电开发的理由。本答卷中应试者对焦点的理解非常准确,对内容作出高度概括,即怒江水电开发究竟能不能做到经济发展与生态保护协调同步,观点鲜明。同时其概括主张开发的理由也全面、准确,语言表达很凝练、流畅。所概括反对开发的理由,也不是一味地照搬材料,而是通过对材料进行归纳、分类并提炼出要点,具备了一定的理论高度。该答题文本成绩属于一类文。

(二)一般文本指瑕

【内容归纳文本1】

2002年中央、国家机关公务员录用考试申论试题:

给定资料反映了网络给社会生活带来的种种影响，用不超过200字对这些影响进行概括。要求：全面，有条理，有层次。(20分)

考生作答文本：

> 以先进科技为内核的网络发展就像一柄"双刃剑"，给社会生活带来了正面有利效应和负面不利影响。就其正面和有利之处来看，网络以便捷、迅速的信息交流与沟通实现了经济、政治（政务与政府工作）、教育等方面的快速发展，加快了社会生活的节奏和人们休闲娱乐多样化的发展，给社会生活提供了便利。与此同时，网络又干扰了人们既有既定的社会生活模式，并在一定程度上造成社会犯罪上升和多发，从而影响了个体生活的安全与整体社会的稳定。

【评析】

我们重点强调了，概括题第一要求对材料的全面把握和概括，在此基础上的作答才能源于材料并高于材料。该答卷只涉及了一部分信息点，不够全面。但其作答的内容概括较准确、较简明、较流畅，应该可以判为二类卷。分析发现，其主要问题在于遗漏了部分信息点。考生在答题时一定要尽可能多地找出信息点，然后分类整合，在信息点的采集上要抱着宁多勿缺的意识才好。

【内容归纳文本2】

2008年中央、国家机关公务员录用考试申论试题：

在怒江开发水电资源问题上有重大争议。请根据给定材料（一）～（八）指出争议的焦点是什么，并对主张怒江水电开发和反对怒江水电开发的理由分别加以概述。

考生作答文本：

> 争议的焦点是当地政府提出的"两库十三级"怒江水电开发方案对于怒江经济社会和环境的影响。
>
> 主张开发的理由：一是怒江州可供开发利用的自然资源十分有限，水电开发至少是迄今为止可实现的对怒江社会经济发展具有重要作用的一条途径，可以用较小的投资产生较大的回报；二是可以带来大量的税收收入；三是带来40多万个长期就业机会；四是可以带动地方建材、交通等二三产业的发展；五是怒江水电建设完全符合循环经济的要求；六是怒江现在面临的主要问题是贫困问题，牺牲一点环境在所难免；七是云南少数民族地区发展水电有其战略；八是如果采用居民以生态资源入股的方法，可以使当地居民致富。
>
> 反对开发的理由：一是建水坝和提高怒江老百姓的生活不是直接的因果关系；二是怒江水电开发会破坏环境，使活水变成死水，污染加剧，并导致泥沙淤积，如埃及建设阿斯旺水坝给下游带来严重的环境问题；三是会破坏民族传统和"三江并流"的世界自然遗产；四是保留怒江符合国家生态安全长期目标；五是目前西方发达国家基本停止了大坝的建设，如瑞典和美国就通过立法保护河流；六是只看到一个季节的怒江，根据几天的考察就认为老百姓不能在那里生存，欠缺深思熟虑。

【评析】

该答卷对材料主题的概括意思不明确，将焦点定为怒江水电开发的方案对怒江地区的社会和环境的影响，偏离了材料主题的内容。材料的主题并不是讲方案是否能带来影响这个问题，而是说方案的实施带来什么样的影响，即是有利的影响还是不利的影响。主张开发的理由中，税收的带动、就业机会的增加以及当地其他产业的发展属于同一个问题的几个不同方面，应合并。且第六点第七点的表述过于生硬、不够准确；而第八点内容表述不符合材料主题。反对的理由中第二、三、四点都是从生态环境的角度来反对开发，应合并；第一、五点的表述存在问题；第六点有点不知所云。

（三）得分较少文本点评

【内容归纳文本1】

2002年中央、国家机关公务员录用考试申论试题：

给定资料反映了网络给社会生活带来的种种影响，用不超过200字对这些影响进行概括。要求：全面，有条理，有层次。（20分）

考生作答文本：

> 该资料反映了网络建设的问题。互联网是20世纪后半期新科技革命的产物。它的出现和迅速发展带来了人类信息传播领域的一次革命性飞跃，深深影响着人类生活的各个层面，包括精神层面。互联网作为信息技术革命的产物，具有两重性。对我国社会主义精神文明建设来说，它是把双刃剑。一方面，互联网的发展和普及有助于我国社会主义精神文明水平的提高；另一方面，由于网络信息传播的全球性、交往行为的虚拟性等特征，它也会给我国社会主义精神文明建设带来巨大的挑战。

【评析】

本题的作答涉及了极少的信息点，很不全面；且内容表述也不准确，"新科技革命、社会主义精神文明建设、全球性、交往行为"等表述是材料中没有体现出来的，有过度引申的嫌疑；概括的观点不够简明，废话太多，实质性的信息点几乎没有；语言算比较流畅。应该判为四类卷。针对这一类归纳文本出现的问题，即在作答主要问题时，切不可把大而空的主观东西填入答案之中，致使作答内容大而无当、离题万里。考生在作答根据题时，应要严格依照材料进行，争取最大程度地挖掘出有效信息点，进行整合作答，不要主观臆断、随意填充无关内容。

【内容归纳文本2】

2008年北京市应届毕业生录用公务员考试申论试题：

请用200字以内的篇幅概括目前我国行业自律中存在的主要问题。要求：表达准确，语言简练。（15分）

考生作答文本：

> 改革开放以来，我国行业协会发展较快，在提供政策咨询、加强行业自律、促进行业发展、维护企业合法权益等方面发挥了重要作用。但是，由于相关法律、法规不健全，政策措施不配套，管理体制不完善，行业协会还存在着结构不合理、作用不突出、

行为不规范等问题。牙防组织、"3·15"协会违规认证在社会上造成了一定的不良影响，严重影响了政府的公信力。

【评析】

回答这类概述的问题，一定要看清楚题干的要求，围绕问题的主要方面来回答。问题问的是"我国行业自律中存在的问题"，也就是说概括的内容应围绕行业自律中存在的问题和问题的表现形式以及问题的危害等方面来回答，而该答卷的第一句话是介绍行业协会的现状和作用，与题目要求背道而驰；同时在我国行业自律中，行业协会并不是行业自律的主体，行业自律的主体应该是行业中的各个企业，而答案中有关这方面的内容完全没有涉及；且行业协会在行业自律中发挥着一定的积极作用和消极作用，但行业协会的问题不能等同于行业自律的问题；在答案中只有"行为不规范"几个字涉及了行业自律问题，也仅仅是空泛的表达，没有实际内容。综合起来，这份答卷完全没有理解题干问题的要求，只是想当然地去作答，这在平时的写作训练和考试时都是要极力避免的。

二、压缩类型文本

（一）优秀文本赏析

【内容压缩文本1】

2005年广东省上半年公务员录用考试申论试题：

问题一：请你以政府某部门工作人员的身份，将所给材料缩写成不超过350字的汇报材料。（本题30分）

考生作答文本：

近一年多来，类似于苏丹红危害人们身体健康的食品安全事件接连发生，给人们敲响了"餐桌安全"的警钟。一些不法奸商为牟取暴利，采用掺杂使假、以次充好、以劣充优的手段，将有毒、有害、变质食品出售给消费者。由于我国食品质量安全体系还不健全，对食品质量缺乏统一、清楚的鉴定标准，消费者无法准确选择合格食品。消费者误食不合格食品后，轻则出现腹痛、呕吐等症状，重则出现致残、致死等后果。食品事故给人民生命安全、社会经济秩序和政治稳定造成严重危害。政府在管理过程中，监督体制没有理顺，职责分工不够明确，分段执法、多头管理、各依一法、重复执法现象比较严重。在部分全国人大代表和全国政协委员的呼吁下，国务院不久前出台了加强食品安全工作的相关文件，并加快了食品安全立法工作的研究。

【评析】

答卷概括近一年多来，我国食品安全的现状——"食品安全事件接连发生"，接着简单概述了食品安全事件发生的原因，即不法奸商的违法行为和我国食品质量体系存在问题以及政府在管理中的漏洞等，最后概述了国务院出台相关文件和食品立法工作的开展。总的来说，对材料的缩写是比较全面、准确的，且概括的内容很有信息量，没有照抄照搬所给材料，观点明确、客观，没有作过多不必要的引申和发挥，语言表达流畅。如果采用机关汇报材料的书面形式表述就是一份很好的答卷了。

【内容压缩文本2】

2006年中央、国家机关公务员录用考试申论试题：

假设你是一位新录用的公务员，请用简练的语言概括D部长的谈话，呈领导阅。字数控制在500字以内。要求：概述全面，观点明确，条理清楚，语言流畅。

考生作答文本：

> 关于突发性公共事件及其相关问题，××研究部D部长与网友进行了广泛而深入的探讨，其要点如下：
>
> 1. 突发性公共事件和一般事故有着本质的区别，其发生的原因有自然灾害和社会事故两大类，如果政府有相应的处理事故和灾害的程序和机制，可以最大限度地防止灾害和事故演变为突发性公共事件；
>
> 2. 目前我国突发性公共事件主要是社会根源性的，因此，建立一整套应对的工作原则、组织体系和协调机制是至关重要的；
>
> 3. "非典"事件说明我国的公共卫生防疫体系还存在问题，但事实也证明了我国党政合一的政体在动员社会力量应对突发性公共事件时是非常有效的；
>
> 4. 一个国家需要有相应的富裕财力来应对各种突发性事件，体制和机制建设是解决突发性公共事件的根本性保障；
>
> 5. 为应对和预防各种灾害和事故，并将可能的损失降到最低，需要支付一定的成本，有时候事故和灾害的损失并未达到预想的程度，而应对措施已经实施了，由此产生的浪费是可以承受的；
>
> 6. 建立、健全社会应对突发性灾害和事故的应急预案，可以在整体上保障社会的可持续发展，这是政府的基本责任。全体社会成员都要有预防意识、大局意识。加强常识教育可以增强社会公众的认识能力、防范能力和降低损失的能力。

【评析】

从材料中可以知道其有三个层面的含义：第一层面，突发公共事件的表现和这个问题的重要性。第二层面，要提炼产生问题的原因，又分表层原因和深层原因。第三层面，要提出解决问题的对策，包括根本对策和具体措施。这份答卷分别从对突发性事件的性质和对事件预防方向的认识、当前我国预防突发性事件中存在的问题以及问题的解决措施等方面来概括材料，应该说是在全面掌握材料基础上针对具体问题的解答。总的来说，整个答卷的质量是很不错的，且层次清晰，表述连贯，要点概括准确，是一份较好的申论概括内容的参考文本。如果文本以机关内部呈报材料的形式作答，要点归纳按照公文制定的国家标准，表述不用阿拉伯数字而改用汉字书写就更好了。

【内容压缩文本3】

2007年中央、国家机关公务员录用考试申论试题：

根据"给定材料（一）、（二）"的内容，整理一份供有关负责同志参阅的材料。（30分）

考生作答文本：

目前，征地问题已经成为困扰社会稳定的重大问题，大量的上访和群体性事件源发于征地，特别是对农村地区而言，征地在大量毁坏农地用途、减少农用地数量的同时，也带来了农民失地又失业的窘境，严重地影响了社会的和谐与稳定。

以河北北焦村和西营村为例，多年的土地征用带来了一系列的社会问题。第一，农村耕地数量严重减少，农民失地又失业现象严重；第二，征地补偿标准明显偏低，严重伤害农民的利益；第三，征地过程中违法、违规现象普遍；第四，导致上访事件和群体性事件增加。

造成上面负面影响的原因在于：第一，土地规划形同虚置，征地之后的土地荒废导致土地利用效率低下；第二，政府各级行政部门没有把群众利益当成最大利益来追求，在设定补偿标准时违反价值规律，导致征地收入和征地补偿之间存在着不等价性；第三，没有认真履行《土地法》，农民被排除在土地征用谈判之外，被剥夺了定价权和议价权；第四，一些地方政府及相关部门违反相关规定，存在着违法、违规卖地的行为，虽然现在已经出台了《关于深化改革严格土地管理的决定》，规范审批权，但该决定的执行力还有待加强。

因此，严格规范农村土地征用行为已经成为影响社会和谐的重大问题，亟待解决。

【评析】

作为"供有关负责同志参阅"的综合性材料概述，不同于针对某一方面的"概括主要内容""概括主要问题"之类，务必对资料进行全面概括。在概述的时候，既要包括材料反映出的主要问题（含主要事实）、对问题原因的分析，也要包括国家在这个问题上的政策规定以及有关方面提出的对策方案等。从"给定资料（一）、（二）"可以看出，资料的段落很多，时间跨度很大，涉及的人、事很复杂，各种材料混合在一起，逻辑关系较乱。对段落进行概括、梳理的角度不是太好确定。仔细分析可以发现，材料主要讲了农民土地被征的现象，不但有具体的实例，还有媒体、专家的评论，以及法律、法规及政策、措施。所以，土地征用问题应当是材料反映的主要问题；媒体、专家的评论是对问题的分析；法律、法规、政策、措施无疑与问题的解决有关。通过比较、分析可见，22个段落的内容主要指向四个方面，即：北焦村、西营村征地情况，提出问题、分析问题和解决问题。分析得出结论，本申论答卷很好地解决了概括内容要全面概括、避免片面化的要求，事件的介绍全面、清晰，叙述的思路清晰，介绍观点客观、理性，语言组织精炼、流畅。可以说，如果再采用机关汇报材料的书面形式表述，就是一份一等上的答卷了。

（二）一般文本指瑕

【内容压缩文本1】

2006年中央、国家机关及其直属机构录用公务员考试申论试题：

假设你是一位新录用的公务员，请用简练的语言概括D部长的谈话，以供领导审批。字数控制在500字以内。要求：概述全面，观点明确，条理清楚，语言流畅。（30分）

考生作答文本：

9月20日，社会发展问题研究专家、××研究部D部长应新华网之邀，做客"新华访谈"，就政府如何应对突发性公共事件，与网友进行了在线交流。D部长将理论与事例结合，就四个层次的问题谈了他的看法。

> 第一个层次，D部长讲了突发性公共事件发生的原因。他认为，当前我国正处于突发性公共事件的高发期，自然灾害频繁出现，社会利益冲突增多，那些处不好的一般事件，就可能演变为突发性公共事件。
>
> 第二个层次，D部长讲了突发性公共事件的表现。他认为，突发性公共事件主要包括三大类：一类是非人为的自然灾害，如地震、洪水、台风、火灾等事件。一类是人为的社会事件，如游行、静坐、上访、示威等事件。一类是两者兼而有之的，如重大传染性疾病、生产安全事故等。
>
> 第三个层次，D部长讲了建立应对突发性公共事件防御预案的重要意义。他认为，建立应对突发性公共事件防御预案，可以预防灾害，减少冲突，保护人民生命财产安全，维护社会稳定，促进经济发展。
>
> 第四个层次，D部长讲了建立应对突发性公共事件防御预案的途径。他认为，要采取党政统一的领导体制，采取国家为主的投资方式，采取人防和技防相结合的方式，鼓励民间资金、技术、人员参与突发性公共事件防御。

【评析】

所谓概述，简而言之就是"大约地叙述"，虽然只是大约叙述，但是却要尽量地把有关情况介绍全面、清楚、客观。"全面"，就是考虑周到、不遗漏重要情况；"清楚"，就是思路要清晰，要按照事物发生、发展的规律介绍，要合乎思维的逻辑；"客观"就是忠实于给定资料，不要掺杂进自己的主观意念。本答卷虽然也对材料按照原因、表现、意义和解决途径进行概述，看上去与考试要求并无二致，但在实际的作答过程中，其答案的内容几乎是对原材料的摘抄，这本身并无可厚非。只是这样下来，摘抄的内容之间就会出现连贯性不强的问题，且每个层次概括的时候内容的表述显得僵硬，语言表达没有经过锤炼，而观点的提炼和表述有待加强，意思虽然大体都能答出，但在具体表述方面就欠了点火候。

【内容压缩文本2】

2007年中央、国家机关公务员录用考试申论试题：

根据"给定材料（一）、（二）"的内容，整理一份供有关负责同志参阅的材料。(30分)

考生作答文本：

> 近年来，随着我国城市化进程加快，大量农民集体用地被国家征用，农民利益得不到满足，导致农民上访现象增多，甚至出现了对抗事件。河北北焦村和西营村土地征用情况就比较有代表性。北焦村土地征用的基本情况为：第一，几乎所有耕地都已被占用，目前仅余30多亩耕地；第二，农民获得的补偿费用过低，无法弥补农民的损失。
>
> 西营村土地征用的基本情况为：第一，补偿费用低；第二，目前为止，征地的学院只付给西营村补偿费用总额的1/3；第三，村委会违反《农村委员会组织法》，贱卖土地，导致大量村民上访。
>
> 有专家认为，造成农村土地征用问题的原因主要是"政府低价征收、高价出售，从中获利；村委会贱卖土地，农民没有权利为自己的土地定价；土地补偿不足以支持农民创业，政府没有为他们建立合理的安置和社会保障制度。"

> 这些问题的存在，使无地无业农民增多，直接影响到农民生活、农村发展、农业稳定，严重影响了社会的稳定和发展。针对这些问题，我国政府已出台《关于深化改革严格土地管理的决定》，规范审批权，并对补偿作了新的承诺，该社会问题正在逐步得到解决。

【评析】

这份作答文本从材料中反映情况的现状入手，概述问题的表现和原因，并对所概述的材料内容作了简单的评析，比较符合申论概述内容的答题要求，概述的内容比较全面，条理清楚。如果行文采用机关内部呈报材料的形式，概括西营村的情况，把第一和第二两点合并为一点，即征地补偿费用低，如征地的学院只付给西营村补偿费用总额的1/3就更好了。同时语言的组织方面存在一些问题，表达不准确，概括的理论性不够，有一些句子是直接从材料中摘抄出来的，这并非不可以，但要注意其与观点的结合，且应该作出提炼，不是这样把一句话放在答卷中即可。

(三) 得分较少文本点评

【内容压缩文本】

2005年广东省上半年公务员录用考试申论试题：

问题一：请你以政府某部门工作人员的身份，将所给材料缩写成不超过350字的汇报材料。（本题30分）

考生作答文本：

> 最近，"苏丹红"事件成为一时的热点。食品安全问题前所未有地引起了全社会的关注。据统计，2004年，全国共查处有关食品违法行为39万多起，货值超过14亿元。其中，立案查处12万余起，移送司法机关1585起，涉案人数5640人。给人民生命安全、社会经济秩序和政治稳定造成严重危害。目前，全国已初步构建和形成食品安全体系、监督体系、标准体系和检测体系，从田间到餐桌为百姓提供了安全保障，这些体系的建立和完善进一步推进了食品安全放心工程，使食品安全形势趋于好转。然而，食品安全是人类健康的重要基础，食品安全工作任重而道远，希望有关部门尽早解决食品安全问题。

【评析】

作答要求既然是缩写材料，在写作的要点中最关键性的要求就是简明，这一是指所提炼的要点本身很概括，二是指运用的语言本身要求简单、明了。从该考生的答题情况来看，所缩写的材料中有很多事实性材料，且多具体叙述，这些都让缩写内容变得啰唆、繁复，其中，"如据统计，2004年，全国共查处有关食品违法行为39万多起，货值超过14亿元。其中，立案查处12万余起，移送司法机关1585起，涉案人数5640人。"这是对材料的直接摘抄，只是说明当前"食品安全问题"形势非常严峻这个事实而已，这同样也不符合概括和缩写准确的要求；概括缩写的另一个特征是全面，就大体内容来看，其漏掉了很关键的"国务院关于食品安全问题的处理情况"和食品安全立法工作的开展情况，这些都是不应该的；答题中还认为"食品安全形势趋于好转"，并提出"希望"有关部门尽早解决，这些内容都过于主观，一些观点是考生个人的引申，这些也是回答这类题目的大忌。

第二节 材料论述文本评说

在公务员申论考试中，阅读理解能力是考查的最基本能力之一。考查这种能力的题型具体到申论试卷上则表现为概括题型、阐释材料题型和启示类题型。一般我们将后两者划为分析题和论述题部分，其都属于材料论述题范畴。在申论考试中分析题以阐释类题型出现，它包括阐释型分析题和申发型分析题。而论述题以启示类题型的形式出现，它包括教训类启示、经验类启示和综合类启示。在最近一些年的公务员申论考试之中，阐释材料类题目和启示类题目出现的频率越来越高。从公务员考试的发展方向来看，这类题目现今也已基本成为了申论考试的必考题。

启示题作为申论考试重点考查的题型，有着与概括题和阐释题以及对策题不同的特点，主要可以分为教训类启示、经验类启示、综合启示类三种小题型。在回答启示类题目时，考生不能直接从材料中获得想要的答案，而是要通过对材料中的隐含信息点的把握，回答出材料中所揭示的经验和做法。回答这类问题时应注意，我们不需要去寻找事件的原因并给予解释，只要求回答相关的经验和做法。对于材料中错误的做法，我们要纠正，从相反做法的方面回答；对于材料中正确的做法，我们的态度则是积极学习，借鉴成功的经验来指导日后的工作。

根据我们对最近几年"国考"题和"联考"题的梳理，就不难发现，阐释材料题在申论考试中出现的频率越来越高。那么，对于这样的阐释材料题我们究竟应该如何去解题呢？本书中将阐释材料题分为两类，即阐释型分析题和申发型分析题。阐释型分析题要求考生对给定资料的特点部分，如对一句话、一个词、一个观点等进行解释说明，回答既要揭示其本来意义，又要挖掘其深层意义。重点考查考生结合上下文准确、简明地阐释给定资料的能力。其典型提问形式有"谈谈你对……的理解""请阐释……观点"等。申发型分析题就是在结合题目要求的条件下，对某一事件、某一观点进行纵深、全面的分析、阐发和论述。这类题型有的在题干中明确要求考生"由……引申，谈想法"；有的则是引用材料中的观点，让考生"谈认识"。阐释分析题的题型关键词是"看法""观点""理解"，而申发型分析题的特点是既依据材料，又超越材料，这种题型考生从材料中可以获得的答案要点非常少，材料只是答案的切入点，作答的重点是超越材料，联系实际，引申发挥。

一、启示类文本

（一）优秀文本赏析

1. 教训类启示

【教训启示文本】

2010 年 9.18 山西、河南等十一省联考申论试题：

结合"给定资料 10 东梁煤矿被低价转让"这一事例，指出煤炭资源整合应从中吸取哪些教训？（25 分）要求：概括准确，条理清楚，具有针对性。300 字以内。

考生作答文本：

> "东梁企业"被低价转让给私人的事例突出反映了煤炭资源整合过程易发生的问题,该事例对今后资源的整合工作产生如下启示:
> 一、煤矿的整合、转让应按照市场经济规律办事,应当明晰产权归属和企业性质后进行改制、整合。
> 二、煤炭资源整合是场大进小退、优进劣退的改革,收购中应进行资格审查,选择有实力的大企业为收购方。
> 三、资源价值和转让价格要通过权威部门的科学评估,并将评估价格公之于众,接受人民群众监督。
> 四、产权转让要公开、透明、依法进行,资源产权的转让价格应体现其价值。对转让价格严重低于资源价值的行为,要坚决予以纠正,对涉嫌犯罪的个人要坚决予以查处,防止国有资源的流失。

【评析】

具体而言,这是一道"从反面事例找教训"的对策题,要求考生根据已有的负面现象发现问题并解决问题。这种题目首先需要尽可能多地发现问题。给定资料10中东梁煤矿转让这个案例本身已经暴露了很多问题,如企业性质和产权归属存在明显争议、煤矿储量评估过低、转让价格过低、转让程序不规范、涉嫌国有资产重大流失等,但题目中的一个"结合"已暗示我们不能仅仅在这一则材料中寻找。如给定资料10中的一句"被私人竞买者买下"本身似乎没有问题,但联系到给定资料2、5中对于煤炭整合政策的阐述,考生还应当发现,私人作为收购的主体是不符合政策的。对此,我们就很清楚地知道这些就是东梁的教训,那么,在煤炭资源整合过程中就必须改正这些错误,即教训。只要发现这些问题,再根据材料中的信息就不难作答了。在作答过程中,要尽力避免认为教训就是找事件为什么会发生、如何避免类似事件的再次发生等,于是就根据自己的知识背景,针对出现的问题,提出了诸多对策的写法。

2. 经验类启示

【经验启示文本1】

2009年山东省公务员录用考试申论试题:

"玉湖水利群体事件"妥善处置给我们处理复杂问题哪些启示?

考生作答文本:

> 启示:以科学发展观为指导做好群众工作。遵循"一切从群众立场出发,决不能与群众对立"的精神处理事件,领导带队深入群众,制度建设过硬,领导干部作风的扎实过硬,倾听群众诉求,解决群众难题,感动教育了多数群众。村两委班子成员直接挂钩到村民小组,村民们"有事找党员、发展靠支部"。设法财力下沉,让基层"有钱办事",实施多种支持项目。

【评析】

经验类、启示类试题又称正面性的启发类试题,就是给定资料中主要介绍的是关于某一社会问题或现象好的做法和有益的探索。该答卷从两个方面提出启示,即宏观方面和微观方面。宏观方面是处理这一类型事件的精神和原则,即遵循"一切从群众立场出发,决不能与群众对立"。微观方面从深入群众、村委带队和财力下沉等几个方面提出了具体解决这类事件的经验做法。该答卷有总有分、有点有面，能联系材料组织答案，是一份不错的答卷。

【经验启示文本2】

2010年中央、国家机关公务员录用考试申论试题：

依据给定资料，谈谈你从下面一段文字中得到哪些启示。（20分）

荷兰的"围海造田"与我国的"围湖造田"有着相似的初衷，而"退耕还海"与"退耕还湖"都反映了人类可贵的自省；还应该注意到，荷兰人的"退耕还海"虽然只涉及3平方千米的海域，但留给人们的思考却是很宝贵的。

考生作答文本：

> 无论是"退耕还海"还是"退耕还湖"，都是牺牲人类经济社会的局部利益来复原、改善自然环境。这带给我们几点启示：第一，人类在改造自然、发展经济的同时必须注意经济与环境的协调，开发要适度、合理，要符合自然资源的承受力，否则会导致严重后果。第二，对人类过去经济发展中一些错误做法对自然造成的损害要敢于承认和纠正，从协调经济、环境的角度出发，适当牺牲人类经济发展的需要，采取措施恢复自然环境。无论这种错误多么微小，都要坚持改正。第三，在经济发展过程中要坚持对发展思路、方式的错误进行反省和纠正，不断改进发展方式，促进经济与环境协调，保障人类社会的长远、可持续发展。

【评析】

本题的第一个事例是荷兰和我国由于发展农业的需要先后进行了围海或围湖造田，对环境造成了极大破坏；第二个事例是荷兰在退耕还海的过程中保护动物、尊重民意的做法提供了宝贵经验。从这两方面，可以总结出以下的经验和教训：海洋开发要统筹兼顾，着眼长远，兼顾眼前利益和长远利益；要保护海洋生物的生存环境，实现人与自然的和谐发展；政府在制定政策时要多听取社会意见，尊重民意。这份答卷对经验分析得详尽、细致，条理清晰，语言流畅。

3. 综合类启示

【综合启示文本】

2008年中央、国家机关公务员录用考试申论试题：

请根据给定资料（九）、（十），分析这两个资料对搞好水电开发提供了哪些启示？（15分）

考生作答文本：

> 云南漫湾水电站和美国田纳西流域管理局在水电开发方面，为我们提供了正反两方面的经验教训：开发水电资源，必须以提高人民群众的生活水平为根本目的，要周密统筹，落实合理赔偿，妥善安排好移民生活，使当地人民安居乐业，享受开发带来的利益；必须坚持社会效益、经济效益与生态效益三者的平衡，科学规划、合理开发、完善管理，在开发资源的同时，同步进行环境综合治理，全面发展经济，使水电开发真正成为富民、强域、可持续的工程。

【评析】

在仔细阅读完作答要求与材料之后，我们会发现材料中的案例有正面的也有负面的。材料（九）中的漫湾水电站由于"对移民扶持十分微弱"等原因出现了很多问题，属负面案例；而材料（十）中的田纳西河因为通过立法等方式达到了经济与社会的协调，属正面案例。因此，在回答这类题型的时候，我们要兼顾两方面的案例，不可有所偏颇。本答卷首先指出了两个开发案例提供的共同启示，即必须以提供人民生活水平，提供生产的可持续性发展为根本目的；接着在具体方面启示为统筹安排好移民生活问题；随后，进一步指出了材料启示了如何综合开发、全面发展，并在末句加强了答卷的理论深度，即"使水电开发"真正成为富民、强域、"可持续的工程"。本答卷对材料隐含信息把握准确，提炼的观点精准，深化理论达到一定的高度，逻辑清晰，语言流畅，是一份理想的标准答卷。

（二）一般文本指瑕

【经验启示文本】

2010年中央、国家机关公务员录用考试申论试题：

依据给定资料，谈谈你从下面一段文字中得到哪些启示。（20分）

荷兰的"围海造田"与我国的"围湖造田"有着相似的初衷，而"退耕还海"与"退耕还湖"都反映了人类可贵的自省；还应该注意到，荷兰人的"退耕还海"虽然只涉及3平方千米的海域，但留给人们的思考却是很宝贵的。

考生作答文本：

> 第一，海洋开发利用应统筹规划，着眼长远，兼顾眼前利益和长远利益。只重视眼前利益，将来损失可能更大。如"围湖造田"虽能收一时之效，但是却减少了湖面，影响蓄洪，当洪水来袭时，便造成重大损失。
>
> 第二，要保护海洋生物的生存环境，实现人与自然的和谐发展。荷兰人为保护候鸟的生存环境而"退耕还海"，仅涉及3平方千米土地，但体现了保护动物的积极理念和要求。
>
> 第三，政府在制定政策时要多听取社会意见，尊重民意。政府决策要广泛吸取民众意见，随时照顾民众的呼声。荷兰政府应环保组织的要求而"退耕还海"，体现了科学、民主的执政理念。

【评析】

这份答卷的基本观点是正确的，但在作答的过程中，开始没有对观点作总述，同时语言的提炼还不够精练，这些都是要注意的问题。作答的内容冗碎、过细，理论提升还不够。不过该答卷回答要点比较全面，同时给出了"海洋开发兼顾眼前、长远利益"、"人与自然和谐发展"、"政府制定政策需吸纳民意"三方面的启示，都有一定的针对性，这仍是值得学习的。

【综合启示文本】

2008年中央、国家机关公务员录用考试申论试题：

请根据给定资料（九）、（十），分析这两个资料对搞好水电开发提供了哪些启示？（15分）

考生作答文本：

> 从漫湾水电站的开发和田纳西河的治理流域的治理这两个例子中，我们可以发现，水电开发不应该是片面的，应该是全方位的综合治理。不能只注重经济效益而忽视了社会效益，应该努力避免开发所带来的生态破坏及社会矛盾。我们也不能只注重近期收益，而忽视了长远发展，应该致力于改变库区落后的经济发展模式，同时带动其他行业的发展。水电工程除了要为国家财政带来收益外，还应该增加就业机会，为当地群众寻求实现自身发展的出路。

【评析】

本答卷的观点基本正确。不足之处是与优秀答案相比，没有表现出层次感，即在作答中没有分出根本目的、根本原则和具体做法几个层次来提炼启示的观点、答案的内容即启示本身。同时在表述上包括思路、做法和措施内容上语言的概括性不强，有些过于具体，没有经过高度的理论概括、提炼和浓缩，而且，观点内容表达主观性太强，比如用"我们"等词语，不适用于这类问题作答的具体、客观要求。

(三) 得分较少文本点评

【教训启示文本】

2010年9月18日山西、河南等11省联考申论试题：

结合"给定资料10东梁煤矿被低价转让"这一事例，指出煤炭资源整合应从中吸取哪些教训？（25分）

考生作答文本：

> "东梁煤矿被低价转让"这一事例，在资源整合过程中，应吸取以下教训：第一，要加强法制建设。抓紧出台有关煤矿资源整合的法律法规，完善相关政策，确保资源整合中有法可依，有章可循。第二，加强监管。经贸局、煤炭矿业局、公安、国资委等相关部门密切配合，联合办公，综合执法，加大对违反政策、法律的煤矿转让事例的打击力度，做到执法必严，违法必究。第三，建立一套完整的资产评估机制。组织相关专业评估人士，对所有的煤矿资源进行评估，确保防止国有资产的流失。

【评析】

申论启示题不仅考查考生的综合、分析能力，还考查考生的归纳、概括能力，在做这类题的时候，我们要沉着、有辨别力，注意从材料中整合出隐含的信息点和答案。本题虽然明确告诉大家是要找教训，但在要求里却存在着语阱，考生极有可能根据自己知识背景来组织对策展开分析，完全不顾材料所反映的事件哪个环节出了问题。从以上作答的情况来看，这位考生就犯了不是利用材料而是根据自己背记的"万能八条"教条的作答的错误。这样不仅吃力不讨好，还严重地背离了考题的考查宗旨和要求。且所提的对策本身流于空泛，没有明确的针对性。作答要求在300字以内，字数过多或过少都不合适，在这点上也要扣分的。

【综合启示文本】

2008年中央、国家机关公务员录用考试申论试题：

请根据给定资料（九）、（十），分析这两个资料对搞好水电开发提供了哪些启

示？(15分)

考生作答文本：

> 资料主要以漫湾水电站建设和田纳西河整治为例，从正反两面得出启示：
> 1）开发工程要严格做好环评工作，慎重对待生态问题，制订合理的、可持续发展的解决方案。
> 2）应加大对移民资金的扶持力度，避免因开发导致居民生活困难。
> 3）贫困地区修水电站应长远考虑，通过植树造林，保持水土改善生态环境，避免由此引发的自然灾害。
> 4）确保水电开发项目的规划和原则都能够得到有效的落实。
> 5）通过水电站建设带动与此相关行业发展，如农、林、渔和旅游业，使经济充满活力，实现全面发展。

【评析】

该答卷对启示方面内容的概括存在三个问题：一是没有层次；二是概括得程度不够，没有达到抽象表述的层次，且启示的内容过多；三是每条启示没有主旨句，只是对材料的简单整合，观点表达不够明确。还有，作答文字超出了规定的字数，肯定会被扣分，且用1）、2）、3）、4）序号也不符合作答要求。总之，这份答卷的成绩为不合格。

二、阐释类文本

（一）优秀文本赏析

1. 阐释型分析

【阐释分析文本1】

2007年中央、国家机关公务员录用考试申论试题：

根据"给定资料（六）"，试分别解释"存量土地"和"地荒"的含义。(15分)

考生作答文本：

> 存量土地：是指已经使用或储备的城市商业、工业或学校、居住等用途的土地。它包括现有城市建设用地中低效利用的或破产企业闲置的建设用地，需要调整的不符合城市规划的其他建设用地，以及正在使用的各种非农业用途的土地，通过土地规划、已经被征用但尚未投入使用的储备土地等。
> 地荒：指的是由于一些地方不按经济规律办事，盲目占用土地、土地管理措施不力以及城乡规划中的粗放用地所带来的土地闲置而引起的建设用地供给不足的现象。

【评析】

对于这类比较灵活的阐释材料题来说，考生首先要有准确地界定问题的能力，这就要求考生在审题环节做到准确、认真、谨慎、细心。考生必须首先能够准确找出申论要求的题眼。同时，阐释材料题中让考生阐释的内容往往都使用了比喻或转义等修辞手法。从该资料所处的语境出发，往往会让我们找到理解该材料的关键性的有效信息。如"地荒"在我们的日常话语中有两层含义：其一是指土地因无人耕种而发生撂荒的情况，其二是指土地因为供给不足而发生匮乏的情况。通过地荒出现的第二个语境，我们可以得出这样的认识，地荒是指建设用地供给不足。再通过地荒出现的第三个语境，我们可以得出进一步的认识，地荒并非因为土地绝对供给不足而引起的建设用地不足问题，而倒不如说是因土地闲置而引起的建设用地供给不足问题。这样，从材料中就能准确地界定这两个概念的内涵和外延，并作出正确的回答。这类题型的写作格式是总领句破题（所要解释词语的实质，即内涵）+进一步解释（把握各个关键词的外延）+给定资料具体事例。分析该考生的答卷，其对信息点的把握到位，对材料语境作出准确的还原，因而能很好地完成对这道材料阐释题的作答。

【阐释分析文本2】

2008年中央、国家机关公务员录用考试申论试题：

"给定资料（七）"引用了上海某研究所G所长的话，"美国人民把搁浅的鲸鱼推入大海，这值得赞扬；鲸鱼被非洲难民捕食，这也应赞扬，因为它救活了一群人。"请说明，这表达了G所长怎样的观点。（10分）

考生作答文本：

> 表达了G所长以环境不同则适用标准不同为由，支持怒江水电开发的观点。以鲸鱼被不同国家的人放生或捕食为喻，说明发达国家与发展中国家国情不同，对待同一事物的观察角度、评价标准不同，处理方式也就各异。发达国家可以对水电资源采取环保优先的原则，不予开发；发展中国家则要从有利于推动社会经济发展出发，进行开发，以改善人民生活。开发或不开发水电，必须根据一个国家的国情和一个地区的实际情况作出决定。

【评析】

本答卷通过揭示、引申G所长的观点，充分显示了应试者的理解力和想象力以及文字表达能力，结合材料的理解将G所长的观点进行推广、应用，很好地表述G所长的观点。很明显，G所长是在用鲸鱼隐喻"环境问题"。其中美国人民喻指"发达国家"，非洲难民则喻指"发展中国家"。"美国人民把搁浅的鲸鱼推入大海"可以理解为发达国家在经济发展过程中更注重对环境的保护；"鲸鱼被非洲难民捕食"则是指发展中国家在经济发展之初如何利用自然资源满足自己的生存需要。G所长用这种方式想要表达这样的观点：每个国家必须与国家现状相适应提出自己的环保政策，既不能用发达国家的环保标准来衡量不发达国家的环保标准，也不能完全不顾持续发展经济过程中的环保要求，而要具体问题具体分析。相对于发达国家来说，其主要矛盾是持续发展，所以保护生态环境是其发展的保证；而不发达地区的主要矛盾是人的生存问题，人的生存问题都不能解决，自然谈不上持续发展的基础，这些地区只有在满足人的基本生存需要的前提下才谈得上环境保护。从以上分析推论，G所长是支持怒江水电资源开发的。答卷只根据给定资料的一句话，几乎没有可以直接借鉴的内容，题目虽不要求对观点进行评析，但却充分考验应试者对材料的掌握和驾驭能力。从答卷本身来看，首先概括了G所长的本意，然后具体阐释其观点在语境中的字面意义、借喻意义。答卷对观点本身阐释准确，层次清楚，条理性强，体现了应试者对材料的掌握程度，也反映了考生的理论水平。该答卷属于一类文（一等上）。

【阐释分析文本3】

2012年浙江省公务员录用考试申论试题：

"推进浙江海洋经济发展示范区建设，是浙江省加快经济转型升级的重要引擎。"请谈谈对这句话的理解。（25分）

考生作答文本：

> 这句话表明浙江海洋经济发展示范区建设作为发展的重要一步，已成为浙江加快经济转型升级的推动力，是浙江经济新一轮发展的突破口。
>
> 一方面，浙江资源相对短缺，且经济发展方式仍属外延扩张的粗放型模式。自然条件上，陆地资源贫乏，本地能源总消耗量不足，能源原材料对外依存度高；产业内部结构上，高污染排放产业比重大，资源过度消耗现象普遍，环境污染严重。这些现状决定了浙江亟须加快经济转型升级的步伐。
>
> 另一方面，海洋经济的产业链条对于转型升级至关重要，浙江恰恰具有发展这些产业得天独厚的条件。自然环境方面，气候适宜、海岸线长、海岛众多、生物资源种类繁多，且拥有丰富的海洋新能源，与悠久的文化积淀相融合形成独特的自然人文旅游资源。产业优势方面，一是浙江具有深水良港优势，可为港口物流等临港产业搭建平台；二是反渗透海水淡化项目的启动利于海水的综合利用，并可通过深度开发形成海水淡化与综合利用的良性发展产业链；三是对无居民海岛的开发利用能吸引民间资本投资，可为海洋经济发展提供有力的资金支持；四是能源中转贸易加工项目的建成为保障能源供应安全提供重要支撑；五是浙江有三大滨海旅游区，为发展海洋旅游业奠定基础。
>
> 浙江省加快经济转型需因地制宜，明确不足，依靠优势，抓住发展海洋经济的机遇。需政府在法律和政策上给予保障，需企业技术上的研发与科研创新，需民间资本在各领域的全力投入，充分发挥其对浙江经济转型升级的引擎作用。

【评析】

对句子阐释的作答可参考以下模式：总领句破题（明确句子中关键词的内涵）＋进一步解释（说明所要解释词语的外延）＋联系相关具体资料内容。本题难点在于观点分析，需紧扣句子点明其本质，将最重要、最能体现问题的本质含义，引领整篇答卷。"重要引擎"意为具有推动作用，即推进这一建设可以成为浙江经济转型升级的重要推动力。本题的分析分为两部分，一部分阐述浙江现状对经济转型升级的迫切需要，从"资料5"第一段中我们可以总结出，浙江在自然条件方面和工业内部结构方面都存在着不足和问题；另一部分阐述海洋经济的产业链条对于浙江经济转型升级的重要作用，而且浙江恰恰具有发展这些产业的得天独厚的条件。通过分析考生作答文本我们可以看出，该答卷全面、深入、具体，具有一定的理论深度，并将结论联系实际，为解决实际问题作出指导，完整地按照"点明本质—深入阐述—适当引申"的作答框架组织答案，语言流畅，是一份优秀的答卷。

2. 申发型分析

【申发分析文本1】

2008年江西省公务员录用考试申论试题：

在"给定资料9"中，简文豪局长向来访群众深深鞠躬致歉，请解析这个"非凡之

礼"蕴涵着哪些深刻内涵和意义。(20分)

考生作答文本:

> 简文豪局长勇于自我检讨和道歉,彰显着政府部门积极承担自身责任的正确态度,同时,也显示出建设责任政府、完善行政问责制的迫切性、必要性。政府部门是公共服务的提供者,必须对自己的行为承担相应的责任,如不履行或不正确履行职责,就要检讨和追究责任,向公众道歉。在当前我国责任型政府建设滞后的背景下,必须加快建立和完善行政责任体系、行政问责制,以制度形式规范政府部门的责任检讨和失职道歉行为,推动更多部门及其领导像简文豪局长那样积极承担起责任,促进与公众之间的良性互动,增强政府的公信力,更好地适应责任政府和现代政治文明发展的要求。

【评析】

此题的作答有相当难度,因资料给出的理论分析过少,没有直接提炼作为"内涵"和"意义"阐释的信息,故在作答时应超越材料,从自身理解和知识储备中寻求答案,重点是要扣住"政府要对自身行为负担责任"和"必须实行行政问责制"这两点来作答。本答卷观点正确,对"非凡之礼"的解析很到位,且引申论述深刻,是一份上佳的作答文本。

【申发分析文本2】

2009年北京市公务员录用考试申论试题:

阅读材料12,由此引申,谈谈你的想法。(20分)

考生作答文本:

> 1.通过少年儿童开展的监督行为,倡导文明准则,促进了市民道德素质的提高、社会文明风气的改善。红领巾瞭望哨队员们在劝导别人的同时,也使自身在实践中得到文明素质的教育提升,通过文明劝导,来共同提升居民群众的文明素质。该做法非常有创意,值得大力推广。
>
> 2.政府要善于运用社会性的方式来促进国民素质提高,调动各个方面的社会力量,通过少年儿童开展的监督行为,倡导文明准则,促进了市民道德素质的提高、社会文明风气的改善,也使少年儿童在实践中得到文明素质的教育提升。共同开展公民道德教育,开展多种形式的荣辱观实践活动,从而形成弘扬先进文明意识的社会环境,在广泛参与和互动的氛围中,塑造并提高国民素质。

【评析】

本题要求从材料12"杭州市红领巾瞭望哨"做法引申,谈谈自己的想法。实质上这是一道典型的综合分析题型,回答应从两个方面入手解题:一是这是一种好的行为,值得肯定;二是政府可以以此为榜样,运用社会方式提高国民素质。本答卷引申合理,观点明确,条理清晰,语言流畅,是一份不错的答卷。

(二) 一般文本指瑕

【阐释分析文本】

2008年中央、国家机关公务员录用考试申论试题:

"给定资料（七）"引用了上海某研究所G所长的话，"美国人民把搁浅的鲸鱼推入大海，这值得赞扬；鲸鱼被非洲难民捕食，这也应赞扬，因为它救活了一群人。"请说明，这表达了G所长怎样的观点。（10分）

考生作答文本：

> G所长的观点是：一个国家的环保政策必须与其国情相适应，不能用发达国家的环保标准衡量不发达国家。发达国家的主要矛盾是发展，所以保护生态环境值得肯定；不发达国家的主要矛盾是生存，只有在满足了人的生存需要的前提下才谈得上环境保护。对怒江水电开发也要具体问题具体分析，既要保护生态环境，更要解决怒江老百姓的贫困问题。因此，怒江水电资源必须合理开发，而不能以保护环境为由反对开发。

【评析】

该答卷观点基本正确，但在表达上没有揭示借喻性谈话的文面意义和比喻意义，而是直接说明G所长的观点是国情决定发展模式。这两者的关系缺发阐释性语句的联系，对其关系揭示得不够充分，有硬凑在一起之嫌，内容表述显得有些牵强。同时在具体措施的表述上，流于"空"和"泛"，内容不够具体、概括、精练。

【申发分析文本】

2009年北京市公务员录用考试申论试题：

阅读材料12，由此引申，谈谈你的想法。（20分）

考生作答文本：

> 杭州市通过开展"红领巾瞭望哨"活动，发动少年儿童对市民文明行为进行监督，劝导纠正不文明行为，促进了公共文明环境的改善，使参加活动的少年儿童在实践中受到教育，实现了自身文明素质与居民群众共同提高。
>
> 可以从中得到的启示是：提高公民文明素质，要重视运用良好的社会环境塑造人的作用，政府应该结合学校德育、社会各行业职业道德教育、公德教育，开展形式多样的群众性精神文明创建活动，形成全民参与的社会氛围，使在校学生、机关工作者和普通居民积极参与，在相互监督、相互帮助中共同提高文明素质。

【评析】

该答卷的启示观点基本是正确的。一般说来，材料申发分析类型试题的作答内容既要源于材料又要高于材料，其并不需要对材料本身进行概括，而是对材料中的观点提出自己的"看法"，从材料中引申出来。本答卷的第一段主要谈的是杭州市通过开展"红领巾瞭望哨"活动意义的概括总结，并非考生自己的"想法"，在第二部分，启示的内容有些混乱，条理不清，对材料中问题没有提出全面的看法，这份答卷只能属于一般答卷。

（三）得分较少文本点评

【阐释分析文本1】

2007年中央、国家机关公务员录用考试申论试题：

根据"给定资料（六）"，试分别解释"存量土地"和"地荒"的含义。（15分）

考生作答文本：

> 存量土地：是指现有城乡建设用地范围内的闲置未利用土地和利用不充分、不合理、产出低的土地，即具有开发利用潜力的现有城乡建设用地。
> 地荒：是指城市建设用地的供应量不能满足实际需求的问题。

【评析】

通过梳理逻辑关系可以看出，"存量土地"和"地荒"的解释都属于城乡建设用地方面的问题，是同一个问题的正反两面。一方面，由于盲目用地、不合理用地、土地利用率低，导致已有建设土地大量闲置，该利用的土地得不到充分利用，大量土地被存而不用；另一方面，土地供应严重不足，不能满足建设用地的实际需要，出现了"地荒"（由"地荒"的说法，可以联想到类似的"粮荒""电荒""煤荒"等，都属于供应不足的问题）。正如资料中专家所说的，其实并不是真的存在什么"地荒"，而是"存量土地"没有被充分利用。该考生无论是对"存量土地"还是对"地荒"这两个概念的内涵和外延都没有作出清晰的界定和准确的定义，特别是"地荒"概念与材料的意思出入甚大，因而该答卷应被判为不合格。

【阐释分析文本2】

2008年中央、国家机关公务员录用考试申论试题：

"给定资料（七）"引用了上海某研究所G所长的话，"美国人民把搁浅的鲸鱼推入大海，这值得赞扬；鲸鱼被非洲难民捕食，这也应赞扬，因为它救活了一群人。"请说明，这表达了G所长怎样的观点。（10分）

考生作答文本：

> 以打比方的方式，G所长表达了这样的观点：保持当地原有的生态环境和资源优势，不进行开发当然是不错的。但是，如果通过适当的开发能解决当地老百姓的现实困难，满足人们基本的物质生活需求，同时又能给当地人们探索出一条充满活力的全面发展之路，是最理想的选择。从总体上看，所长还是更倾向于对水电站的开发利用，而不是简单反对修建"两库十三级"怒江水电开发方案。

【评析】

G所长的话，文面的意思是一种借喻的手法，若将其与怒江水电开发联系比较，则为类比的手法，并非是论证方法上的打比方。该考生在作答时没有说明文面的原意，就直接谈到谈话的比喻意义，作答思维跳跃性太强，且缺乏必要的分析将两者有机地联系在一起。同时，在回答对于开发的态度时，作答提到G所长认为"不进行开发当然是不错的"，这纯属考生个人的主观臆断和错误引申。最后还指出G所长"不简单反对"开发方案，意味着该考生认为G所长有反对开发的一面，这些都不符合材料的原意，属于严重不合格答卷。

第三节 对策制定文本评点

如何就给定材料、反映的问题找到解决方法？解答这部分问题时，有两点要把握好：一是准确把握引发问题的症结；二是有针对性地提出解决问题的方法、措施。

需要考生注意的是，不同社会现象和社会问题由于产生的原因不同，在回答解决相应对策时，既要有差异性，又要有相通性，解答时既要具体分析，又要开阔思路，系统思考。这样才能做到解答问题时有目的地展开思考，有针对性地提出方案。

提出和解决问题是申论的主要考查目标，是申论考试的重点。申论本身就是申述、申辩、论述、论证之意，最终的目的是为了解决面临的各种问题。公务员每天的工作就是面对具体事物，必须拥有处理一般事件和突发事件的能力，同时还要掌握提出问题和解决问题的方法和对策。这就要求考生有广博的知识积累（包括具备一定的行政基本理论），学会辩证分析和处理问题的方法，培养运用基本理论来解决实际问题的能力。

一、优秀对策文本欣赏

（一）无文体要求的对策文本

【对策文本1】

2001年中央、国家机关公务员录用考试申论试题2：

假定你是某职能部门的工作人员，请你就PPA风波所引发的问题提出善后处理意见。可以全面谈，也可以就某一个方面谈。（30分）

考生作答文本：

> 关于PPA风波所引发的问题，兹提出如下四条善后处理意见：
> （1）立即暂停使用和销售含PPA的药品、制剂，同时对含PPA的新药、仿制药、进口药的审批工作也暂停。医院及药品经销公司立即将相关药品撤下货架，允许顾客退货且全额退款，立即回收相关药品。
> （2）药品管理部门及新闻媒体应耐心解答群众的相关咨询。明确告知我国尚未发现PPA造成脑中风等严重后果的个案。
> （3）紧急生产和销售不含PPA的感冒、咳嗽及一些减肥的非处方药品，以满足市场需求。加强不含PPA的相关药品的研制和生产。
> （4）药品不良反应监测机构应进一步加强对药品不良反应的监督和检测工作。

【评析】

就问题提出善后处理意见，既要注重意见的现实操作和可行性，也要注意两方面的问题：一方面是当下问题的解决，即如何解决目前PPA风波所引发的问题的善后处理；另一方面是后期延续问题的考虑。PPA风波所引发的问题反映了这样的一个现实：目前市场对感冒、咳嗽及一些减肥的非处方药品需求旺盛，而含有PPA的药品引发的严重后果造成消费者情绪上的不安和恐慌；当前我国药品的监督和检测工作仍存在执行不力的问题。针对以上问题，分别从停止生产含PPA的药品和生产不含PPA的药品以及后期释疑和宣传上采取一系列措施，解决当前就 PPA 风波所引发的药品安全问题，同时要将药品安全问题作为一个常规性工作来抓，加强市场药品不良反应的监督和检测工作，保障消费者的健康权益。

【对策文本 2】

2004 年浙江省录用国家公务员（机关工作人员）考试申论试题：

用不超过 350 字的篇幅，提出解决给定资料所反映的方案。要求有条理地说明，要体现针对性和操作性。

考生作答文本：

> 能源安全问题已经对我国经济社会的持续、稳定发展产生重大影响，应有得当的措施来应对。具体措施有：第一，加大宣传教育力度，增加全社会的节能意识；第二，制定节能规划，并通过相应的法律、法规和规章制度来保障节能规划的落实；第三，研究节能技术，努力降低单位产值的能耗，大力推广节能技术；第四，制定企业准入规则，对于能耗大、产能低、不符合国家产业能级提升要求的企业要坚决关停；第五，加大力度研究替代能源技术，大力发展风能发电、太阳能发电等技术，并降低其应用成本，尽快转化为民用；第六，转变投资拉动型经济增长模式，大力提高产业能级，大力发展装备制造业和第三产业，以技术密集型产业替代资源消耗型产业；第七，制定能源发展战略，全方位出击，利用一切渠道提高能源储备和进口的来源及数量。

【评析】

该答卷的特点一是全，二是细。就其回答的具体内容，与网上常出现的"万能八条"的内容颇为神似。万能八条里面所提的内容有这些：一、领导重视，提高认识；二、加强宣传，营造氛围；三、教育培训，提高素质；四、健全政策、法规，完善制度；五、组织协调，形成机制；六、增加投入，依靠科技；七、加强监督，全面落实；八、总结反思，借鉴经验。本答卷第一条是从思想意识和教育的角度提出来的，第二、四条讲的是健全法律的内容和规则的执行方面，第三、五条从科技转化的角度入手，第六、七条讲的是转变投资模式和能源战略的落实，这是从全面落实工作的角度入手的。"万能八条"的内容虽然会造成答案的千篇一律，但学习的过程一般都从模仿开始，若与本题考生般活学活用，将之与材料的具体要求相结合，也是可资借鉴的一条途径。

【对策文本 3】

2008 年北京市应届毕业生录用国家公务员考试申论试题：

请从行业协会的角度谈谈如何提高"中国制造"在世界上的地位。（20 分）

考生作答文本：

> 我国行业协会可从多方面发挥自身功能，在争取全行业共同利益的同时，提高"中国制造"品牌在世界上的地位。一是汇聚行业共识，协调集体行动。行业协会最基本的行为方式就是组织和实施成员间的合作，协会可通过在成员企业之间的协调，使全行业企业遵循同一共识和行动方针，出口时集体谈判、反倾销诉讼时集体应诉，为我国企业争取最有利的出口条件。二是表达行业诉求，争取政府支持。综合行业利益要求，与政府有关部门

充分沟通，以多种形式表达诉求，争取同情和支持，如给予出口退税，对优势企业和产业予以扶持，对造假贩假等劣迹企业进行打击。三是做好公共服务。为企业提供信息服务，代表行业与谈判对手沟通，进行公关游说工作，统一聘请代理律师，联合媒体进行及时适当的新闻发布，澄清不利传言，维护"中国制造"的声誉。通过多方面积极有效的行动，行业协会必将为"中国制造"走向世界，取信世人作出自己的贡献。

【评析】

答卷观点正确，措施内容具体，对策与资料的内容结合得非常紧密。就这道题而言，如果没有看到就"行业协会"角度谈问题的话，所给出的答案本身就会大而空；而如果仅就行业协会的单一角度来理解，所提出的措施本身的全局性又很有限。所以这个问题的关键是要对"行业协会"的作用有一个清醒的认识，不能让行业协会代办行业中的成员的事务，以避免干涉市场经济之嫌，同时又要有具体的角色定位和责任意识。本答卷就很好地说明了考生有了这样的问题意识后，就能很好地组织材料回答问题。

【对策文本4】

2009年中央、国家机关录用公务员考试申论试题：

资料（十六）谈到"谷贱伤农，米贵伤民"，结合资料谈谈如何处理二者的关系。（200字，10分）

考生作答文本：

提高粮价能在一定程度上提高农民的种粮积极性，促进粮食生产。但就全局而言，首先，粮食是农业的基础，而农业又是第二、三产业及整个国民经济的基础，粮价的上扬将会带动其他物价的波动，易导致通货膨胀，不利于国民经济的快速、稳定发展。其次，粮食和以其为基础的食品、生活用品的范围广泛，上述物品如随粮价上扬而涨价，必将对居民生活造成负面影响，低收入群体将承受更大的生活压力，不利于社会稳定。最后，粮食是具有战略储备物资性质的特殊产品，不能仅靠市场规律调节。对此，相关部门可通过宏观调控在稳定粮价的同时提高其质量和产量，防止外资操纵粮价。

要解决好粮食问题，首先要靠优惠政策，如继续提高种粮补贴，抑制农资涨价等，以维护农民的种粮积极性。其次要加大科技投入，通过科技创新来改良品种、提高产量。总之，不能孤立地只看粮价，应站在统筹城乡发展、统筹经济社会发展的角度解决我国当前的粮食问题。

【评析】

这份答卷抓住了一句话的关键，即粮价的高低对农民生产和居民生活的影响。答卷在分析的时候着重提到农业的基础性地位和粮食的战略性意义，提出稳定粮价这一基本解决措施，并在解决粮食问题时提出几个具体、可行的措施。此题的作答有一定难度，其要在分析、提炼材料和问题内涵的基础上，准确把握材料中隐含的信息之下，结合自身的理解和知识储备，扣住问题的核心，才能完美地回答出这个问题。

（二）有文体要求对策文本

这类试题除考查学生提出问题和解决问题的能力外，还要通过对考生一般应用文书的写作来考查考生的这类文字的写作能力。考查的内容并不限定为文书的形式方面，而更多偏重于实际内容的写作方面。从对2012年以来的各省市和国家公务员录用考试的情况分析来看,这一类型的试题一直也是申论考试的重点。

【对策文本1】

2003年中央、国家机关公务员录用考试申论试题:

对给定资料进行分析,从政府职能部门制定政策的角度,就如何"减少事故,保障安全",提出对策建议,供领导参考。(50分)

考生作答文本:

关于"减少事故,保障安全"的建议

近几年,各种安全事故问题频频发生,原因是多方面的。既有普遍存在的安全意识差的问题,也有管理落后和欠缺的问题,以及法规不健全对违法、违章行为缺乏制约的问题,也有监督查处不力、处理不力的问题。因此,要减少事故,保障安全,必须从多方面入手和努力。为此提出以下对策建议。

一、责成各地政府安全职能部门在近两个月内立即组织专人,对本地安全状况进行一次认真排查,特别是对矿井、违规建筑、大型公共场所要重点排查。对发现的事故隐患,要限期排除,重大隐患要上报省级安全监管部门备案。对在施工或作业中的一些违规、违章行为要予以坚决纠正。对不符合国家规定的一些小煤矿要坚决关闭。以后每年都要搞一次这样的排查活动,争取把事故隐患降到最低点,同时要把排查情况逐级上报给上级安全主管部门。

二、进一步完善安全事故责任追究制。建议以政府名义制定《关于安全事故责任追究制的规定》,对业主应负的法律责任、地方政府及其相关部门的行政责任,以及处罚细则都一一作出明确规定。事故一旦发生,对违法、违规责任人要一查到底,严惩不贷。

三、加强对违犯国家法律、法规行为的监督、查处工作。各市都要在年内,以安全主管部门为主,联合规划、城建、城管、工商等有关部门,开展联合执法活动,对违犯国家有关法律、法规的行为进行坚决查处。对城市内严重的违章建筑和有重大事故隐患的建筑要坚决拆除。对违反国家有关规定、无安全保障措施的生产项目、建筑项目坚决停产,限期达到安全标准;限期达不到标准的予以关闭。

四、加强日常安全的管理工作。保障安全更重要的是做好日常防范工作。只有这样才能从根本上减少事故的发生。各地方政府在发展经济建设的同时,要把所辖区域的安全防范工作列入重要日程,加强对地方安全保障工作的指导,建立、健全各项相关的规章制度,每季度至少要组织相关部门对重点施工项目、重点企业进行一次安全工作的检查和指导。同时要加强全民的安全防范教育,对重要安全岗位要施行执证上岗制度,严格执行上岗前的安全生产教育和训练,所有企业都要努力把事故隐患消灭在萌芽状态。

【评析】

该文开始简要分析了事故原因,接着提出四条建议。这种写法使文章的层次清晰、观点明确,也符合建议这一文体的写作要求。文中的四条建议,符合对策制定的要求:依据要解决的主要问题,制定的对策合情、合理、合法,并具有针对性和可操作性,写作者的身份角度也很贴切。所提的四项建议的内容由近及远,由眼前急需解决的紧迫问题到日常管理工作,由微观到宏观,层层递进,并都有实际内容和较强的操作性,是一份较好的建议。

【对策文本2】

2008年中央、国家机关公务员录用考试申论试题：

"给定资料（六）"引述了某学报C主编提出的意见。请你站在水电规划部门的立场，对C主编的意见作出答复。（15分）

考生作答文本：

> 关于怒江作为生态江保留的问题。由于怒江流域长久以来存在人类活动，当地居民生活和经济建设已对环境造成了破坏，怒江已不是原生态河流，完全不开发、作为生态江保留的条件已不具备。
>
> 关于怒江水电开发中的环境保护问题。我们在规划怒江水电项目中，坚持落实科学发展观，高度重视资源开发与环境保护的统一。采取了以下措施：一是合理规划，尽最大能力保护河流生态及自然遗产；二是科学组织施工，避免工程对环境的破坏；三是健全制度，完善管理，全面做好环境保护工作，对可能造成的生态影响进行修复；四是做好环境监测工作，密切注意项目对环境的影响。
>
> 以意见为鞭策，继续加强环境保护工作。请您继续监督并提宝贵意见，帮助我们不断改进工作。

【评析】

答复这一文体的写作要求：一是答复的态度要明确，对问题的回答要具体地说明看法和做法；二是答复的主体和答复的对象没有行政领导与被领导关系，但却是监督与被监督关系，因此答复的口吻决不可武断生硬。所以好的方法是不与对方争辩，用事实说明态度和观点。这份答卷符合答复这一文体的写作要求。行文上它从三个方面作了答复：一是就开发的原因和不开发的条件，委婉地说明了自己的观点；二是提出两条开发措施和两条环保措施，具体说明如何将水电开发和环境保护统一；三是正面、积极地回应了对方的监督批评，表达出愿意接受监督的意愿。这份答卷分析入理，措施具体，对批评的分寸把握恰当，态度不卑不亢，站在虚拟的水电规划部门的角度说明问题，体现了该考生很高的对材料处理和问题方向把握的能力。

【对策文本3】

2011年中央、国家机关公务员录用考试申论试题：

L县政府拟进一步宣传寄宿制学校的办学模式，以期更好地提高办学效益和质量。请根据"给定资料（三）"，以县教育局的名义草拟《给各村中小学生家长的一封信》。（20分）

考生作答文本：

致各村中小学生家长的一封信

尊敬的各中小学生家长：

你们好！

为了加快推进边境少数民族地区教育，更好地整合我县教育资源，解决我县中小学生上学难、路途远的问题，提高我县中小学的办学条件和办学水平，我县将逐步推进寄宿制办学。

创建寄宿制学校已经取得了很好的成绩。我县一方面利用"义教工程"、边境建设大会战教育建设项目、中小学危房改造工程等项目的资金投入，完善了学校的各项设施；另一方面推进教育资源配置方式的改革，统筹规划学校布局。具体来说：一是联村办寄宿制学校，将设施完善、教学质量好的小学建成寄宿制学校；二是创办民族寄宿制学校，实行封闭式管理，国家给予一定的生活补助；三是创建边境形象学校。

寄宿制学校，可以使我县的学校布局更加合理，办学条件进一步改善，办学效益明显提高。望各位中小学生家长能关心、支持、参与到我县寄宿制学校的创建工作上来。我们会努力把寄宿制学校办成群众满意、家长放心、学生"进得来、留得住、学得好"的学校。

L县教育局
某年某月某日

【评析】

近年来，申论考试各类内容写作的体裁发生了很多新变化，不仅仅是问题内容的回答和观点的罗织，有些省还出现了新闻等文体的写作，2011年"国考"更是出现了书信的写作内容。这些都在提醒考生对应用文写作形式的重视，因为这些除了考查考生的概括和分析问题以及回答的能力之外，更考查考生对各类文体的把握特别是对公文的处理能力。书信这一文体的写作不难，但主要是格式各方面都要完全和具备，如标题、称谓、正文、署名和写作日期等，特别要注意这不是私人书信，不可出现此致、敬礼之类的内容。正文的写作要简洁、具体，内容通俗即可，但同时不能写成行政命令式的下行文，且写作语言亦不能过于书面化，要保证能让乡村中小学家长看得懂。在内容方面注意此题的目的是"进一步宣传寄宿制学校的办学模式，以期更好地提高办学效率和质量"，分析材料可以发现，材料中分别提到了宏观的工作思路和微观的工作步骤，所以内容上面对材料进行归纳、概括即可。通过分析我们发现，出题人是以一种机关文书写作的形式，以"信"为载体，考查学生写作能力的。

二、一般对策文本指瑕

（一）无文体要求的对策文本

【对策文本1】

2008年四川省公务员录用考试申论试题：

请结合资料内容，简要谈谈从根本上解决"拉链马路"问题的建设性意见。（30分）

考生作答文本：

要从根本上解决"拉链马路"现象，必须注意多管齐下，综合治理。首先，政府在城市规划上扮演着重要的协调者的角色，有关部门应加强对马路开挖事项的管理，并出台具体措施，协调有关部门、单位的关系，改革相应的行政体制，以全面提高整个城市规划、建设与管理的系统性、科学性。其次，完善政府部门职责，设立一个单独的部门进行统一的道路施工管理。有开挖需求的部门与单位应向其提前报告开挖计划，以便统筹统管，彻底地改变目前的这种无序状态。再次，学习发达国家的市政建设经验，建设"共同沟"，将设置在地面、地下或架空的各类公用管线集中容纳于一体并留有检修通道的隧道结构，有利于各种管线的增减施工和检修维护。同时，根据情况设立"共同沟法"以促进我国的共同沟建设。

【评析】

该答卷从材料的观点和我国当前的实际出发，提出了"多管齐下，综合治理"的方法，具体对策包括：第一，政府协调各单位、部门的工作，统一规划管理；第二，借鉴国外"共同沟"的做法。应该说，对策本身是合理、可行的。问题在于：一是表述不够精练，如"有开挖需求的部门与单位应向其提前报告开挖计划"内容过于具体，应去掉。二是"共同沟法"的提法超出了措施范畴，不能作为具体促进城市建设行政措施提出。总体上说，这份答卷并没有偏离题目要求，只是要注意一些内容表述的准确性。

【对策文本2】

2009年中央、国家机关公务员录用考试申论试题：

资料（十六）谈到"谷贱伤农，米贵伤民"结合资料谈谈如何处理二者的关系？（200字，10分）

考生作答文本：

> 首先，给定材料中提出的解决我国粮食问题的关键之策是提高粮食价格，这确实是解决我国粮食问题的对策之一，在一定程度上能增加农民收入，对促进粮食生产发挥重要作用。但提高农民种粮的积极性、提高农民种田补贴、调控好农业物资的价格、增加农业科技投入科技兴农、确保粮食安全才是解决我国粮食问题的根本途径。
>
> 给定材料中提出不必担忧对低收入人群的影响是没有道理的，因为一方面，提高粮食价格农民得到收益的同时，作为消费者其粮食成本会相应提高，他们的利益将受到损害；另一方面，城镇居民中的低收入者的饮食成本也会相应提高，况且这种影响通过补贴并不能完全避免。所以，粮食价格一定要定在合理的水平之上，在提高粮食价格的时候要做到统筹兼顾，要兼顾到粮食生产者和消费者之间的利益，尤其要兼顾低收入人群的利益。

【评析】

这个答卷没有抓住问题中的粮价的高低对农业生产和居民生活的影响，没有从这几者的关系处理的角度回答问题。而回答的第一个层面是评价调高粮价好处和不足，考生的审题意识和作答技巧还有待提升；回答第二个层面的问题只是谈到粮价对消费者的影响，也甚少"关系"内容。总的来说，这份答卷在对题目的理解和作答的内容方面有点差强人意，且一些地方的语言表达也不够准确，是一份有些问题的答卷。

【对策文本3】

2009年中央、国家机关公务员录用考试申论试题：

结合资料（六）的现象，谈谈我国产业政策调整和发展应注意哪些问题？（200字，10分）

考生作答文本：

> 经济全球化和国际经济布局分工的重新调整，推动了资金、技术的流动和转移。在国际市场需求的带动下，这使得我国东部沿海相关产业迅速发展，一方面沿海地区的土地利

用率越来越低、水电资源紧张、污染严重，另一方面使得地区经济发展不平衡，因此"沿海地区产业转移"是必要的。

但是，内地省区提出"欢迎沿海地区产业转移"的口号并不是明智的。我们应该有条件地转移，欢迎那些节约型、环保型、技术创新性企业转移，并要充分考虑节约用地，实行最严格的耕地保护政策；杜绝盲目转移，坚决防止在产业转移的同时带来污染转移。同时还要做好规划工作，实现发达地区和欠发达地区的互利共赢；抓好培训，促进高层次劳动力转移就业。

【评析】

回答这类问题要非常直截了当，直接就说存在哪些问题就好，而不必要讲什么产业调整的"意义和作用"，这是属于重点不突出的问题。且在对材料的基本观点的把握上，对内地省区的"并不是明智"的定性有点欠考虑。一项政策的提出是经过多方论证的，也是结合其地区的发展的实际和需要而来的，的确不能轻易否定。答案观点的鲜明体现在对于问题的归纳和总结，并非体现在否定某些决策上面，这也是考生在作答时注意的一点诀窍。

（二）有文体要求的对策文本

【对策文本1】

2003年中央、国家机关公务员录用考试申论试题：

对给定资料进行分析，从政府职能部门制定政策的角度，就如何"减少事故，保障安全"，提出对策建议，供领导参考。(50分)

考生作答文本：

关于"减少事故，保障安全"的建议

作为国家安全生产监督管理局，当前应从以下几个方面采取措施，力争减少事故、保障安全，尤其是要把恶性安全事故频发的势头及时控制住：

一、尽快追究事故有关责任人的责任，该撤职的撤职，该查办的查办。同时必须坚持"四不放过"的原则，也就是"事故原因不查清不放过；防范措施不落实不放过；职工群众未受到教育不放过；事故责任者未受到处理不放过"。只有这样，才能真正吸取事故教训，避免同类事故重复发生，促进安全生产形势稳定好转。

二、尽快组织开展一次全国范围内的安全大检查，发现事故隐患及时消除，发现存在问题及时整改，切实加强安全生产监督管理，努力减少人员伤亡事故的发生。

三、建立安全事故责任追究制度，把预防事故发生、强化安全监督管理的责任落到实处，分工负责，层层把关，责任到人。同时，对重大事故责任人坚决给予相应的党纪、政纪处罚，情节严重的追究刑事责任。

四、尽快出台加强安全监督管理、预防事故发生的法律或者法规，或者对刑法的相关条款进行司法解释，以法律、法规的形式加强和规范安全监督管理。同时加大执法检查力度。

五、鉴于目前安全事故频发的重要原因之一就是安全监督管理体制不顺，管理机构不健全，管理力量薄弱，管理工作不到位，因此，建议提请国务院，尽快调整安全生产监督管理体制，加强安全监督管理机构，增加人员，落实经费，并授予相应的管理和处罚权限。

六、建立、健全安全事故处理应急机制，一旦出现事故，及时抢救、处理，减少人员伤亡，减轻国家和人民群众生命、财产损失。

【评析】

这份建议第一个问题就是文章开头的引入显得突兀。一般我们以情况介绍作为开头写作的内容，这样就能比较自然地过渡到文章的主要内容上来。第二个问题是建议的条数过多，有些内容可以合并，有些内容则同材料的内容结合得不够紧密。第三个问题是文章的具体表述问题，如第五点"安全事故频发的重要原因"放在文章前面，和一贯表达的段旨在前，材料在后的方式不一致；且文中很多地方的表述语气过于生硬和语言过于粗糙，如"加强安全监督管理机构"的说法就是一例。第四个问题就是这份答案观点不够突出，从头到尾没有重点，让人阅读的过程中对主要措施的印象不够深刻。

【对策文本2】

2005年中央、国家机关公务员录用考试申论试题：

假设给定资料中有关我国城市交通拥堵的问题在你市都存在，你作为市交通主管部门的负责人，请根据给定资料，写一份"关于我市交通拥堵情况报告"。（50分）

考生作答文本：

关于我市交通拥堵情况的报告

不容否认，我市政府对交通事业这一事关大局、事关人人的大事业投入了巨大的人力和物力，也收到了非常好的效果。然而，随着经济的发展，交通问题却不时显现出来。

交通拥堵一直困扰着这一座大城市，也影响了它的发展。我们的城市现有人口×××万，外来人口×××万，拥有车辆×××万，而且平均每月以×××万辆的速度递增，交通拥堵十分明显。车行速度慢，堵上几十分钟的情况时常发生。而造成这种状况的原因，主要有以下几点：

一、基础设施与经济发展的矛盾；二、交通管理不到位；三、人们的不文明陋习。

针对以上几点，特提出如下五点建议：

一、加强对人们的宣传教育，树立正确的交通意识

在现实生活中，交通似乎只是交警的事，其他单位或个人与此无关。于是一些单位或个人随意缩小道路，甚至挤占道路，其他人也视而不见；一些机动车司机随意违章行车和停车；一些行人乱穿马路、骑车抢道等。这些违规现象破坏了人车和谐应有的环境，也严重阻碍了排堵保畅的效率。对此，我们可以通过广播、电视、报刊、图片展览等多种形式去宣传、教育，让人们感知到交通事业的重要性、我市交通现状问题的严峻性和改善交通状况的紧迫性，并让人们感知到违反交通法规所造成的后果及所承担的法律责任。从而促进人们树立"道路畅通，人人有责"的意识，进而自觉地遵守交通法规，维护交通秩序。

二、交管部门严格执法

交管部门在交通许可证颁发等环节上，严格依法审批，不让有问题的车辆和人员通过"许可关"。在交通管理中，依法严厉处罚违反交通法规者，让他们切实感到违反交通法规给自己和家人带来的不利，进而自觉遵守交通法规并影响周围的人遵守交通法规。否则，违法者得不到应有的处罚，只能助长他们的侥幸心理和无所谓的态度，最终导致交通秩序的更大混乱。

三、进行科学管理

一些国家,特别是发达国家已有较成熟的交通管理经验,我们应加以借鉴。吸收其先进的管理经验,引进先进的管理模式运用于实践,并最终找到适合我们国情的管理措施,然后再建议有关部门以法规的形式颁布实施。在实践中,不断探索、利用现代科技给我们带来的便利和产生的效率,随时调整具体的管理措施,如计算机监控系统、磁卡服务等。清理道路功能,将市内的道路划分为高速路、快速路、主干路、次干路、支路等,限定不同的时速,进行分级管理。道路功能不清导致行车错位的病根不除,增加再多的交警去排堵也无济于事。

四、扩大基础设施的建设

交通设施与经济发展存在矛盾是难免的,但若此矛盾长期得不到解决也是不正常的。城市车辆在增加,行人也在增加,这就迫使我们扩大基础设施的建设。为此,建议改建××路,拓宽××路等道路,新修××路,架设××高架桥,开设×地至×地的地铁,×地至×地的城铁,并在一些单位、商场、公园等下面建地下停车场,从而解决动静态交通相互争夺空间、道路资源利用率低的矛盾。因为,停车不便产生的临时停车占道现象十分普遍,致使在行车辆遇阻或减速。而这些基础设施的投资可用招标的方式解决,可允许投资者以收取管理费等方式先行收回投资。

五、扩大公共交通事业的发展

公共交通事业是一项传统的事业,它以其容纳量大、经济实惠等优势占据着自己独有的位置。我国的国民收入还不够高,城市人口密集,城市交通仍应以公共交通为主。因此,我们必须继续加大对公共交通事业的投入。在财政困难的情况下,可以吸收外资或民间资本,谨慎地进行试点。

通过以上措施的综合运用,预计能取得较好的效果,也能引起一定的社会反响,建议研究,并在广泛征求意见的前提下,付诸实施,从而尽快解决我市交通的"老大难"问题。

【评析】

这篇文章在开始简要地介绍了交通情况的现状和拥堵的主要原因,接着提出五条建议。应该说考生在回答问题的过程中能针对问题的要求和材料的内容来写作,观点明确,层次清晰。可惜在原因分析的层面过于简略,应在归纳之后作简要说明,这样文章会显得更加充实。五条措施的内容并没有什么大的问题,但在具体的语言表述中还有很大的不足,存在着简单化和模式化的表达毛病,应该在提炼观点和语言表达上再下一点工夫。五条措施后面的内容表达、存在着语言不够简练的问题,这些毛病会影响评分者对此份答卷的印象。

【对策文本3】

2008年中央、国家公务员录用考试申论试题:

"给定资料(六)"引述了某学报 C 主编提出的意见。请你站在水电规划部门的立场,对 C 主编的意见作出答复。(15分)

考生作答文本:

> C主编，感谢您对怒江水电开发提出意见。现答复如下：
> 1. 怒江完全不开发保持原生态是不可能的，事实上怒江已不是原生态河流。但不能搞掠夺性开发，要严格遵循先规划、后开发的原则。
> 2. 与西方发达国家的国情不同，怒江地区是我国最贫困的地区，生存条件十分恶劣。因此，与保持原生态相比，怒江水电开发具有更大的生存意义，它是解决怒江群众贫困的一条重要途径。
> 3. 怒江开发是在中下游进行的可持续开发，对怒江流域的生态研究价值影响不大。
> 4. 水电开发并不必然破坏环境，如美国田纳西流域的综合开发就是十分成功的范例。
> 5. 只要我们把水电建设与生态建设结合起来，就能实现工程效益和环境效益的统一。

【评析】

根据前面的审题，所谓对C主编的答复，就是回答他的问题，包括对他的观点表明"肯定"或"否定"态度，并论述水电规划部门在这个问题上的观点。因此，解答本题既要理解"C主编的观点"，又要明确"水电规划部门的观点"并加以论证。C主编的反对意见简单讲就是反对怒江开发，以保护生态安全；水电规划部门的态度则是生态文明与生产建设并重。站在水电规划部门的立场，对C主编的反对意见作出答复，首先，应对C主编的积极进言表示感谢，其次，要表明立场、态度，不能含糊不清，但也不能言辞激烈。从本道题的实际回答来看，其在前两段主题句中都有与对方针锋相对之嫌，这不符合答复这种文体的具体写作要求；答复的内容中涉及怒江开发与环境保护不矛盾，但在"怎样进行环保"的问题上只在最后一点简略地答复了一下，却没有提出具体的措施，也没有加以详细的说明；答复的条项过多，没有对材料进行高度的提炼；且在问题回答时题目要求"不考虑行文格式"，所以官话套话不必要；回答问题时最好用分段式作答，或用一是、二是，不排除用第一、第二，而不要用1、2、3、4这种形式，避免把文句整体分为零散的形式。总的来说，本题作答的内容虽也抓住一些要点，但存在着主题不突出、重点不明确、表达不够精确等毛病。

三、得分较少对策文本评点

【对策文本1】

2008年北京市应届毕业生录用公务员考试申论试题：

请从行业协会的角度谈谈如何提高"中国制造"在世界上的地位。（20分）要求：简要明确，合理可行。字数不超过400字。

考生作答文本：

> 第一，加强对出口产品的检验和把关；第二，通过宣传、教育、行业规范等方式，提高出口产品生产企业的质量意识；第三，强化对国际贸易规则的研究；第四，扩大中国产品的国际宣传，提高中国产品在国际上的地位；第五，维护中国产品的知识产权；第六，协助出口产品生产企业参加国际诉讼活动，维护出口产品生产企业的合法权益；第七，通过行业自律竞争规则，打击出口产品生产企业的不正当竞争行为。

【评析】

首先，此答卷最明显的一个问题就是字数严重不足。题干要求的是400字以内，因此答卷在 360~390 字为宜，而这份答卷只有 187 字，这是考试中一个非常严重的问题，直接影响得分。其次，答卷中只有措施的纲目，而没有具体措施的内容。回答这类问题，一定要注意先要用句旨来概述措施，然后再具体阐释每项对策，做到观点鲜明、层次清晰、表述具体。该文本存在问题的关键是，考生对材料的理解不够，不能清晰地处理材料中提到的"中国制造"地位提高的主体和对象，即谁的行为能够真正地提高"中国制造"的实际地位。在这道题目中，政府、企业和行业协会都是这一问题的行为主体方。企业内部应提高自律性和产品质量，企业之间应注重消除恶性竞争，对外要保护知识产权，提高产品知名度；政府方应该制定规则，加强监管；行会应做好公共服务，协调政府工作等。从以上几方面来考虑问题就不会出现答卷中的七条对策主次不分的现象。

【对策文本2】

2008 年四川省公务员录用考试申论试题：

请结合资料内容，简要谈谈从根本上解决"拉链马路"问题的建设性意见。

考生作答文本：

> "拉链马路"问题产生的症结在于政出多门、各行其是，其治本之策在于改革目前政出多门，条块分割的行政管理体制。对策：首先，合理划分行政机关和事业单位职能，坚持依法行政的原则，准确依法界定行政机关、事业单位管理权限；其次，优化资源配置，调整改革机关的布局结构，管理规范相关单位；再次，促进法律、法规的统一制定，对有关单位的具体职责进行规定，做到依法行政；最后，我国要加快正在进行的大部制改革，就是在政府的部门设置中，将那些职能相近、业务范围雷同的事项相对集中，由一个部门统一进行管理，最大限度地避免政府职能交叉、政出多门、多头管理，从而达到提高行政效率、降低行政成本的目标。

【评析】

作为对策拟制题，一定要在体现理论高度的同时注意对策本身的现实可行性和可操作性，还要注意一般问题和具体问题的区别。本道题目的要求是解决"拉链马路"这一具体问题，而答卷却涉及"政府行政管理体制改革"的内容，可以说，该考生在审题和作答两方面都出现了重大失误。就这道题的回答应该涉及两方面的具体内容：一是政府统一管理的内容；二是技术上借鉴"共同沟"的内容。本答卷从宏观方面来解决一个微观问题的大方向思考存在一个巨大的缺陷，就是没有具体问题具体分析，以至于作答流于大而空。

第四节 论证行文文本点评

一、古代策论欣赏[①]

国家机关公务员录用申论考试已历经十几年。申论作为一门独立的考试科目，是在我国古代"策论"的基础上发展而来的，它吸取了古代"策论"（对策）的优点，是对古代

---

① 编写参考了何美荣. 浅析古代策论与当今申论之异同 [J]. 湖南行政学院学报, 2008 (04).

"策论"的借鉴、继承和创新。二者产生的土壤和含义、选拔人才的功能和方式方法、命题的形式和规则、答题的主体身份等方面既有相同或相似之处，又有本质上的区别。申论和策论的异同，旨在承前启后、激发和增强公务员录用申论考试的创新精神和活力。所以在学习写作申论论证时，借鉴和参考古代策论文章的写作是一条捷径。写作在具体层面包括立意、选材、谋篇，以及表达上技巧和方法的千变万化，但"熟读唐诗三百首，不会作诗也会吟"说的就是在学习过程中，借鉴和模仿的重要性。因此，要想提高自己的申论论证水平和语言表达能力，借鉴古代策论的写作是个不错的方法。只是在借鉴和模仿的时候，要注意古代策论和现代的申论论证的本质区别，特别是写作思维和写作要求上的区别。

不少研究"申论"的专家、学者都一致认为，申论考试的内容、方法及其产生的测评功能，都涵盖了传统的给材料作文和"策论"两种考试的基本方面。尤其是申论论证适当地借鉴了我国古代科举应试中"策论"的一些经验与做法，它试图通过对现实问题的申说，考查考生的认识问题、分析问题、解决问题的能力和水平。申论论证和策论相同（或相似）之处有：考试的目的、借助的载体、写作的文体不受限制；写作内容要求切中时需；行文语言表达的要求相似；等等。这说明我们可以在这些方面借鉴古代策论的经验和做法，同时我们也应该注意到申论论证和策论在一些具体方面要求的区别：二者产生的土壤和含义；选拔人才的功能、方式、方法；命题的形式、规则；答题的主体身份等。这些不同既体现了申论论证是新时期出现的新产物，同时也提醒考生在考试过程中要对申论论证的这一系列要求谙熟于胸。

【例文】

治安策

贾 谊

夫树国固，必相疑之势，下数被其殃，上数爽其忧，甚非所以安上而全下也。今或亲弟谋为东帝，亲兄之子，西乡而击，今吴又见告矣。天子春秋鼎盛，行义未过，德泽有加焉，犹尚如是，况莫大诸侯，权力且十此者乎！然而天下少安，何也？大国之王幼弱未壮，汉之所置傅相方握其事。数年之后，诸侯之王大抵皆冠，血气方刚，汉之傅相称病而赐罢，彼自丞尉以上，遍置私人，如此，有异淮南、济北之为邪！此时而欲为治安，虽尧舜不治。黄帝曰："日中必熭，操刀必割。"今令此道顺而全安，甚易。不肯早为，已乃堕骨肉之属而抗刭之，岂有异秦之季世乎！

夫以天子之位，乘今之时，因天之助，尚惮以危为安，以乱为治。假设陛下居齐桓之处，将不合诸侯而匡天下乎？臣又以知陛下有所必不能矣。假设天下如曩时，淮阴侯尚王楚，黥布王淮南，彭越王梁，韩信王韩，张敖王赵，贯高为相，卢绾王燕，陈豨在代，令此六七公者皆亡恙，当是时而陛下即天子位，能自安乎？臣有以知陛下之不能也。天下殽乱，高皇帝与诸公并起，非有仄室之势以豫席之也。诸公幸者，乃为中涓，其次厪得舍人，材之不逮至远也。高皇帝以明圣威武即天子位，割膏腴之地以王诸公，多者百余城，少者乃三四十县，德至渥也，然其后七年之间，反者九起。陛下之与诸公，非亲角材而臣之也，又非身封王之也。自高皇帝不能以是一岁为安，故臣知陛下之不能也。

然尚有可诿者曰疏，臣请试言其亲者。假令悼惠王王齐，元王王楚，中子王赵，幽王王淮阳，共王王梁，灵王王燕，厉王王淮南，六七贵人皆亡恙，当是时，陛下即位，能为治乎？臣又知陛下之不能也。若此诸王，虽名为臣，实皆有布衣昆弟之心，虑亡不帝制而天子自为者。擅爵人，赦死罪，甚者或戴黄屋，汉法令非行也。虽行不轨如厉王者，令之不肯听，召之安可致乎？幸而来至，法安可得加？动一亲戚，天下圜视而起。陛下之臣，虽有悍如冯敬者，适启其口，匕首已陷其胸矣。陛下虽贤，谁与领此？故疏者必危，亲者必乱，已然之效也。其异姓负强而动者，汉已幸胜之矣，又不易其所以然。同姓袭是迹而动，既有征矣，其势尽又复然。殃祸之变，未知所移，明帝处之，尚不能以安，后世将如之何！

屠牛坦一朝解十二牛，而芒刃不顿者，所排击剥割，皆众理解也。至于髋髀之所，非斤则斧。夫仁义恩厚，人主之芒刃也；权势法制，人主之斤斧也。今诸侯王皆众髋髀也，释斤斧之用，而欲婴以芒刃，臣以为不缺则折。胡不用之淮南、济北？势不可也。

臣窃迹前事，大抵强者先反。淮阴王楚最强，则最先反；韩信倚胡，则又反；贯高因赵资，则又反；陈豨兵精，则又反；彭越用梁，则又反；黥布用淮南，则又反；卢绾最弱，最后反。长沙乃在二万五千户耳，功少而最完，势疏而最忠，非独性异人也，亦形势然也。曩令樊、郦、绛、灌，据数十城而王，今虽已残亡可也；令信、越之伦列为彻侯而居，虽至今存可也。

然则天下之大计可知已。欲诸王之皆忠附，则莫若令如长沙王；欲臣子之勿菹醢，则莫若令如樊、郦等。欲天下之治安，莫若众建诸侯而少其力。力少则易使以义，国小则亡邪心。令海内之势如身之使臂，臂之使指，莫不制从。诸侯之君不敢有异心，辐凑并进而归命天子。虽在细民，且知其安，故天下咸知陛下之明。割地定制，令齐、赵、楚各为若干国，使悼惠王、幽王、元王之子孙，毕以次各受祖之分地，地尽而止，及燕、梁它国皆然。其分地众而子孙少者，建以为国，空而置之，须其子孙生者，举使君之。诸侯之地，其削颇入汉者，为徙其侯国及封其子孙也，所以数偿之。一寸之地，一人之众，天子亡所利焉，诚以定治而已，故天下咸知陛下之廉。地制一定，宗室子孙，莫虑不王，下无倍畔之心，上无诛伐之志，故天下咸知陛下之仁。法立而不犯，令行而不逆，贯高、利几之谋不生，柴奇、开章之计不萌，细民向善，大臣致顺，故天下咸知陛下之义。卧赤子天下之上而安，植遗腹，朝委裘，而天下不乱。当时大治，后世诵圣。一动而五业附，陛下谁惮而久不为此？

天下之势，方病大瘇。一胫之大几如要，一指之大几如股，平居不可屈信，一二指搐，身虑亡聊。失今不治，必为锢疾，后虽有扁鹊，不能为已。病非徒瘇也，又苦跖盭。元王之子，帝之从弟也，今之王者，从弟之子也。惠王之子，亲兄子也，今之王者，兄子之子也。亲者或亡分地以安天下，疏者或制大权以逼天子。臣故曰：非徒病瘇也，又苦跖盭。可痛哭者，此病是也。（节录）

【赏析】

《治安策》这篇文章很长，除论述诸侯王势力强大的现状以及他们企图叛乱的阴谋外，还论述了抗击匈奴等重要问题，这里是节录其中的一部分内容。

西汉初年，异姓诸侯王的割据势力虽遭打击，但到汉文帝时，同姓诸侯王势力仍然很大，这直接威胁着西汉中央朝廷的统治。贾谊敏锐地觉察到这一问题的严重性，在上书给汉文帝的《治安策》中，重点论述了这一问题。文章以"众建诸侯而少其力"这个论点为中心，先讲目前形势的危急，再论应如何解决目前问题，分两个层面正反论述。文章立论鲜明，观点深刻，分析更是层层深入，气势雄浑，是古代论说文的典范，也是我们今天可资借鉴的好文章。

贾谊这篇文章的写作大致分为两个部分。第一部分先是介绍诸王争长、宗藩争强以致对天子集权统治造成威胁的现状及原因。指出诸侯王的强盛必然导致叛乱产生的这一事实，振聋发聩地提出自己独到的观点：诸侯王的叛乱，并不取决于是疏是亲，而是取决于"形势"，取决于他们力量的强弱。这一分析非常有见地，可以说一语道破问题的要害。后来吴楚七国叛乱都是同姓诸侯王的事实，证明了当时贾谊判断的先见之明。第二部分根据异姓诸侯王反叛的历史教训和同姓诸侯王必然反叛的危险，贾谊向文帝提出了自己的对策。贾谊提出了"众建诸侯而少其力"的方针，也就是说，在原有的诸侯王的封地上分封更多的诸侯，从而分散、削弱他们的力量。贾谊建议，诸侯王死后，他的封地应该分割为若干块，分封给他的几个儿子。这样就能削弱那些势力强大的诸侯国的势力，使其不至于有能力和中央政权相对抗，从而维护国家皇权统治和天子的绝对权威。

贾谊《治安策》的可贵之处，在于其蕴涵的居安思危理念。毛泽东指出："《治安策》一文是西汉一代最好的政论，贾谊于南放归来著此，除论太子一节近于迂腐以外，全文切中当时事理，有一种颇好的气氛，值得一看。"① 今天看来，毛主席当初的评价可谓是贾谊千古之下的知音之语。

【例文】

论贵粟疏
晁　错

圣王在上，而民不冻饥者，非能耕而食之，织而衣之也，为开其资财之道也。故尧禹有九年之水，汤有七年之旱，而国无捐瘠者，以畜积多而备先具也。今海内为一，土地人民之众，不避汤、禹，加以亡天灾数年之水旱，而畜积未及者，何也？地有遗利，民有余力，生谷之土未尽垦，山泽之利未尽出也，游食之民未尽归农也。

民贫则奸邪生。贫生于不足，不足生于不农，不农则不地著，不地著则离乡轻家，民如鸟兽，虽有高城深池，严法重刑，犹不能禁也。夫寒之于衣，不待轻暖；饥之于食，不待甘脂；饥寒至身，不顾廉耻。人情一日不再食则饥，终岁不制衣则寒。夫腹饥不得食，肤寒不得衣，虽慈母不能保其子，君安能以有其民哉？明主知其然也，故务民于农桑，薄赋敛，广畜积，以实仓廪，备水旱，故民可得而有也。

民者，在上所以牧之，趋利如水走下，四方亡择也。夫珠玉金银，饥不可食，寒不可衣，然而众贵之者，以上用之故也。其为物轻微易藏，在于把握，可以周海内而亡饥寒之患。此令臣轻背其主，而民易去其乡，盗贼有所劝，亡逃者得轻资也。粟米布帛生于地，长于时，聚于力，非可一日成也。数石之重，中人弗胜，不为奸邪所利，一日弗得而饥寒至。是故明君贵五谷而贱金玉。

今农夫五口之家，其服役者，不下二人，其能耕者，不过百亩。百亩之收，不过百石。春耕，夏耘，秋获，冬藏，伐薪樵，治官府，给徭役，春不得避风尘，夏不得避暑热，秋不得避阴雨，冬不得避寒冻，四时之间，亡日休息。又私自送往迎来，吊死问疾，养孤长幼在其中。勤苦如此，尚复被水旱之灾，急政暴虐，赋敛不时，朝令而暮改。当其有者，半贾而卖，亡者，取倍称之息。于是有卖田宅、鬻子孙，以偿债者矣！而商贾大者积贮倍息，小者坐列贩卖，操其奇赢，日游都市，乘上之急，所卖必倍。故其男不耕耘，

---

① 毛泽东. 致田家英[G]//毛泽东书信选集. 北京：人民出版社，1983：539.

女不蚕织,衣必文采,食必粱肉,亡农夫之苦,有阡陌之得。因其富厚,交通王侯,力过吏势,以利相倾,千里游敖,冠盖相望,乘坚策肥,履丝曳缟。此商人所以兼并农人,农人所以流亡者也。

今法律贱商人,商人已富贵矣;尊农夫,农夫已贫贱矣。故俗之所贵,主之所贱也;吏之所卑,法之所尊也。上下相反,好恶乖迕,而欲国富法立,不可得也。

方今之务,莫若使民务农而已矣。欲民务农,在于贵粟。贵粟之道,在于使民以粟为赏罚。今募天下入粟县官,得以拜爵,得以除罪。如此,富人有爵,农民有钱,粟有所渫。夫能入粟以受爵,皆有余者也。取于有余,以供上用,则贫民之赋可损,所谓"损有余,补不足",令出而民利者也。顺于民心,所补者三:一曰主用足;二曰民赋少;三曰劝农功。

今令:"民有车骑马一匹者,复卒三人。"车骑者,天下武备也,故为复卒。神农之教曰:"有石城十仞、汤池百步、带甲百万,而亡粟,弗能守也。"以是观之,粟者,王者大用,政之本务。令民入粟受爵,至五大夫以上,乃复一人耳,此其与骑马之功相去远矣。

爵者,上之所擅,出于口而亡穷;粟者,民之所种,生于地而不乏。夫得高爵与免罪,人之所甚欲也。使天下人入粟于边,以受爵免罪,不过三岁,塞下之粟必多矣。

【赏析】

晁错的这篇文章论述了重农贵粟对于国家的富强和人民的安定生活所具有的决定性意义。文章一开始介绍"谷贱伤农"问题出现的原因和背景。在说明这个问题时运用古今对比,指出"蓄积未及"的现状及"游食之民未尽归农"的危害。第二个层次谈到"谷贱伤农"的现状。文中通过农夫与富商大贾的对比、法令与实际情况的对比,特别是对农民现实的贫苦生活的叙述,非常直接且准确地把"明君贵五谷而贱金玉"的问题摆上来,指出过度重视商业发展对农业生产的危害。特别是商人和大地主通过对土地和市场的操控加大对农民的盘剥,导致"谷贱伤农",使得农民生活贫困、民不聊生,不利于国家的长治久安。最后提出解决问题的措施和办法。晁错认为蓄积多,则民心稳,统治稳固;而要增加蓄积,必须想办法使农民尽心于农业生产。因而提出了"欲民务农,在于贵粟"的观点,并提出重农抑商、入粟于官、拜爵除罪等一系列主张。

文章的写作观点鲜明,主题突出,分析鞭辟入里,且逻辑非常严谨,论述的时候更是层层深入,直切问题的要害和关键,让人不能回避其提出的主要问题,文笔犀利老到,不愧为"西汉鸿文,沾溉后人,其泽甚远①"。应该说,晁错的这一主张在当时为扭转"谷贱伤农"的现状是有一定进步意义的,且这一观点与现代社会解决"三农"(指农村、农业、农民)问题有一定相似之处,其观点也有一定现实借鉴价值。我们可以看到的是,农业作为关系国计民生的大事,是任何一个时代都不能忽视的。现在我国正处在经济转型的关键阶段,如何保证民生?关键一点就是要保证粮食供给,同时也需要对农业的发展进行合理的规划。

【例文】

谏太宗十思疏
魏　徵

臣闻求木之长者,必固其根本;欲流之远者,必浚其泉源;思国之安者,必积其德

---

① 鲁迅. 贾谊与晁错 [M]//汉文学史纲要第七篇. 上海:上海古籍出版社,2005:35.

义。源不深而望流之远,根不固而求木之长,德不厚而思国之安,虽在下愚,知其不可,而况于明哲乎?人君当神器之重,居域中之大,不念居安思危,戒奢以俭,斯亦伐根以求木茂,塞源而欲流长也。

凡百元首,承天景命,善始者实繁,克终者盖寡。岂取之易守之难乎?盖在殷忧,必竭诚以待下,既得志,则纵情以傲物。竭诚则吴越为一体,傲物则骨肉为行路。虽董之以严刑,震之以威怒,终苟免而不怀仁,貌恭而不心服。怨不在大,可畏惟人;载舟覆舟,所宜深慎。

诚能见可欲,则思知足以自戒;将有作,则思知止以安人;念高危,则思谦冲而自牧;惧满溢,则思江海下百川;乐盘游,则思三驱以为度;忧懈怠,则思慎始而敬终;虑壅蔽,则思虚心以纳下;惧谗邪,则思正身以黜恶;恩所加,则思无因喜以谬赏;罚所及,则思无因怒而滥刑。总此十思,弘兹九德,简能而任之,择善而从之,则智者尽其谋,勇者竭其力,仁者播其惠,信者效其忠。文武并用,垂拱而治。何必劳神苦思,代百司之职役哉?

【赏析】

《谏太宗十思疏》是唐朝著名谏议大夫魏徵写给唐太宗的一篇奏疏。魏徵在文中提出"思国之安者,必枳其德义",提醒唐太宗要想国家长治久安,应注意积聚德义,规劝唐太宗在"贞观之治"取得成就以后,要牢记隋朝灭亡的教训,并具体提出了居安思危、戒奢以俭等十个建议,以使国家达到长治久安的局面。

文章的写作有很强的现实针对性,据说文章是在唐太宗取得巨大政绩以后逐渐骄傲自满的情况下,提出"不念居安思危,戒奢以俭"必将难守天下的道理,还针对这些具体存在的问题提出了"十思"的建议,不使奏疏流于空泛,而是鲜明具体,实用可行。这篇奏议写作的最大特色就是多用骈俪、排比对仗。这一方面是古代奏疏的庄重、典雅的体现;另一方面也显现出写作者的文字驾驭能力。今天我们学习时并不是要求把申论论证也写成这一体式,而是学习这种文章表达内在精神的连贯和气势的统一。

【例文】

刑赏忠厚之至论

苏 轼

尧、舜、禹、汤、文、武、成、康之际,何其爱民之深,忧民之切,而待天下以君子长者之道也!有一善,从而赏之,又从而咏歌嗟叹之,所以乐其始而勉其终。有一不善,从而罚之,又从而哀矜惩创之,所以弃其旧而开其新。故其吁俞之声,欢休惨戚,见于虞、夏、商、周之书。成、康既没,穆王立而周道始衰,然犹命其臣吕侯,而告之以祥刑。其言忧而不伤,威而不怒,慈爱而能断,恻然有哀怜无辜之心,故孔子犹有取焉。

《传》曰:"赏疑从与,所以广恩也。罚疑从去,所以慎刑也。"当尧之时,皋陶为士,将杀人。皋陶曰"杀之"三,尧曰"宥之"三。故天下畏皋陶执法之坚,而乐尧用刑之宽。四岳曰:"鲧可用。"尧曰:"不可,鲧方命圮族。"既而曰:"试之。"何尧之不听皋陶之杀人,而从四岳之用鲧也?然则圣人之意盖亦可见矣。《书》曰:"罪疑惟轻,功疑惟重。与其杀不辜,宁失不经。"呜呼,尽之矣。

可以赏,可以无赏,赏之过乎仁;可以罚,可以无罚,罚之过乎义。过乎仁,不失为君子;过乎义,则流而入于忍人。故仁可过也,义不可过也。

古者，赏不以爵禄，刑不以刀锯。赏之以爵禄，是赏之道行于爵禄之所加，而不行于爵禄之所不加也。刑以刀锯，是刑之威施于刀锯之所及，而不施于刀锯之所不及也。先王知天下之善不胜赏，而爵禄不足以劝也；知天下之恶不胜刑，而刀锯不足以裁也。是故疑则举而归之于仁，以君子长者之道待天下，使天下相率而归于君子长者之道，故曰忠厚之至也。

《诗》曰："君子如祉，乱庶遄已。君子如怒，乱庶遄沮。"夫君子之已乱，岂有异术哉？时其喜怒，而无失乎仁而已矣。《春秋》之义，立法贵严，而责人贵宽。因其褒贬之义以制赏罚，亦忠厚之至也。

【赏析】

宋代王安石执政后，对取士制度进行改革，废止了考诗赋，而改用经义，即以发表政治见解的时务策论作为考试的主要内容，以便选拔一些通经致用的人才，为变法服务。这种政论性文体称为策论。策论大多要求考生就一些问题展开论述，即论证某项国家政策或对策的可行性与合理性，侧重于考查考生解决问题的能力。

《刑赏忠厚之至论》为宋嘉祐二年（1057）苏轼应礼部试的试卷。本篇题目出自《尚书·大禹谟》伪孔安国的注文："刑疑付轻，赏疑从众，忠厚之至。"文章以忠厚立论，援引古仁者施行刑赏以忠厚为本的范例，阐发了儒家的仁政思想。指出刑赏的目的不是为了"施于刀锯"或"行于爵禄"，而是通过刑赏的方式导民向善即"使天下相率而归于君子长者之道"。正是由于作者有这样高远的立意，才使得文章历千古而愈见其新意。

整个文章的布局结构并不复杂。文章第一部分从上古先王和有德明君的如何运用刑赏，导入观点和问题的说明，也是运用事实材料来论证自己的观点；后面第二部分结合《传》和《书》的理论材料，运用事实材料和理论材料强调自己的"仁可过，义不可过"的刑赏忠厚之至观点；第三部分论述了刑赏这两种方式本身局限性，进一步说明"疑则举而归之于仁"的原因；第四部分也就是最后一段引《诗》作结，提出了"立法贵严，责人贵宽"，重申了自己文章的一贯观点。全文论理透析，结构严谨，语气纵贯，一气呵成，表达简洁而晓畅。

实际上，刑赏是一个问题的两个方面。于坚说："《刑赏忠厚之至论》也是论法的精神，把'法'的两个方面，宽容与界限，'仁可过，义不可过'说得那么清楚，不过是区区六百字。"[①] 法律应该为人的发展和社会的和谐提供有力的保障，但如果法律的实施会残害人和人的健康发展，那么这种法律的实行本身是不可取的。运用刑罚要有一定的价值取向，这也与今天我们在执法过程中体现"以人为本"的精神是一致的。这篇文章今天来读，我们依然感到古人的远见卓识和思想的博大精深。

此文曾经引发一个著名的典故，在文中，东坡写道："当尧之时，皋陶为士，将杀人。皋陶曰'杀之'三，尧曰'宥之'三。"主考官欧阳修曾就此事出处问苏轼，苏轼答云："何须出处。"这件事到今天还被人们传为美谈，主要赞扬苏轼的自由思想的魅力，但相较于苏轼的精深的思想和洒脱的性格，我们在学习他习作的同时却更要发扬实事求是的精神，在材料的选取和运用上要更谨慎，绝不能生造一个完全不存在的材料来证明自己的观点。

---

① 于坚. 读苏轼策论有感 [N]. 新京报. 2005-09-09.

二、优秀论证文本赏析

(一) 是否命题作文

1. 命题作文

【论证文本】

2010年中央机关及其直属机构公务员录用申论（市级）试题：

结合给定资料中的具体事例，以"海洋的健康"为题目，自选角度，写一篇文章。（40分）

考生作答文本：

海洋的健康

海洋被称为地球之血，以她的博大、富饶支撑着人类的生存与发展。海洋与人类共处于一个彼此联系的全球生态大系统，损害海洋的健康，就会损害人类的健康。当前我国近海污染已到了触目惊心的程度，如果任由污染毒害地球之血，必将危及国民健康与国家发展。为了家园的安全与繁荣，我们必须大力落实科学发展观，努力维护海洋健康，实现海洋生态环境的良性循环。

我国有丰富的海洋资源，这是大自然的珍贵赐予，是我国可持续发展的重要物质基础。然而用好海洋资源的前提是保护海洋环境，海洋与人是共存共生、相互制约的关系，海洋生则人生，海洋亡则人亡。人类发展如果脱离自然平衡的规律，把经济繁荣建立在破坏海洋生态环境的基础上，必将陷入"环保错位"的困局，为修复这种破坏付出巨大代价。第二次世界大战后日本大肆填海造地发展工业，在促进经济起飞的同时，也带来了巨大的后遗症，该国兵库县政府不得不投入巨资，计划用上百年的时间，改善和恢复海洋生态平衡。我们应从发达国家牺牲环境谋发展的历史中吸取教训，按照科学发展观要求，坚持走可持续发展道路。

目前，我国面临的海洋污染形势十分严峻，以渤海为代表的近岸海域污染不断加剧，人民身体健康和生活质量受到严重影响。说到底，海洋污染问题是我国工业化、城市化发展中的"现代病"，是一些地方政府的发展观念和发展方式问题。如果不能把发展方式尽快转变到科学发展的轨道上来，海洋污染问题就无法彻底解决，海洋健康与人类健康、经济发展、社会繁荣的良性循环就无法实现。

要实现海洋与经济社会发展良性循环的目标，各级政府必须清醒认识，真正树立起生态文明的理念，站在统筹人与自然和谐发展的高度，采取切实措施，防治海洋污染。要借鉴天津滨海新区的发展经验，把环境保护纳入海洋经济发展的总体规划，一项工程建设之初就充分考虑生态环境的要求，通过科学规划，合理布局，从源头上、起点上实施保护，使海洋的开发与保护并行不悖。同时要以政府行为引导和约束企业行为及社会行为，制定优惠政策，鼓励企业履行环保责任；宣传普及海洋保护知识，促进全社会自觉爱护海洋环境的良好风尚的形成。

"海上生明月，天涯共此时。"我们不忍想象一钩残月从布满垃圾污物的海平面上升起，使古人诗句的意境空余一个苍白的回忆。要让后人看得到古人描绘的美景，眼前就要从我们手中做起，让海洋恢复健康，成为我们可以相依而生的永恒家园。

【评析】

这类文章除了可以归类为命题作文外,也可以将其放在无文体要求的议论文中,所以文章写作的形式和内容要相对自由些,除了可以写成政论文也可以写成策论文。从这篇文章的写作来看,首段写到维护海洋健康的重要性;第二段阐述了我国海洋资源开发和经济发展的关系,并与材料结合阐述应吸取发达国家海洋开发的教训;第三段指出了我国海洋污染的严峻形势;第四段从政府的意识、科学规划和约束企业和社会行为等三个方面提出海洋工作的具体对策,最后以诗句引申结束文章。全文内容充实,观点鲜明,结构严谨,对策可行。在语言表述上,合理运用诗句及古文名句来阐释自己的观点和看法,感情充沛,论述深刻,理论性较强。

2. 非命题作文

【论证文本】

2011年中央、国家机关公务员录用考试申论试题:

请参考给定材料,以弘扬黄河精神为主题,自选角度,自拟题目,写一篇文章。(40分)

考生作答文本:

弘扬黄河精神 维持黄河健康生命

"君不见,黄河之水天上来,奔流到海不复回!"源自念青唐古拉山的黄河,从远古以来孕育了中原文明,是中华民族与中华文化的摇篮。一代天骄毛泽东终其一生对黄河怀有敬畏,他曾说:"藐视什么也不能藐视黄河——这是我们民族的根哪!"千百年来代代先辈在治理黄河洪灾与泥沙的奋斗中,层层累积形成了黄河精神,这是我们最可宝贵的精神财富,在世世代代维持黄河健康生命的历史进程中,必将不断放射出耀眼的光辉。

黄河曾经以她丰饶的乳汁哺育了华夏文明,给两岸以灌溉,也给诗人以灵感,唐诗汉赋、歌曲绘画,无数动人的辞章都与黄河有关。黄河的平均水量为580亿立方米,占中国总水量的2%,是长江的1/17,却养育了全国12%的人口,灌溉15%的耕地,黄河对中华民族的贡献不可磨灭。但由于黄河两岸生态变化和经济建设的影响等因素,黄河污染日益严重,黄河活力日益枯竭。尤其是近一千年来,黄河逐渐成为中华民族的忧患之河。

为全面治理黄河,使母亲河再现生机与活力,2004年1月12日,黄河水利委员会李国英主任提出了以"维持黄河健康生命"为终极目标的"1493"治黄理论框架体系,即:一个终极目标、四个主要标志、九条治理途径、"三条黄河"建设,在推进"维持黄河健康生命"的黄河治理新工程中,我们尤其要注重弘扬黄河精神,确保黄河治理工程的高起点、高标准、高水平。

黄河精神永远都是我们最宝贵的精神财富。随着岁月的流逝,不仅丝毫未磨损它的深刻内涵和神奇魅力,而且愈加凸显它鲜明的时代价值。在建设"三条黄河",实现"堤防不决口,河道不断流,污染不超标,河床不抬高"治河目标的今天,要践行"维持黄河健康生命"的新理念,就要大力发扬"团结、务实、开拓、拼搏、奉献"的黄河精神,不断开创各项治黄工作新局面。

新中国治黄60年的辉煌业绩证明:伟大的理想信念必须产生强大的动力,坚定的信念必然激发不懈的追求和坚强的毅力,确立了治黄新理念就有了坚定的奋斗目标,强大的精神支柱和用之不竭的力量源泉,要贯彻落实科学发展观,践行治水新思路,实现以黄河水资源的可持续利用，保障流域及相关地区经济社会可持续发展，同样需要"团结、务实、开拓、拼搏、奉献"的黄河精神作支柱。

"维持黄河健康生命"，要把强大的精神动力同先进的理念结合起来，探索出一条符合科学发展观与新世纪黄河实际的治黄道路。按照"1493"治黄体系，维持黄河健康生命，是黄河治理开发与管理的终极目标；"堤防不决口、河道不断流、污染不超标、河床不抬高"是"维持黄河健康生命"的四个主要标志；减少入黄泥沙的措施建设，流域及相关地区水资源利用的有效管理，增加黄河水资源量的外流域调水方案研究，黄河水沙调控体系建设，制定黄河下游河道科学合理的治理方略，使下游河道主槽不萎缩的水量及其过程塑造，满足降低污径比使污染不超标的水量补充要求，治理黄河河口以尽量减少其对下游河道的反馈影响，黄河三角洲地区生态系统的良性维持，是九条治理途径；原型黄河、模型黄河、数字黄河"三条黄河"治河体系是三个有效手段。

维持黄河健康生命任重而道远。在科学发展观的指导下，我们弘扬黄河精神，不断开拓创新，探索治黄新路，积极建立有利于维持黄河健康生命的体制机制，持之以恒、不懈奋斗，一定能够实现"维持黄河健康生命"的宏伟目标，一定能够为中华民族与华夏文明的永续发展铸就最牢固的根基！

【评析】

黄河精神是本作文写作主线的重要组成部分之一，也是写作最终归属点、提升点。本试题提供的材料很多内容都涉及文化方面以及人与自然的关系方面。但若只从材料所提供的一个方向就容易陷入空谈中去，因而要统筹结合，将黄河精神与维持黄河健康联系起来。本篇文章并没有就黄河精神谈所谓的黄河精神，而是从黄河精神出发，落脚放在维持黄河健康上，这种站在发展的角度去看待问题的思维是我们学习的重点和难点。文章在第一自然段就提出论点，很快切入到黄河精神的问题上来；第二自然段接着分析当前黄河的问题及表现；第三自然段是过渡段，从黄河精神和黄河问题过渡到治黄理论上来，非常自然；第四到第六自然段分别从三个方面说明如何弘扬黄河精神，并最后落实到处理人与自然关系的抓手上来。文章的结尾，将黄河精神提升到人与自然为抓手，创新文化精神，弘扬文化精神。这篇文章的立论高远，结构严谨，语言表达自然老到，文中的理论部分与材料的实际联系非常紧密，因而文章内容显得非常充实，很有说服力。

(二) 是否有文体要求

1. 无文体要求的议论文

【论证文本】

2007年下半年北京市应届毕业生录用公务员考试申论试题：

结合给定材料，请以"从我国听证会制度的发展说开去"为副标题写一篇1000~1200字的文章。(40分)

考生作答文本：

可承受未必可接受
——从我国听证制度说开去

现今，在我国构建和谐社会的过程中，听证制度已日益成为当今我国立法程序和行政程序中一项极为重要的制度，对社会各方面产生广泛和深刻的影响，尤其是在与广大群众日常生活休戚相关的价格领域。在1998年，我国《价格法》首次将听证制度引入我国价格决策过程，明确规定：制定关系群众切身利益的公用事业价格、公益性服务价格、自然垄断经营的商品价格等政府指导定价、政府定价时，应举行由政府价格主管部门主持的听证会，征求消费者、经营者和有关方面的意见，论证其必要性、可行性。

从这几年价格听证制度的具体实施来看，可以说几乎所有的价格听证都是关于涨价的，而涨价的理由也几乎都千篇一律，最核心的、似乎无可反驳的一条就是"价格的升幅在人民群众收入的可承受范围"。但我们不禁要问："价格的升幅在可承受范围就一定是在可接受的范围吗？""老百姓可以承受这个价格就代表可以接受这个价格吗？"答案当然是：未必。因此在这样一个情况下，听证制度就显得很有必要了。因为在所有的价格调整里，不一定都是合理的。不能说老百姓口袋里的钱多了，就要多赚一点，因为老百姓收入的增长，是要带动老百姓生活质量的提高，而不是带动物价的上涨。因此，笔者认为，价格的调整不应与经济直接挂钩，而应重拾"价值规律"的精神和原则，对价格与价值不相符合的产品或服务，就要对其价格进行调整。

说到这里，就引申出这样一个问题，听证的目的是为了作出合理的价格调整，而价格调整就有调高和调低两种可能。而从目前的实际情况来看，几乎没有降价的听证会。从经济学的角度来看，无论哪个国家，无论其市场经济如何完善，都必定存在某些商品价格不符合价值的情况，价格过高或过低都有可能。而我国社会主义市场经济还处于初级阶段，还有许多方面，尤其是价格形成机制上还存在着不足，这也是价格听证制度需要存在的重要原因。但现在问题的关键是，我们国家不可能只存在价格低于价值的情形，而是必然存在价格高于价值的情形。如果价格听证制度只听证涨价而不听证降价，那么就等于价格听证制度只发挥了其一半的效用，这与我国引进该制度的初衷相违背。

回顾听证制度的发展历程，诚然，如能源价格升高带来的煤气价格听证、出租车价格听证，其最后获得涨价都是有其合理性的，值得支持。但我们也要看到，如电信、电力等垄断行业导致的高通信费、高电价是否也应该在听证制度的范围内呢？听证的结果除了让老百姓多掏钱外，能否出现让老百姓少掏钱的情况呢？答案当然是可以的，关键是谁来捅破这张窗户纸？

让政府来要求降价吗？这似乎是可以实施的一个对策，但我们不可以忘记，政府主要作用是要调整市场，而不是控制市场。在听证制度中，政府是"裁判员"，但如果让政府在作为"裁判员"的同时，再要充当"运动员"的角色去主动要求降价，是不合适的，甚至可以说是不公平的。

那么让老百姓自己去吗？似乎站在维护自身利益的角度，作为利益关系人，老百姓应该自己站出来，因为降价后的受益者是老百姓。但这里存在一个问题，老百姓可是一个很大群体，谁来向听证会提出降价的要求呢？所有的老百姓都可能去听证会吗？当然不能。那么这就需要在老百姓这个群体中找到一些代表去参加听证会。那么谁最能代表老百姓去提出降价的要求并参加听证会呢？答案是确定的，有一类人最能代表老百姓，那就是我国的全国及地方各级人大代表。无论从民意的角度，还是从法律的角度，由人大代表来代表群众提出降价要求是最合适的。而一旦降价的听证会能够与涨价的听证会一样被广泛地接受，听证制度才能完全发挥其效用，成为完善我国市场经济的"金钥匙"，使价格的调整更趋合理，让"可承受"的价格变动真正成为"可接受"的价格变动。

【评析】

这种"说开去"类给定话题的文章写作的一个最大的特点是开放性。"议论文"并不等同于"策论文",就是说可以从不同的角度谈论问题,只要观点鲜明,言之成理,论述有力即可;且文章的内容中并不一定要有专门的"策论部分",因为"说开去",并没有限定必须要"说到对策上"去,而且题目要求也没有限定必须写对策。写申论文章的核心关键在于"言之有理",因为原因也罢,对策也罢,都需要"言之有理"才可得分,而"言之无理"或"言之无物"的空洞性文章往往得分不高。对此,希望广大考生在备考中注意对文章"说理性"的练习。文章首段引入问题的背景介绍,并从中引出所要讨论的问题:我国听证制度的产生;接着从听证制度现状分析当前我国听证制度中存在的问题:其一是听证制度作为合理的价格调整的手段存在着机制上的不足;其二是能否将一些高垄断行业纳入听证制度范围内;其三,政府和参加听证人在听证制度中的角色定位和责任分担的问题。这篇文章的特点是观点独特,论述灵活,因而文章一点都不显得套路化、模式化,语言表达上也很有特色,这种文章写作的方式是一种很好的申论论证的探讨方向。

2. 有文体要求的议论文

1) 政论文

【论证文本】

2008年中央、国家机关公务员录用考试申论试题:

请以"人与自然"为题,写一篇文章。(40分)

考生作答文本:

人与自然

2003年,"三江并流"自然景观被列入联合国教科文组织的"世界遗产名录"。"三江并流"是指滇西的怒江、澜沧江、金沙江三条大江在东西150千米内紧密排列的地理奇观。雪山和冰川环抱,珍稀动植物在其间繁衍,营造出一个雄奇、瑰丽的自然宝藏。2004年,准备在这里实施的"两库十三级"怒江水电开发方案,刚一出台便引发了巨大争议,"人与自然"的关系问题也再次引起了人们的深入思考。

在"人与自然"的关系问题上,存在着一种严重的错误倾向,那就是把人与自然对立起来,强调对自然的绝对支配。在他们看来,作为自然的"征服者",人是大自然的主人,可以无条件地向自然索取,并由此导致对自然资源的掠夺性开发和破坏。

基于这种错误认识,征服者们尽情行使着对自然的霸权,肆无忌惮地改造着自然。然而,正当人们陶醉于自己"高峡出平湖"的丰功伟绩时,却遭到了来自大自然的疯狂报复。澜沧江漫湾水电站开发一期工程就是一个典型事例。虽然漫湾电厂每年可以为我国各级财政特别是电力公司带来滚滚财源,但是由于盲目追逐经济利益和对自然环境的漠视,导致当地环境迅速退化,水土流失加剧,滑坡与泥石流等灾害频发。仅在1993年蓄水后的很短时间内,就发生了100多处崩滑坡。20世纪70年代建成的埃及阿斯旺水坝,今天也面临着同样的困境。有专家指出,"两库十三级"的怒江水电开发方案正是一个掠夺性的开发方案。

难道开发资源就一定要以牺牲环境为代价?难道人与自然就只能是对立的关系?绝不

是!那种只顾"经济效益"而不珍惜环境、只看"发展"而不讲可持续的观念,与科学发展观的精神完全相悖。在饱尝了破坏生态环境的恶果之后,我们必须深刻反思,真正树立起人与自然和谐的"生态文明"理念,采取切实、有效的措施。

人与自然和谐,首先必须确保资源开发依法进行。要坚持开发与保护并重,根据《环境影响评价法》做好环评报告,严格遵循先规划、后开发的原则,确保工程方案安全可靠、经济合理、有序推进,严禁掠夺性开发。同时,还要把开发收益的相当一部分投入对自然环境的保护中。

人与自然和谐,必须大力发展循环经济。要综合开发自然资源,避免资源的片面开发,切实形成节约能源和保护生态环境的产业结构、增长方式和消费模式,建立以工业为主,农、林、渔、旅游等产业全面发展的现代经济模式。美国田纳西流域治理的成功经验给我们提供了很好的范例。

人与自然和谐,最重要的是必须坚持以人为本,实现当地人民经济发展,生活提高。在水电开发中要对开发收益进行合理分配,切实解决移民问题,妥善安置移民的就业和生活,防止移民贫困,避免因移民不力而造成的环境破坏。

人与自然和谐是构建我国社会主义和谐社会的重要方面。胡锦涛总书记在党的十七大报告中指出:"使人民在良好生态环境中生产生活,实现经济社会永续发展。"只有全社会牢固树立生态文明的观念,我们才能走上生产发展、生活富裕和生态良好的文明发展道路。

【评析】

本题要求参考给定材料,不可泛泛地谈论"人与自然"问题,必须紧贴材料,发现其中所反映的问题并有所思考。分析材料我们可以发现,材料中体现的政府方针和政策导向的内容是我们要注意的方向,即我们写作时要观点明确,注意与材料中的政府方针和政策导向的内容保持一致。同时还需要从所给材料中采集某种错误认识,进行恰当阐述并给予反驳,通过批判给定材料中的某一错误观点来论证自己的观点。该文行文流畅,对错误倾向的阐述清晰、明确,同时文章写作中很好地结合了材料。在说理部分,能够运用材料的实例进行论证,很有说服力,且吻合了申论要求结合材料作答的条件。此外,本文的行文布局、语言都值得考生学习和借鉴,是一份高分论证文。

2)策论文

【论证文本】

2006年中央、国家机关公务员录用考试申论试题:

在我国,妥善应对突发公共事件是政府面临的重大课题。请你就我国政府如何提高应对突发公共事件的能力写篇文章,说出自己的看法。(40分)

考生作答文本:

如何提高各级政府应对突发公共事件能力?

提高各级政府应对突发公共事件的能力是加强党的执政能力建设的一个重要方面。从近些年来处置金融危机、打击各类违法犯罪活动、抗击"非典"、歼灭"禽流感"等事件来看,提高各级政府应对突发事件的能力显得十分重要和紧迫。

突发事件一般是指难以预料、突然发生、关系全局安危的重大事件,具有复杂性、破坏性、危险性等特点。正确应对突发性事件,对各级政府的能力提出了综合性要求。

一要有敏锐的鉴别能力。突发事件并非是"空穴来风",在其酝酿、发生、发展过程中,必然会表现出一些不易被人察觉的迹象。作为一名政府公务人员,要善于捕捉那些初露端倪的表面现象,掌握真实的信息,在此基础上作出准确的分析、判断,较好地把问题化解在基层、化解在内部、化解在始发状态,从而主动、有效地防范和避免事态的扩大。但从以往应对突发事件的情况来看,很多时候,正是一些政府工作人员在事发之初对苗头性信息掌握不准、漫不经心,从而错失良机、酿成大祸。

二要有驾驭全局的能力。"胸无全局者,不足以谋一域。"对突发事件的处置,事关大局,来不得半点马虎,需要政府工作人员统观全局,周密思考。既要考虑事件造成的社会影响,又要考虑造成的经济损失;既要考虑国家政策、法律的规定,又要考虑当地群众的风俗习惯;既要考虑采取措施的力度,又要考虑社会的承受程度;既要考虑事件本身的处置效果,又要考虑其后续影响以及周边因素的作用。总之,要把突发事件摆到发展的全局中通盘考虑、谋划,防止急于求成、一味地就事论事、采取强制手段粗暴处置。要坚决避免顾此失彼、因小失大、贻误全局现象的发生。

三要有快速应变的能力。只有做到快速反应、多谋善断、速战速决,才能掌握处置突发事件的主动权,将事件可能产生的不良后果控制在最小限度。突发事件来势猛、发展快,稍有不慎,将造成失控局面。这就需要政府工作人员有迎难而上、不畏艰险的勇气,有处变不惊、大胆果断的气魄,有审时度势、随机应变的胆略,有令出法随、雷厉风行的作风。总之,要快字当头,迅速、果断采取行动,在最短的时间内控制住局势,这是应对的关键环节。

四要有较强的组织、协调能力。应对突发事件,对政府工作人员的组织、协调能力有着更高的要求。首先,能在短时间内聚合各种要素,把包括党委、政府各职能部门以及新闻媒体在内的社会各界的人力、物力、财力等资源在第一时间内集聚到位,充分调动各方面的积极性;其次,能有条不紊地开展工作,高效、有序运作,使各个环节丝丝相扣,最大程度地发挥其效能;最后,能优化调控手段,以高超的领导方法和领导艺术,尽力以理性的而非感性的、柔性的而非暴力的、开放的而非隐蔽的方式,妥善、有效地处理好突发事件,避免事件因组织拖延、调控不当而造成更大的危害和损失。

五要有快速决策的能力。快速决策能力是建立在理性思维基础上的一种能力,也是政府工作人员应急能力高低的最终体现。科学的决策需注意以下几方面:第一,要迅速查清事由。对事件的起因、事态程度、发展趋势、社会影响等情况进行深入调查摸底,掌握实情,为事件妥善处置做好基础性的保障工作。第二,要因情施策,区别对待。根据事件的不同起因和性质,对症下药,采取有针对性的工作措施,尤其要时刻注意事件的动向,不断地应对调整。第三,决策要有适度超前性。要充分考虑事件的发展、变化,具有一定的预见能力,留有周旋的余地,从而运筹帷幄,决胜千里。第四,要群策群力,寻求最佳方案。一个人的知识和经验毕竟有限,这就需要政府工作人员集思广益,博采众长,在集聚各方智慧和意见的基础上择善而从,迅速作出科学决断,并使之立即付诸实施。

总而言之,应对突发公共事件能力的提高是一个培养的过程。提高应对复杂局面、处理突发事件的能力,要求政府工作人员从多方面入手。平时培养实际才干,并注重在一线跟踪考察、了解、识别干部,形成正确的用人导向。对能力过硬的,表现突出的优秀干部要及时表彰,不拘一格,大胆起用;对工作不力、能力平庸的干部,要不留情面坚决调整;对那些因为工作失职、渎职造成严重后果的,要严格责任追究,严肃查处。

【评析】

这类文章是机关里常见的一种工作建议应用文。它的写作套数是：第一，提出问题，引出主题。这里面可以分为两层：一层是现实的状况，即突发性事件增多和举典型事例；另一层是由此引出公共安全问题的重要性和解决此问题的迫切性（意义）。第二，挖掘产生突发性事件的根源。此问题可分为两层：一层是找出发生问题的表面原因，有几条材料当中都有展现；另一层是深入挖掘突发事件的深层原因，即没有处理好人与自然，人与人，经济发展与社会发展，安全、稳定、发展之间的关系，归结到底是没有贯彻落实科学发展观与和谐社会的要求。第三，提出对策。也分为两层：一层是总对策，运用科学发展观处理好人与自然，人与人，经济发展与社会发展，安全、稳定、发展四个方面的关系；另一层是具体措施，前面已经提到了七八个方面。这样的文章就是一个比较完美、比较标准的工作建议。这是一种写法，也是最典型、最佳的写法。这篇文章在写作上观点鲜明，让人有高屋建瓴之感；论述很充分，所提对策的内容中有理论高度也有实际工作措施；语言表达也很精练、准确，很符合这类文章写作的具体要求，是一篇不错的文章。

3）启示文

【论证文本】

2012年中央、国家机关公务员录用考试申论试题：

"给定资料（五）"画线部分写道："无论我们认为自己已变得多么高明和安全，自然灾害与人为灾难始终是我们生命的一部分。"请结合你对这句话的思考，联系自己的经验或感受，自拟题目，写一篇文章。（40分）

考生作答文本：

天变不足畏　安全当先行
——让经济社会运行更安全

人类的历史是一部与灾难相伴、与灾难抗争的历史。从2008年的中国汶川，到2011年的日本福岛，大自然向我们展示了它的愤怒，也给人类造成了巨大的伤害。然而正如古罗马哲学家塞内加所说，只要我们意识到未曾预料到的事件对我们的伤害最大，时时保持警惕，预想到所有的可能，并相应加强安全规划与防护，牢固树立忧患意识，按照统筹经济社会发展的要求，切实把安全放在第一位，"天变"就不足畏，并且会成为经济社会运行得更加安全的驱动力。

2010年S市的公寓火灾，凸显了现代城市运行中的脆弱性：一是城市规划设计中的安全防护不足，片面追求建设速度和经济效益，而对事故的防范考虑不周、投入不够；二是法律和制度落实不到位，在工程建设和维修中存在违法、违规问题，日常管理缺乏有效的规范化监督；三是技术保障欠缺，救援设施设备难以满足需要，影响救援的速度和效率；四是公众安全意识淡薄，市民自救互救、应急疏散能力不足。这一切都直接或间接导致了事故的发生、扩大了事故的危害。

我国古训有云："宜未雨而绸缪，毋临渴而掘井。"预防灾难和事故应从"预"字着眼、"防"字抓起。如果庞培人对火山喷发有足够的预见并有相应的防护设施和防范措施，也许一代名城庞培不至于被火山熔岩所吞没；如果S市在高层建筑的规划上科学、谨慎，在安全防护上舍得投入，对市民有相应的应急训练，也许公寓火灾的后果不至于如此惨重。只有从思想上真正重视起来，并落实到行动上，才能真正从事故教训中汲取前进的动力，推动经济社会的安全前行。

自然灾害和人为事故的教训告诉我们：科学发展，以人为本，要保障人民的生命安全，必须把安全放在第一位。首先，在发展理念上，必须把各级政府和全社会的思想认识转移到科学发展的轨道上来，尊重客观规律，把握当前国情，以安全为前提和保障，促进安全生产与经济社会发展同步。其次，在安全文化上，要学习发达国家"生命至上"的观念和做法，大力开展安全文化自律性、生命化、安全技能观的宣传教育，营造尊重生命、尊重法律的文化氛围，普及安全知识，定期开展应急避险训练，切实提高公众自救能力；再次，在资源整合上，要将安全防护措施融入城乡建设规划，大力促进公共应急资源整合，构建综合减灾应急系统，建立协调有力、运作顺畅的机制，打破条块分割，把各个行业的专业救援力量整合起来，形成维护公共安全的强大合力；最后，在法律执行上，要加强执法和监管，确保法律制度的落实，规范人们的生产、生活行为，严格依法操作，积极保护生态环境，从源头上熄灭灾难和事故的火星。

胡锦涛总书记曾经指出，人的生命是最宝贵的，我们的发展不能以牺牲精神文明为代价，不能以牺牲生态环境为代价，更不能以牺牲人的生命为代价。把科学发展的理念贯穿到经济社会发展的每一个环节，以安不忘危的思想统筹好、谋划好安全发展，以只争朝夕的精神做好维护安全的各项工作，让人民生活在一个充满忧患意识的环境里，我们一定能够让中国列车运行得更加平稳、顺利！

【评析】

2012年"国考"申论文章和2011年的"国考"在形式和要求上是相同的，要求考生针对材料的理解来写作文章，注重的是考查考生个人的知识背景，即"自身的经验和感受"。在写作上则要求内容和观点既要源于材料，又要高于材料。由于考生的知识背景的差异，对于同一个材料的理解也存在着很大的不同，很容易写出自己的特色的东西，但要注意结合画线部分和材料中的观点来写，也不可谈得漫无边际。启示文写作和前面的启示写作有一定的相同之处，一般也是教训和经验两个方面，对于教训要警惕，对于经验则要发扬。就画线部分这句话而言，其带有一定的现实批判性和悲观精神，它批判的是怎样的现实？这种悲观精神我们应怎样应对？我们都应分析对待并从中提升出自己的观点，不能被这句话牵着鼻子走。概括起来，一方面要认识到人类的发展的确伴随着各种灾难，另一方面也要明白这些灾难并非完全不可战胜。这篇文章写作的立意方面就是从这个角度来的，首段提出观点，应"加强安全规划与防护"，积极应对"天变"；第二段联系材料归纳、概括了"天变"和"人灾"的原因；第三、四段分别从思想意识的改变和一些针对性具体措施的实施角度提出对抗"天变"和"人灾"的对策；最后一段以胡锦涛总书记的话结尾并作理论上的提升，将其提高到科学发展观的高度。文章结构合理，层次清晰，语言规范、流畅，特别是在指出问题、提出相应的解决对策方面，与材料联系比较紧密，合理、有效。

4）评论文

【论证文本】

2005年中央、国家机关公务员录用考试申论试题：

请以"评解决我国农村农民问题的两种思路"为题,写一篇800~1000字的文章。要求观点明确,分析具体,条理清楚,语言流畅。(35分)

考生作答文本:

评解决我国农村农民问题的两种思路

中国农民脱贫的出路在哪里?思路之一是着眼农村自身的经济建设,通过增加财政扶贫资金和扶贫贷款,大力改善农村的基础设施建设,同时积极推进农业产业化经营,建设"小城镇"。思路之二是利用城市解决农村人口的就业问题,加速城市化步伐,让农村剩余劳动力尽快转移,城乡经济统筹发展。两种思路,就是两种解决农村农民问题的战略。在农村与农民问题这个关系国民经济的根本大计的首要问题上,两种思路中的任何一种都会对我国经济的发展产生重大而深远的影响。孰优孰劣,值得深入思考。

城乡经济统筹发展,这是个新提法、新思路,具有很强的针对性。20世纪50年代中期以后,在计划经济体制下,我国对城市、居民实行一种政策,对农村、农民实行另一种政策。长期实行这种"一国两策"的结果,形成了中国特有的二元经济结构、二元社会结构、城乡不能交融、城乡差距很大,实际上形成了两个市场、两个社会,并由此引发了一系列的经济社会问题。改革开放以来,由于户籍制度等体制性障碍没有改革,城乡差别扩大的趋势仍在继续。最近几年来,东部沿海城市发展很快,日新月异;但广大农村,尤其是中西部农村,还相当落后,形成了鲜明的对比。江泽民在党的十六大报告中提出了一些对新阶段的发展具有战略意义的新观点和新思路,其中就包括统筹城乡经济社会发展。报告指出,就现阶段来说,必须把转移农业人口作为今后繁荣农村经济的一大重任。有专家指出,这是在新阶段加快农村经济发展的一个非常重要的基本思路,离开了这个思路,要想在十几年的时间内把我国农村建成小康社会,是很难做到的。

从发展"小城镇"的思路来看,中国若要遍地都去发展"小城镇",总有一天会面临无土可耕的危机。我国的城市化不能仿效美国模式,因为美国的土地资源要比我国丰富得多。但如果只着眼于农村自身建设来发展"小城镇",实际上就是"让农村关起门来搞城市化",还是不能消除城乡之间的巨大差距,这不符合中国国情。

从2005年1月1日起,各地区将统一使用人口统计中的常住人口计算人均GDP,并对历史数据进行调整,长期以来以户籍人口计算的人均GDP将成为历史。农民工对城市GDP的贡献将被承认,他们对公共服务的需求也将由城市的公共财政加以解决,这将是统筹城乡经济社会发展的一个重大战略性举措。要通过改革,使城市向农民开放,农村剩余劳动力向非农业和城镇转移。这是增加农民收入,解决农村与农民问题的根本出路。目前,我国经济持续发展,工农业商品供应充足,市场经济体制已经基本建立,各方面的条件已逐渐具备。应该深化户籍制度等方面的改革,敞开城门、镇门,让农民走进来。

【评析】

作答给定题目类的试题,首先要做的是审题。譬如本题要求"评解决农村农民问题的两种思路",应试者应在根据文中材料概括出这两种思路的具体内容后再作评价。概括的内容一定要具体、准确,将给定材料中列出的问题加以梳理,分析这两种做法的优劣所在,并指出解决农村问题的真正出路,整个文章论述的内容更要紧扣主题来展开。本文的写作堪称优秀,其突出优点是"理据相谐"、"有立有破"。文章第一部分在开头就概括了两种思路的内容；第二部分分两段来论述：先是围绕"发展农村经济要以加快农村人口转移为思路"这一论点，加以论述，接着又指出了"小城镇"发展思路的局限性；最后一部分又重申观点的内容。语言条理性强，层次分明。

三、一般论证指瑕

（一）政论文

【论证文本】

2008年中央、国家机关公务员录用考试申论试题：

请以"人与自然"为题，写一篇文章。（40分）

考生作答文本：

人与自然

近年来，我国经济社会快速发展的同时，绿树掩映、清水环绕的村庄和小山村明亮的月亮却渐行渐远。曾几何时，"细雨鱼儿出，微风燕子斜"，"稻花香里说丰年，听取蛙声一片"在很多地方已经成为人们的记忆。时至今日，大自然馈赠给我们的宝藏——怒江，又面临着水电开发的争论。开发还是不开发？社会呼吁在经济发展的过程中妥善保护生态环境，促进人与自然和谐，建设生态文明。

人类曾经以为，大自然的资源是取之不尽、用之不竭的。于是，我们无限制地向大自然索取，而置大自然的痛苦呻吟于不顾。终于，慷慨的大自然再也承受不了，开始向人类报复。20世纪70年代初，埃及建成阿斯旺水坝，这座水坝给埃及人带来了廉价的电力，控制了水旱灾害，灌溉了农田，然而也破坏了尼罗河流域的生态平衡。埃及海域中可爱的沙丁鱼已经看不到了，而血吸虫、蚊子却来到了人们的身边。人们终于意识到，大自然的忍耐度是有限的；我们在向大自然索取的同时，也应该精心呵护它。只有这样，人和自然才能和谐相处。

党的十七大报告提出建设生态文明，是对人类长期以来主导人类社会的物质文明的反思，是对人与自然关系历史的总结和升华，是遵循人与自然和谐发展规律的结果。对此，我们理应谨记，并树立人与自然和谐的文化价值观、生态系统可持续前提下的生产观和满足自身需要又不损害自然的消费观。

一是人与自然和谐的文化价值观。把对自然的爱护提升为一种不同于人类中心主义的宇宙情怀和内在精神信念，体悟自然是人类生命的依托，树立符合自然生态法则的文化价值需求。自然的消亡必然导致人类生命系统的消亡，尊重生命、爱护生命并不是人类对其他生命存在物的施舍，而是人类自身繁衍发展的需要。因此，我们应追随古人"天人合一"的理念，大力促进人与自然和谐。

二是生态系统可持续前提下的生产观。遵循生态系统是有限的、有弹性的和不可完全预测的原则，人类的生产劳动要节约和综合利用自然资源，大力发展循环经济，形成生态化的产业体系，使生态产业成为经济增长的主要源泉。物质产品的生产，在原料开采、制造、使用至废弃的整个过程中，争取做到对资源和能源的消耗最少、对环境影响最小、再生循环利用率最高。

三是满足自身需要又不损害自然的消费观。提倡"有限福祉"的生活方式。人们的追求不应再是对物质财富的过度享受，而是一种既满足自身需要又不损害自然，既满足当代人的需要又不损害后代人需要的生活。这种公平和共享的消费观，应成为人与自然、人与人之间和谐发展的规范。

自然和人的发展关系不是完全对立的，只要我们对自然心怀敬畏，遵循自然法则，在维护自然的前提下追求人类的发展，在经济社会发展的过程中做到人与自然和谐相处，自然终将给人类以丰富的回报。

【评析】

本文在立论上将科学发展观作为自己的基点，这样立论是可以的。但整篇文章的倾向是用抑制物质文明发展的方式来维持人与自然的"和谐"，且据以提出的对策本身稍显有点大而空。在文章的写作上，一开始谈论了很多与主题无关的内容，对中心论点的切入过慢。而文章通篇使用的语言文学意味过浓，这在申论写作中应要注意避免。对策也没有必要用"一是、二是"的分条作答，有些地方的语言表达还有些问题，如最后一句自然终将给人类以"丰厚"的回报，而非"丰富"的回报等。总之，文章的写作虽没有根本性如立论的错误问题，文章的结构也基本完整清晰，但存在着一些不足。

（二）策论文

【论证文本】

2002年中央、国家机关公务员录用考试申论试题：

就所提出的对策建议进行论证，既可全面论证，也可就某一方面重点论证。要求：自拟标题。字数800左右。（40分）

考生作答文本：

政府与企业合作建设网络

网络建设中的问题不是某个人或某个单位造成的，它是整个社会的问题，它的解决有待整个社会的努力，需要政府和企业的通力合作。

一般而论，政府在网络建设和管理中占主导地位，起着主导作用，离开了政府的参与、组织、管理，任何一个国家都不可能实现网络化和信息化。就网络道德建设而言，政府的作用至少在以下方面明显地显现出来：一是教育功能。教育是提高社会道德水平的重要手段。网络之所以能造成人们特别是青少年道德失范，一个重要原因是人们道德自律不够。减少青少年的网络不道德行为应该主要依靠教育。而政府可以动员社会的宣传资源、教育资源，从而在道德教育中可以发挥重要作用。

二是法制、规范功能。在目前社会信息化、网络技术迅速发展的形势下，网络道德问题、网络犯罪问题日益严重，而现行的法律法规、道德规范不能适应新形势的需要。而很多新的问题如个人隐私的侵犯、网络诈骗、网上侵权行为、黑客行为等道德和法律问题都亟待解决。因此，需要政府在网络道德规范的确立、网络立法和执法方面发挥作用。

三是监督功能。为了防止垃圾文化信息的出现和泛滥，需要政府出面对信息供应商进行监督。总的来说，政府在网络道德建设中是起主导作用的，离开了政府的管理，网络道德建设就无从谈起。

网络不仅是技术的产物，也是市场的产物，网络信息的提供者主要是企业。因此，企业可以在网络道德建设中发挥重大作用。著名网站×××有关网络道德的建设就是很好的例证。×××在建网之初，就参照现实生活设置了"信息海关"，统一管理互联网的进出；禁止有害信息的传播；建立网络清查小组，由专人负责清理"网上论坛"，定出明确的"清理原因"；同时加强保密技术的开发，保护用户的隐私；进行网上教育等。通过努力×××不但克服了初期的困难并迅速发展，而且为我国网络文明建设提供了范例。

【评析】

这份答卷着重论述了我国在网络道德建设的管理方面，应实行政府管理与企业管理相结合的模式，立意是好的。其中，有关政府管理方面写得比较清楚，而企业管理方面只举了××网站的例子，而且对该企业的经验也未归纳全，如该企业制定了"网络文明公约"，用以规范用户的网上行为；用户入网时与之签订"责任保证书"，明确规定用户网上行为应承担的责任等都没有阐述和展开，使企业管理方面的论述显得很单薄。另外，文章的立意是在网络道德管理上实行政府与企业相结合，但在如何结合方面却未深入论述。二者应是怎样的关系、应如何互动，都没有说清楚。因此，这份答卷应评为一般答卷。

四、得分较少论证文本评点

（一）政论文

【论证文本】

2008年中央、国家机关公务员录用考试申论试题：

请以"从'怒江水电开发'说开去"为题，写一篇文章。（40分）

考生作答文本：

在"保护"与"开发"间徘徊
——从"怒江水电开发"说开去

自改革开放以来，环保问题一直伴随着经济的发展而成为我国发展进程中的一个沉重话题。以我国西南部的怒江为例，在支持水电开发和反对水电开发之间一直存在着众多的争议。而争议的焦点主要集中在老百姓的脱贫问题、泥石流和地震问题、利益分配问题、能源战略等相关问题上。在这场争论当中，我们不断地在"保护"与"开发"之间徘徊着，似乎还没有找到一个明确的答案。

我们一起来看看双方争议的焦点所在："建坝"所带来的生态破坏问题。反对者们列举了"建坝"后将出现的污水问题和泥沙淤积问题，说明"建坝"是不可行的。而支持者则认为，如果不进行开发，当地的群众无法脱贫而要继续维持"刀耕火种"式的发展模式，生态环境同样会遭到严重破坏。因此，支持者们认为，只有当地老百姓不需要刀耕火种来维持正常生存，怒江的环境保护才能进行，才能可持续发展。这里戴斌老师认为，矛盾的关键在于是否必须使用"建坝"这种方式来实现怒江流域的发展。就现阶段的实际情况而言，支持者们的观点无疑是对的，因为我国正处于社会主义的初级阶段，政府可划拨的财政资源有限，不可能在完全不开发的情况下，实现怒江环境的保护。而且发达国家的案例常常不完全具有可比性，因为我国环境保护的技术上、管理的科学性上、人民群众的环保意识上均存在一定的差距，很难完全按照发达国家的环保标准去实施社会发展的规划。

说到这里，不禁要问，我们真的只能牺牲环境去换取发展吗？答案是否定的，因为反对"建坝"的声音带给我们的，更多的是冷静的思考。"建坝"所带来污水、泥沙淤积等生态问题，我们不容回避，"建坝"后的移民安置问题同样要高度重视。那么，我们如何在两者之间找到一种"平衡"呢？关键在于我们的管理者们应该树立以人为本的科学发展观，通过成立专家小组的方式，对怒江的生态和发展问题进行深入的调研论证，合理地统筹怒江的发展规划；同时广开言路，征询广大专家群众的意见，集思广益，因为真理是越辩越明的。

发展是需要的，但不能操之过急，因为"欲速则不达"。保护也是需要的，但不能片面、保守地认为保护就是"不作改变"，因为事物是永恒发展的，发展的"停滞"所带来的将是更大的危险。

【评析】

一篇文章只要在立论方面没有太大的问题，文字表达基本过得去，总还有一个基本分的可能性。申论写作第一要求观点鲜明，就本文的标题看"在'保护'和'开发'间徘徊"，这篇文章就是否保护或开发并没有给出一个明确的观点。文章开头切入到主题的讨论时，考生只是概括了材料中存在的事实，即双方的论战以及论战的焦点。从文中概括的内容来看，其对材料中争论的焦点的概括基本是错误的。接下来论述围绕着是否应该牺牲环境换取发展，这说明考生思考的内容一直没脱离"保护"和"开发"两者是对立的这一基本观点。虽然文中最后也延伸到科学发展观的内容上来，有人为的拔高的嫌疑，并且这一观点的联系与文章并不紧密，且没有任何实际的具体的建议和措施。结尾也同样是一些空话和套话。分析整篇文章，可以看出这位考生无论是对材料的把握，还是对观点的处理，甚至在具体的文字表达上都存在着很大的问题。

（二）策论文

【论证文本】

2008年北京市应届毕业生录用公务员考试申论试题：

"行业自律是非常必要的，但它不能解决商品质量和价格方面的一切问题。"请结合资料，联系实际，就如何解决这一问题，写一篇议论文。（40分）

考生作答文本：

从"行有行规"说开去
——谈我国行业监管制度的完善

行业协会在我国已有悠久的历史。正所谓"行有行规"，进入现代社会，尤其是加入世界贸易组织后，我国的行业协会获得了长足的发展，为市场经济的完善起到了应有的作用。但在行业协会蓬勃发展的过程中，行业发挥了调解市场的巨大作用，但"行规"的科学制定和有效执行问题却依然在制约众多行业的健康发展。

如最近的行业协会组织主导的价格上涨带来的争议，带来的更多的是人们对行业协会在"利"和"义"之间徘徊的思考。行业协会内部机制中存在的监管漏洞，如接受企业赞助等违规行为，让我们认识到我国的现代行业监管依然处于"发展阶段"，离"成熟"依然还有很长的距离。而从"外部因素"来看，出口产品质量存在的问题让我们感到完善行业监管的迫切性，而从"内部因素"来看，少数地方政府参与的商业性"地方保护主义"，更让我们感到行政监管与行业监管必须"脱钩"的必要性。

要解决现存问题，促使行业协会履行行业监管职能更加顺畅地发挥，我们可以从以下几个方面着手。

首先，行业协会制定《章程》时，应根据市场经济发展的需要，扩大其职责范围：为维护行业的利益，协会应参与制定行业发展、改革的决策论证，做好行业的代表；为实现有序竞争，协会应当制定行规行约并监督会员单位依法经营，做好国家监管部门的助手。

其次，行业协会应当以各种形式向会员企业提供各方面的服务，做好企业的参谋；努力引导企业增加透明度，同时应做好与社会舆论和公众的沟通工作，发挥企业与社会间的桥梁和纽带作用。要为行业发展创造一个宽松的环境，通过各种宣传活动，努力树立行业形象、提高行业社会信誉。

最后，我们还应该看到，由于我国目前各个行业都处于一个较佳的发展时期，行业协会必须不断改革现行的组织机构，完善相关的选举制度，推荐一批在业内威信较高、业务能力较强、办事公正、作风正派的人作为协会管理岗位的候选人。应广开门户，公开向社会招聘一批高素质、高学历、有一定专业知识和实践经验的人才，使之向着专业化、职业化的方向发展，以提高协会的工作效率、工作质量和服务水平。

综上所述，我们应该清楚地认识到，必须建立和完善我们的行规，同时也要保证行规的有效执行。只有在"行有行规"并且"有规必依"的情况下，我们才能营造健康、稳定的市场环境。

【评析】

文章的写作，立意是第一要紧之处，如前篇文章的问题是立意有差导致申论论证的全军覆没，本篇文章的问题仍是出在立意方面：应试者从"用行规完善行业监管制度"的角度立意，很显然与试题中要求从行业之外解决"商品质量、价格问题"的观点是背道而驰的。国家公务员考试有一个关键而突出的问题是，考生要有一个进入公务员角色考虑问题的意识。就本文的写作来看，写作者应站在政府的角度，在经济体制改革、做好经济宏观管理的全局中提出怎样规范行业组织和行业协会的问题，而本文是从行业协会自身的自律和改革的角度来谈问题的。一句话，本文中的行规实在不应该被如此狭隘理解的。

思考与练习五

一、请根据本章内容对下面考生作答"概括和归纳"的内容进行分析，试找出其中的问题并给出解决思路：

"给定资料（一）"和"给定资料（二）"[2011年中央、国家机关公务员录用考试申论试题，市（地）以下综合管理类和行政执法类]集中反映了进城务工人员随迁子女受教育的诸多问题。请根据这两则资料，对这些问题的具体表现进行概括和归纳。（10分）

考生作答文本：

1. 从打工子弟学校方面来看：数量少，无合法地位，缺少政府资助，硬件投入不够，教师队伍不稳定，无专门民工子弟学校。

2. 从公立学校方面来看：门槛高，费用高昂，民工子女上不起学，少数进入公立学校的民工子女易有孤独、自卑感的心理"边缘化"倾向，没城市户口升学难。

3. 自身方面：随父母工作的变迁易转学，经济困难易辍学，家长给予孩子学习上的关心不够，学习成绩跟不上。

二、请根据本章内容对下面考生作答"对策"的内容进行分析，试找出其中存在的问题：

假设你是一名派到农村的支教人员，请根据"给定材料"简要分析希望小学遭废弃的原因，并提出解决希望小学遭废弃问题的具体建议，供上级有关部门参考。（20分）[2011年中央、国家机关公务员录用考试申论试题，市（地）以下综合管理类和行政执法类]

考生作答文本：

原因：
1. 校园合并导致希望小学上学人数减少；
2. 上学的成本高；
3. 上学人数下降；
4. 学生随打工父母异地就读；
5. 教育经费紧张。

对策：
1. 进行合理的校舍布局，兼顾希望小学；
2. 加大教育经费的投入，减少教育的成本；
3. 大力发展乡镇企业，吸引劳动力本地就业，让更多的孩子本地就读；
4. 通过宣传、教育鼓励学生就读，保证就读人数不下降。

三、请根据本章内容对下面考生作答的材料论述文本进行分析，并指出回答的问题所在：

根据"给定资料（四）"[2011年中央、国家机关公务员录用考试申论试题，市（地）以下综合管理类和行政执法类]中的有关内容，谈谈对文中"困境中的不绝希望"这一表述的理解。（10分）

考生作答文本：

1. 句子中的"困境"一词说明农村教育遇到极大的困难。这些困难包括：教育成本高，周期长，风险大；同时农村教育的条件差，竞争力低；

2. "不绝希望"表明了农民对读书改变命运的坚定信心，凸显出他们在困难中的坚强和勇气；

3. 这句话对我们既是一种鞭策，也是一种鼓舞。它提醒我们重视农村教育，启示我们不轻言放弃。

四、请根据本章内容对下面考生作答的论证文本进行分析，并指出文章的优劣之处：

请以"命脉"为题，写一篇关于土地问题的文章。（30 分）（2007 年中央、国家机关公务员录用考试申论试题）

考生作答文本：

命 脉

耕地被大量占用，农民权益得不到保障，是我国目前土地问题面临的主要挑战。土地是农民的生存保障，同时也是维系 13 亿中国人民的粮食基础，是关系到社会稳定、国家安全的重要因素。我国人均耕地面积不足世界平均一半，在当今世界粮食紧缺的背景下，实现土地的可持续利用管理迫在眉睫。

保护土地可持续利用管理，就要解决耕地数量和耕地质量的问题，合理规划土地利用方式，科学利用土地生产。我国普遍反映出的土地问题根本原因在于地方政府错误的政绩观，为了当地经济的快速发展，不惜牺牲耕地数量和超负荷使用土地。因此，我们亟须制定科学、合理的土地管理政策，依托制度建设促使各地在发展经济的同时，协调处理土地可持续利用管理。

以严保耕地数量不减少政策为基础。在发展经济的时候适当占用、开发土地资源是不可避免的，但是我国人均耕地面积严重不足，绝不能以牺牲维持人民生活需要的耕地来换取经济发展。要制定严格的保护耕地面积的相关政策，严把土地开发审批关。各地要确保现有耕地面积不减少，新增耕地面积不少于用于建设开发的耕地面积，将保护耕地面积工作以及单位经济增长消耗土地面积作为干部的政绩考核标准。同时，鼓励各地开展复垦、新开发耕地，协调城乡土地使用，减少闲置土地，提高土地使用效率。在经济发展的同时，保持耕地面积不减少，从根本上为土地可持续性使用提供基础保障。

以施行科学利用土地政策为保障。发展集约式农业、超量使用化肥农药，是一些地方为快速发展当地农业经济的短视做法，其直接后果是导致土质退化和环境污染，使土地荒废。要坚决杜绝这种发展方式，制定科学、合理的农业生产措施，指导农民适量使用农药，采用交替种植模式，发展立体农业，保护土壤不退化。同时大力引进高技术植株，推广产量高、抗虫害、成活率高的品种，增加农民收入。政府还要做好对土地质量的监测，建立土地、环境损坏预警机制，制定破坏土壤质量、造成环境污染的个人和组织的处罚规定。疏堵相结合，保护土地质量和生产能力不退化，最终形成土地可持续性利用管理。

古人说："邦以民为本"，不解决土地问题，就无法体现立党为公、执政为民的理念。我们要高度重视土地的可持续利用管理，一方面保护耕地面积不减少，一方面保护土壤不退化，两手都要抓，两手都要硬。建立科学合理的土地使用制度，严抓落实，疏堵结合，保护住中华民族维系生存的"命脉"！

附 录

一、中央机关及其直属机构 2015 年度考试录用公务员公共科目考试大纲①

为便于报考者充分了解中央机关及其直属机构 2015 年度考试录用公务员公共科目笔试,特制定本大纲。

一、公共科目笔试内容

中央机关及其直属机构 2015 年度考试录用公务员公共科目笔试分为行政职业能力测验和申论两科,全部采用闭卷考试的方式。

行政职业能力测验为客观性试题,考试时限 120 分钟,满分 100 分。

申论为主观性试题,考试时限 180 分钟,满分 100 分。

二、作答要求

(一)行政职业能力测验

报考者务必携带的考试文具包括黑色字迹的钢笔或签字笔、2B 铅笔和橡皮……

(二)申论

报考者务必携带的考试文具包括黑色字迹的钢笔或签字笔、2B 铅笔和橡皮。报考者必须用 2B 铅笔在指定位置上填涂准考证号,用钢笔或签字笔在答题卡指定位置上作答。

---

① 中央机关及其直属机构 2015 年度考试录用公务员公共科目考试大纲 [EB/OL]. (2014-10-13) [2014-11-03]. 考试录用,中央机关及其直属机构 2015 年度考试录用公务员专题. http://www.scs.gov.cn.

在非指定位置作答或用铅笔作答一律无效。

三、行政职业能力测验介绍

(一) 测试内容

行政职业能力测验主要测查与公务员职业密切相关的、适合通过客观化纸笔测验方式进行考查的基本素质和能力要素……

…………

(二) 题型介绍

行政职业能力测验涉及多种题目类型，试题将根据考试目的、报考群体情况，在题型、数量、难度等方面进行组合。以下是部分常用题型介绍……

…………

四、申论介绍

申论是测查从事机关工作应当具备的基本能力的考试科目。申论试卷由注意事项、给定资料和作答要求三部分组成。申论考试按照省级以上（含副省级）综合管理类、市（地）以下综合管理类和行政执法类职位的不同要求，设置两类试卷。

省级以上（含副省级）综合管理类职位申论考试主要测查报考者的阅读理解能力、综合分析能力、提出和解决问题能力、文字表达能力。

阅读理解能力——要求全面把握给定资料的内容，准确理解给定资料的含义，准确提炼事实所包含的观点，并揭示所反映的本质问题。

综合分析能力——要求对给定资料的全部或部分的内容、观点或问题进行分析和归纳，多角度地思考资料内容，作出合理的推断或评价。

提出和解决问题能力——要求借助自身的实践经验或生活体验，在对给定资料理解分析的基础上，发现和界定问题，作出评估或权衡，提出解决问题的方案或措施。

文字表达能力——要求熟练使用指定的语种，运用说明、陈述、议论等方式，准确规范、简明畅达地表述思想观点。

市（地）以下综合管理类和行政执法类职位申论考试主要测查报考者的阅读理解能力、贯彻执行能力、解决问题能力和文字表达能力。

阅读理解能力——要求能够理解给定资料的主要内容，把握给定资料各部分之间的关系，对给定资料所涉及的观点、事实作出恰当的解释。

贯彻执行能力——要求能够准确理解工作目标和组织意图，遵循依法行政的原则，根据客观实际情况，及时有效地完成任务。

解决问题能力——要求运用自身已有的知识经验，对具体问题作出正确的分析判断，提出切实可行的措施或办法。

文字表达能力——要求熟练使用指定的语种，对事件、观点进行准确合理的说明、陈述或阐释。（节选）

二、部分中央、国家机关公务员录用考试申论试题

2006年中央、国家机关公务员录用考试申论试题

一、注意事项

（一）申论考试是对分析驾驭材料能力、解决问题能力、言语表达能力的测试。

（二）作答参考时限：阅读材料40分钟，作答110分钟。

（三）仔细阅读给定的材料，然后按申论要求依次作答，答案书写在指定的位置。

二、给定资料

2005年9月20日，新华网就经济社会安全稳定发展的相关话题请专家与网友进行了在线交流。下面，摘录了这次网上交流的主要内容（未作文字疏通）。

主持人：各位网友，大家好！近年来，伴随着我国经济形势的快速发展，一些突发性的公共事件也时有发生，如2003年"非典"爆发、重庆开县井喷事故，2004年禽流感事件、北京密云虹桥踩踏事故，今年江苏淮安氯气泄漏事件、安徽疫苗事件、四川猪链球菌事件，一次比一次强劲的台风的侵袭，一次又一次的矿难，等等。这些问题的积累已经影响到我国经济的健康发展。

鉴于此，有关专家指出，应尽快找出当前社会领域存在的主要问题，弄清其性质及产生的根源，以便在政策上作出必要的调整。因此，建立预防突发事件、强化危机管理的国家总体应急预案则显得极具必要性。今天，我们邀请社会发展专家，研究部D部长做客"新华访谈"，就经济社会安全、稳定发展的相关话题，与网友在线交流。欢迎网友踊跃参与提问。

主持人：D部长，现在自然灾害和疾病发生越来越频繁，政府是否应把建立突发事件的应对机制列为考核政府能力的指标？

D部长：首先，我们要理清什么是"突发公共事件"。它不是一般的事故，有人把它混为一般的事故，不是太准确。当然，如果由于政府本身的执政能力而发生问题，使一般事故扩大为突发公共事件，就是政府的公共能力问题。

一般情况下，政府对于一般情况下的各种自然、人为的相关事故都有一套处理程序，比如交通事故，公安局有一整套的处理程序，一般情况下不会变成突发公共事件。另外，在工业化初期，火灾曾经是突发公共事件一个重要的隐患和诱因。但是在建立了消防队和联防机制之后，火灾就不再成为一个突发公共事件的主要诱因了。

实际上，在整个人类和自然界的发展过程中，总会遇到一些原来没有遇到过，或者原来遇过但影响没有这么大的事件，比如自然灾害。还有，由于中国人多，在某些建筑物或者大型活动中产生的踩踏事件等等。

实际上，突发公共事件主要不是来自这个领域。政府具有很强的动员机制，因此，遇到"非典"的情况，政府的控制很及时，"非典"并没有证明中国的控制能力不强，而证明了动员机制在起作用，而且能够比较有效地遏制突发的自然灾害所带来的突发事件。

---

① 本教材所选的"国考"申论试题，一与所讲授的申论写作知识有关，二与要做的"思考与练习"有关。

主持人：刚才您说的如何界定突发公共事件，是随着社会的推进和人数的增加，概念也在发生变化。我们细化什么是突发公共事件，一般的交通事故每年的死亡率非常大，就个案来讲，一个一个形成不了一个突发公共事件。比如火灾以前曾经是突发公共事件。

D部长：17世纪初伦敦发生的大火，是导致国际消防队建立的原因之一。

主持人：首先我们理解了什么是突发公共事件的概念，下面请网友自由提问。

网友"多多到天堂去了"：请问，建立国家总体应急预案的必要性，预案必须具备哪些内容？

D部长：从现在开始，建立国家的总体应急预案是有必要的。这种必要性主要来自于海啸、地震，包括大的飓风，这类灾害以及灾害的严重影响是不可预料的。但是对这些灾害，一个有组织的政府有一整套的处理程序，比如有防灾委员会、防洪局、地震局等，这些都已经常规化了。

最重要的是，由于我国处于工业化进程的特殊时期，在这样一个发展阶段，社会矛盾引发的公共突发事件在增多，比如征地引起老百姓集体的诉讼、集体上访。上次由于新闻界的关注，把一个大学生死亡变成了一个公共事件，最后导致我们把遣返站变成救助站，这恐怕是今后应该更加注意的。由于西方敌对势力的影响，东欧普遍发生橙色革命，这种情况在我国也有可能发生。这种敌对势力的目的就是影响人们的生活，制造突发公共事件，使我国现代化建设中断。

主持人：我们在访谈前沟通的时候曾经提到法律永远是滞后的，我们谈到大学生死亡的案例，在某种程度上，一个新类型的事件出来以后，相应的应对机制也有可能最后形成解决问题的新机制。

网友"七子之歌"：如何提高社会各界的危机意识？我们还是应该从思想意识方面提高应对突发公共事件的意识。

D部长：从这个角度讲，恐怕更多的是要引导公众，来关心我国社会主义市场经济的制度建设。因为社会主义市场经济是具有中国特色的制度设计，但是和西方市场经济其实也有很多共同的地方，比如在政府公共服务职能方面，哪些应该是由政府承担的责任，哪些是市场解决的问题，应该有一个责任界限。如果这些问题解决不好，就会出现不能正确应对突发事件的问题，比如"非典"出现的时候，由于我国多年以来，国家防疫部门自己要挣钱、卖药，国家的经费大量减少，他们以为"非典"可以通过市场解决。当时整个防疫系统本身就不起作用了，以至于在广东发现病毒之后，不能够很快加以确诊，由于没有明确的居民协调机制，当时几个部队的研究人员和地方研究人员为了样本，还不能取得一致的意见，以上情况都延缓了我们对"非典"的应对。

但是，一旦国家动员启动了相关机制以后，由于国家动员体制很强，所以很快就在各个城市实行了隔离，所以"非典"很快就解决了。这个问题使我们想到，我国公共防疫体制还应该是国家出钱，应当加强科研水平，才能够防患于未然，而不是等到流行病发展到相当规模的传染程度，我们再应对。

主持人：从社会发展研究方面角度来看，您判断在应对"非典"问题上，我国的快速反应机制在国际上处于什么水平？

D部长：相对于西方民主国家来说，实事求是地说，我国目前所谓党政统一的领导体制肯定更有效。因为"非典"从中国过来，已经产生了小规模的传播，这种情况下很难抑制，但我们很快把它抑制了。

网友：D 部长，是什么原因引发了这些危机？我们今天探讨所有危机，这个问题太大了。

D 部长：突发事件可以有不同的分类法，一种是已知的，一种是未知的。"非典"属于未知传染病，突发事件不一定成为公共事件，如果卫生防疫体制有效，就会及早发现这种病，及早隔离，而不会成为公共事件。由于卫生防疫体制本身出现问题，一直到出现小规模流行的时候，才引起了我们的警觉，这样一个突发事件就变成了公共事件。但是在变成突发公共事件之后，政府采取了强有力的回应，就抑制住了，最后降低了公共事件的危害。但实际代价并不小，很多医护人员也都感染了"非典"，相当多的"非典"患者还留下了很多后遗症。

网友"雪夜的情怀"：我国是否已经初步建立了突发公共事件应急机制？其积极作用是什么？

D 部长：7 月 26 号国务院常务会议已经解决了这个问题。今年人大开会的时候，各个代表提出应当建立国家突发公共事件的总体应急预案，这个意见已被国务院认真执行，7 月 26 号国务院常务会议已就国家突发公共事件总体应急预案进行了讨论并通过。这个预案是由 25 件专项应急预案和 80 件部门应急预案组成，有相当省部级机构已编制了自己的应急预案。全国应急预案的框架体系应当说已初步建立。

主持人：应对突发事件的解决思路大体是一个体系吗？

D 部长："非典"以后，相当多的境内外学者向国务院建议要成立国务院或者国家紧急状态委员会，被国务院内部讨论否定了。原因是，既是突发事件，有很多原因我们是不知道的。最重要的是不管发生什么样的突发事件，在发生突发公共事件的时候，建立一整套工作原则、组织体系和协调机制。

比如现在发生了一起非常大的交通事故，那么，医疗救护单位应当怎么救？交通部门怎么疏散交通？广播系统怎么呼吁部门给予协助，群众不要围观以免造成拥堵？这需要各部门之间的配合，一起完成社会救助行动。因此，我们认为更重要的是在制定突发公共事件的应急预案时，把握对应急预案的本质就是一个工作原则、组织分工、责任分工以及协调机制。比如水灾、地震过后往往有大病，所以不是简单把水灾或者地震的事故处理了，事后还要有后续的步骤。另外，大的自然灾害过后还要有重建工作，第一步要救人，第二步防疫，第三步恢复建设，这需要国家投入和社会机制相结合。

主持人：如何界定突发公共事件的严重性？您认为，我国目前处在突发公共事件的高发时期吗？

D 部长：当前我国是处于突发公共事件的高发期，我主要是指社会根源的突发公共事件。近年来，由于市场经济体制推进的速度很快，特别是入世后，相应的社会保障和社会公共服务机制不够完善。比如社会保障系统，养老系统保障不到两亿人，参加医疗保险城里人还不到一半，就更不用说农村了。有些情况下，城市化进程很快，包括一些大的建设、道路、水库、征地等等。由于补偿机制不够完善，导致部分社会群体的利益受损害，因此引发了一些社会根源的突发事件。我认为是高发期，并不是说现在自然灾害越来越多，自然灾害有它一定的规律。

主持人：上帝要惩罚人类，并不是在人类有准备的时候，也不是集中在某一个阶段里。

D 部长：比如海啸，已经有很多年在中小学地理书中它都不是重点内容，但东南亚的海啸，因为英国一位年仅10岁的小女孩凭借自己在学校里所学的地理知识，预测出即将发生的海啸，从而挽救了100多名游客的生命，大家又认为应该纳入教材了。但是我认为这是偶然事件。

网友"有遥远的地方吗"：灾害频发从哪几个方面考验民政、财政和卫生等方面的救灾应急反应？

D部长：一个国家总是要有一定的富余财力，包括各种物资储备以应对各种突发事件，包括经济的、政治的，这种能力是一个国家政府是否成熟的表现。我们不能一遇到自然灾害就到国际上呼吁救中国。中国人口占世界人口四分之一，所以我国在这方面一直做了大量的准备工作。在我们过去政府体制机构建设中就已经注意到，我国有粮食储备局、银行储备，财政也留有余地，包括我们为民政部准备的救济款。如果没有，就进入下一年的财政预算，如果不够，中国老百姓储蓄的积极性特别高，已经相当于我国一年的GDP，中国未雨绸缪的思想深入人心，所以不存在没有储备的问题。另外，在中国的历史中，有唐山地震救灾的经验，武警部队和野战军如何协同。这回的公共突发事件应急预案分了四个级别，在不同的级别上，不同的政治机构或者特殊部门、特殊力量会介入进去，这是由中央统一指挥的。

网友"ZZ40"：应急并不等于浪费，我们在总结"非典"成功经验时，决不能忽略它的巨大浪费。这次矿难事件中也充分说明这一点，浪费是何等的惊人，又是何等的冠冕堂皇。

D部长："浪费"有两方面的含义，一个是不应该花的钱花了，是浪费。有一些情况，特别是当突发公共事件原因不明的时候，有一些防御性成本产生的措施。前两天台风"麦莎"在浙江沿海登陆的时候，我就被困在杭州了。这时中央防灾救灾委员会下令，飞机停飞，要求几十万人撤离，这要产生代价。事后可能风暴没有想象的那么大，我们不能认为这种代价就是浪费。因为老天爷的事谁都说不准，在浙江的时候风力是12级，这样的风速肯定要造成大量的损失，所以人员要很快撤离。不管由于什么原因，台风上岸以后风速减缓得很快，这我们无法预料。这种情况下，我们不能认为撤离就是浪费。当然，如果把建设防灾救灾的款、国家物资用来大吃大喝，把钱装在腰包里这便是浪费。

网友"一言等于九鼎"：举几个例子表明应急预案在实践中发挥的作用、教训。

网友"英岗岭"：举几个例子表明同样的危机、不同的结果。

D部长：国际、国内的例子都有。国内的例子，今年春天"流行性脑炎"又出现了，这种病已经多年没有发生，不存在病毒未知的问题。我国"非典"以后，建立了比较严格的卫生防疫报告机制，这和卫生领域的应急预案是吻合的。这次流脑在南京、江苏一带大概只四天就解决了。美国的飓风这次很大，但是令人们惊讶的不是飓风的破坏力，而是一个政府、一个最强国家的政府竟然在飓风发生三天以后，不采取任何行动。同样类似级别的飓风，在加勒比经常发生，有一些人说古巴的体制不好，但古巴的每次飓风都没有造成大的影响，因为国家采取动员体制，很容易让大家迅速疏散。

网友"黄浦江边的徘徊"：危机预案对经济社会安全稳定发展的意义是什么？

D部长：有一个突发公共事件的应急预案，是为了保证我们经济发展的连续性，防止突发的自然灾害或者社会事件导致整个经济发展中断。主要意义在这里，同时在遇到这种情况的时候，减少我们人员、财产的损失。

网友"池塘边的小草"：请问D部长，中国人的危机意识如何？如何提高国人的危机意识？

主持人：这位网友可能更针对中国人的特点。

D部长：我们国民的危机意识是世界各民族危机意识中最强的。表现在两方面，第一，中国历史传统中家庭的意识非常强，所以家庭本身作为社会保障单位，本身对家庭成员遇到不测事件都是有准备的，只要各个家庭有能力。第二，中国文化5000年，遇到很多次水灾，中国人的储蓄意识非常强，中国人的储蓄水平是国际上最高的。比较高的储蓄率反映出国人很强的危机意识。在中国见到很多的老百姓，由于收入差距拉开，确实有很多要饭的。但一位以色列的朋友跟我说，以色列和中国人很少在国外要饭。因为他们未雨绸缪，即使很穷也要面子。

网友"上海之夜"：当前我国社会领域存在哪些主要问题？引发突发事件的诱因是一个前提。

D部长：今年提出为"十一五"准备的社会保障材料，曾提出就业是当前面临最大的社会问题。就业是人的一种基本生存手段，如果没有就业就没有收入。就业是人不脱离社会的重要媒介，如果一个人没有就业，就很可能游离于社会之外。

实际上西方国家从1760年到1960年，从瓦特发明蒸汽机到后工业社会的来临就没解决就业问题。我国人口新中国成立后6亿，改革开放10亿，巨大的人口又不可能到国外移民。西方两次世界大战消灭了很多人口，我们不希望这样的事在中国发生，所以就业问题更严重。所谓工业化、现代化，本质就是资本、技术替代劳动力，物质领域中资本不断替代劳动力。

主持人：这个问题对巨大的劳动力市场又形成一种新的矛盾。

D部长：由于现在产业结构调整非常地迅速，造成总量过剩与结构性矛盾并存，是我们当前面临的最大挑战。如果这些人的就业问题长期解决不了，就是最大的社会隐患。

从西方国家历史经验来看，社会稳定不是靠消除就业问题解决的，而是靠建立社会保障和实行国家福利政策解决的。我们要给失业家庭以基本的生活保障，使他们的子女能够有继续受教育的权利，使失业的家庭也同样对未来充满希望，而不是消灭失业。西方经济学教科书写的是失业率低于4%就是充分就业。

网友"枉评天下"：D部长，您好！请您谈谈，预防和应对突发事件，政府应当做什么？社会应当做什么？老百姓又应当做什么？

D部长：应对突发公共事件主要是政府的责任。在西方社会，在突发公共事件发生以后有一些自愿的团体，或者非营利机构参与救灾活动，这是值得赞扬的。我国对这种行动也鼓励，在海啸中我们政府鼓励大家为受灾国提供救灾和医疗服务，包括志愿者。因为突发公共事件都是由突发了自然事件或者社会根源的突发公共事件导致的，在没有发生的时候，我觉得老百姓主要还是安居乐业好好工作、享受生活。

网友"完美的追求"：如何打造应急预案的"经济基础"？

网友"科学与发展"：如何利用经济手段介入应急预案，包括利用商业保险等机构行为？

网友"枉评天下"：一般来说，应急预案都有"人防"和"技防"一说，这两方面不难理解，经济手段介入应急预案一说比较新鲜。请您谈谈，"经济手段"介入预案的含义是什么？

D部长：我觉得经济手段不能直接化。目前提到的经济手段是一种商业保险，商业保险只能对已知自然原因的灾害作出反应，不能对未知的自然灾害或者社会根源的问题作出反应。比如,你无法为"非典"保险,因为不知道它要来。现在还没有听说哪个国家建立海啸保险,因为很多年也不发生一次,不可预见度太高。对未知、社会原因不明的公共事件,还是需要政府作出反应。如果政府没有能力作出反应,这个社会就要改朝换代了。

主持人:您说得非常尖锐。

网友"感动也是一种精神":在面对突发事件问题上,如何重视各种社会问题之间的联系和政策协调?

D部长:国家由于正在进行社会主义市场经济的改革,收入差距拉大了。有时人们之间的感情淡了,发生了阶层对立或者利益上的差别。我觉得在自然灾害面前,自然灾害导致的突发公共事件面前,大家应当有钱出钱,有力出力,尽一个公民的本分。对社会根源的突发公共事件就难说了,这时会有利益冲突。这时更重要的是要调整不同利益群体之间的矛盾,能做工作的恐怕还是政府。

各利益集团在面对突发公共事件的时候还是要以大局为重。我们就是这样做的,由于下岗造成人员分流,养老金措施有问题,导致静坐、游行、示威,各级政府官员和各级党组织还是采取了尽量不让矛盾激化的方式,协调解决。而不是诉之于法院,在社会变革很快的情况下,法律跟不上社会的变化形势。食品安全预案中,规定了主管部门综合协调的职能,但是现有的食品卫生法没有赋予主管部门综合协调的能力。从这点来看,我们恐怕需要修改《食品卫生法》,并制定《食品安全法》。

人们对待公共防疫机制还要有一个更深的认识,这是我们从"非典"中得到的最大教训。我们认识到,公共卫生防疫是政府公共服务的重要组成部分,这就是我们在改进中得出的最大一个教训。

主持人:随后,在一系列卫生防疫体系中对可能面对的问题也产生了很大的作用。

D部长:引起了人们的反思,引起人们对政府公共职能的反思。第二次世界大战以后,由于工人、黑人的参战,西方各国普遍建立了社会保障,推行了社会福利政策,自称为"福利国家政策"。这种情况下,由于人口规律的不熟悉,过于乐观,导致西方社会保障标准过高和经济不可持续的问题。在撒切尔、里根时期提出反思,要求社会保障家庭分担一部分,政府只承担最低的社会保障责任。

这个改革是必要的,但是在改革过程中,现在有一部分经济学家认为好像所有的公共服务职能都可以市场化一样,就走过头了。"非典"不仅提醒我们疾病防治的公共职能,也提醒我们普及教育、社会救济包括防灾减灾,政府公共服务职能是否都能够市场化的问题。我们鼓励民间机构、非政府机构、公民积极参加,而不是政府放弃责任,让民间机构、非政府机构、公民自救,这是"非典"给政府带来的最大的启示。

网友"望穿还是枉乐":北京密云虹桥踩踏事故留给我们什么样的反思?

D部长:这属于社会根源的问题。比如伊斯兰教在麦加的踩踏事件,和印度教在神庙的大型活动的踩踏事件是类似的。中国存在佛教的问题,但是喜庆活动、节庆活动中,发生悲惨的踩踏事件属于政府对组织工作的不力。

网友"二月份的那场雪":北京大雪堵路到下雨不愁的变化,体现出来哪些方面的转变?

D部长:北京大雪堵路和大雨塞车都是存在的,大雨塞车是由于我们的地下水系统不好。北京大雪是由于机动车增加太快,同时出了很多新手,这也是一个特殊的原因,属于经验问题。北京的交通确实存在很多瓶颈,这是交通部门的问题。

很多国外的专家提出,北京的环形路不少,但是放射性状的路太少,不利于疏散交通。这是需要在城市规划体制下解决的问题。另外就是扫雪的问题,过去是作为公共服务提供,改革开放以后,要求各单位自扫门前雪,这也是产生问题的原因。

主持人:在应对突发公共问题上,我们还应当做哪些方面的工作,教育工作等是否应该把这方面的知识和制度方面的知识纳入教育体系中。

D部长:我认为作为普通教育、尝试教育是需要的,通过公示的方式让老百姓知道遇到突发事件的时候,应该找哪一个部门。但我不主张把突发公共事件教育写到课本中去,因为我们不能等着上帝向我们发怒。但是作为普及性尝试教育我认为是需要的,包括对国外的旅游者遇到交通事故、火灾等问题找谁,是一个国家管理成熟的标志。

主持人:您提到不能等到上帝向我们发怒,您也提到所谓建立危机处理机制,并不是要重新设立一个什么应急事件委员会之类的政府临时机构,而是要明确突发事件情况下,各个政府机构之间的分工、责任和工作程序,以减少突发事件带来的损失和对经济、社会生活的负面影响。从根本上讲,政府面对突发事件的危机处理能力,很大程度上取决于政府常设机构官员的素质和工作效率。

社会问题的复杂性在于:任何一个突发事件,都有可能把潜在的社会矛盾引发出来,威胁整个社会的安定。各级政府固然需要建立起自己的危机处理机制,但更重要的是加强调查研究,及早发现问题,防患于未然。期待社会更美好,生活每天都风调雨顺,同时,我们也希望有足够的力量来应对一切突发性事件,天天都是好日子,这是大家共同的心愿。

D部长:我同意你的意见。

主持人:谢谢D部长,也谢谢各位网友的参与。

在线交流结束后,有不少网友发表了如下帖子:

网友甲:要使经济社会安全、稳定地发展,就要提高政府职能部门的执政水平,以消除突发公共事件的主要来源,如海啸、地震、火灾、大雪堵路等各种自然或人为的相关事故,从而把社会损失降到最低。

网友乙:非典疾病虽然是由病毒引起的,但我国2003年春夏之交的"非典"事件却不仅仅是自然灾害,而是由各种社会因素引发的突发事件,是一件公共事件。这一事件说明我国的卫生防疫体制有待完善。

网友丙:能否安全处理突发公共事件,与国家是否强大并没有关系,关键是社会制度是否优越。比如前不久美国新奥尔良的飓风灾害,造成了惊人的损失,就说明不是国家强大就一定能应付好突发公共事件。

网友丁:"上帝"要惩罚人类,并不是在人类有准备的时候,在情况不明的时候,采取防御性措施,耗费了巨大的人力、物力、财力,即使灾难并没有降临,也得承认这些代价是必要的,而不应认为是浪费。

网友戊:政府必须完善应对突发公共事件的管理机制,但并不是设有了这种管理机制,一般事件就不会变成突发公共事件。预防突发公共事件,不能没有一定的经济基础,但靠经济基础介入也不一定就能预防得了。

网友己:成功应对公共事件的关键,是在其爆发之后政府有能够及时应对的专门机构。因为未知的、社会原因不明的公共事件,不可预见度太高,如果政府没有能力作出反应,后果是极其严重的。

三、申论要求

（一）假设你是一位新录用的公务员，请用不超过500字的篇幅，概述D部长谈话的主要内容，以供领导审批。要求：概括全面，观点明确，条理清晰，语言流畅。（30分）

（二）在线交流结束后，网友发表的帖子，有的与D部长观点不一致。请在答题卡相应的位置上对与D部长观点不一致的帖子具体说明为什么不一致，说明的字数应在400字的篇幅内。对观点一致的帖子请勿作答，否则扣分。（30分）

（三）在我国，妥善应对突发公共事件是政府面临的重大课题。请你就我国政府如何提高应对突发公共事件的能力，写篇文章，说出自己的看法。

要求：自拟标题，观点明确，联系实际，分析具体，条理清楚，语言流畅。字数在1000～1200字之间。（40分）

2009年中央、国家机关公务员录用考试申论试题

一、注意事项

（一）本试卷由给定资料与作答要求两部分构成。考试时限为150分钟。其中，阅读给定资料参考时限为40分钟，作答参考时限为110分钟。满分100分。

（二）第一题、第四题，所有考生都必须作答。第二题仅限报考行政执法类、市（地）以下综合管理类职位的考生作答。第三题仅限报考省级（含副省级）以上综合管理类职位的考生作答。未按上述要求作答的，不得分。

（三）请在答题卡上指定的位置填写自己的姓名、报考部门、填涂准考证号。考生应在答题卡指定的位置作答，未在指定位置作答的，不得分。

（四）监考人员宣布考试结束时，考生应该立即停止作答，将试卷、答题卡和草稿纸都留在桌上，待监考人员允许离开后，方可离开。

二、给定资料

（一）去年，胡锦涛总书记在中国共产党第十七次全国代表大会上的报告中指出，加快转变经济发展方式，推动产业结构优化升级，这是关系国民经济全局紧迫而重大的战略任务，要坚持走中国特色新型工业化道路，鼓励发展具有国际竞争力的大企业集团。同年5月1日，胡锦涛总书记在郑州煤矿机械集团有限公司考察时，肯定了该集团产品在国内市场、国际市场所取得的成绩，并进一步指出，我们要创品牌，让"郑煤机"的产品具有国际竞争力。

今年9月8日至10日，胡锦涛同志前往河南焦作市农村考察粮食生产，在玉米丰产示范田，询问乡亲们对国家惠农政策有什么要求。一位村民答，希望粮食价格提一点，政府补助多一点。总书记表示一定把这些意见带回去。他指出，发展粮食生产，一靠政策，二靠科技。在温县农科所，总书记勉励科技人员为粮食高产稳产进一步发挥作用。在焦作市隆丰粮食储备有限公司，总书记要求有关部门进一步把储备粮食管好。

9月30日，胡锦涛同志前往安徽考察。在滁州市凤阳县小岗村，他说："我要明确告诉乡亲们，以家庭承包经营为基础、统分结合的双层经营体制是党的农村政策的基石，不仅现有土地承包关系要保持稳定并长久不变，还要赋予农民更加充分而有保障的土地承包经营权。同时，要根据农民的意愿，允许农民以多种形式流转土地承包经营权，发展适度规模经营。"

党的十七届三中全会决议指出，当前国际形势继续发生深刻变化，我国改革发展进入关键阶段，我们要抓住和用好重要战略机遇期，把握农村改革这个重点，在统筹城乡改革上取得重大突破，给农村发展注入新的动力，为整个经济社会发展增添新的活力。

（二）今年10月，记者就广东产业转型问题进行专访，决策专家C先生说，改革开放以来，广东一直是我国经济发展的"排头兵"，它所取得的成绩是激动人心的。去年，广东的GDP达人民币30673亿元，经济总量首次超过台湾地区。这是广东继1998年超过新加坡、2003年超过中国香港之后，又一次超越"亚洲四小龙"，预计2010年到2012年间将超过韩国。这种变化是非常惊人的。一句话，广东的成功也是中国的成功。然而，广东问题也是中国的问题。广东的产业结构有硬伤。这种结构模式支持了过去二三十年广东以及东部沿海经济的快速成长，现在则遇到严峻挑战。在加工制造产业的发展中，过去30年主要是模仿国外早期的某种经济发展模式，"两头在外，中间加工。"比如广东的东莞，一段时间生产了全世界70%的电脑电源线，怎么生产的呢？无非是大量购买原材料，经过一道至数道工序制成零部件，组装成半成品，最后总装为成品卖到海外市场。在严格意义上说，东莞只是一个制造"车间"，而不是"工厂"。因为"工厂"对定价有决定权的会计和设计部门全在国外。结果，同一件衬衣在美国卖近百美元，而我们的出口价仅七八美元。

有关人士告诉记者，现代化重工业的启动将成为广东新一轮经济增长的重要特色，珠三角地区改革将利用湛江、汕头等地缘优势，向南拓展东盟合作，向东搭上台海经济合作快车。正在进行前期工作的湛江钢铁厂一期建设规模为钢产能1000万吨；广州南沙开发区中国船舶工业集团300万吨造船基地也已开工生产。此前广州地区船厂只能制造6万吨的船舶。广东省以轻工业起家，在改革开放初期，重工业增长一直处于较低水平。但近年来重工业投资持续增长，2002年全省重工业比重首次超过了轻工业。

在广东省近期公布的新十大工程规划中，规模庞大的高速轨道交通项目引人注目。湛江、汕头、韶关等相对边远地区与珠三角核心区之间的运输时间，将控制在两小时左右。2010年前后，湛钢到广州市铁路交通用时仅为1个半小时。这些，将珠三角传统的产业链条大大扩大，同时也将减少石油消耗及汽车尾气的排放。

（三）东莞某鞋厂的林老板，2003年来东莞办厂前，在台湾地区打拼了20多年。他说现在很糟，最近赔了几十万元。他已经不再接美国鞋子大卖场和贸易商的订单了，觉得风险太大。他给记者算了一笔账，2007年，受人民币升值、原材料上涨等影响，合计增加的成本超过20%。

"广东山区对我来说太陌生，我没有太大的兴趣内迁，到一个地方又得从头再来，需要很多时间。补给线拉得很长，对我来说将是致命的打击。"林老板这样回应记者提出的是否借这次广东产业转移的机会，内迁到粤西北山区投资的问题。

有朋友劝他将工厂迁移到越南。但林老板看得很清楚："越南劳动力缺乏，税收各方面跟这里差不多。我一些朋友搬到那里，也没好到哪里去，做几年我估计他们也会走。"

当记者问林老板，有没有考虑走出低端化生存，增加企业的研发能力，推出高端产品，林老板有点无奈地笑着说："还没有这个能力。"

（四）"13年了，回想起来，当时的决定很正确。"作为香港电子集团董事、总经理徐老板一脸庆幸。他一再跟记者提起依然在东莞等地办厂的朋友们利润空间越来越小的尴尬境遇，庆幸自己提前13年向广东山区罗定市的迁移。

该电子集团1971年成立于香港，是电源供应器制造商。1988年，出于生产成本和人力资源两方面考虑，集团进入深圳宝安区开设工厂。但到1995年，徐老板发现深圳本地可供调配的资源越来越少，生产成本已经很高，于是决定将工厂迁往罗定。

1995年深圳已提出着重培育和引入高科技企业，加工生产型企业受到重视的程度越来越低。而罗定地区的综合生产成本要比珠三角和其他内陆城市低很多。集团迁到罗定后，劳动力成本减少了30%，运输成本只增加了5%，节约了25%的生产成本。另外，集团的产品过去主要是出口，但今年以来内销的部分有所增长。因此，将工厂迁到罗定，实际为这部分内销产品节省了不少物流成本。集团在罗定13年，从1亿元的规模发展到现在的20亿元，以后还要扩大到40亿元的规模。徐老板到东南亚地区做过详细考察，他认为，不管人力还是其他各方面的资源支持，中国依然是最佳选择。

目前让徐老板最为头疼的是高级技工的缺乏。他建议市政府想办法把在珠三角务工的技术成熟的工人吸引回家乡就业，特别是吸引那些走出去的大学毕业生们回来建设家乡。

（五）无奈东莞在解放初期，属东江行政区管辖，1988年升格为地级市。当时，在成本上升的不断挤压下，香港繁荣了几十年的出口加工业迫切需要转移，一线之隔的广东成为首选。改革开放初期，广东采取简政放权措施，吸引外资的审查权下放给各个地级市，东莞则进一步把招商引资权下放到乡镇。凭借地缘优势、全国各地的廉价劳动力以及外资提供的资金、技术和管理经验，东莞迅速从一个无足轻重的农业县发展成为闻名国际的世界工厂。有个说法令东莞人自得不已，"不管在世界上什么地方下订单，都在东莞制造。"2007年，东莞的GDP达到了创纪录的3151亿元。东莞的经济奇迹，是中国近30年经济奇迹的典型代表。

其实，2004年后，东莞已面临巨大危机。先是"民工荒"，接着是人民币不断升值、出口退税政策调整等因素，增加了加工成本。由于"村自为战"，东莞土地的利用效率越来越低，无法整合，电和水的资源也很紧张，电厂污染也很厉害。在这一系列因素影响下，2007年，东莞出现了让人担忧的企业迁厂或倒闭现象。有关部门估计，倒闭、迁移或不辞而别的企业大概占总数的10%到20%。

种种迹象表明，"东莞模式"已到了不得不改的地步。但如何实现转型，目前还没有明确的路径。低水平的劳动力、旧产业离开东莞，高层次的劳动力、新产业从何而来？

有人认为，外资企业，特别是世界500强企业的技术水平比较高，他们会成为东莞转型的推动者。但也有人尖锐指出，外资企业是逐利而动的，哪里有利可图就到哪里去，不大可能费心费力地参与我们的自主创新。只有培养一批扎根本土的当地企业，才更有可能和本地经济同甘共苦。港资企业没有转型的历史，只会搬迁或倒闭，台资企业的设计、研发都在台湾地区，大陆只是制造部门而已。

某专家认为，东莞为了产业转型不断探索而仍不得其门而入，全国其他地方的"东莞化"却如火如荼地进行。长三角地区被人津津乐道的"昆山模式"，其实和"东莞模式"并无本质差别，只是引进的制造业相对环保、高端而已。其他地方，包括武汉、成都、重庆、天津这些城市的新特区，也不乏类似"东莞化"的克隆者。内地省区提出"欢迎沿海地区产业转移"之类口号，实非明智的选择。

（六）在日本战后经济崛起中，稻盛和夫是一位靠加工制造创业的著名企业家。他1932年出生于鹿儿岛一个贫寒之家，1959年与一批志同道合的年轻人聚集到一起，凭借自己研发的新型精密陶瓷原材料技术，在十几年间，便把一个小规模的工厂发展成一个大型跨国集团公司。

稻盛和夫说，早期，日本制造的产品在欧美市场的评价是：虽然便宜，却质量不好。他认为，没有技术开发上的革新就一定要碰壁，不断学习、创新，掌握世界最好的技术，这是日本经济能够持续发展到现在的关键所在。

1973年和1978年全球范围内出现两次石油危机，日元急剧升值，全面抬高了日本产品的生产成本和出口价格，过去曾以经济实惠驰名世界市场的日本产品，一下子变成了商品世界中的贵族。日本企业如何面对高成本的挑战呢？稻盛和夫说，当时订单减了一半，公司受到毁灭性的打击。他的办法就是跟员工一起共同克服这个难关。为了削减成本，员工们充分发挥智慧和才智，提出了很多改善的建议。当时日本政府曾经有一些支援，但更多的还是取决于企业自身的努力。重要的问题是，企业选择一个什么样的路径实现超越。困难，往往成为产业升级的一个最好的推进器。

（七）生产加工涉及的范围很广，如汽车、仪表、电器、电子、服装、鞋帽，以及医药、食品、粮油等等，几乎涵盖国计民生的各个方面。

有关人士指出，随着外资的进入，跨国公司在我国建立粮食加工企业，粮食流通领域的竞争会愈演愈烈。从一定意义上讲，这也能促进粮食加工业的体制改革，但迫切需要我们加强管理，尽快出台应对措施。在这个问题上，食用油加工业的情况发人深省。

同粮食市场不一样，我国食用油市场是一个开放的市场，许多油品和主要原材料从国外进口。Y集团是国外某大公司在华投资的以粮食加工为主的企业集团，也是国内最大的粮油加工集团，20世纪80年代在深圳蛇口设厂，为中国引进了小包装食用油的概念。此后十几年间，Y集团先后在深圳、青岛、天津、广州、上海、武汉、西安、成都等主要城市投资设厂和开设贸易公司，成为国际知名的粮油加工贸易商，成功塑造出一批著名品牌，为推动中国粮油行业发展作出了贡献。

随着城乡居民生活水平的不断提高，2000年以后，小包装食用油逐渐取代散装食用油成为市场主角，也成为整个食用油市场附加值最高、最赚钱的行业。有数据显示，Y集团国内小包装食用油的市场占有率超过50%。

令人关注的是，Y集团先后在中国累计投资40余家粮油食品以及相关的生产加工企业，经销商超过2000家，遍布全国400个大中城市，构成了在中国庞大的经销网络。有关人士认为，Y集团的利益扩张，使中国的粮油企业失去了一次千载难逢的市场机遇，换来一个无比强大的竞争对手。

（八）当前，粮食问题举世瞩目。联合国秘书长潘基文最近说，全世界新增加了1亿缺粮人口；粮农组织说，37个国家因粮价飙升而导致骚乱；今年4月，世界银行发表报告称，过去3年，国际市场小麦价格上涨181%，食品价格上涨83%。4月19日，全世界最不发达的49个国家发表联合声明，呼吁国际社会共同解决粮食危机。

阿根廷的潘帕斯地区素称世界级粮仓之一，人们一直坚信，那里肥沃的土地和充足的食物都是上帝赐给阿根廷人的礼物。但在现实的冲击面前，阿根廷政府不得不考虑再次提高大豆、玉米、小麦的出口关税。

莫尼克是埃及的一名清洁工，每月工资80美元。"带5美元去市场，只能买到3千克大米，剩不下几个钱，根本买不了其他东西。"莫尼克说，因为有好几个孩子要养活，她家里现在每天只吃一顿饭。

国际粮食市场的这一巨变，让很多大米进口国处境艰难，在菲律宾首都马尼拉市400

家国营粮店门口,每天一早就排起等候的长队。由于粮食工作不力,H国总理在一片指责声中黯然下台。

(九)下面是记者就我国粮食问题对国家粮食局领导Z先生的采访摘录。

记者:您能不能介绍一下目前国家粮食库存的情况?

Z先生:这几年粮食供求是基本平衡的,因为连续几年大丰收,所以到年末库存相对稳定。国有粮食的销售,不算2008年的收购,也可销售1年多。

记者:现在有一种声音认为我们的粮库库存有假,您怎么看待这种声音?

Z先生:我们这几年的抽查,包括我们当前掌握的情况,都表明我们的粮食库存量是真实可靠的。

记者:人均耕地面积在减少,您对此怎么看?

Z先生:耕地是在减少,但党和国家对这个事情非常重视,18亿亩耕地的红线是不能破的,这是一个最基本的保证。18亿亩耕地,意味着我们能够保证粮食产量至少在1万亿斤以上,从现在的消费水平看,这能够让我们的粮食供求基本平衡。

记者:2008年大家对粮价问题都非常关心,您觉得粮价什么时候会见底,大概会是一个什么样的价格水平?

Z先生:2008年供求基本平衡,主要粮食品种小麦、稻谷、玉米供大于求。在这种情况下,粮价很难涨得很高,如果说出现了粮价涨得很高的情况,国家也一样有能力采取措施来平抑。我们有足够的库存,使价格保持基本稳定,对此我们很有信心,也请大家放心。但是对于有关部门来说,要解决好粮价问题,归根结底还是要想方设法提高农民种田的积极性。一方面要提高农民种田补贴,另一方面要通过技术手段调控好农业物资的价格。如果这两方面的问题解决好了,粮价问题或许根本算不上一个问题。

(十)据悉,今年我国粮食总产有望超过历史最高水平,实现改革开放以来首次连续5年增产。但某专家认为,我们绝不可高枕无忧。他说,从长期来看,我们必须清醒地意识到,农产品作为发达国家重要的金融工具,将一直被作为掠夺发展中国家的工具使用。伴随着生物能源大面积铺开的农产品价格上涨,就是明显的例子。美国前国务卿基辛格几十年前曾说:"如果你控制了石油,你就控制住了所有国家;如果你控制了粮食,你就控制住了所有的人。"转基因产品,是美国控制粮食的手段之一。比如玉米,原产墨西哥,是当地人的主食,美国利用高科技手段研制出的转基因玉米大量进入墨西哥,结果是墨西哥农民必须向美国购买转基因玉米种子,而美国则把自己的转基因技术当成受保护的专利。这是要挟以此为生的其他国家农民的专利。

他认为,国内情况不容乐观。近年随着农资价格大幅上涨,农民的生产成本不断提高,越来越多的农民选择外出打工,致使大面积耕地荒废,我国农民的种粮意愿在下降。政府补贴赶不上化肥、农药等农资上涨的速度,今年,化肥与农药价格等均处于上涨期,即便在政府预算安排"三农"投入5625亿元的前提下,部分双季稻主产区仍有双季稻改种单季稻的趋势。

(十一)今年9月胡锦涛同志前往河南考察后,网上有作者发表了一篇谈粮价的文章。其中提出如下政策建议:

要鼓励粮食生产,基本的政策取向是提高粮价和补贴,降低农资成本。但种粮补贴受制于财政状况,不可能无限扩大。所以,粮价才是粮食政策的关键。对于增加农民收入而言,粮价上涨比增加补贴要实惠有效。按2007年的粮食产量,中央财政1028亿元的种粮补贴摊到每公斤上为0.2元。也就是说，粮价每公斤再上涨两毛，农民兄弟就能把从中央财政获得的种粮补贴挣回来。这两毛钱的涨幅，按2006年城镇居民人均消费75.92千克粮食来算，人均支出仅增加15.2元。如果每千克涨五毛呢，那么就可以增加农民收入2570亿元，而这换成财政补贴可能需要好几年才能实现。因此，只要粮价上去了，农资价格涨一点没关系，补贴低一点也没关系。

我们现在之所以不敢大幅提高粮价，是担忧粮价上涨影响低收入人群，其实这种担忧是不必要的。因为农民基本上不需要买粮，完全可以种粮来满足自己吃的需要。因此，真正受粮价上涨影响的是城镇居民，尤其是城镇居民中的低收入者。但这种影响完全可以通过补贴来避免，而且这种补贴，要远比种粮补贴少。我们可以测算一下，2006年城镇居民低收入户的人均粮食消费为78千克，按占城镇人口比例20%计，为11541万人。假设粮食价格每千克上涨0.2元，那么低收入人群每人增加粮食消费15.6元，如果这部分钱全部由财政来补贴，仅需18亿元，远远低于1028亿元的种粮补贴。即使财政给所有国人都补贴，上涨0.2元，也仅需支出200亿元，还是要比种粮补贴节约。

粮价上涨的受损者，一是政府。因补贴低收入人群而支付财政资金，但前面算过，规模不大，政府完全可以承受；二是城镇居民中的中、高收入人群。但这部分支出对他们的消费总支出来讲并不大，相信不会产生重大影响。农村支持城市那么多年了，现在确实该城市反哺农村了，提高粮价其实是效应最直接的一个反哺政策。

因此，在当前的政府框架中，提高粮价是关键之策、点睛之笔。

三、作答要求

（一）我国改革开放30年，取得了巨大成绩，也面临许多问题。请概述"给定材料"反映的我国当前经济发展要解决的主要问题。（20分）

要求：紧扣给定资料，全面，有条理，不必写成文章。不超过300字。

（二）本题仅限报考行政执法类、市（地）以下综合管理类职位的考生作答。

1. 对"给定资料（三）"中林老板的心态进行分析，并指出他的心态所反映的本质问题。（20分）

要求：观点明确，分析恰当。不超过200字。

2. "给定资料（十一）"提出了解决我国粮食问题的对策，认为提高粮食价格是关键之策，不必担忧对低收入人群的影响。他的这种观点有没有道理，为什么？请谈谈你的见解。（20分）

要求：观点明确，分析恰当，条理清楚。不超过400字。

（三）本题仅限报考省级（含副省级）以上综合管理类职位的考生作答。

1. "给定资料（五）"对内地省区"欢迎沿海地区产业转移"的口号提出质疑。请对此进行分析，谈谈你的见解。（20分）

要求：观点明确，分析恰当，条理清楚。不超过300字。

2. 某学术团体为贯彻党的十七届三中全会精神，就我国粮食问题召开研讨会。在关于解决问题对策的讨论中，有人发表了"四点对策"。

其一，建议加大农业投入，以使粮食产量满足人类不断增长的需求，我国粮食生产有很大的潜力，只要持续加大农业投资，我国的粮食产量就不仅完全可以在中长期内满足国内需求，而且可以保证出口。

其二，建议科学地分配全球有限的粮食。近年随着全球能源供需矛盾凸显，石油价格上涨，一些国家把粮食加工成生物燃料。当欧美一部分人填满他们油箱的时候，很多人正为如何填饱他们的胃而苦苦挣扎。要优先满足人类最基本的需求，科学地解决全球有限粮食合理分配的问题。

其三，建议大力倡导粮食节约。据某市调查显示，该市饮食行业及单位食堂的就餐者，平均每人每天浪费大米14克，每天浪费大米多达7000千克。如果在全国调查，粮食浪费一定是个惊人的数字。要厉行节约，这是我国可持续发展能力不断增强的重要保证。

其四，建议切实加强国际合作。发达国家、国际组织要向发展中国家提供相关政策指导。世界银行和国际货币基金组织应向受到粮价攀升冲击严重的发展中国家提供近期紧急粮食援助，并对如何促进发展中国家在中长期提高粮食生产能力给予切实帮助。

这"四点对策"，内容上、表述上都存在问题。请指出这份"对策"存在的问题，并提出修改意见。(20分)

要求：
1) 明确指出存在哪些问题；
2) 写出相关的修改意见（包括写出需要补充的内容）；
3) 条理清楚，表达简明。不超过400字。

（四）胡锦涛总书记到河南、安徽考察，引发我们许多思考。请联系"给定资料"，整理自己的思考，自拟题目，写一篇文章。(40分)

要求：
1. 观点明确，内容充实，结构完整，语言生动流畅。
2. 报考省级（含副省级）以上综合管理类职位的考生，要深入思考，紧密结合"给定资料"所反映的问题，写一篇视野开阔、见解深刻的文章。
3. 报考行政执法类、市（地）以下综合管理类职位的考生，可结合"给定资料"中所反映的一个主要问题，写一篇见解比较深刻的文章。
4. 总字数为1000～1200字。

2011年中央、国家机关公务员录用考试申论试题
适用于市（地）以下综合管理类和行政执法类职位

一、注意事项

（一）申论考试与传统的作文考试不同，是分析、驾驭材料的能力与表达能力并重的考试。

（二）作答参考时限：阅读资料40分钟，作答110分钟。

（三）仔细阅读给定的资料，按照后面提出的"作答要求"依次作答在答题纸指定位置。

（四）答题时请认准题号，避免答错位置影响考试成绩。

（五）作答时必须使用黑色钢笔或圆珠笔，在答题纸有效区域内作答，超出答题区域的作答无效。

二、给定资料

（一）在城里公立小学开学的9月1日，张老师的打工子弟学校也开学了，在垃圾场边的平房里，18名学生走进了简陋的教室。同是小学教师出身的李某夫妇创办的"行知

打工子弟学校",则在一片荒芜的菜地里迎来了求学的孩子们。最早的一批打工子弟学校就这样在有志之士的努力下艰难地生存了下来。这样的学校数量有限,仍有众多的外来务工人员子女不知道哪里有学上。

在某民办大学做管理工作的孙某为了让从农村接出来的孩子有学上,在郊区找了五六家公立小学。但是,校方要收取1万元到10万元不等的借读费和赞助费,这些高昂的费用让孙某感到发懵。因为公办学校门槛高,在城乡结合部,条件简陋、收费较低的民办农民工子弟学校如雨后春笋破土而出。然而,这样的学校绝大部分都戴着"非法"的帽子——没有办学许可证,很难逃脱被关停的命运。已有3年"办学经验"的秦老师说:"要拿办学许可证,必须有房屋产权证。可由于经费紧张,学校只能租用别人的场地及房屋。别说我们拿不出房屋产权证,就连房东也拿不出,因为房东也是租村里的地。"一度拥有1500多名学生规模的私立金星小学就是因为校舍所在地被拆迁,从此销声匿迹了。"没有政府的支持,我们也不敢在硬件设备上加大投资。"办学人代某说:"艰难办学,最希望的是能有合法的地位,学生可以放心读书,老师也可以安心工作。"实际上这类学校的教师队伍很不稳定,往往春节一过,教师走掉一半是常事。许多年轻教师都把私立学校当作跳板,一旦找到合适工作,立马就跳槽走人。

开学已经好几天了,因为交不起300多元的学费,12岁的陈某迟迟没有报到。和陈某一样,由于家庭生活困难,不少农民工子女不得不放弃求学。树人学校也是一所农民工子弟学校。开学已经一周,还有一百多名学生没来报到。校长既失落又无奈,"反正每到开学,总得少那么百八十人。有的回老家了,有的转学了。至于有没有人辍学,那就没办法统计了"。

春节过后,8岁的乡村女孩儿张某在B市郊区的一所公办小学里迎来了新学期,但更多"漂泊"在市郊的农民工子女难有这样的待遇。"我也想去公办学校上学,至少那里有好的食堂,但学费实在太高。"一想起夏天早上带的饭菜到中午有点变味发馊,一位小学四年级学生心里就有点发酸。

"B市的公办学校,用的都是B市地方实验教材。将来考大学,因为没有户口,孩子还得回去考,怎么办?"从山西来B市打工的张某愁苦地问。考虑到这个因素,许多家长不得不把孩子送到使用全国统编教材的民办农民工子弟学校。

"我妈妈很少给我零花钱,我也没有什么新文具,总觉得在班里抬不起头。"这是一个"有幸"到公办学校就读的农民工的孩子所遇到的尴尬。记者在采访中发现,有不少乡下来的孩子,在大部分是城市孩子的公办学校里,都有孤独、自卑的感觉。对此,中国社会科学院一研究员表示,要警惕农民工子女心理"边缘化"倾向。他说,农民工子女本身就在经济条件等方面处于弱势地位,好不容易能与城里孩子坐在同一个教室里接受质量较高的教育,却又要承受来自各方面的不理解。生活上的困难没有让他们退缩,可这种心灵的创伤却难以抚平。

2010年8月颁布的《国家中长期教育改革和发展规划纲要(2010—2020年)》中明确指出:"坚持以输入地政府管理为主、以全日制公办中小学为主,确保进城务工人员随迁子女平等接受义务教育,研究制定进城务工人员随迁子女接受义务教育后在当地参加升学考试的办法。"

"同在蓝天下,共同成长进步",这是温家宝总理在考察北京玉泉路打工子弟小学时,在学校黑板上写下的题词。广大人民群众都希望并相信在实施《纲要》的过程中,这美好的愿景会变成现实。

（二）新华社、《中国青年报》记者联合进行了一项问卷调查。这一调查历时7天，在北京、上海、广东、浙江、江苏、山东等地，向农民工发放调查问卷131份，其中有效问卷125份。73名受访者表示，最大的愿望是自己的孩子能"和城里孩子享有同样的待遇"，43名受访者最希望能"降低收费标准"，17人希望能"有供农民工子女就读的专门学校"。调查同时显示，78位受访农民工表示，通过"朋友介绍"为孩子在城里联系学校，16人表示"从媒体报刊获悉"有关学校信息，5人表示"向城市教育部门咨询"，2人表示由"家乡教育部门推荐"，1人表示"学校主动上门"。

调查表明，有46名农民工子女，曾经因为父母务工地点的变化而被迫转学。其中转学1次的有10人，转学2次的有12人，转学3次或3次以上的有24人。在回答子女在城里求学遇到的最大困难时，54位受访者表示是"费用太高"，占受访总数的43.2%；46人表示是"没有城市户籍"，占受访者的36.8%。选择"住处附近没有学校"、"受城里人的歧视"、"毕业后拿不到毕业证"的受访者比例依次为16.8%、6.4%和4.8%。"我本来准备把小孩送到公立学校，但因为不是本地户口，我找的一所学校每学期竟然要8000元的赞助费，另外还要交这费交那费，最终还是没有去。"在N市打工的罗某告诉记者。

调查同时显示，有20名农民工表示孩子在上学时曾"遭受到拒绝"，7人表示"做了很多努力学校才接受"，有19位受访者表示孩子在学校"有过不公平待遇，但不严重"，3人表示孩子在学校"有过不公平待遇，情况比较严重"。调查还显示，77.6%的受访农民工表示，孩子"学习成绩一般"或"成绩不好"，88名受访者表示，"从来没有"或"不一定"有时间辅导孩子学习，占受访总数的70.4%。"小孩只要听话，知道尊老爱幼就行了。我整天忙，没时间想太多，学校的质量也就不管了。"今年33岁的王某来自南方某县，以帮酒店洗台布为生，谈起孩子的教育，他无奈地说。

（三）近年来，在发展边境少数民族地区教育的过程中，地处西南边境的L县坚持"调整一些不合理校点布局，逐步推进寄宿制办学"的工作思路，特别是结合国家在L县实施的"西部地区农村寄宿制学校建设工程"，对本县的学校布局进行调整。通过该工程的实施，L县各乡镇学校布局更加合理，办学条件进一步改善，办学效益得到了明显提高。L县在将教育资源的合理配置作为中心工作来抓的同时，注意发动社会各界共同关心和支持，努力把寄宿制学校办成群众满意，家长放心，学生"进得来、留得住、学得好"的学校。

撤并教学点，意味着自己的子女要去更远的地方读书，来回的交通又不方便，难免会让家长心存疑虑。L县充分利用报纸、广播、电视等宣传媒体，开辟"创建"专栏，还利用挂横幅、张贴标语、出板报等形式大力宣传创建寄宿制学校的重要意义，营造良好的舆论氛围，动员社会各方面的力量都来关心、支持创建工作。县教育局、乡镇政府干部牵头，带领教师和村干部分头走访学生家长，认真听取群众意见，并做好摸底工作。通过宣传发动，提高广大群众的思想认识，形成全社会关心、支持、参与创建工作的良好氛围。

L县把创建寄宿制学校作为改变农村教育现状的重点工作来抓，有效利用各方面条件，努力提高办学效益和质量，积极为农村教育的发展创造条件。一是充分利用"义教工程"、边境建设大会战教育建设项目、中小学危房改造工程等项目的资金投入，完善了学校的各项设施。几年来，共投入资金4379万元，建设了教学用房56幢，学生宿舍楼89幢，学生食堂79幢，学生厕所73间。二是推进教育资源配置方式的改革，统筹规划学校布局。针对农村校点多、规模小、难以实现有限资源优化配置的情况，L县从各地的实际出发，按照人口自然分布、统筹规划学校布点的原则，把办学的规模效益作为工作的立足点和重要目标。

L县的学校布局调整工作坚持因地制宜、科学规划、先易后难、逐步实施、规模办学，提高了效益，盘活了教育资源。在着力于调整中小学布局、撤并教学点工作进程中，根据当前政府财力和群众承受能力，重点建设一些试点学校，形成了富有特色的实践模式。其一，联村办寄宿制学校。随着人口出生率越来越低，学校生源减少，村村办学校的现象将成为历史，联村办学势在必行。如响水镇棉江、四清、高峰、红阳等村由于靠近设施完善、教学质量好的鸣凤中心小学，L县便利用"义教工程"43万元资金，在鸣凤中心小学建起了学生宿舍楼、教学综合楼和学生饭堂，扩大学校规模，将其建成寄宿制学校。其二，创办民族寄宿制学校。L县武德、金龙、水口等3个乡镇同属边境乡镇，部分村屯由于地处边远山区，交通不便，许多适龄儿童不能按时入学读书。为了解决他们的入学难问题，L县在武德乡中心小学创建了寄宿制学校，招收武德、金龙、水口等3个乡镇部分村小学四、五年级的学生，国家给予一定的生活补助，学生统一到校寄宿就读，实行封闭式管理。目前，该校有在校生752人，寄宿生532人，近十年来共培养了1000多名少数民族学生。其三，创建边境形象学校。L县抓住边境大会战教育项目建设工程实施的机会，积极筹措经费，重点建设一批国门学校，进一步改善了办学条件。现在水口镇罗回中心小学、彬桥中心小学在校生均在500人以上，寄宿生达150多人；水口中学、彬桥中学的寄宿生均超过400人。

（四）越是上学难，有些农民却越把希望寄托在下一代上学受教育上。如F村各家相互攀比"不惜血本供孩子读书"，以致出现了忍饥挨饿、倾家荡产供孩子读书的"英雄"。教育的成本越来越高，有社会学家计算过，一个大学生4年学费大约相当于一个农村居民20年的纯收入。不用说西部贫困地区，连基本脱贫的东部地区的农民孩子的"大学梦也越来越远了"。实际上，新世纪以来，农村孩子在大学生源中的比例与上世纪80年代相比，几乎下降了一半，这就意味着"通过高考，农村孩子向上流动的渠道"正在"缩窄"。贫困家庭用于教育的支出占其收入的比例仍相当大，也就是说，农民倾其全力支持了教育的发展；而现在一旦出现了大学生就业危机，贫困农民家庭所受的损失将是巨大的。

在当下中国农村出现了必须引起社会高度关注的现象：H省的一个调查表明，个别地区的农村贫困生的失学率高达30.4%，辍学的学生基本上都是20世纪90年代出生的那一代。他们的父母有的过去还能读到高中毕业，而他们之中有数量可观的人初中还没有读完。由此导致的劳动者文化素质的下降，对未来中国发展的影响，确实令人担忧。有社会学家指出，"在一些地方已经出现明显的因教致贫、因教返贫的现象"，"G省的抽样调查显示，由于教育因素返贫的农户，占返贫总数的50%"。农民寄希望于教育使他们的子女另寻出路的想法靠不住了，于是"辍学"之风抬头，用一著名作家的话来说，就是用辍学来"保护人心，保护土地，阻止下一代向充满着蔑视、冷漠以及焦灼不宁的惨淡日子滑落"。但也如这一作家所说，这样的选择既显得"荒唐"，又有些无奈。而且也还有许多农民几乎是孤注一掷地仍然将孩子的教育放在生活中的第一位，这样的"知其不可为而为之"的努力确实给人以悲壮感。一位下乡支教的大学生说，这是"困境中的不绝希望"。如果不对农民寄以希望的教育（包括农村教育及城市教育）进行新的反思与改造，如果不从根本上解决教育资源的合理分配与农民子弟就业难的问题，恐怕很难实现他们可以看到并应享受的教育，即广大农民寄以希望的教育。

（五）柳延希望小学是李某当村主任的时候筹资修建的，可惜只用了七八年就撤了，留下了空荡荡的校园。20世纪90年代，和中国大多数农村一样，李某所在的枣园镇延店则村，也经历了轰轰烈烈的建校潮。然而时隔几年，新的农村教育布局调整又让很多农村小学陷入"沉睡"状态。这其中，也殃及部分希望小学。

柳延希望小学的几间教室已被村委会用作办公室。当年的筹建者、已不再担任村干部的李某，如今也搬到学校住。他的任务是看守校产，清除杂草。

如今，村里还有50多个孩子在邻村的裴庄希望小学上学。由于路有点远，又不能住校，大人们只好每天骑车接送孩子。"现在除了房子，什么都没了。"在校门外的一堆砖头瓦砾里，李某找到了唯一能见证这所学校历史的一块石碑，那上面盖满了泥土，看不清碑文。他让孙子端一盆水过来浇在石碑上，然后用手慢慢地抹去碑身上的泥土，这才露出了清晰的字样：延店则村希望小学占地1260平方米，共建教室10间……

和李某不同，同样是校园看护人的向老师不甘心学校就这么闲着，他在已经撤掉的学校里办起了幼儿园。撤校前，向老师是校长。学校原来只有12口窑洞。2004年3月，经联系，香港某纺织有限公司董事长赵先生捐赠20万元，为学校修建了一栋两层教学楼。然而，当教学楼建好投入使用时，四至六年级的学生却并到了乡中心小学。学生一下子少了一大半。"这一并，低年级家长的心就动摇了，学生哪里多就往哪里送。"向老师说，"2007年后半年，就没有学生了，学校也就撤了。"于是，几个村民又找到向老师，鼓动他在学校里办一所幼儿园。他雇了一名老师，一名司机，还买了一辆面包车用来接送孩子，办起了幼儿园。可一年多后，向老师又开始发愁了，"娃娃少，成本太高了。"原来，每个孩子一学期1000元，每天上下学接送不说，中午还管一顿午饭。每个月还要给请来的教师、司机开工资，不赚钱不说，还赔钱了。幼儿园再往下办，也很难了。

（六）2009年是希望工程实施20周年。20年来，希望工程共募集资金56.7亿元，资助346万名家庭困难青少年继续学业，资助建设15940所希望小学，为支持经济落后地区基础教育事业，促进青少年发展作出了积极贡献。

从1999年开始，中国青少年发展基金会经过调查论证后，开始实行希望工程战略重点转移：由过去对贫困失学儿童的普遍救助，转到对优秀受助生的跟踪培养；而希望小学也由起初的硬件建设为主，转向教师培训、现代化教育设施软件建设为主。

根据教育部公布的数据，2007年全国小学在校生10564万人，而1998年全国小学在校生是13953.8万人，9年间减少了3300多万人。伴之而来的是乡村小学数量的锐减，20余年间，中国的乡村小学从1985年的83万所，至2007年已撤并至34万所。这其中包括部分早期建设的希望小学。

据2010年10月25日报载：截至2008年12月，G省长阳县76所希望小学有53所被废弃。这样的情况随着"撤点并校"的政策大规模推广，在越来越多的地区出现，很多希望小学被撤销，要求与镇小学或中心小学合并，因个别条件无法合并的，直接被闲置。部分校舍被当地村委会再利用，作为临时教学点等，服务于周边村民。但更多是被闲置下来，甚至直接被用作仓库，有的操场被翻垦成了田地，准备种上苞谷，有的学校甚至养起了猪和鸡。

来自Y市共青团市委希望工程办公室的统计数据显示：截至2008年4月25日，Y市某区运行的希望小学有119所，撤并38所，其中最早兴建的京温希望小学，已经变成了红枣产品加工厂。这里原来每个行政村都有一所小学，可如今只剩下3所了。教办主任张某介绍：本世纪初，生源开始锐减，2001年，有一个镇在校学生2400多人，可现在不到1100人，这个镇流动人口占到一半左右。随着越来越多的人外出务工，部分学龄儿童只好随家长走，异地就读。记者采访过程中见到了不少"空巢村庄"，年轻人纷纷外出打工，留在村里的，基本上都是四五十岁以上的中老年人。

农村税费改革后也引发了农村学校经费的紧张。2001年，我国农村实行税费改革，取消了原来的教育集资和教育附加，学校的经费由财政支持。而学校过多让有限的经费投入像撒胡椒面一样，有效投入降低，于是进行大撤并。撤并之后，留下了大量校舍，在有些村子，学校校舍依然是最漂亮的建筑。可这些校舍有的被用作村委会办公室、党员或者群众活动室，有的被村集体租赁出去成为厂房或仓库，还有一部分仍处于闲置状态。

（七）乡村文化的衰落，引起了许多学者的担忧和焦虑。这些学者有不少出身于农村，他们有着自己的乡村记忆，和对现实乡村的直接观察和体验。因此，他们的忧虑就特别值得注意。故乡的传统生活方式正在消亡与崩溃。这里既有传统的以民间节日、宗教仪式、戏曲为中心的地方文化生活的淡出、空洞化，也包括曾经相当活跃的，与集体生产相伴随的农村公共生活形式（如夜校、识字班、电影放映队、青年演出队）的消逝，更有在纯净的大自然中劳作和以家庭、家族、邻里亲密接触、和睦相处为特点的农村日常生活形态解体的征兆和趋向。生态环境的恶化，家庭邻里关系的淡漠和紧张，社会安全感的丧失，使乡村生活已逐渐失去了自己独到的文化精神内涵。赌博、暴力犯罪，这在很大程度上都是乡村社会文化精神缺失的表征。于是，有研究者产生了更深层面的焦虑："传统乡间伦理价值秩序早已解体，法律根本难以进入村民日常生活，新的合理的价值秩序又远没有建立，剩下的就只能是金钱与利益。"一些农民对自我价值的认知完全趋于利益化，钱成了衡量自我价值的唯一标准，消费文化已经成为农村社会的主宰性的意识形态，它对生活以及人生意义的设定已经主宰了许多农民尤其是农村里的年轻人的头脑，由此带来的问题自然是十分严重的。于是就有了"作为文化——生命内涵的乡村已经终结"的这一根本性的忧虑。而乡村作为文化存在的虚化，直接导致乡村少年成长中本土资源的缺失，如今的乡村少年，他们生活在乡村，却根本无法对乡村文化产生亲和力、归依感，然而，城市文化对他们又是那样遥远。这样，他们生命存在的根基就极易发生动摇，成了在文化精神上无根的存在——乡村文化的危机和乡村教育的危机，就是这样相互纠结着。

这一切，对那些曾经感悟，至今仍依恋乡村文化的知识分子产生了巨大的冲击力。有位知识分子说，"我已经无家可归"，"我在城市是寓公，在家乡成了异客"。这样，无论在乡村少年身上，还是农民工那里，以及这些出身农村的知识分子的群落里，我们都发现了"失根"的危机。乡村文化的衰落，乡村教育的文化缺失，对我们究竟意味着什么？这是我们应当思考和追问的。

三、作答要求

（一）认真阅读"给定资料"，简要回答下面两道题。（20分）

1．"给定资料（一）"和"给定资料（二）"集中反映了进城务工人员随迁子女受教育的诸多问题。请根据这两则资料，对这些问题的具体表现进行概括和归纳。（10分）

要求：准确、全面、有条理。不超过200字。

2．根据"给定资料（四）"中的有关内容，谈谈对文中"困境中的不绝希望"这一

表述的理解。（10分）

要求：准确、简明。不超过150字。

（二）L县政府拟进一步宣传寄宿制学校的办学模式，以期更好地提高办学效益和质量。请根据"给定资料（三）"，以县教育局的名义草拟《给各村中小学生家长的一封信》。（20分）

要求：

1. 内容具体，符合实际。
2. 用语得体，通俗易懂。
3. 不超过400字。

（三）假定你是一名派到农村的支教人员，请根据"给定资料"简要分析希望小学遭废弃的原因，并提出解决希望小学遭废弃问题的具体建议，供上级有关部门参考。（20分）

要求：

1. 对原因的分析准确、全面；不超过100字。
2. 所提建议具体、有针对性、切实可行；不超过300字。
3. 条理清楚，表达简明。

（四）"给定资料（七）"的画线部分写道："有位知识分子说，'我已经无家可归'，'我在城市是寓公，在家乡成了异客'。这样，无论在乡村少年身上，还是在农民工那里，以及这些出身农村的知识分子的群落里，我们都发现了'失根'的危机。"请结合你对这段话的思考，参考"给定资料"，自拟题目，写一篇文章。（40分）

要求：

1. 自选角度，立意明确。
2. 联系实际，不拘泥于"给定资料"。
3. 语言流畅。
4. 总字数为800～1000字。

2013年中央、国家机关公务员录用考试申论试题
适用于市（地）以下综合管理类和行政执法类职位

一、给定资料

（一）退休职工满师傅是回民，家住北城。他每周都要去一次改建后的牛街，先是转着古老而年轻的清真寺漫步一遭，然后再到"牛街清真食品超市"采购，"那儿的牛羊肉都是按穆斯林规矩宰杀出来的。"满师傅赞不绝口，"牛肉炖着吃可以挑'肋条'、'腰窝'，酱着吃有'腱子'，切好片的'肥牛儿'小包装，红里透白勾人馋虫；涮羊肉讲究'三叉'、'黄瓜条'，那儿的货又多又新鲜。"牛街给满师傅家节假日三代人聚餐带来了方便和欢愉。

有千年历史的北京市南城牛街地区是北京最大的穆斯林聚居区，目前，这里仅回族居民就有1万多人。改建前，街巷狭窄，市政基础设施落后，低矮破旧的危房连街成片，人均住房面积只有5.1平方米。1997年，牛街地区危改工程启动，这是北京市政府在全市最先实施的危改面积最大、拆迁户数最多、少数民族比例最高的危改小区。2004年两期工程

胜利完成。

迁入新居的老住户居住条件得到了极大改善。穆斯林们最满意的是新房里有了浴室，每天进寺礼拜前可在家中沐浴。改建后的牛街，具有浓郁的民族风情：住宅楼无论高矮均采用穆斯林习用的黄色加绿边装饰。始建于公元996年的辽代千年古寺——牛街清真寺周围环境也焕然一新。寺院周围出现了万米绿地，原来门前8米宽的道路拓宽到40多米，门前那座历史悠久的"大影壁"，整修后巧妙地横亘在主辅路之间的绿化隔离带上，既保持了清真寺建筑布局的完整性，更成为一道独特的景观。全长670多米的街道两侧分布着商用房，经营民族服饰、工艺品、清真副食，多家回民老字号餐馆和小吃店里的正宗清真菜肴、各种地道的牛街小吃令人怀旧，吸引着京城、外埠乃至海外的穆斯林食客。晚上处处灯火辉煌，流光溢彩，牛街老住户白奶奶说："如今在咱牛街走走，跟上长安街差不多。"

牛街街道工委干部告诉采访记者，牛街不仅是"民生一条街"，也是"民族文化一条街"。通过利用现有条件和历史文物资源，修缮了牛街礼拜寺，扩建了回民幼儿园、回民小学，改造了民族敬老院，设立回民殡葬处、社会保障事务所和社区卫生站等服务场所，社区数字化管理系统日趋完善。牛街还是白猿通臂拳的诞生地，而今在小区里经常能看见白猿通臂拳第六代传人钟教练指导孩子们习武练拳的场景，因其具备"历史性"和"传承性"等申报非物质文化遗产的条件，目前有关部门已将白猿通臂拳列入区级非物质文化遗产推荐项目，这也是让牛街人足以自豪的事儿。

（二）某报报道了乡村放映员王其璋的事迹：他从1976年参加工作至今，用一台放映机、一张大银幕，为家乡61个村庄的农民送去欢声笑语，累计行程达25万余千米，放映电影近万场。

王其璋高中毕业时面临两个择业选择：当中学老师或者乡村电影放映员。从小爱看电影的他毫不犹豫地选择了后者。那时候，农村几乎没有什么文化生活，乡亲们看场电影就像过年一样，一个村庄放电影，附近村庄的群众也都会早早赶过来占座位，银幕两面的空地上围得满满当当，还有人爬到了房顶和树上。然而到了80年代后期，随着生活水平的提高，电视在农村越来越普及，农村电影放映跌进了低谷，但为了心爱的电影，也为了那些喜欢看电影的乡亲们，王其璋最终还是坚持了下来。

说起放电影，给老王印象最深的还是帮助村民学习农业科技的事。姜家庄村有100多亩果园，品种老化，坐果率低。村支书找到王其璋，请他去放点苹果管理的影片。接到委托后，老王精挑细选了《苹果树的修剪》《果树嫁接》等十几部科教影片为果农们放映，结果果园当年便获得了大丰收。到了秋天，王其璋再到这个村放电影的时候，果农们一下子把他围了起来，纷纷拿来大个儿的苹果让他吃。他们说："老王，尝尝这苹果甜不甜？这里面可有你的功劳啊！"看到乡亲们发自内心的笑容，王其璋有说不出的高兴。

和尚庄村有养猪的传统，但前几年村民不懂防疫，小猪长到五六十斤常常病死，损失很大。王其璋就找来20多部生猪养殖方面的影片，连续给村民们放了一星期，还自己掏钱买资料赠送，把兽医站的技术员请来讲课示范，帮助村民掌握养猪技术。现在，这个不到200户的村庄已经发展养殖户120多个，每户年收入4万多元，因为这事，王其璋在这个村里的威信很高，每次去，村民都拉着老王去参观他们的养殖场，争着请他吃饭。乡亲们都说："老王可不光是电影放映员，他都成了我们的科技顾问了！"

（三）菜市文化管理部门召开了一个座谈会，与会者交流农村和社区基层文化建设的心得，提出相关意见和建议。以下是几位与会者的发言摘要：

A（大学生村官）：要提高乡亲们的文化素质，培养积极向上的村风民风，我觉得鼓励他们把花在打牌、闲聊上的时间用在读书上很重要，也很有效。我到村里以后积极地提议和向上争取，创办了全县第一家"农家书屋"。我帮助购买图书，筹集资金添置设施，动员群众参加读书活动，有空还给他们上课，有时还请农业大学老师、农科院技术员来开讲座。现在，农家书屋已经成为我们村的一大亮点，省市县领导多次来视察和调研。如今村民们有空就到书屋来看看书，读读报。打牌的少了，闲聊的少了，文化生活丰富多了。

B（大学生村官）：我们村本来就有一个文化站，里面也有不少图书，但是利用率不高，钥匙别在村支书的腰里，哪个农民提出要看书什么的，村支书就去开门。没有人提，那个门就天天锁着。我去了以后，主动向村支书提出保管钥匙，将文化站重新布置了一下，办了墙报宣传栏，里面摆上茶水，添加了不少新书，制定了文化站管理制度，按时开放，按章管理。现在，我们那个文化站天天村民络绎不绝，有时候里面坐不下，有人捧着书坐到门外的空地上看。

C（社区工作者）：社区街道文化站的建设是一个重要问题，也是难题。我们那文化站备有不少图书，但没什么人来读。我做过调查，我们街道很多人平时没事，要么凑一桌人打麻将，打扑克，要么守在家里看电视，不愿与人交往。不过，我发现早晚在小区里散步、锻炼身体、跳舞的人倒不少。我就动了脑筋，在小区的路边、健身场地旁边，竖起很多宣传栏，里面内容定期更换。除了宣传国家大事，介绍社区里的好人好事，普及防火防盗、卫生常识，还用来传播一些传统文化，比如《弟子规》《论语》《二十四孝》等，配上漫画和导读文字，人们散步和锻炼的时候顺便就可看到，慢慢引起了他们读书的兴趣，现在到文化站来读书的人越来越多。

（四）小签原是某大学法律系学生，大二的时候就以高分通过了英语六级考试，本来想出国，但家里舍不得她这个宝贝女儿独自去外国打拼，去年硕士毕业应聘进入一家大型国企做行政助理。

说起自己的成长经历，小签感慨万分："家里为了培养我，当初上幼儿园的时候就花了好多钱，上了我们那儿最有名的双语幼儿园。从那时候开始，父母就再三告诉我学好外语有多么重要。上了小学和中学，除了要完成紧张的功课，我还上过各种各样的英语辅导班，大多是父母替我报名的。高考的时候，我的英语成绩差3分满分，是我们市的英语单科状元。可惜我的语文成绩拖了后腿，要不然我可以考上更好的大学。花那么大工夫学外语，现在工作了，英语没怎么用得上，倒是每天处理各种各样的文件，写稿子，对我的汉语写作能力要求很高。我记得很清楚，第一次给我们领导写一篇讲话稿，被领导狠狠骂了一顿，因为里面好几个错别字，还有用词不当的地方。我现在真的认识到，我是中国人，学好自己的母语是首先的、必需的。"

记者问她："你现在是不是特别后悔当初花了那么多精力和时间，还花了很多钱去学习英语？"

小签说："后悔谈不上，英语学好了还是有用的。有一次我们单位收到一份外文资料，第二天开会要用，碰巧我们单位专门负责英语翻译的同事生病住院了，领导很着急，我就主动接过来翻译了，领导很满意，还表扬了我。特别是最近我刚刚在网上看到一篇对国内某著名大学陆教授的访谈，对我触动很大。他说我们对于语言，要有一种尊重、敬畏、护卫、热爱。作为中国人，我们一定先要重视学好汉语。"

记者问她:"如果让你用一句话送给那些正在拼命学外文的学子们,你会怎么说?"

小签想了想,"还是陆教授说得好,学好外国语,做好中国人。"

(五)据统计,目前全世界75%的电视频道是英语节目,85%的国际组织的工作语言是英语,85%的网页是英语网页,80%的电子邮件是用英语传递,英语已成为全球通用的"国际普通话"。对于英语语言的主导地位,美国某未来学家曾说过:"美国目前所具有的第一大优势是语言,英语是在数十个领域内通用的世界性语言,全球各地数以亿计的人口至少能在某种程度上掌握英语,从而使得美国的思想、作风、发明和产品能够畅通无阻地走向世界,未来世界政治的魔方将控制在信息强势者的手中,他们会使用手中掌握的网络控制权、信息发布权,利用英语这种强大的语言优势,达到暴力、金钱无法征服的目的。"

世界上许多国家,为了各自的民族文化利益纷纷采取文化保护政策,建立防范机制,维护本民族语言安全。以色列为了建国,决定恢复希伯来语作为日常通行语言,过去希伯来语只在宗教仪式中才使用,现在不仅已成为耶路撒冷大街小巷人们交流的工具,而且也逐渐成为美国纽约犹太人追寻文化根源的凭借;马来西亚为了强调其民族的统一性,坚持以马来语为国语;俄罗斯则把保护俄语纳入了国家安全战略。

(六)眼下,在某些中国人的日常生活中,频繁使用外来语,尤其是普通话夹杂着英语单词,被认为是时尚的说话方式;一些国产商品的取名和在媒体宣传时任意洋化的现象十分严重,纯粹的国货也要起一个不知所云的洋名;在学术论文中,照搬命题,袭用概念,大量引用外文,对外文的盲目使用甚至到了迷信程度;而西方大众文化在中国的流行,也导致不少充满淫秽、暴力色彩的语汇被制造出来,严重污染了汉语生态环境。

某学者尖锐批评道:某些部门在招生、聘用、晋级等方面,往往把是否掌握、能否运用英语作为首先考虑的因素,而能否说好汉语、写好汉语文章反而退到其次,甚至根本不作为衡量因素。他认为,强制性地普及英语教育让学生学习花费的时间和金钱超过了任何一门课程,从幼儿园到大学,英语都是主课,大学语文在很多高校被边缘化,这是一种很令人担忧的倾向。

他说,在我们的生活中,随意简化汉字,任意生造字,滥用省略语等现象屡见不鲜。年轻人对古典文化资源的舍弃和漠视现象随处可见,不读古代经典,不懂文言,再加上大量不合规范的网络语言受到年轻人的追捧,对汉语形成巨大冲击,消解着传统汉语的尊严和韵味,割裂着文化传承脉络,威胁着国家语言文字的严肃性和规范性,但也有不少人对此不以为然。

(七)报载,法国曾经发生过这样的事:一批著名影星冲进巴黎圣日耳曼大街的几家电影院,抢出《侏罗纪公园》的拷贝在街头焚烧;电影工作者还在埃菲尔铁塔下示威抗议好莱坞的"入侵"。法国某官员因为在一次国际会议中用英语发言,遭到全法国人的诟病,要求其向全国人民道歉并辞职。许多人都还记得法国小说家都德的《最后一课》,普鲁士占领法国,首先要做的事就是迫使法国国民放弃法语学德语。都德将一堂普通的法语课上升为向祖国的告别仪式,失去母语如同失去了祖国。这个悲哀的情节已深刻地烙印在每一个看过这篇小说的读者心里,成为挥之不去的记忆。

作为世界著名的文化大国,法国拥有丰富的文化、艺术遗产,文化产品的市场需求非常旺盛。法国文化部主管文化产业发展,是法国政府中支出最多的部门之一,这在西方国家中是不多见的。

1993年,欧洲议会采纳了法国政府"文化例外"的主张。在法国人看来,文化产品有其特殊性，不能与其他商品等同起来，任其自由流通。因此，他们联合欧共体其他国家一道，拒绝华盛顿让欧洲取消对美国影视产品"配额限制"的无理要求，在贸易谈判中采取了毫不妥协的立场。

1994年，法国政府在议会两院通过法令，严格限制法语中使用外来语尤其是英语，法国政府还通过一项法律，要求在法国互联网上进行广告宣传的文字必须要译成法文。

1996年起生效的一项法律要求全法国1300多家电台在每天早6时30分至晚10时30分之间的音乐节目必须播送40%的法语歌曲；各电视台每年播放法语电影不得少于40%，违者处以罚款，并以之资助民族文化。

为了增强本土文化的竞争力，扶持本国文化事业的发展，法国提倡在自由竞争的同时，积极吸取其他民族文化的长处，广泛收藏和展现世界各民族优秀文化作品。面对近年来英语文化的逼人态势，法国颁布了支持电影业发展计划，在力求维持法语地位的同时，也向英语文化的优势项目如好莱坞电影发起了冲击。

从1992年起，法国外交站、文化站、法国艺术活动协会及在法国的外国文化中心集中举办介绍外国文化、艺术的活动，展示文化的多样化，加强这些国家与法国的文化交流。除了驻各国使馆的文化处外，法国目前已在近百个国家建有一百多个文化中心，每年选择一两个国家作为重点，推介本国文化。

法国的企业和各类专业协会也是宣传法国文化、向世界推介法国文化的重要力量。无论大企业还是中小企业，均可参与赞助，而作为补偿，企业可获得政府减免税收或者享有冠名权等各种不同的回报。

（八）下面是H县文化局一名工作人员搜集的10则材料：

1. 美国商务部前高级官员大卫·罗斯科普曾经说："如果世界趋向一种共同的语言，它应该是英语；如果世界趋向共同的电信、安全和质量标准，它们应该是美国的标准；如果世界正在由电视、广播和音乐联系在一起，节目应该是美国的；如果共同的价值观正在形成，他们应该是符合美国人意愿的价值观。"

2. 美国《混合语》杂志揭秘：美国中央情报局在1996年后加紧了对发展中国家学术界的渗透，出巨款让一些人宣传推进全盘美国化，打压发展中国家那些保护和振兴本民族文化的人。而弗朗西斯·斯托纳·桑德斯的《文化冷战与中央情报局》一书则披露：为了渗透美国的霸权思想，中央情报局在文化领域展开了长达半个多世纪的文化输出活动：举办讲座和研讨会，创办学术刊物，开设图书馆，资助学者互访等。

3. 中国文化越来越多地被他人利用，比如《孙子兵法》成为某国谍报人员的必读书，大量中国元素、中华民族文化符号进入国外影视作品，很多中国风景区成为国外拍摄影视作品的外景地，等等。甚至国外还有盗用中国文化资源的现象，比如源于中国的端午节，就被某国以"江陵端午祭"的名义，向联合国教科文组织申报并已经被确定为"人类口头和非物质文化遗产代表作"。

4. 改革开放以来，我国的文化立场多在于强调求同存异，鼓励和加强超越意识形态和社会制度的文明对话。第一个海外孔子学院诞生于2004年，中国目前已经开办几百所孔子学院和语言文化学院，传播汉语和中国文化，影响越来越大。

5. 国外有些别有用心的人，对中国古代"四大发明"进行否定甚至掠夺。比如某国学者以他们发现的据称刊印于公元706—751年的文献为世界上最早的印刷品，强调他们国家才是雕版印刷的发源地，甚至呼吁召开国际学术会议，邀请联合国教科文组织参加，要求国际社会予以公认。其实，早在1906年于新疆吐鲁番出土的卷子本雕版印刷品《妙法莲花经》已经证明中国是印刷术的故乡，1974年在西安西郊出土的单页雕版印刷品《梵文陀罗尼咒》（公元650—670年）再次证明中国是雕版印刷的发源地。

6. 直到今天仍有西方人坚持认为，活字印刷（铅字印刷术）是德国人古登堡15世纪"创造"的，有人甚至怀疑毕昇的存在，认为沈括的《梦溪笔谈》中所记载的只是一个传说。造纸术方面，除了一些18—19世纪西方传教士认为纸是文艺复兴时期（14—15世纪）德国人或意大利人发明的，还有造纸术是"埃及发明"的，"印度发明"的等种种说法。

7. 有人戏言，美国用三大片（薯片、芯片、影片）策略就征服了世界。从1996年开始，美国的文化产业成为美国最大的出口产业，占美国GDP的25%左右。有着5000年文明的中华民族面临巨大"文化逆差"的尴尬，文化商品进口数量几倍甚至几十倍于同类出口商品。中国网民数量为世界第一，然而中国的网络基础建设水平和互联网普及率还无法和这个世界第一相称。中国网民不断抱怨网速慢、不稳定、服务差、价格贵，同时中文网页数量在世界互联网中仍只能占据很少的比例，中国网民很大程度上仍是外界信息的被动接受者而非互联网信息的主动提供者。

8. 新闻媒介反映出来的政府、机构、企业和公民的行为，与国家形象的关联最直接，新闻媒介的报道是否客观、公开、透明，体现了新闻媒介塑造国家形象的硬功能。相对而言，通过文学艺术作品所反映的国家形象，更具有持久的潜移默化的作用。例如中国的功夫文化、茶文化、饮食文化，以及京剧、民俗、民间文化等，都是国家形象的重要塑造手段。

9. 北京奥运会开幕式，作为一个文化世博，它的华丽、丰富、恢弘，特别是对中国"和"文化精神以及中国与时俱进的民族精神的诠释，对于塑造一个文明灿烂、文化独特、改革开放、求新求变的中国国家形象，产生了无可替代的作用，不仅震撼了世界，而且也使一些对中国国家形象比较负面的评介发生了改变。国际奥委会主席罗格先生在闭幕词中指出，"通过本届奥运会，世界更多地了解了中国，中国更多地了解了世界"，"这是一届真正的无与伦比的奥运会"。

10. 2012年诺贝尔文学奖，颁发给了中国作家莫言，既是中国文学繁荣进步的体现，也是我国综合国力和国际影响力不断提升的体现。

二、作答要求

（一）如何做好基层文化建设工作，直接关系到中华民族传统文化的继承与弘扬，请你谈谈"给定资料（一）～（三）"对做好这方面工作有哪些启示。(20分)

要求：紧扣"给定资料"，条理清楚。不超过300字。

（二）根据"给定资料（四）～（六）"，请你概括目前汉语生态环境面临的主要问题。(15分)

要求：紧扣"给定资料"，条理清楚，全面准确。不超过200字。

（三）根据"给定资料（七）"，指出法国在保护本国文化方面有哪些做法值得借鉴。(10分)

要求：条理清楚，全面准确。不超过300字。

（四）假如你是H县文化局的干部，要在有村官和社区工作人员参加的培训班上做一次关于繁荣和发展社会主义文化的讲座，综合"给定资料（八）"中提供的信息，你认为

应该重点讲几方面的内容？（20分）

要求：紧扣"给定资料"，分条作答，观点明确，有针对性，不得摘抄原文。不超过300字。

（五）请以"让……大放异彩"为题，写一篇内容充实的文章。（35分）

要求：

1. 用恰当的文字替换"让……大放异彩"中的省略号部分，使之构成一个完整、具体的文章标题。

2. 主题应与"给定资料"相关，但素材不必拘泥于"给定资料"，要结合生活中的具体感受，切忌空谈对策。

3. 观点鲜明，结构完整，语言流畅。

4. 总字数为800～1000字。

2015年中央、国家机关公务员录用考试申论试题
适用于市（地）以下综合管理类和行政执法类职位

一、给定资料

……

（二）（标题）_____

9月28日上午，在××博览中心，第七届大学生I-CAN物联网创新创业大赛中国总决赛颁奖仪式举行。本次比赛共有来自全国63所学校的267支队伍参加了角逐，野战"活点"沙盘、意世界、笔记本防护装置、蜜蜂之家等作品获得了特等奖，另外，全息3D成像、仿生鲶鱼、防丢宝、煤气智能报警系统、安全小车系统、太阳光雨水发电等颇为接"地气"的作品获得一二三等奖。据主办方介绍，今年参加大赛的作品涉及面更广，专业领域包括了家居、医疗等多方面，并且评委在评分中更加注重作品的市场潜力和应用价值。

（小标题一）_____

上午9点，颁奖仪式如约举行，依次颁发了60个三等奖、40个二等奖、15个一等奖与5个特等奖。一个个充满活力的年轻获奖队员鱼贯上台领奖，对于他们来说，更多的是一种团队参赛的快乐和创意成真的成就感。某工程大学的一位参赛选手告诉记者：这次参赛他们从创意设计到做成成品总共花费了8个月的时间，前前后后少不了同学们通宵达旦地钻研，"在团队合作中，大家都听队长的，对自己分工的活认真仔细，遇到难题一起研究。现在获得了三等奖，非常有成就感。"

而在会场上，也有不少企业代表对这些创新技术非常感兴趣。一位企业家表示，年轻人有梦想，敢想敢干，看好他们作品的市场前景，鼓励他们创业，如果有机会会与大学生团队开展合作。

（小标题二）_____

"太阳光雨水发电器，非常适合多雨的南方。""交通事故警报APP，发生事故后，软件会自动发信息给你的家人。"看到这些品种繁多的获奖作品，真让人有种只有你想不到，没有你做不到的感觉。记者在采访中发现，今年的获奖作品中出现了不少新颖有特色、生活味道十足的作品，不仅有防丢钥匙的智能锁，还有各种趣味盎然的新发明。北京某大学

的发明团队发明了一款"M-Fish智能鱼缸",这款鱼缸可以与手机联通,使用者可以通过手机发送信号,控制鱼缸的充氧量,精确把握鱼食喂养。

某大学分校的参赛团队研发的"舒心电风扇",是利用物联网技术制造的感应风扇,如果人体皮肤靠近,风扇就会自动关停,这样可以预防小孩子不小心将手伸进电风扇之中受伤,或者距离太近造成感冒。太原某大学团队设计的煤气智能报警系统,通过计算火焰、煤气流量等,能够及时发现煤气有没有泄露,从而报警。

(小标题三)

获奖作品中,那些与人身安全相联系的几款作品尤为引人注目。获得一等奖的由湖北某师范学院团队研发的安全校车系统,就是从新闻中校车闷死儿童的事件有感而发、研发出一款防止在校车中遗落儿童的软件。据获奖团队介绍,他们4个伙伴用四五个月的时间,从多套方案中挑选了2套,这款作品应用了物联网技术,根据探头、座椅压力等信号综合计算,判断车内是否有人遗落,并且批量生产的成本适合市场推广。

具有市场潜力并且经过市场验证的作品更是脱颖而出,获得特等奖的一款"蜜蜂之家"作品是某科技大学团队研发的。他们曾经将自己的作品带到田间地头,"我们去湖北的蜂农农场呆了3个月,就是想实地检测一下这款产品到底有没有用。"团队队长小程说,他们通过实地检验,发现作品真的可以解决蜂农养蜂中的温度控制问题。该作品的实用性得到了评委的一致好评,成功摘金。

二、作答要求

……

(二)阅读给定资料(二),在横线处填入这则资料的标题和三个部分的小标题。(10分)

要求:准确、精练;标题和三个小标题须分条写,小标题要标注序号;每条不超过20字。(节选)

三、思考与练习参考答案①

思考与练习一

一、思考题

(一)略(请参看教材第11页)。

(二)略(请参看教材第5~6页)。

(三)略(请参看教材第8页)。

二、练习

(一)

答:在思想上淡忘群众;在感情上疏远群众;在工作上敷衍群众。

(二)

这个点评,没有评说内容方面的优缺点,仅涉及形式。就形式而言,对第一自然段"添加一句点题"是正确的,其余"添加的分论点",是重复之语,是画蛇添足。对得分起负能量作用。

---

① "思考与练习参考答案"中的参考答案序号与本教材各章"思考与练习"的序号一致。

思考与练习二

一、涉及机关事务工作的理论准备的"思考与练习"

（一）有关应用"四个全面"治国理政方略、科学发展观、小康建设和文化建设理论的"思考与练习"

1. 2)（1）

① 移民补贴问题：补助款筹措难；补助少个人出资重；低于国家补偿标准且被克扣；虚报和私下转让指标套取补助。② 法律规范问题：对移民的管理机构、体制、搬迁的规划设计、权益保障等方面进行统一规范。③ 移民生活、生产、就业、社会关系不适应等问题。④ 迁入地生态环境保护问题。⑤ 搬迁用地问题。

1. 2)（2）

这句话的意思是移民搬迁不仅仅是居住地的改变，更重要的是生活方式的变化，移民活动对迁入区和迁出区的人口分布、社会经济发展状况和趋势、生态环境与土地资源利用方式等都有较大影响，将在极大程度上改变相当一部分人群的生存状态。移民的生活、生产、就业、社会关系都将发生变化，原有的社会经济体系完全解体。例如，有的农民会脱离旱作农业耕作方式；有的农民将脱离农业生产，转为工业生产，就业方式发生变化。另外，由一个地方转移到另一个地方，故土情结和移民身份导致他们对全新的生活环境缺乏认同感和归属感。我们应遵循以人为本、民生优先的原则，科学规划、分步实施，推进移民安置工作的有序进行。

1. 2)（3）我县在移民搬迁安置过程中凸显出了种种问题。具体来说，体现在以下几个方面：

① 搬迁地点过远导致农民与土地分离，农民失去了收入来源。② 相应的基础设施欠缺，造成搬迁农民生活不便。③ 搬迁中的土地问题难以解决。在异地扶贫搬迁中，没有公共用地，"以工代赈"计划与实施脱节，项目批下来却没有土地指标可用。④ 搬迁中个人出资较多，贫困人口交不起房款难以搬迁。⑤ 搬迁安置工作中存在人口和土地的虚报问题，甚至出现搬迁户私下转让指标等不法行为。⑥ 搬迁建房补偿款低于国家的补偿标准，而且没有全部到位，被以管理费等多种方式克扣。村民还被额外收取了宅基地费。

移民安置工作是一项重大的民生工程。针对当前移民搬迁中存在的各种问题，建议从以下几个方面予以改进：

第一，解决搬迁用地问题。在移民搬迁安置工作中，要统一住宅规划，统一征用、调配土地，统一安排基础设施建设，统一办理各类手续，以最低价为农民进镇建房提供用地。

第二，制订合理的补助方案，提高移民补助标准。多方筹措资金，通过多方出资成立公司，银行贷款，争取上级有关部门政策资金的支持。

第三，严格监督管理。制定补助款发放的审计监管制度，严厉打击在移民搬迁工作中的违法乱纪行为，保证补助款的足额、及时发放。

第四，完善配套基础设施建设，解决移民生活不便的问题。将集中安置作为搬迁的重要方式，这样便于道路、水电等基础设施和卫生院、幼儿园、学校等配套设施的统一建设。

第五，保障移民的收入来源。通过举办培训班等方式，对移民进行生产技术和技能培训，发展县域工业园，解决移民就业问题，保证移民安居乐业。

1. 2)（4）

新的生活新的希望

地质灾害移民搬迁、洪涝灾害移民搬迁、扶贫移民搬迁、生态移民搬迁、工程移民搬迁，各种各样的需要，促成了"移民"这一特殊群体的形成。守着土坯青瓦的老房子，生活了一辈又一辈，离开祖祖辈辈生活的家园，对于移民来说，是人生中又一次脐带割裂。他们将要迎接的是挑战，但也是新的生活，新的希望！

移民搬迁后的一段时间内在经济、文化、社会心理等方面都会面临一系列不适应问题。物质上，从农村搬入城市后，生活成本高，而移民暂时没有拓展收入的方式，生活自然难以为继；精神上，对于新的生活环境的不熟悉，身份不认同和故土情结又会导致移民精神上的困惑与不适应。移民需要有一个过渡期来适应新的生活环境，真正融入新的生活。这个过渡期非常关键，政府要从发展的角度来解决经济贫困、从心理上加以调适、从精神上加以培养，否则移民的安居乐业就会大打折扣，潜伏下来的历史问题就会成为区域社会经济发展的一个永久"瓶颈"。

从经济角度和发展的眼光来看，移民集中安置有利于国民经济发展，对于国家而言是一种理性的选择。所以，在现有的基础上重视后期的投入和规划尤为重要，可以使移民通过更加科学的规划和设计实现尽快富裕。

从我国建设发展的布局来看，建设小城镇是未来的政策取向。因此，将贫困人口从自然条件恶劣的地方搬到集镇或者离集镇近的地方，既可以避免重复建设造成的浪费，也可以通过集中供水、供电、通路，实现资金的最有效利用。同时可集中教育资源、科技资源、人力资源实现资源的节约和共享。

移民工作的实施主要来自政府的力量。由政府来组织移民，从移民动员、移民安置等方面都能有充分的保障。在移民过程中涉及政府的有土地、扶贫、农业等多个部门，只有政府才能发挥如此大规模的协调作用。因此政府要担起责任，做好移民搬迁工作。

新的生活代表着新的希望！政府必须要让移民搬得出、稳得住、能致富，坚持统筹兼顾、科学规划、分步实施的原则，帮助他们调整自我，尽快适应新的环境，融入新的生活！

2. 1)（1）

进城务工人员随迁子女受教育问题的具体表现在公办学校和民办农民工子弟学校两个方面：

公办学校不仅学费、赞助费、借读费高昂，而且缺少专门供农民工子女就读的公立学校；农民工子女没有城市户籍，考大学成为难题；不公平待遇和歧视，使农民工子女心灵受到创伤。

民办农民工子弟学校数量有限，条件简陋，经费紧张；没有办学许可证，没有合法地位，没有政府支持；教师队伍不稳定，生源不稳定，教学质量难以保证。

2. 1)（2）

随着教育成本越来越高，上学难在农村表现得尤为突出，有些地方出现因教致贫、因教返贫的困境，辍学之风抬头，但是仍然有许多农民越是在这样的困境中越是把希望寄托在下一代受教育上，并且不惜血本地投资教育。因此，应该下大力气，改变教育资源不合理分配以及农民子弟就业难的问题，给广大农民寄以希望的教育。

2. 2)

给各村中小学生家长的一封信

尊敬的各位家长：

你们好！

为了改变我县学校不合理的校点布局，进一步改善办学条件，明显提高办学效益，合理配置教育资源，我县将有效利用各方面条件，逐步推进寄宿制办学。

我们会加大资金投入，完善学校的各项设施。将资金投入到建设新的教学用房、学生宿舍楼和学校食堂等，保证学生学习的环境。我们会推进教育资源配置方式的改革，统筹规划学校布局。一是从实际出发，将农村校点多、规模小的有限资源进行优化配置；二是着力调整中小学布局，建议一批试点学校，形成富有特色的实践模式，如联村办寄宿制学校、民族寄宿制学校、边境形象学校等。

创办寄宿制学校，意味着孩子们要去更远的地方读书，由于交通不便等原因，难免会加重家长们的担忧。我们将努力把寄宿制学校办成群众满意、家长放心、学生"进得来、留得住、学得好"的学校，希望广大家长朋友能够共同关心和支持我县寄宿制学校建设，共同为孩子们营造一个良好的教学环境。

县教育局
××××年××月××日

2. 3)

愿君莫做摇摆人　愿君惜取同源血
——在城乡公共服务一体化进程中解决外来人员无根化危机

城市与农村、城市人与农村人的身份认同危机和文化断裂，是当代中国社会的一个突出问题。那位来自农村、身在城市的知识分子，疑惑于自己在城市融不进、在农村回不去，成了徘徊于城乡之间的"摇摆人"，这种"无根化"危机的意识在我国社会中普遍存在。我们要建设一个和谐社会，不要断裂社会。因此，党的十七大报告提出要解决好发展理念和发展机制，"形成城乡经济社会发展一体化新格局"。我们期待在加快推进城乡公共服务一体化的进程中，能够解决城市外来人员的精神困惑与无根危机，让每一个社会成员获得平等地位，珍惜同源的血液，再也没有一个摇摆人。

城乡摇摆人是伴随我国城市化进程、在人口流动中出现的一个特殊现象，像农民工，像毕业后在城市工作的青年，由于户籍壁垒、经济实力、地域文化的隔膜等因素，陷于农村回不去、城市融不入的尴尬境地。许多城乡摇摆人怀揣梦想来到繁华都市打拼，与早期外来农民工群体相比，有着更为鲜明的时代烙印：他们接受新生事物的能力更强，他们的价值观念和行为方式，更加趋向于现代文明和城市文化，当然他们也更加渴望融入城市，但是受困于自身因素及现实的制度门槛、政策限制等，他们当中的大部分只能游走于城市的边缘，被喻为"无根"之人：回不去的是故乡，城市也吝于敞开怀抱。作为一支庞大的、不可忽视的新生力量，如何表达他们的诉求和情感，如何实现他们的权利和梦想，又如何在工业化、城市化的建设大潮中找到他们的未来，成为当下的一个重要命题。

解决无根化危机，消除"摇摆人"现象，首先在于加强制度建设，加快推进城乡公共服务一体化的进程，打破户籍壁垒和地域限制，使公共服务普遍惠及城市生活与工作的每个群体、每个人。要将外来人员普遍纳入城市社会保障体系，给予教育、就业、医疗、住房、养老等全方位的普遍保障，要让外来人员享受同等的市民待遇，才能促使他们落地生根。特别是农民工的子女教育问题，《国家中长期教育改革和发展规划纲要》明确要求解决好农民工子女就学问题，落实以全日制公办学校为主、以输入地为主保障农民工子女平等接受义务教育的政策，全面取消借读费。研究农民工随迁子女义务教育后参加升学考试办法，推动逐步实现农民工子女入学与城镇居民享有同等待遇。"同等待遇"就意味着平等，意味着公共服务在不同群体之间的均等化，意味着公共服务在城乡之间的一体化和紧密衔接，这理应成为未来社会建设的主要着力。

解决无根化危机，另一个重要方面是给予外来人员以精神上的呵护。一些"摇摆人"之所以感到难以融入城市，关键在于城市文化的大门没有向他们打开，在加大文化公共服务建设力度的过程中，要突出对外来人员的重视，积极创造条件、提供平台，打造融本地居民与外来人员于一体的文化共建、共享体系，让外来人员参与共建，分享城市精神文明的成果，在城市找到属于自己的精神家园。

不管是纯粹的城市居民还是农村居民，我们具有同源的血液——源自一个民族，共踏一方热土，让我们珍惜、呵护不同群体本出同源的血液，化解每一个社会成员的无根危机，在实现每一个社会成员地位平等的同时，促进整个社会的和谐。

(二) 有关行政执法理论的"思考与练习"

2.1)

我国历来十分重视勤政。当下我国干部总体状况是好的，出现了张云泉、牛玉儒等勤政的楷模，但部分政府和部门却存在庸政、懒政现象。如部分官员存在自由主义和官僚主义作风；工作敷衍了事、作风懒散；全局观念不强，责任意识淡薄，决策简单、粗暴，为便于实现既定目标及执行的便利，侵犯群众利益的事情时有发生，损害了政府公信力。为此，党和政府推出一系列治懒治庸的有力举措，加快建设一支能够推进科学发展、跨越发展的干部队伍。

2.2)

A县为避免踩踏事故再次发生，取消了2005年的灯会，这种消极的躲避属于"鸵鸟政策"。遇到问题不主动去解决，反而自我防御和自我封闭，这是懒政的表现，不利于问题的解决，也给群众的正常生活造成了不便。

A县遇到问题应积极应对，才能彻底消除灯会事故隐患。

作为政府，面对社会改革和现代化进程中的各种问题与矛盾，要勇于承担责任，积极、灵活、务实地治理，才能消除各种不稳定因素，也才能赢得现代社会民众的支持和认同。

2.3) (1)

"两难困境"指完成节能减排任务与为市民供暖之间的矛盾。从政治上讲，我国实行节能减排工作责任制与问责制，各级政府对本行政区域节能减排负总责，必须坚决贯彻上级节能减排要求；为人民服务是政府的宗旨，切实维护人民群众的利益是政府的职责所在，不能停止供暖。从经济上讲，节能减排是为了更好地发展，必须贯彻；发展要依靠人民，必须维护人民的利益。

L市领导的做法属于庸政，侵犯了群众的权益。二者都是政府职责，不能偏废。

2.3) (2)

破解该市"两难困境"，首先需要政府牢固树立人民群众利益观念，从改革发展稳定的大局出发，从维护、实现人民群众的利益出发，做到科学决策。其次，节能减排不能靠突击，要多深入实际，了解情况，研究节能减排新途径，依靠科技管理，把节能减排工作做实。最后，要提高政府勤政建设，积极研究探索新情况、新问题，综合考量节能减排与群众利益，加强自身执政能力，做到勤政善政。只有这样，才能做到既完成节能减排任务，又维护群众利益。

2.4)

庸官懒散主要表现为工作敷衍了事，作风懒散，不负责任，不干事情，不思进取，无所作为等。这与部分官员进取心不强，缺乏创新积极性和危机意识，全局观念不强，责任意识淡薄以及执政能力不强等因素有关。

因此，整治庸官懒散，需要对症下药，从作风、制度、组织等多方面进行。一是加快法制建设，对不作为、乱作为的干部依法进行问责，增强干部的危机感。二是建立科学的干部考评机制，量化考评标准，惩戒考评不合格的干部，激发干部的生机与活力。三是利用媒体的舆论督导力量，接受群众的监督，以此来推动政府部门的工作。四是弘扬勤政模范，增强责任意识，树立正确的政绩观，以防过勤扰民。五是建立合理的用人导向，完善干部选拔与调整机制，表扬、提拔、重用那些勤政干部，激发干部队伍干事创业的积极性。

2.5)

治庸治懒促勤廉 从严治干求发展

为官当从勤从廉，这既是历朝治吏的根本，更是社会形势对政府官员的要求。唯有如此，才能造福一方百姓，才能维持地方的稳定、团结，也才会为人民群众所支持、为历史所铭记。魏徵、王安石、张居正……细数青史留名、至今仍为人所怀念的官员，做官无不公正，行事无不清廉。人们对其的怀念并非仅是怀念其人，而更多的是怀念他们公正勤廉的为官之风。正因如此，在社会主义现代化建设中出现的孔繁森、张云泉、牛玉儒等一大批优秀干部才会受到人民的深深爱戴。

我们干部的总体状况是好的，广大干部是勤政廉政，想干事、能干事、会干事的，但也毋庸讳言，懒政、庸政现象在一些政府部门蔓延，自由主义和官僚主义思想在少数干部中有所抬头。他们作决策、做工作不深入群众，不深入实际；遇到问题不是积极解决而是消极躲避；作风懒散，全局观念不强，责任意识淡薄。A县灯会发生踩踏事故后，一些干部没有认真调查隐患，简单取消了次年灯会；贫困县不是将资金用于为群众谋福利，反而大搞亮化工程；部分省市甚至为了完成节能减排任务拉闸限电、停工、停暖。这些行为对工作实际研究不深，对现实因素考虑不周，只顾及目标的实现和执行的方便，一刀切，看似解决了部分问题，实则问题不断积累，小问题酿成大问题，还侵害了人民群众的合法权益，损害了政府公信力。

从现实来看，弘扬勤政廉政之风，必须从治懒治庸、从严治干入手。这是保持我党的先进性和纯洁性、增强党的凝聚力和战斗力的重要保证。在作风建设上，一方面要大力弘扬勤政廉政模范，以榜样的力量带动干部；另一方面，要制定专门法规，对庸官懒官进行惩处，树立高压线，以严肃的纪律警示干部。在制度建设上，要建立一整套科学、合理的干部绩效考核机制，主动接受人民群众的监督，对不在状态、不谋其政的干部进行问责，增强干部队伍的危机感、责任感和进取心。在组织建设上，一方面要畅通勤廉干部的上升渠道，表扬、鼓励、提拔、重用那些锐意创新、作风踏实、清正廉洁的党员干部，激发干部干事创业的热情和积极性；另一方面要完善慵懒干部的惩戒制度，对那些精神不振、作风懒散、办事拖拉、敷衍塞责、工作平庸的干部采取组织处理、党政纪处分和经济处罚并用，真正建立"能者上、平者让、庸者下"的用人机制，选拔干部看工作实效、看综合素质、看群众口碑，逐步转变单纯以 GDP 为核心的考察机制。

只有建立一支勤政廉政的干部队伍，才能妥善应对社会改革中出现的复杂情况，积极、灵活、务实应对各种矛盾，推进科学发展、跨越发展、和谐发展。

二、涉及写作常识的"思考与练习"

（一）

这两段文字都用了比喻手法，第一段文字用的是暗喻，第二段文字用的是明喻。

第一段文字运用的比喻在文中起着说明的作用，属于说明中的比喻说明，它通过多次反复的比喻，形象、多角度地解释了"和谐"的内涵和作用，洋溢着作者对"和谐"的赞美之情；第二段文字用"就像穿衣服，不能只注重光鲜亮丽而忽视舒适"这种通俗易懂的比喻来解释抽象深奥的道理，即城市建设不能只注重"面子"而忽视"里子"，应该将二者有机地结合起来。比喻在这里起着论证的作用，属于议论论证方法中比证法里的比喻论证。

（二）

加强应急管理机制建设，切实提高危机治理能力

自"非典"发生以来，我国应急管理机制建设已经取得重大进展，形成了应对突发公共事件的国家应急总预案、部门和地方应急预案，初步建成了一个全国性的应急管理体系。但近年来我国自然灾害、生产安全事故乃至群体性突发事件都有上升的势头，严重影响我国的长治久安和经济社会发展。这表明，防治公共危机还任重道远，还必须加强应急管理机制建设，切实提高危机治理能力。为此，特建议从以下四个方面进一步采取措施：

第一，进一步细化和完善应急预案，建立一套应急联动机制，形成一个完整、高效的全国性应急管理体系。

我国对于突发公共事件的应急处置和危机管理总体上起步较晚，预案制定和应急管理体系到 2005 年才呈雏形，还存在不少问题，需要通过诸如实验、演练等多种预备活动来加以检测，发现粗疏和缺漏之处并修改、完善之，使之变得更加细实、全面、高效和可操作。此外，还要在各地建立应急联动机制，使突发事件出现时能够得到及时、配套的全面处置。进而，充分整合各级各地的应急力量和资源，逐步形成一个全国联网、紧密一体、联动高效的应急管理体系。

第二，加强应急管理预案的模拟演练和应急知识宣传，把危机管理的理论、知识、构想和预案都转变成现实的危机治理能力。

预案制定后需要演练，机制建立后需要调试，重视应急管理需要动员全体国民熟悉和掌握紧急应对突发事件的知识和技能。这就要加强危机应对演练和宣传教育，切实提高政府处治突发事件的能力，切实提高国民的危机意识和应急自救能力。只有这样才能将危机治理的构想、预案和知识转变成现实的危机治理能力；否则，就有可能变成纸上谈兵，而当危机出现时就仍然不能有效应对，并且还要为此继续付出惨重代价。因此，如何按照预案组织演练以加强各预案之间的衔接与协调并极大完善应急体系、提高应急能力就成了当务之急。

第三，加强对危机管理的理论研究和人力物力上的投入，尽量认清和全面掌握突发公共事件或公共危机的机理规律和根源症结，尽量加强应急管理的理论基础和技术基础，为增强危机治理能力提供最重要的基础性支持。

我们对于复杂多样的突发公共事件的性质、成因和机理尚未在理性认识上完全搞清楚，特别是有不可控因素在起作用，致使应急管理能力仍然较弱。这表明，我国无论在基础理论及其应用上还是在实践运作及其投入上原来都没有什么基础，甚至欠账很大。我们不仅要做好危机的日常应对工作，还要做好尽量消除危机和突发事件根源的战略性工作、特别是专业理论研究和专门实践探索等基础性工作，力求在可控范围内掌握防治或根治危机的主动权。

第四，加强应急管理和危机治理的法制化进程，尽快建立一套科学、完备的应急管理法律制度，为增强危机治理的能力和成效提供法制保障。

我国在处置突发事件加强危机管理方面，法律建设还很不够，法律基础还很薄弱，甚至是处理重大突发事件的基本法律也是欠缺的。根据目前形势下，既需要修改相关法律、法规，也急需出台一些新的法律、法规。

总之，我国原有的应急工作基础很薄弱，跟不上应急处治实际运转和不断发展的需要。理顺管理体制、完善长效机制、加强法制建设，是建设应急管理体系的当务之急。①

（三）

1. 发文字号"B政办发［06］第44号"存在的问题有：括号使用错误，应用六角括号，年份要写全，顺序号不应加"第"字，正确写法应为：B政办发〔2006〕44号。

2. 标题存在的问题：标题回行应保持词意完整，不应将"加强"拆开，文种用错，应修改为：

B市人民政府办公厅关于进一步加强
未经批准流动人员自办学校安全工作的通知

3. 主送机关有错，市政府不得主送给市委部门，因为市委部门不隶属市政府，应顶格写为："各区县人民政府，市政府各委、办、局，各市直机构："

4. 缘由部分：人称用错，应将第三人称"该市"改为第一人称"本市"；"经市委、市政府同意"应改为"经市政府同意"；语序颠倒，应将"儿童少年"改为"少年儿童"。

5. 主体部分：文中段落序号"1. 2. 3."应改为汉字小写"一、二、三"；层次顺序缺少逻辑性，应改为："一、明确职责，建立机构""二、加强领导，落实责任""三、采取措施，确保安全"。

6. 落款有错：不应以B市人民政府的名义发文，而是B市人民政府办公厅，同时缺少印章，正确写法应为：B市人民政府办公厅（公章）

7. 成文日期有错：本考题是2006年申论试题，应执行国务院办公厅于2000年8月24日颁布的"国家行政机关公文处理办法"中关于成文日期的数字书写的规定，应用汉字书写，即"二〇〇六年七月十二日"。但自2012年7月1日之后应根据《党政机关公文处理工作条例》的新规定用阿拉伯数字书写。

---

① 京佳教育. 2006年"国考"申论试题第三题参考答案［OL］.（2010-10-09）. http://blog.sina.com.cn.

(四)

关于召开全省中小企业工作会议的请示①

省政府：

当前我省中小企业发展遇到前所未有的困难，大量企业停产倒闭，大批人员下岗失业，而且这种情况有加剧蔓延的势头，势必对全省经济发展和社会稳定造成巨大影响。帮助我省中小企业解决困难，渡过难关已成为各级政府今后一段时期的一项重要任务。最近，国务院常务会议和省政府常务会议都把支持促进中小企业发展作为今后的一项主要工作进行了安排部署。为了落实省政府常务会议精神，进一步支持中小企业科学发展，鼓舞士气，振奋精神，我们建议省政府于近期召开全省中小企业工作会议。

一、会议的主要任务

研究分析当前我省中小企业发展的形势；出台支持中小企业发展的政策措施。

二、会议的时间

建议在全省经济工作会议期间，安排半天时间。

三、会议的主要内容

(一) 省领导讲话；

(二) 出台《关于支持促进中小企业发展的若干意见》(或讨论稿)，出台《××银行业小企业金融服务工作指引》；

(三) 表彰先进单位、模范个人。

四、参加会议人员

(一) 出席全省经济工作会议的有关厅局、地市负责同志；

(二) 各市分管中小企业工作的副市长、中小企业局局长；

(三) 各县（市、区）分管中小企业工作的副县（市、区）长、中小企业局局长。

建议会议由省政府办公厅牵头筹办，省中小企业局负责具体工作。

妥否，请批示。

S 省中小企业局（公章）

××××年××月××日

(五)

关于黔江特大交通事故的报告②

××市委：

3月19日凌晨2时50分左右，一辆载有33名乘客的双层卧铺客车，在行驶到黔江境内的沙弯特大桥处时，撞坏大桥护栏，摔落到距大桥80多米的山坡上，造成27人死亡，4人重伤。

事故发生后，重庆市黔江区公安局交警支队立即设置了警戒带，一是保护现场，二是指挥过往车辆安全通过。接到报警的黔江区公巡局指挥中心也迅速组织了公安、交警、消防、武警、120急救等救护力量赶赴现场进行先期救护，40分钟后，400多名搜救人员也全部到位。4名重伤者也立即被送往黔江区中心医院救护，其中一个年仅4岁的小男孩还

---

① 山西省中小企业局. 关于召开全省中小企业工作会议的请示[OL]. (2007-11-06). http://www.shanxigov.cn.

② 2005年山东公务员考试申论试题参考答案[OL]. (2006-10-26). http://www.sina.com.cn.

处于浅度昏迷状态。目前，遇难者的亲属大都已经赶到现场，遇难者遗体也全部被送到了殡仪馆。黔江区还成立了20多个善后处理工作小组，将对死者家属开展"一帮一"的安抚。

关于这起特大事故的原因初步认定有三方面：第一是当时下雨，从隧道到桥面之间有一个湿道和干道的临界点，到这儿的时候，客车产生了侧滑，造成司机控制车不稳；第二是由于司机在隧道内超车速度过快，而且路面湿滑；第三是桥梁设计稍微有一点点问题。

在处理这起特大交通事故的过程中，各个部门统一协调，及时处理，有效地减轻了事故所造成的不良影响。虽然这次事故的善后处理工作进展比较及时，但其中所暴露的缺点与不足也很多，特提出如下对策与建议：

一、改善桥梁设计。……

二、依法加强源头管理，加大对客运车辆的严管力度，对驾驶员要加强驾驶安全教育和管理。……

三、加大交通安全宣传教育力度，提高全民法制和安全意识。……

交通安全责任重于泰山，社会的稳定繁荣和家庭的快乐祥和是人民群众的共同追求，我相信，在市委的正确领导下，通过政府、运输企业、司机及全社会的共同努力，强化安全意识，齐抓共管，一定能有效防止交通事故频繁发生，开创我市道路交通安全工作新局面。

报告人：××
××××年××月××日

（六）

关于商请支持公益项目的函[①]

×××有限公司：

在中华民族伟大复兴的历史进程中，大力倡导公益精神，发展慈善事业，对于组织、调动社会资源，推动区域协调发展，完善社会福利体系，改善和发展民生，提高公民道德素质，增强社会责任意识，促进社会主义精神文明建设，具有十分重要的作用。

在党和政府的高度重视和社会各界的关心支持下，S市职康残疾人服务中心践行"以人为本"的科学发展观，牢记"和特殊儿童一起快乐学习"的使命，积极开展残障儿童社区化教育、随班就读残疾学生特殊教育支援服务等工作，产生较好的社会效益和经济效益，受到了特殊儿童及其父母的普遍欢迎。

适值S市民政局、S广播电影电视集团主办S市第三届公益项目大赛，经专家评审，我中心率先在国内开发、推行的《特殊教育服务快车》和《蜜蜂行动——特殊教育进校园计划》两个公益项目已入围。为推动特殊教育事业发展和企业社会责任建设，我中心特致函商请贵公司出资15万元资助我们项目在全市各中小学推广，以造福更多的残障儿童及其家庭，共同创造条件和特殊儿童一起快乐学习。

在当代中国，公益事业并非只是扶弱助残的经济调节，也不仅仅是社会发展的拾遗补缺，公益事业承载着一个国家的历史责任和社会责任，衡量着一个民族的胸襟气度和精神认同，维系着一个社会的情感脉动和人间道义，救济着一个时代的道德危机和心灵困境，

[①] 深圳市职康残疾人服务中心. 关于商请支持公益项目的函 [OL]. http://www.yyyy2000.com.

见证着一种价值的不屈呐喊和不懈坚持。

公益事业期待贵公司积极参与《特殊教育服务快车》和《蜜蜂行动——特殊教育进校园计划》两个公益项目的组织与实施。我们相信，有了你们的参与和资金支持，S市第三届公益项目大赛对重振荣辱与共的民族精神，续谱携手同进的时代文化，再塑守望相助的社会情感会产生积极的作用，为S市的公益事业可持续发展贡献着一份温暖而强大的力量。

（相关信息内容略）

此函，请回复。

S市职康残疾人服务中心

2011年10月26日

（七）

1. 缘由部分。主要说明全民健身的意义以及发文的目的和依据。然后用"现就进一步加强我市全民健身工作提出如下意见"的过渡句转到下文。

2. 阐述《全民健身条例》颁布的目的和重要意义。

3. 措施建议部分。这一部分是全文的中心，要求全面、系统而又切实、可行。具体可从以下几个方面来考虑：

1）加强对全民健身工作的领导，健全全民健身工作机制。

2）加大宣传力度，大力营造全民健身社会氛围。

3）采取措施，广泛开展丰富多彩的全民健身活动。

（1）切实抓好学校体育。

（2）认真抓好城市社区体育。

（3）大力发展农村体育。

（4）加大投入，进一步完善公共体育设施。

（5）加强社会体育指导人员队伍建设，确保全民健身安全和质量。

（八）

完善农村社会救助体系，构建社会主义和谐社会[①]

随着我国生产力的日益发展和社会的不断进步，绝大多数人的生活都有了翻天覆地的变化，还有一些人的基本生活尚无法保证。在大部分农村，社会救助还存在诸如农村社会集体能力差，个人支付能力差等许多问题。现行的社会救助缺失已严重影响农村社会的和谐稳定，完善农村社会救助体系有利于减少社会不和谐因素，维护农村社会稳定，此外，构建一个体制健全、机制完善、内容多样性、覆盖城乡的新型社会救助体系，不仅是我国社会保障体系建设中的一项重要任务，而且也是当前社会主义新农村建设的题中之意。要完善农村社会救助体系，维护就业人员的切身利益，构建社会主义和谐社会就要做到以下几点：

第一，扩大低保对象覆盖面。在农村弱势群体中尚有一部分人未解决温饱问题。扩大低保对象覆盖面，使社会救助帮助那些处在社会结构中最底层的弱势群体。

第二，进一步加强救灾、减灾工作。在冬令期间是受灾群众困难最大的季节，政府应组织、帮助灾民安全过冬，切实解决受灾群众面临的口粮、衣服和住房等方面的困难。

---

① 2007年江苏省录用国家公务员和机关工作人员考试申论试卷第四题参考答案[OL].（2010-11-26）. http://blog.sina.com.cn.

第三，加强法制建设。使农村公民基本上得到宪法所规定的物质保障权利，让我国农村社会救助进入一种有法可依，有程序可循的有序状态。

第四，不断改进城市生活无着的流浪乞讨人员救助工作。城市流浪乞讨人员是否能得到及时和人性化的救助，是衡量一个国家和地区社会文明程度的标志之一，也是体现社会管理能力的重要方面。

第五，加强医疗、教育、住房、司法等专项救助。建立一个规范的城乡救助体系。在帮助解决城乡困难群众基本生活的同时，还要重视解决他们在就医看病、子女上学、住房、打官司等方面的困难。

社会救助在构建社会主义和谐社会中起着举足轻重的作用，它体现在最大程度地维护和保障困难群众的基本权益。一个健全、完善的社会救助体系是全面建设小康社会，营造和谐社会环境的重要方面。是党和政府关心困难群众生活的最重要、最直接的渠道，是促进社会安定的表现。只要完善社会救助体系，就必然有利于和谐社会的构建。

思考与练习三

一、思考题

（一）略（请参看教材）。

（二）略（请参看教材）。

（三）略（请参看教材）。

（四）略（请参看教材）。

二、练习

（一）

所述资料对做好基层文化建设工作的启示有：一是修缮文物街区。坚持布局完整性和突出民族风情原则，利用现有条件和历史文物资源，保护和修缮历史文物；完善文化街区的基础设施建设和社区数字化管理系统。二是注重文物传承和申遗。给予文化遗产继承人以支持，加大对文化遗产的传承并积极推进对具备申报非遗条件的文物的申报和保护。三是注重提高村民文化素质。动员群众多读书，以喜闻乐见的方式，如播放农业科技电影、开展农家书屋读书活动、在社区宣传栏宣传《论语》等传统文化，来丰富村民文化生活，提高其文化素质。四是加强社区文化设施建设。由专人专职负责村文化站的日常管理，制定文化站管理制度，真正发挥村文化站作用。

（二）

我国汉语处于自身发展不景气、英语大行其道的生态环境中，汉语发展日渐式微。具体表现为：从主观因素来看，一是学生家长要求孩子从小要学英语具有盲目性；二是年轻人随意简化汉语，威胁着国家语言文字的严肃性和规范性。从客观因素来看，一是教育部门将英语强制性地灌输给学生；二是某些部门在招生、就业等方面存在唯英语是瞻的不良导向；三是美国利用英语这种"国际普通话"的语言优势消解着我国学术创造力，甚至污染汉语生态环境。

（三）

法国本土文化得以有效的传承在于其强大的保护力度、积极地吸收、借鉴外来文化和合理地推介本国文化。首先，加大对本土文化的保护力度。一是增加政府投入，设立文化部主管文化产业发展；二是在对外贸易中坚定文化产品的特殊性，拒绝文化产品与其他商品等同起来自由流通；三是通过立法限制法语中使用外来语，在其互联网上进行广告宣传的文字必须要译成法文，对不能定时定量播放法语歌曲或电影的机构处以一定罚款。其次，积极吸取其他民族文化长处。广泛收藏和展现世界各民族优秀文化作品，颁布支持电影业发展计划，增强本土文化竞争力。再次，合理推介本国文化。设立多个文化中心，大力发挥企业和各类专业协会的力量宣传法国文化，并适当给予补偿。

（四）

1. 繁荣本土文化的重要性。文化建设是一个国家树立良好形象和提升软实力的重要手段。举办"无与伦比"的北京奥运会、开办孔子学院以及莫言获诺贝尔奖等事件已经为我国提升国际形象和影响力、繁荣社会主义文化作出了一定贡献。

2. 我国文化的现状和问题。面对美国鼓吹"全盘西化"、大力进行文化输出，我国的民族文化显得消极、被动，甚至越来越多地被国外利用，中国的古代文明如"四大发明"遭到否定、掠夺。

3. 繁荣我国文化采取的措施。利用好新闻媒体，客观、公开地传达政府决策和反映社情民意。做好基层文化建设，完善文化站管理，努力提高村民文化素质，大力传承传统民族文化，为丰富我国文学作品以振兴文化产业、提升国家形象积累素材。

（五）

让民族文化大放异彩

在文化领域，流传着一种说法：文化是民族的，也是世界的，一个民族的文化成果只有让世界分享，才会获得更强的生命力。当今世界上，我们既置身于文化的交流，又面临文化的竞争，要让具有五千年历史的中华民族文化大放异彩，雄踞世界文化的奥林匹斯圣殿。我们既要保护自身文化的特色，又要加强输出与交流，与世界共同分享人类的文明成果。

正如党的十七届六中全会《决定》所指出的，文化是民族的血脉，是人民的精神家园，我国拥有举世无双的丰厚历史文化资源，是我们进一步发展和弘扬中华文化的雄厚基础。但也毋庸讳言，中华文化正面临着来自外部与内部的双重危机：从外部来看，各国纷纷重视抢占文化制高点，软实力竞争在综合国力的竞争中越来越重要，如美国政府部门就试图用英语和美式价值观一统天下；个别国家对我文化资源进行盗用和掠夺，试图腰斩我历史文化根脉、挤压我现实文化发展空间，对我国文化安全构成了威胁。从内部来看，随着洋文化和外语教育对我国社会各个领域的全面渗透，一些人丧失了文化自觉与文化自信，迷失了文化走向，对外来文化产生了崇拜和依赖，对民族文化特别是汉语和传统节日产生了疏离感。长此以往，不仅将使我国意识形态的凝聚力、民族文化对人民的向心力和维系力发生危机，而且有可能使中华民族文化日益失去自有的特色，陷入存亡绝续的境地。

在党的十八大提出为全面建设小康社会而奋斗的今天，增强民族凝聚力和创造力，增强综合国力，增强国民幸福感，建设亿万人民共有的精神家园，离不开民族文化建设。从目前我国文化"危机内外交迫"的形势来看，要让中华民族文化大放异彩，必须做好以下工作：

第一，继承。要坚持在保护中利用、在普及中弘扬，贴近人民的日常生活，加强对优秀传统文化思想价值、传统节日文化等资源的挖掘和阐发，维护民族文化特色。

第二，建设。要立足基层，致力于构建公共文化服务体系，将文化资源向城市社区、农村村镇倾斜，完善基层文化基础设施，丰富基层群众的文化生活。

第三，创新。大力发展文化创意产业，培养一批具有乔布斯敢为人先精神的文化创新先锋、一批莫言、李安一样具有世界影响力的文化大师，创新中华文化的内涵形式与产业形态，打造出更多传世精品。

第四，输出。要把文化交流、文化输出与文化知识产权、文化遗产的保护等工作结合起来，打破一些国家对我国文化的安全威胁，切实将"四大发明"以及新时代的文化成果保护好，并推介到世界各地，让更多外国人了解中华文化，增强中华文化在世界上的感召力和影响力，增强我国的国际话语权。

"弃我去者，昨日之日不可留。"通过我们自身的努力，可以让祖先的文化遗产完好保留，于今发扬光大；"乱我心者，今日之日多烦忧。"按照党的十七届六中全会和十八大的部署，加快推进社会主义文化强国建设，增强文化整体实力和竞争力，我们一定能够消除当前文化领域的种种乱象，让古老中华文明焕发出蓬勃的生命力，与全世界人民一道，让千秋万代同样沐浴文化多样性的明媚阳光！

思考与练习四

一、内容概括练习

（一）

存量土地：广义上讲是泛指城乡建设已占有或使用的土地，狭义上讲是指现有城乡建设用地范围内的闲置未利用土地和利用不充分、不合理、产出低的土地，即具有开发、利用潜力的现有城乡建设用地。

地荒：城乡建设中出现的建设用地供应量不足的现象。其实质并非土地绝对总量不足，而是由于盲目、粗放用地和不合理用地所造成的。

（二）

对于"突发公共事件"的定义应包括诱因、类型、性质、危害等方面。

（三）

内容要点：

1. 我国东南沿海地区产业发展历程及其特点。
2. 新的外部环境下，该地区面临的困境。
3. 不同企业家面对困境所采取的策略。
4. 值得借鉴的做法。

（四）

主要从内因和外因两方面因素来梳理、概括。

（五）

"所以，要防止酒后驾车，必须根除酒文化。"这一观点有错误。在分析中要体现酒文化和酒后驾车之间的关联性，但要重点论证这种关联性并不是必然的因果关系。

（六）

原句有两层含义："适度补贴是可行的"和"大面积补贴是不适宜的"，应依据材料分别论证。

（七）

分三个方面归纳：

1. 三个国家出现生态危机；

2. 各国政府的治理举措；

3. 对我国治理黄河的启示。

二、材料论述练习

（一）

略

（二）1.

注意"宜居城市"这一特定表述的内涵：

<u>首先要考虑经济、文化、社会环境、自然环境的协调发展，只有这样，才能打造良好的人居环境，进而满足居民物质和精神生活的需求，使城市成为适宜所有居民工作、生活和居住的家园。</u>

可以概括为：1）四个方面协调发展；2）满足居民物质和精神生活的需求；3）适宜所有居民。

读者按照这样的标准去对应材料即可，注意，切勿将宜居城市简单理解为"适宜人居住"。

（二）2.

题干设问为"折射出哪些现实问题？"要求中既有"问题全面、明确"，又有"分析恰当、透彻"。所以这些问题指向深层次的"本质问题"，而给定资料2）中给出的仅仅是张悟本事件中存在问题的诸多外在表现，如神医造假、群众盲从、媒体渲染、专家失位等。这些不应作为答案。读者应该结合给定资料1）～3）进行更深入的剖析。

【例】1）"群众盲从"这一表现折射出对养生的关注；2）自身科学知识的欠缺和获取渠道的匮乏。又进一步折射出：欠缺"崇尚理性"的科学精神。

（二）3.

作答注意的第一点：抓住关键词"矛盾"。作答注意的第二点：矛盾只有对立的两方面，因此，读者应对材料中存在的几个对立方面进行归纳、整合。明确给出"矛盾"，再进行分析。作答注意的第三点：题干设问是对"遭遇一个两难境地"的理解，所以答案还需要进行包装，并非直接写"矛盾是什么"。

（二）4.

略。

（二）5.

启示有：1）保护与发展相结合；2）传统与现代相结合；3）审美与实用相结合；4）彰显特色；5）整体规划。

（请读者自行展开。）

三、对策制定练习

（一）

1. 遭废弃原因

1）新的农村教育布局调整，盲目撤点并校，殃及部分希望小学；

2）打工潮涌动，大量学龄儿童随外出务工的家长异地就读，导致生源锐减；

3）农村税费改革引发农村教育经费紧张，财政有效投入降低。

2. 具体建议

1）合理布局，科学规划。凡新建希望小学，在项目申请、规划设计阶段，应由县级以上教育行政部门出具意见，务必保证符合当地农村中小学教育布局调整计划，科学发展；如确需撤并希望小学，也要进行资产合理置换，合理利用废弃校舍，保证捐方利益。

2）宣传引导，保证生源。加强学校基础设施建设，加强舆论宣传，增强学校美誉度。大力发展乡企，增加就业岗位，吸引农民工在家乡务工，子女本地就学，以保证希望小学的生源。

3）加大投入，提升质量。加大政府教育经费及社会公益资金的投入，同时加强资金使用的监管与规范，提高资金使用效度，提升希望小学的办学质量。

（二）

唱响新一曲"咱们工人有力量"
——××市总工会关于开展"蓝领创新"活动的倡议书

尊敬的广大工友：

创新是国家可持续发展的动力，创新是民族屹立不倒的灵魂，创新与否也是企业存亡绝续的动因。一个企业，要么创新，要么消亡。近年来，我市企业取得了巨大的进步，但是创新意识与能力不足已成为"更上一层楼"的发展瓶颈。为了我市企业和广大工友们拥有一个更美好的、可持续发展的明天，现决定在全市制造企业范围内开展"蓝领创新"活动，希望广大工友一如既往地爱岗敬业，并积极投身到创新活动中来。

鉴于"蓝领创新"活动需要广大工友及企业群策群力、积极创新，特提出以下五条倡议：

一、积极转变观念。广大工友要勇于转变自身观念，变被动为主动，自主创新，实现对自我的重新定位，实现自身价值的最大化；

二、投身一线实践。广大工友要勤于在平凡岗位中开动脑筋，在一线工作中解决各种疑难杂症，不断开拓创新，降本增效；

三、发挥协同创新。广大工友要善于带头发挥传、帮、带的作用，发挥跨岗位、跨区域、跨专业的团体协同创新机制，形成由个人到团队、由低端到高端的创新格局；

四、完善激励机制。企业要充分尊重工人的主体地位和首创精神，不断完善激励体制，最大程度地调动工人的创新积极性。

五、革新企业文化。整个企业，乃至全市企业，从上到下，里里外外，积极进取，勇于创新，形成一种具有创造力、凝聚力、向心力的开放型的价值观和企业文化。

有人说，时代变了，工人老大哥曾经的风光一去不复返了，工人蜕变成流水线上的"操作工具"了。亲爱的工友们，我们不是"工具"，我们是企业创新的主体，蕴藏着无穷的创造潜力！让"千万双手动起来，千万个脑袋转起来"，唱响一曲新时代的"咱们工人有力量"吧！

××市总工会
××××年××月××日

四、论证行文练习

（一）1.

经济全球化是当今世界发展变化的深刻背景和根本趋势。正确认识和妥善应对全球化，要增强机遇意识、创新意识和全球战略意识。比如我现在工作的这家公司，去年依靠良好的外部环境，无论生产还是管理都取得了骄人的成绩。但是，由于他们未能居安思危，今年以来，随着外部环境的恶化，经济效益也直线下滑。

(一) 2.

"三农"问题一直是个老大难的问题。农业产业化的问题、农村的户籍制度改革问题、农民素质问题（主要是指文化素质）一直困扰着人们。但最近几年，党的农村经济政策深受农民欢迎，广大农民的生产积极性被充分地调动起来。生产大发展也带来了农民生活水平的大提高，仅从广大农民住房条件的改善上就可以看出农民生活水平变化有多大：那些低矮的平房如今都变成了装修精美的楼房。农村的面貌正在发生巨变，农业发展已找到突破口……

(二)

题干要求反驳"网民A"的观点，且"观点明确，分析透彻，论据真实"。故答题层次至少有三个：

1. 逐句评析"网民A"的观点，明确给出判断；
2. 对所给判断进行论证；
3. 提出正确观点，并进行论证。

另："论据真实"暗指此处要使用"事实论据"。为确保其真实，最好是来源自给定材料。

(三) 2. 1)

谈事业单位改革的目的与对策

事业单位是指以社会公益为目的，由国家机关举办或者其他组织利用国有资产举办的，从事教育、科技、文化、卫生等活动的社会服务组织，形成于计划经济时期。

事业单位给我国提供了大量的就业机会，并为政府和企业分担了巨大的社会负担。同时，它参与社会事务管理，履行管理和服务职能，宗旨是为社会服务，其上级部门多为政府行政主管部门或者政府职能部门，其行为依据有关法律，所作出的决定多具有强制力，其人员工资来源多为财政拨款。

统计显示，目前全国事业单位总计125万个，涉及教科文卫、农林水利、广播电视、新闻出版等多个领域，工作人员超过3000万人。职责不清、效率低下、自我服务倾向严重的事业单位已经难以适应目前中国市场经济的需要，严重制约了经济和社会的协调发展。近年来人民群众最不满意的行业榜单中，教育系统和医疗卫生系统位居前列。如果任其发展下去，必定损害公共服务的社会形象，弱化以致瓦解公共服务体系，因此迫切需要改革。

随着社会主义市场经济的蓬勃发展，大多数产品或服务都能满足大众需求。但对事业单位所提供的各种公益性服务，如教育、医疗卫生、科技服务等，却常常会听到供给不足、价格昂贵、质量低下等抱怨。

供需之间的巨大矛盾是事业单位必须改革的最根本原因。

从更宏观的角度来看，事业单位改革是手段，最根本目的是要发展由这些事业单位所提供的各种公益服务，使其成为中国经济社会发展的新动力。即通过改革让事业单位回归到它的本位：提供全民满意的公共服务。

针对当前事业单位的实际状况，特提出以下对策：

一、明确事业单位职责，依据其社会功能重新定位。对于真正提供公共服务的事业单位，要制定相应的公益性事业单位管理法规，建立新的管理体制。

二、深化事业单位人事制度的改革。在人员进口上，实行公开招聘。在人员管理上，推行岗位管理,包括规范岗位设置,实施竞聘上岗,完善考核奖惩,实行合同管理。在人员出口上,完善退出机制。

三、完善对事业单位的治理结构和管理体制,同时坚持事业单位的独立性、公益性和社会性。切实保证人民群众对公共服务的选择权和知情权。

四、从政府角度提高事业单位的效率。对于事业单位,凡是可以通过采购提供的公共服务,在不影响该项服务稳定供给的前提下,采取政府"花钱买服务""养事不养人"的办法,用市场化的方式组织生产和供应,降低公共服务的单位成本,提高公共服务的效能和水平。

五、坚持改革国有事业机构与发展民营事业法人同步推进。既要注重改革现存的、大量的和庞大的国有事业机构,又要大力发展各类民营的事业法人。这样,改革才能符合社会的实际需求,才会产生新的推动力。

六、应加快政府转型,切不能把事业单位改革当作"卸包袱",甩财政负担。政府是提供公共服务的第一责任人,这是事业单位改革成功与否的重要条件。

七、应妥善安置相关人员。对于在事业单位改革中提前退休、转制的人员,政府应当予以妥善安置,特别是对改革后事业单位的社会保险、财政保障等配套改革必须同时进行。

(三) 2.2)

对事业单位改革方法的思考

积极、稳妥的事业单位改革是一项系统工程,其涉及人员之多、涉及面之广、面临问题之复杂,不亚于国有企业改革。面对如此复杂的改革,采取符合实际、稳当易行的改革方法,是降低成本、排除阻力、确保改革顺利推进的关键一环。事业单位改革所采取的改革方法必须遵循积极、稳妥的总体原则,这一点已经在温家宝总理的政府工作报告中予以明确。所谓积极就是要以积极的态度、积极的措施来推进事业单位改革,所谓稳妥就是要采取稳妥的办法、稳妥的步骤处理事业单位改革中面临的各类问题。

一是改革应循序渐进、分步进行。由于事业单位改革将涉及诸多深层次问题,还将涉及几千万人的切身利益,为了使改革平稳推进,不至于引发不稳定因素,不能急于求成,而应采取"试点先行、逐步扩面、全面推开"的方法。试点先行,就是改革初期不急于在全国范围内推开,而是开展为期2年改革试点工作。把各项改革的措施在试点省份进行实践,鼓励试点省份开展多种形式的探索,在试点探索中检验改革措施的可行性,发现新情况、新问题予以解决,为改革积累经验。

二是改革应着眼长远、先易后难。改革开放以来的历次事业单位改革,主要是遵循一个"放活"的目标,取得了比较明显的成效,但也带来了一些较难解决的弊病。本着先易后难的原则解决具体问题。对于那些看得准、相对比较容易解决的问题,可在改革部署时直接予以明确;对于那些一时还看不太准、解决起来还比较困难的问题,如管办分离、法人治理、社会保障等,可在改革部署时提出原则方向,留有一定空间,允许以后逐步探索、逐步规范。

三是改革应加强领导、协调推进。事业单位改革必然会影响部分人的既得利益,会遇到很大的阻力,同时,事业单位既分布在教育、科技、文化、卫生、体育等各"条条"中,又由各级政府分级管理,即"块块"管理。"条条""块块"相互交叉,这就决定了改革的难度相当之大。要确保改革顺利进行,必须拥有强有力的组织保障,改革中应尽可能地使改革政策和其他配套政策衔接得更紧密些,少出现一些政策漏洞和盲点。

四是改革的保障：法制建设。目前我国事业单位法制建设比较薄弱，如此众多的事业单位和职工只有一部《事业单位登记管理暂行条例》予以规范，其他如编制、人事、福利等方面的制度规定，均散见于规范行政机关和公务员的法律、法规和政策文件中，大都表述为事业单位及其职工参照上述规定执行。这样的局面必须改变，当然，加强事业单位法制建设并不等于急于制定相关法律、法规，而是在改革的同时积极推进，边改革边研究，把那些经过实践检验行之有效的做法上升成为法律、规范，一时还不够成熟不宜成为法律、规范的，可以先形成政策文件，在改革的实践中不断完善，待其成熟后再上升成为法律、规范。

事业单位法制建设应着力构建中国特色事业单位制度体系并尽可能使之法制化。当然，构建这一体系是一项浩大的工程，不可能一蹴而就，需要在改革期间和改革后很长一段时间内逐步探索、不断完善，但在改革之初就应有顶层设计和步骤安排，确保法制建设按照既定目标前进。

思考与练习五

一、

从题干中可以看出，这道题的作答范围要锁定在材料（一）和材料（二）中。从作答要求上看，其预示着我们写出的答案结构一定要清晰，形式上采用分段的结构框架即可，同时要总分结合。该考生虽用了分段结构，但开头没有总结、概括，且分点用1、2、3实在多余。在内容作答方面，考生分了"打工子弟学校"、"公立学校"和"自身方面"等随迁子女受教育的主体，其中"自身方面"这一分类含糊不清，还有考生用"学生"或"自己"来概括，从材料内容来看都不够准确、客观，应用"随迁子女"或"农民工子女"较为合宜，且主体方面还可考虑"政府"等方面的内容。在概括的内容方面，从材料看内容概括得不够全面，譬如打工子弟学校方面生源不稳定问题，教学质量难以保证问题，公立学校方面缺少供农民工子女就读的公立学校等内容都没有概括；公立学校其中民工子女一项也可概括在"随迁子女"或"农民工子女"一项中，内容有交叉混合的倾向，分类不够清晰。

二、

此题是把原因分析题和对策放在一起考查的，材料来源是材料（五）、（六）。就希望小学废弃的原因，材料中提到"新的教育布局"、生源、成本以及希望工程的战略重点转移，甚或涉及农村税费改革引起的经费紧张问题等。通过分析材料的内容大致可以分析概括希望小学废弃的原因包括生源减少和政策两方面，其中政策方面既包括教育布局政策也包括农村税费改革政策带来的结果。而考生在作答这一问题时不仅没有进行必要概括，也没有进行归类和分析，因而所给出的作答内容凌乱，概括片面。同样，我们根据对原因的分析可知，对策的提出必须基于原因的基础之上有针对性地提出，根据原因的内容，在对策方面也主要从生源和政策方面着手，如稳定生源、政策从合理布局和加大投入等方面提出，而对于已废弃的希望小学也要提出合理利用的建议。考生对策方面的内容针对性有欠缺，内容概括性不强，比如3、4两点可概括为稳定生源的内容，在此项中再具体提出措施，同时1、2两点的表述不准确，合理布局的内容不是校舍而是农村的教育资源，加大经费投入如何又要减少教育成本呢？且对策中没有涉及对废弃的希望小学的合理利用问题。事实上，此题要求考生具备一定的理论功底才能很好地作答。

三、

　　题目中有两个要点要我们必须分析清楚，其一是"困境"，其二是"不绝希望"。考生先要回答这两者分别是什么，然后要指出如何能在"困境中不绝希望"。对于"困境"是什么，从材料中分析我们发现有：农村的办学条件和办学水平远低于城市、农村家庭经济条件差，农村子女大学毕业后难就业，"农村孩子向上流动的渠道"越来越"窄"等问题。而"不绝希望"指的是农民仍重视子女的教育问题，很多农村家庭倾其所有也要供养子女读书受教育。如何解决农村子女的教育公平问题其实可以从教育资源合理分配和农民子女就业问题两个方面来谈。纵观该考生的作答内容，虽然这几个要点都答到一点，但每一点说得都很简略而草率，观点表述很不到位。

四、

　　本文结构大体合理，一方面就复垦开发保土地数量，一方面运用防治污染保土地质量，思路清晰，层次分明，这是优点；但立意上，没有把握住材料的主旨——材料反映的主要问题是地方政府对农地征用没有尽到职责，征地过多、过滥，程序、用途不合法，补偿费不合理，激起地荒与持续发展的矛盾、失地农民生活保障与社会和谐的矛盾，仅从技术层次，而不是政策落实、政府行为规范的层次来论述命脉之危、护脉之策。此外，语言的流畅性和丰富性不足，只能表达基本意思而缺乏文字上的美感。

后 记

2000年中央、国家机关与海关、公安边检系统从高等院校应届毕业生中考试录用国家公务员试卷首次采用了申论的形式,引起了我这位代写作课教师的注意。通过研究从互联网上下载的试题,发现这种考试虽与高考材料作文、话题作文不同,但是同公务写作多有相似之处。2001年在我任教的学校里,有学生问我考申论的问题,我就掌握的申论知识与他们进行了交流。为使学生高质量就业,我就格外关注申论试题。经过一年的准备,2003年我在给大一新生讲授写作时,增加了一节申论写作课,学生对此很感兴趣。2005年,我给大四学生开设了应用文体写作,其中另加附篇申论写作。后来学生反映这个课安排在大四上学期晚了,于是这个课就调整到大三第二学期开设。几年的教学相长,我对申论有了一些认识。2008年,我主编的《新编大学写作教程》里有一个附篇,专门论述了申论写作。在这本教材第二版和第三版的修订中,我与申论命题、阅卷,研究和教学的教师多次探讨,商定提纲后请命题专家重新撰写了"附篇申论写作"。

我主编的《新编大学写作教程》出版之后,在讲授申论写作的基础上,我对讲稿和课件进行了整理,草拟出《新编申论写作教程》提纲。经过两年研磨,自认为比较成熟了,就把纲目发给了北京大学出版社。出版社很感兴趣,决定出版这本教材。为了给报考者提供一本高质量的参考书,我从省内外高校涉及申论命题、阅卷、研究、教学的教师中挑选了12位专家共同编写了《新编申论写作教程》。

对这本书的编写我提出的原则是:对申论写作现象进行理论概括,讲清楚是什么、为什么和如何做,即让使用这本书的报考者对申论写作知其然,更知其所以然,在其基础上更自觉地进行理论联系实际的训练。全书要突出理论的有用性、训练的针对性、备考的指导性和提高能力的有效性,做到全书既具有写作理论的科学性、深刻性和系统性,又具有申论写作的可操作性。

相信报考者使用该书,通过阅读和练习,申论写作水平一定能够得到提高。为入编考试发挥助推作用,这是我们的编写初衷。

这本书从2011年开始编写,历时4年,修改多次。

本教材各章节执笔情况如下：

第一章由王锡渭编写；第二章由王锡渭、杨军、王刚、付为贵编写；第三章由黄悠纯编写；第四章由茆邦寿、张棣、涂明求、叶良旋编写；第五章由房文玲编写。王锡渭对全书进行了修改和统稿。

本教材得到北京大学出版社编辑李玥的指导，李玥编辑在本书的编辑过程中付出了辛勤的汗水，对她认真负责的敬业精神深表敬意。

本教材在编写过程中参考了一些文献资料，恕不一一列出，在此特表示深深的谢意。

初次编写高校使用的申论写作教材，可能存在着没有发现的问题，敬请同行专家和使用教材的报考者提出宝贵意见或建议，以便再版时修订。

王锡渭
2015 年元宵节于种春斋